The Unique World

方
寸

方寸之间　别有天地

献给做书之人林赛·沃特斯

〔美〕安东尼·格拉夫敦 —— 著
Anthony Grafton

陈 阳 —— 译

Contra Fratrem Hieronymum Heresiarchã libellus et pcessus.

染墨的 指尖

近代早期欧洲的书籍制作

INKY
FINGERS

THE MAKING OF BOOKS IN EARLY MODERN
EUROPE

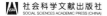
社会科学文献出版社
SOCIAL SCIENCES ACADEMIC PRESS (CHINA)

目 录

序言

做书：人文主义者之道

剪刀、浆糊和民族志畅销书

1517 年，一位名叫约翰内斯·伯姆 [Johannes Böhm，也称"约翰·博墨斯（Johann Boemus）"] 的德意志人文主义者开始创作一本书：一部全方位记载非洲、亚洲和欧洲风土人情的民族志。这位造诣平平的学者对希腊语和希伯来语都一窍不通。他居住在位于神圣罗马帝国腹地的帝国自由城市乌尔姆（Ulm），在那里担任条顿骑士团的随营教士，旅行经历也不算丰富。[1] 他给这本书起了一个野心勃勃的题目：《天下诸民的风俗、律法和仪式 》(*Omnium gentium mores, leges et ritus*)。[2] 然而，它离"全方位"还差得远呢。在伯姆动笔时，欧洲人的枪炮和病菌已经开始摧毁美洲的社会群体，但他的专著对美洲社会只字未提。他只探讨了古希腊和古罗马人所了解的三块大陆。尽管如此，他的著作依然广受各地读者欢迎。1525 年，杰出的纽伦堡学者维利巴尔德·皮克海默（Willibald Pirckheimer）从《天下诸民的风俗、律法和仪式》中抄录了关于英格兰、爱尔兰、西班牙、法兰西、阿比西尼亚＊和其他许多国度的描述。稍作编辑和删减后，皮克海默将这些文字作为新版欧洲、非洲和亚洲地图的附注，收入一部由其编辑出版且印刷精美的鸿篇巨制，即托勒密（Ptolemy）的《地理学指南》（Geography）中。³在接下来的一个世纪里，新教徒和天主教徒多次重印了伯姆的这部拉丁文作品。它被翻译为多种语言——英语、法语、德语、意大利语和西班牙语——成了当时蓬勃发展的民族志文献中的经典著作，还出现了好些增补版本。⁴为什么这部内容概括、在出版之日便显陈腐过时的摘要汇编能成为畅销书呢？

现代学者认为，原因在于伯姆的写作方法。用他自己的话说，这本书的写作方法与其组织架构一样传统。伯姆告诉自己的出版商西格蒙德·格林（Siegmund Grimm），他用三年时间"从许多成就斐然的作家那里"系统地收集素材。⁵这正是其作品赢得盛誉的主要原因。此书值得信赖，因为它所依据的是最优质的原始资料。伯姆在其撰写的序言中具体阐明了这一点。在序言里，他将这部作品描述为一份训练如何熟练运用剪刀加浆糊的习作。

　　诸位史学的行家啊，得闲时，我四处收集值得注意的各民族风俗、仪式和律法，以及其所居之地的情况，并在

＊　1941年，英军在第二次世界大战期间进攻意属东非，迫使其投降，并推翻了意大利的统治，阿比西尼亚再次独立，海尔·塞拉西一世更国号为"埃塞俄比亚（Ethiopia）"。（本书脚注皆为译者注或编者注，后不再标示。）

笔记本里一一记下。这些文字零散见于古今学者之作，古
有历史之父希罗多德、西西里的狄奥多罗斯、贝若苏、斯
特拉波、索利努斯、蓬佩尤斯·特洛古斯、托勒密、普林
尼、科尔奈利乌斯·塔西佗、非洲的狄奥尼修斯、庞波尼
乌斯·梅拉、恺撒和约瑟夫斯，今有樊尚、后成为教宗庇
护二世的埃尼亚·西尔维奥、安东尼奥·萨贝利科、约翰内
斯·瑙克雷奥斯、安布罗吉奥·卡莱皮诺以及《丰饶之角》
的作者尼科洛·佩罗蒂和其他诸多知名作家。* 本书将上述
名家之作汇于一处，以便诸位按需取用，随时翻看。[6]

伯姆以自信且自豪的笔调将自己的作品定性为从早前作者文章
中摘录的片段拼凑而成的合集。书中向读者介绍的知识皆有出
处和典故，他将此视为该书的主要卖点。这位自豪的作者并非
孤例：他的友人们同样认为，从权威著作中精心遴选文本，加
以系统编排，由此汇成的合集就是一本不错的书。在伯姆的
序言之前，是他的朋友们创作的拉丁文短诗。他们重点强调他
"从诸位作者的书中"抄录素材所耗费的"巨大心血"。[7] 全书最
后还附有另一位学者安德烈亚斯·阿尔塔默（Andreas Althamer）
的书信。他称这部作品是"吾友伯姆从众多古典作家处抄录所

---

* These were commemorated in passing and, as it were, in pieces by Herodotus, the
father of history; Diodorus Siculus, Berosus, Strabo,Solinus, Pompeius Trogus,
Ptolemy, Pliny, Cornelius Tacitus, Dionysius Afer, Pomponius Mela, Caesar,
Josephus, and, from the more moderns, Vincent, Aeneas Silvius who later took
the name Pius II, Antonius Sabellicus, Iohannes Nauclerus, Ambrosius Calepinus,
Niccolò Perotti in his *Cornucopiae* and many, other famous writers.

得"。⁸ 大部分近代读者在介绍伯姆这本书时也采用了类似的表述。

伯姆称，相比之下，他更喜欢这种引经据典的传统写作方法，而不是近期的旅行见闻作家所采用的主要以亲眼所见为依据的方法。伯姆在序言部分写给格林的信中指出，他这位出版商专精于"异国异族"领域的文献。此前一年，格林刚刚刊印了马切伊·米霍维塔（Maciej Mieochwita）的专著《论两大萨尔马提亚》（*On the Two Sarmatias*）和卢多维科·迪·瓦尔泰马（Ludvico di Varthema）的著作《论南部诸民》（*On the Southern Peoples*），这两部近期问世的作品描绘了基督教世界此前知之甚少的世界。⁹ 伯姆认为，刊印扎实可靠的旅行文学是一项至关重要的业务，对于从事政府工作的人尤为重要。从未离开过家族领地的人无法得到精英显贵的重视；反之，了解世界的人则立身扬名，被尊为见多识广的权威："他们打算做的或实际所做的每一件事都得到所有人的拥护和爱戴，仿佛神谕一般。"¹⁰ 一个人可以通过旅行获得关于世界的知识，但也可以通过系统的阅读来获得。

而这正是症结所在。读者需要格林出版的是可信的文本，"而不是不足为信的江湖骗子和浪迹四方的乞丐的作品，这些人说谎成性、满口胡言、恬不知耻，只为沽名钓誉、赢得大众的欣赏"。¹¹ 他们的谎言让谨慎的读者对所有探讨异域的作家都失去了信任。但伯姆却可以为这样的读者群体效劳：他能提供对世界各地风土和文化的全景式概述，所依据的原始资料因足够古老而值得信任——显然，瓦尔泰马关于中东和南非的引发争论的生动记载（主要以第一手经验为基础）不够古老，伯姆没有摘选。伯姆的读者和他一样，对关于欧洲之外的世界的新知识视而不见，刻意回避潜在的挑战。

伯姆及伙伴对其写作实践的描述与法国漫画《高卢英雄历险记》(*Astérix the Gaul*) 中虚构的小村鱼贩奥德哈法贝提克斯（Ordralphabétix）惊人的相似。奥德哈法贝提克斯坚决不肯销售从附近海域捕捞的鲜鱼，只贩卖巴黎批发商运给他的货色。但是二者有一个显著的区别。高卢人的鱼臭气熏天，腥臭味引发了争执。与之相反，伯姆摘录的古旧文本却像鲜花招来蜜蜂一样吸引读者。显而易见，在16世纪打造畅销书不仅要用剪刀和浆糊构建起内容，还要花心思让潜在的买家知道作者是这样做的——利用闲暇时光、耗费数年心血剪贴摘录。

事实上，同许多作者一样，伯姆对自己作品的描述有误。它绝不仅仅是由不同文本选段简单拼凑出的剪贴本，而书中得出的结论往往与其写作方法一样与"传统"相距甚远。而这正是伯姆其人其书值得我们关注的原因。本书收录了九篇关于15~18世纪西欧学术作者身份的主题研究。这些研究对失传的写作和出版方式予以还原，探究阅读、写作和印刷的物质因素是如何影响文本及其接受方式的。观察伯姆在阅读、摘抄和写作过程中如何处理原始资料，进而使之发生质变，能帮助我们确定和追踪由此引出的一系列更广泛的疑问。

"我在写一本书"，这话很容易引人遐想。我们脑中立刻浮现出这样的画面：写作者在舒适的书房、惬意的咖啡馆或凄冷的阁楼里孤独地创作。但我们将在本书中发现，这些画面全都不符合本书主角——文艺复兴时期的人文主义者——的实际情况。他们的学术生涯带来的是抽筋的双手和酸痛佝偻的腰背。无论在羽毛笔的时代还是笔记本电脑的时代，阅读与书写始终紧密地联系在一起。读者往往与作者一样，手握羽毛笔，一边阅读一边在页边空白处与文中的内容积极互动，或者热切地摘抄选段，保存起来以备日后之用。作者往往兼具"缮写者（copyist）"和"创作者（composer）"的身份，他们冥思苦想，不是为了求新，而是为了以微妙且有力的方式重新塑造自己读到的内容，让古代作者讲授自己所处时代的道理。创作一本书需要持续数小时的体力劳动，聚精会神、咬紧牙关。读通别人创作的书也是如此。在很多时候，作者们最具创意的理念和实践并非诞生于寂静的书房，而是出自在计算机时代看起来让人精疲力竭的孜孜不倦的劳动。

另外，此类劳动大多不是独自一人完成的。人文主义者沉浸在与古代和近代文献的精神对话里，在对话中学到至关重要的教诲，但也有意见分歧的时候。在实践中，作者还要与"校对者（corrector）"和"排字工（compositor）"合作，由他们将手写文本转化为印刷书籍。哪怕是最遗世独立的近代早期知识分子，也要掌握阅读和书写所必需的技艺。而某些文艺复兴时期最典型的知识创新——比如校勘学和古文字学的形式化方法——也是在缮写者和印刷工任务繁重的工场中逐渐成形的，这些工场不仅面临截止期限的压力，还要面对工匠们要求上岗工作的诉求。换言之，作家和读者的世界比我们今日所认为的更加社会化，与手工技艺的联系也更加密切。对于伯姆的案例所引出的若干课题，本书各章节将从时间、空间和知识等诸多层面逐一进行深入探究。

如何充分利用笔记本：作为阅读的写作

伯姆所描述的摘抄活动是 16 世纪早期制作书籍的标准做法。安·布莱尔（Ann Blair）、马丁·穆尔索（Martin Mulsow）、赫尔穆特·泽德迈尔（Helmut Zedelmaier）等人的研究表明，许多人文主义者都将笔记本视为核心工具。[12] 他们实现自我教育的方法是抄写古典作者的篇章，按主题和标题整理归档，以供日后使用：德西德里乌斯·伊拉斯谟（Desiderius Erasmus）曾建议，任何希望获得全面文化素养的人都应对所有古代文学作品进行至少一次的系统摘抄。但摘抄也是研究实践的一种。在安科纳的西里亚科（Ciriaco of Ancona）和费利切·费利恰诺（Felice Feliciano）等古物研究者的笔记本中，满满都是他们抄录的古代题铭和古代建筑图像。[13] 马尔西利奥·费奇诺（Marsilio Ficino）和安杰洛·波利齐亚诺（Angelo Poliziano）等文献学家的笔记本里则抄满了新近发现的文本。[14] 约翰·布克斯托夫（Johann Buxtorf）等专业学者则将他们的摘抄本打造成了内容丰富的专业信息资料库。布克斯托夫生活的年代比伊拉斯谟和伯姆晚一个世纪，他专精于犹太教文献研究。从畅销书到秘传珍本，布克斯托夫仔细研读过他能找到的每一份希伯来文文本。在大多数情况下，他只从中摘取看起来与基督教直接相悖的段落，这是他一门心思揭露犹太人邪恶本质活动的一部分。[15] 收集从权威文本中摘录的选段是一种自然而然的做法，不仅适合对某一领域进行研究，也适合对某一领域作出定义，比如"犹太人对基督教和基督徒的憎恨"，或"世界各地的风俗、律法和仪式"。

　　布克斯托夫的案例表明，收集摘抄从来不是无需动脑的简单活动。伯姆用来镶嵌马赛克拼图的小石块经常彼此冲突。他在文本中留下的蛛丝马迹让我们得以部分还原他那早已散佚的笔记本，同时了解他当初记录和使用笔记的过程。在其著作的第2章，伯姆阐述了所谓的"神学家对人类起源的正确看法"。[16] 根据他的阐述，上帝在创造人类时便在人们体内埋下了暴力的种子。随着人口增加，人类不断犯下恶行。上帝用大洪水解决了这个问题，只留下正直之人挪亚和他的家人。方舟最终停泊在亚美尼亚，挪亚的后裔便从那里迁居四方。然而，其中一些人将先祖的"仪式和风俗"抛诸脑后，失去了对真理的认知。律法、风俗和宗教日趋多样化——其中许多与挪亚所知的真理渐行渐远。知识和虔诚随时间流逝而退化。

　　在第3章中，伯姆介绍了"异教徒对人类起源的错误看法"。[17] 根据这段阐述，世界的原初是一团潮湿而混沌的物质。太阳晒干大地，人类自然而生。生存需求是人类的老师。为了建立社群、御寒和果腹，人类创造出语言，生火缝衣，逐渐开发新工具、发展新实践。在世界的不同地区，这些实践呈现不同的面貌。由此形成的文化多样性是人类应对不同挑战的结果。更令人瞩目的是，文明本身也是这一进程的成果——伯姆在序言中强调，文明是与时俱进的。他告诉读者，他的书"将让您知道我们如今的生活是何等优雅与幸福，而第一批先民的生活又是多么粗糙和简陋"。如果说人类的虔诚没有与时俱进，但知识与技能确实随着时间的流逝而不断发展。换言之,伯姆的书对一部分近代早期读者所认同的假说提出了挑战,这种假说认为,无论理论还是实践,一切形式的知识都曾为人类之祖亚当完全掌握,只是后来因人类的罪恶而渐渐失传。

在一篇精妙的论文中,菲利普·诺塔夫特(Philipp Nothaft)利用这些前后联系的章节还原了伯姆作为"编集者(compiler)"所使用的方法。这些章节揭示了伯姆今已遗失的笔记本中某些相互矛盾的内容,也体现了他设法化解矛盾的技巧。伯姆从不同来源摘选出对比鲜明的关于人类早期历史的论述:他将《圣经·创世记》和以此为基础的编年史作为人类历史的"真相",将西西里的狄奥多罗斯(Diodorus Siculus)的《历史丛书》(*Historical Library*)和卢克莱修(Lucretius)的《物性论》(*De rerum natura*)作为"伪史",却特别强调了多明我会伪书作者维泰博的安尼奥[Annio da Viterbo,也称"维泰博的约翰内斯·安尼乌斯(Joannes Annius of Viterbo)"]和威尼斯人文主义者马尔坎托尼奥·科乔[Marcantonio Coccio,世称"马尔可·安东尼奥·萨贝利科(Marco Antonio Sabellico)"]近期所著的世界史。《圣经》中的历史讲述了古老族长及其家族的传统故事,以人类被逐出人间乐土伊甸园及亚当和夏娃让人类受到艰苦劳动的诅咒为起点。狄奥多罗斯和卢克莱修大胆推测出的历史则完全是另一幅图景:神明的意志和干预被完全剔除,人的能力和劳动被视为创造性的力量,人类正是凭借这些力量让自己摆脱一无所有的原始生活,获得如今的财富与权力。[18]

我们不知道伯姆的笔记采用的是何种形式,但许多人文主义者都按主题整理所摘抄的内容。举例来说，15 世纪的威尼斯贵族贝尔纳多·本博（Bernardo Bembo）有一本巨大的笔记本，现存于大英图书馆（British Library），里面满是摘自各类文本的段落。经典之作有西塞罗的演讲，新近之作有莱昂·巴蒂斯塔·阿尔伯蒂（Leon Battista Alberti）的建筑学专著——本博在这本书刊印之前便已读过手稿。他按主题对摘抄加以归类，随后列出清单并编制索引——他似乎在构建一套完整的知识体系。[19]如果伯姆也以类似的方式摘录笔记，那么在抄录和编集的具体过程中，他可能已经发现自己所引用的权威彼此矛盾。无论发现与否，他处理这些分歧的办法是在自己的文本中将它们并列在一起，事实上，他还用下划线强调它们的冲突之处。诚然，正如诺塔夫特所暗示的那样，一些读者可能将"伪史"视为对挪亚洪水后的历史的概括，以此来化解这些记载中显而易见的矛盾。但是伯姆本人却不提倡这种做法。他通过精心选择的章节标题表明自己所参考的传统记载包括几种大相径庭的探究人类起源的方式。他的著作还表明，从最优秀的原始资料中摘抄并不能确保所得到的记载完全统一，甚至不一定前后连贯。一本制作精良的笔记本完全可能造就一部令人困惑的书。

伯姆不是首位突显这一点的作者。在他之前的一代，哈特曼·舍德尔（Hartmann Schedel）便开始创作体量庞大、插图精美的《纽伦堡编年史》（*Nuremberg Chronicle*），这也是一部大规模摘抄汇聚而成的产物。书中将《圣经》对创世的记载列为"真相"，将狄奥多罗斯讲述的世界起源列为"伪史"，与之一同被归为伪史的还有托勒密的世界地图——描绘挪亚三子的后裔各自繁衍生息的三大洲 *——以及一张附有插图的罗列出栖居在世界边缘的诸多怪物的清单。[20] 在该案例中，为其提供素材的医师兼人文主义者希耶尼穆斯·闵采尔（Hieronymus Münzer）克服了种种困难，将原始资料汇集一处，并标出了其中的矛盾之处。显然，伯姆是一系列作家中的一位，他们在记述世界历史、描绘民族多样性时，处理问题的办法便是从最优质的原始资料中摘录片段，再加以编集：他们完全清楚，有些权威资料之间存在尖锐的矛盾，即便将其中一个版本标记为"伪史"也难免激发读者的种种猜想。在这样的情况下，编集者的墨水和剪刀并不能保证打造出统一、符合正统且令人平静的叙事。

　　这不是伯姆在记述神圣历史上的重大事件时将存在分歧的记载放在一起的唯一实例。举例来说，在关于犹地亚（Judea）的记载中，伯姆将《圣经》和约瑟夫斯（Josephus）的作品当作权威引用。他将巴勒斯坦描绘成流淌着奶与蜜的应许之地，讲述它被约书亚（Joshua）征服的经过，还用许多篇幅记述了由"那位出类拔萃的神学家"摩西为犹太人创制的成文律法。[21] 伯姆对犹太习俗的记载以七七节的祭祀仪轨作结。然而，行文至此，他却出乎意料地笔锋一转，写道："关于犹太人及其首领摩西，异教作者与基督教作者的看法不相一致。"[22] 紧随其后的是一大段摘自塔西佗（Tacitus）的《历史》（Histories）的文字。[23] 塔西佗的观点与之前的作家一脉相承——伯姆或许是通过约瑟夫斯对这些作

---

* 　根据《圣经》记载，挪亚的三个儿子闪、含、雅弗被认为是三大人种的祖先。闪的后代在亚洲，即黄种人；含的后代在非洲，即黑种人；雅弗的后代在欧洲，即白种人。

家的驳斥而得以了解他们的观点——认为犹太人曾在埃及引发瘟疫，这才致使他们遭到驱逐（《出埃及记》和捍卫它的神学家们可不这么认为）。[24] 更令人震惊的是，塔西佗对犹太人的风俗和仪轨嗤之以鼻，认为那些不过是对古罗马人富有理性的生活和崇拜方式的歪曲："在（犹太人）那里，我们认为神圣的一切都成了亵渎，而我们所禁止的一切却为他们所允准。"[25]

伯姆没有反驳上述观点，反而找来另一位罗马作家蓬佩尤斯·特洛古斯（Pompeius Trogus）的言论作为佐证。[26] 接着，他便顺理成章地过渡到对"三大犹太教派"，即法利赛派（Pharisees）、撒都该派（Sadducees）和艾赛尼派（Essenes）的介绍。他援引约瑟夫斯对犹太战争的历史记载作为二手资料，最后却以对叙利亚基督教规程的简短论述作结，完全没有细说犹太人在那场战争中遭遇了什么。[27] 此处究竟谁是权威？谁值得相信？哪个版本的犹太人历史是真实的？读者们很想知道答案。在 16 世纪后期，苏塞克斯古物研究者亨利·豪勒（Henry Haule）将自己手中的那册伯姆著作从头到尾写满评注，他主要对伯姆用来描述法利赛派"经文护符匣（phylactery）"的词语很感兴趣："写有符文的布带或布条，贴在前额上。"[28] 而他在页边空白处所作的标记和一个三叶草符号也清楚地表明，他接受了伯姆最激进的观点：塔西佗和《圣经》对犹太人出埃及的经过和犹太律法的记载存在不可调和的冲突。[29]

优雅的改写：剪刀和浆糊的局限性

鉴于原始资料本身存在冲突，系统性摘抄不太可能产出天衣无缝的叙事，倒更像是制造了一个临界区间，不同观点一旦在此相遇便会发生爆炸。另外，资料整理所涉及的远远不止照抄。编集者要对其摘取的段落加以诠释、翻译、校对和改写。用罗科·迪·迪奥（Rocco di Dio）的话说，"经过删减和再加工，早前传统所采用的程式、意象、理念、论证模式和范例被选入文本汇编，在汇编中得到展示，随后又被整合成新的作品，它们通过这一过程获得了全新的意义"。[30] 笔记本可以将文本保存下来，以防丢失——丢东西始终是人文主义者的噩梦——也让人文主义者在练习拉丁文散文命题写作时可以随意查阅援引。但收入其中的段落也可能发生翻天覆地的变化，成为内容丰富但古怪的造物。

尽管伯姆的笔记本现已散佚，但他完成的那本书却充分揭示了他作为编集者所采用的方法。他并非总是任由不同原始资料间的冲突暴露在自己的文本中。在阅读两位古希腊历史学家希罗多德和西西里的狄奥多罗斯关于古埃及的著述时，伯姆再次发现自己面对着两种截然不同的观点。希罗多德将埃及描绘为一片充满奇观的土地，"那里的奇迹比其他任何地方都多"（2.35.1）。狄奥多罗斯欣赏埃及，但他不认同"希罗多德和某些作家在介绍埃及时所编造的故事"，认为那些都是取悦读者的无稽之谈，对它们嗤之以鼻（1.69.7）。面对这种分歧，伯姆悄然选定立场，站在前一位作家那边。在描述希腊和非希腊风俗时，希罗多德热衷于罗列出二者的相反之处。他描述了一系列与常人完全相反的埃及习俗，以此支持他认为埃及遍地奇观的论断。[31] 伯姆部分抄录了希罗多德所罗列的清单。

010

> 按习俗，埃及女人可以去市场、做生意、卖东西；男人在屋墙之内做纺织活计。男人将重物扛在头顶，女人则将重物扛在肩头。女人站着小便，男人坐着小便。他们习惯在屋内如厕，在大街上吃东西。[32]

然而这段文字并非简单的引用。伯姆删去了作为介绍的前句，而希罗多德在那句话中明确指出，这些颠倒的习俗具有更广泛的意义："他们拥有大量与其他民族完全不同的习俗与律法。"（3.35.2）在将文献抄录到笔记本上或将笔记本里的摘抄写成书的过程中，伯姆同样进行了积极的编辑和改动。他描述埃及人"按习俗……在大街上吃东西"的拉丁文文本如下。

> Eorum foeminae olim negotiari / cauponari / institoriaque obire munera consueverunt. Viri intra murorum parietes texere: hi onera capitibus gestare, mulieris humeris: illae stantes micturire, hi sedentes: domi vulgo ventrem exonerare: in vijs comessari.

这段文字出自洛伦佐·瓦拉（Lorenzo Valla）翻译的希罗多德著作的拉丁文译本，但瓦拉的译本却与之存在不小的差别。

> Apud quos foeminae quidem negociantur cauponanturque: & institoris operis vacant. Viri autem intra domos texunt. Alii villum subtegminis desuper tramant: aegyptii subter. Onera viri capitibus:

Foeminae humeris baiulant. Foeminae stantes mingunt: viri sedentes. Domi ventrem exonerant: exterius in viis comedunt. *

伯姆对这一小段文字进行了再加工：删去那句格外突出埃及社会秩序之反常的关于纺织方法的介绍；将数个词语和短句替换成其他的近义表达；对于保留下来的动词则改变其词形和时态。在结尾部分，与开头一样，他删去了希罗多德的若干总结性论点中的一个，即埃及人喜欢在私人场合做"令人羞耻却必要"的事，在公共场合做"不令人羞耻"的事（2.35.3）。显然，"剪刀加浆糊"这样的固定搭配并不足以概括伯姆的创作方法，尽管他通过摘抄来进行创作。他的笔记本以及根据笔记创作的草稿中时有随意改写文本的情形，他大刀阔斧地进行删减，从而重塑保留下来的内容。按伯姆的做法，摘抄是一项繁重的劳动，需要密切关注细节，每一句话都要多次抄录。

011

拥抱疼痛：伯姆如何看待旅行文学

伯姆的读者经常强调，他的作品格调平庸且保守。有些读者不无道理地认为，伯姆对旅行作家的负面评价完全适用于格林此前出版的米霍维塔和瓦尔泰马的作品。[33]

但是，伯姆似乎不太可能刻意批判自己的出版商发行的作品。更何况那两本书的写作方法本身就大相径庭。米霍维塔对

---

* 在埃及人中，女人做生意、做买卖是理所应当的，她们也懂得经商之道。但男人却在家中纺织。其他地方的人织布是从上往下，埃及人却是从下往上。男人将重物顶在头上，女人则将其扛在肩头。女人站着小便，男人坐着小便。他们在家中如厕，在街上吃饭。

波兰和俄国的生动描述所依据的不是亲身经历，而是阅读：他从未见过自己所描写的那些土地。[34] 与之相反，瓦尔泰马所写的大多是亲眼所见，他站在充满好奇心的外来观察者的立场上进行记述，这是早期读者青睐的做法。[35] 伯姆不太可能以同样的理由同时声讨他们二人——更何况他自己在写到莫斯科人的风土细节时，还借用了米霍维塔书中的许多内容。[36]

总之，旅行文学直到哥伦布发现新大陆之后才真正诞生。正如伯姆本人所指明的，米霍维塔和瓦尔泰马的著作不是孤立的现象。15 世纪见证了各式各样的文化接触。欧洲人远赴非洲和印度，记录他们的见闻，从埃及古文物到阿比西尼亚基督教，不一而足。15 世纪的天主教公会议——尤其是巴塞尔、费拉拉和佛罗伦萨公会议——让来自各地的基督徒得以直接对话（尽管并不总是能取得成果）。从教宗庇护二世（Pope Pius II）生动而涉猎广泛的旅行见闻录，到专门研究特定地区的专著，新的叙事形式逐渐成形，然后被刊印成书，进而获得读者。我们将会看到，与借鉴古代和中世纪文献一样，伯姆也从这种新生文学中吸取了素材和灵感。

从剪贴到量体裁衣：作者的手艺

更重要的是，正如伯姆一贯坚称的那样，他的作品并不仅是依靠抄录。在其即将付梓时，伯姆给阿尔塔默写了一封信。这封信表明，书中所附的阿尔塔默来信是经过修改的第二稿。第一稿让伯姆大为光火，因为阿尔塔默将他的著作视为模仿前人的衍生产品。他怒斥自己的朋友："当着我的面，您竟敢说我书里全都是其他文献早已有之的内容。可实际上我为此费尽了心血，投入了无数巧思。如果我们的友谊——我姑且认为您是出于友谊才作此言——没能阻止您得出此等论断，那我也无法欣然接受您的说法。"[37] 伯姆很清楚，他所做的远远不止重组语句和段落。

阿尔塔默的第二封信让伯姆较为满意，并被收入书中。在这封信中，阿尔塔默依然称他的朋友是在摘抄选段，但也对伯姆为这项活动所增添的独具一格之处大加赞扬。

> （书中）可以看到所有引人注目的风俗和仪式，他以前人著述中从未有过的细致和技巧来详述这一切。他孜孜不倦地从故纸堆中采收葡萄，用以酿造自己的好酒；他捡拾他人未曾发觉的麦穗，积攒成自己的丰收——这本书的内容之丰富毫不亚于它带来的乐趣，而所带来的乐趣又毫不亚于它的实用性和必要性。[38]

另外，伯姆本人也在序言中明确表示他有所创新。关于第一批人类的原始生活与当代人"美好而幸运"的生活之反差的论述，便是其中一例。[39] 在反复强调原始文献之优的同时，伯姆也明确表示此书绝不只是一部精心摘录、内容扎实的集成。

诚然，书中的某些片段确实可能让读者认为，这就是一部由缺乏紧密关联的二手素材汇聚而成的合集，正如阿尔塔默在第一封信里所描述的那样。有时，伯姆对原始资料的引用近乎偏执（这种偏执大可用在别处），却从不指明引文描述的是古代、近代还是二者之间的某个时间点。书中正文的第 1 章介绍阿比西尼亚，伯姆自己承认，这部分大量援引了威尼斯人文主义者马尔可·安东尼奥·萨贝利科所著的普世历史。与萨贝利科一样，他指出阿比西尼亚的政治框架在近期发生了变化。[40] 但是，在伯姆著作的第三部分，写到他本人所生活的欧洲大陆时，其所援引的却是古代文献。

举例来说，伯姆在探讨希腊人安葬战死者的风俗时写道，男人和女人都会护送男性家庭成员的尸身前往雅典城外，由一位慎重选出的成员致悼辞，随后安葬尸体。他在整段描述中使用的都是现在时，与他描述同时代的俄国风俗时没有任何区别。[41] 但他自己也指出，所有这些信息都源自一份令人肃然起敬的原始文献：公元前 430 年伯里克利（Pericles）的葬礼演说（2.34，2.46），由修昔底德（Thucydides）记录，后由 15 世纪的人文主义者洛伦佐·瓦拉翻译成拉丁文。[42] 伯姆逐字照抄瓦拉的译文，称雅典人在"郊外的加理多教宗纪念碑旁（iuxta monumentum Callisti, apud Suburbia）"举行上述仪式。[43] 而修昔底德的原文却是他们在"城外最美的郊区（ἐπὶ τοῦ καλλίστου προαστείου τῆς πόλεως）"墓地举行葬礼。希腊文中的"καλλίστος"（拉丁文转写为"callisti / callistus"）一词可以作为男性人名"加理多"，但在此处却是修饰"郊区"的形容词。这个案例表明，有时伯姆在组织素材时不太关注其所诞生的年代。他的时间线在毫无提示说明的情况下曲折前进，可以从遥远的古代跳跃到下个星期。这样一来，读者产生如下印象便情有可原：他将摘抄的选段一股脑塞进相应的章节，完全不考虑其原本所在的上下文和彼此之间的联系；而且，他往往沿用原始资料所用的术语。

不过，在另一些情况下，伯姆在将摘抄纳入正文时却有意识地对其进行重塑。为了介绍立陶宛一带幸存至 15 世纪的异教崇拜仪式，伯姆援引了庇护二世所著的一本涉猎广泛的著作。庇护二世本人不曾去过立陶宛，但他将一部介绍神圣罗马帝国皇帝腓特烈三世（Frederic III）的小书扩写成了一部涉猎广泛的欧洲各地地方志，其政治意义高于民族志学价值。在巴塞尔公会议（Council of Basel）上，日后的教宗庇护二世遇到了一位竭尽所能让立陶宛人皈依基督教的波希米亚神父，名叫哲罗姆·扬（Jerome John）。根据哲罗姆的讲述，庇护二世记录了他的际遇。

> 我遇到的第一批立陶宛人崇拜蛇类。每户人家的家主都会豢养一条属于自己的蛇，房间一角有干草堆供它盘踞，由家主来饲喂它并向它敬奉供品。哲罗姆下令杀掉所有的蛇，将它们带至市集广场当众焚烧。在蛇尸之中，有一条蛇比其他的都大，不管尝试多少次，都完全无法点燃它。[44]

其他人则崇拜圣火——哲罗姆揭露那不过是伪神。[45] 在更趋内陆的地区，还有人“崇拜太阳，以非凡的虔诚供奉一尊尺寸惊人的铁锤”，他们相信曾有一位强大的国王将太阳囚禁在高塔中，是巨人用铁锤解救了太阳。[46] 伯姆将第一个故事一字不差地抄录下来，[47] 却将第二个故事压缩成短短的一句话：“其他人崇拜火，并用火占卜吉凶。"[48] 至于第三个故事，他过度精炼的概括简直让人看不明白："有些人崇拜巨型铁锤形状的太阳。"[49] 一向对可信度保持警惕的庇护二世指出，哲罗姆在讲述这些奇闻时"面色坦然、毫无犹豫"。他和同伴们"在与之告辞后"都相信哲罗姆所言不虚。[50] 而伯姆在探讨立陶宛时却省略了庇护二世的这些思考。尽管他没有明说原因，但可能是因为他不像庇护二世那样直接从对话中撷取素材，而是从权威书面文献中进行摘录。换言之，他不仅从原始资料中抄录段落，还会对素材进行筛选和压缩。

改写及其原理

伯姆的删减和改动发人深思。在进入欧洲民族志部分之前，他探讨的最后一个"亚洲"民族是奥斯曼土耳其人。他的记载出乎意料的友好。在描述土耳其女性的谦逊作风及其在两性关系中的贞洁时，伯姆表现出明显的欣赏。

015

　　她们头戴冠帽，外面另罩一层面纱。因此，在得体地裹住身躯的同时，面纱也悬垂在面庞的左侧或右侧。如果某位女性不得不出门或在家中遇到男子，她便立即拉起面纱遮住整个面部，只露出眼睛。女性绝对不敢在男性聚集的场所露面，也绝对不敢前往公共广场。他们严令禁止女性去购买或贩卖任何物品。在稍大一些的宗教场所，女性的座位距离男性非常远，而且位置非常隐蔽，外人完全无法看到里面的情况，更别想踏入一步……男人和女人在公共场合交谈极其罕见，即使您在他们当中生活一年也难见一回。[51]

此处，伯姆誊写的是 15 世纪多明我会修士匈牙利的格奥尔格（George of Hungary）的文字，此人曾长期在土耳其为奴。他经常改动所抄写的内容。格奥尔格强调，这些规矩适用于所有土耳其女性，无论贫富，但富人的妻子不戴面纱出门尤为伤风败俗。伯姆将这些要点统统省略。在另一些情况下，他的改动十分主观。格奥尔格描述女性的面纱悬于脸部"右侧"，而伯姆却称其位于"左侧或右侧"。不过，伯姆那句带有显著亲身经历色彩的"即使您在他们当中生活一年"却是逐字照抄格氏的记述。[52]简而言之，伯姆不仅利用这份书面文献为读者提供重要信息，也为自己的作品增添了几分目击报告的亲历性。

不过，伯姆省略了格奥尔格书中的许多具体细节，而这些细节恰恰是格氏作品的与众不同之处。在一段内容充实的文字中，格氏转述了一则从加拉塔（Galata）——从前是君士坦丁堡的热那亚侨民区——的多明我会修士那里听来的关于穆罕默德二世（Mehmet II）的故事。

我省略了所听说的许多关于穆罕默德二世的事情：他与人交谈时十分可亲，作决断时成熟且英明，乐善好施，在其他方面也与人为善。佩拉（Pera）的修士们说他曾走进他们的教堂，在唱诗班区坐下来观看他们的典仪和礼拜祈祷。他们当着他的面举行弥撒，因为他希望如此；他们在圣餐礼上

016

　　为他展示未经祝圣的圣饼，因为想满足他的好奇心，却又不想明珠暗投。他曾与他们就基督徒的律法和仪式进行过长时间的讨论，在得知主教是教堂的负责人后，他便想让他们任命一位主教来安抚基督徒。他承诺将为其提供主教身份所需要的一切，也必定向其提供眷顾和帮助。[53]

格奥尔格用这则复杂的轶闻来展现土耳其人的好奇心和包容心以及基督徒对此的回应，以证明穆罕默德二世本人的"率直"和善良。伯姆没有复述这则故事。但他毫不犹豫地汲取了这则轶闻的寓意，将其纳入自己的记述中。

　　萨拉森人不逼迫任何人背弃所信仰的宗教或教派，也不会游说任何人那么做，尽管《古兰经》教导信徒消灭敌人和敌人的先知，用各种手段迫害他们。因此，土耳其生活着各种教派的信徒，每个人都根据自己的习惯敬拜神明。[54]

这是一条惊人的评价。在豪勒的那本伯姆著作中，豪氏在此处写道："在土耳其，人人都能信奉自己的宗教。"[55]

　　在这个案例中，伯姆以两种互补的方式对其借鉴的文本加以改动。他削减了大部分对现代读者吸引力尤为强烈的局部细节。格奥尔格关于穆罕默德二世的故事与他同土耳其人打交道的其他个人经历一样，没能传承下来，既没有从最初的文本过渡到伯姆的笔记本里，也没能从笔记本过渡到最终的书本内。即便是得到采用的素材，其含义也被伯姆简化处理。举例来说，在其专著的第 14 章中，格奥尔格用很长的篇幅记述了土耳其人多姿多彩的宗教活动。他说土耳其的伊斯兰教活动朴素而简单，与基督教形成了鲜明的对比。他还绘声绘色地提到其他几种土耳其宗教，包括那些坚持不懈的禁欲主义者，他们"赤身裸体地度过冬季最严寒的时节却毫不在意，在夏季最炎热时也是如此"；也包括能在迷狂中窥见超自然幻象，受到超自然启示的预言家。[56]格氏似乎格外欣赏伴随某种特殊乐器的旋律起舞的"伊斯兰教苦修士（dervish）"，称"他们手舞足蹈的动作十分得体，非常协调"。舞至高潮时，他们飞速旋转，快到"观者竟分不清他们究竟是人还是雕塑，他们的身体呈现出堪称超乎自然的灵活性"，若非教团成员休想效仿。[57]

伯姆只引用了格奥尔格关于土耳其人宗教生活的一小部分素材。他重点强调信教者的慈善活动。在他的记载中，这些信教者很像是某些较为虔诚和禁欲的基督教团体的成员。

017

> 那个教派包括很多不同的信教者。其中一些在树林中或人烟稀少的乡下生活，避免与他人接触。另一些人则在城市中行善布施，让穷困的异国人在他们的屋宇里住宿，尽管他们无法为其提供食物，因为他们自己也靠行乞维生。还有一些人浪迹在城市间，用兽皮袋装满清水，免费提供给任何向他们讨水喝的人。如果对方主动给他们什么，他们也欣然接受。但他们没有任何要求。[58]

伯姆这段可敬的描述来自匈牙利的格奥尔格——但他剔除了格

氏描绘旋转舞和迷狂启示的所有内容。

二人从素材中得出的结论也大不相同。格奥尔格在评论笼罩土耳其信教者的神圣氛围时称，他们"一言一行都是道德的典范，他们所有的习俗和活动都表现出深深的虔诚，这让他们看起来简直是天使而非凡人"。[59] 但紧接着他笔锋一转，对他们的所作所为加以深刻的批判，最终又否定了对他们的欣赏。他声称，土耳其宗教表现出的所有优秀品质实际上都是恶魔刻意为之的精心伪装，意在让人皈依伊斯兰教。土耳其人不是真正的虔诚典范，而是骄傲自满、为害他人的伪君子。[60] 格氏的著作虽然素材充实，态度却自相矛盾，无法为其同时代及之后的读者提供任何明确的教诲。伯姆从格奥尔格的记载中撷取最有趣味的语句，调整措辞，但未更改内容。他写道，土耳其圣职"一言一行都表现得无比虔诚，几乎让人以为他们是天使而非凡人"。豪勒用下划线强调了这句话。[61] 他没有提到魔鬼，更没有从表面虔诚的行为中寻找邪恶的动机。伯姆在挑选并重新组织语言时，清除了格氏文本中的所有矛盾之处。

这些做法令伯姆的著作充满发人深思之处。将原始资料中内容丰富的异国风俗记载缩减为简短的概述，大量舍弃第一手细节，这让文本比对变得很容易。豪勒便是如此研读此书的，他在页边空白处标出了许多对比和差异。奥斯曼帝国勒令公民结婚的律法让豪勒联想到梭伦（Solon）的与之相似的雅典法。[62] 他将土耳其人与毫无节制的想要多少妻妾便娶多少的鞑靼人相提并论，以体现前者更懂得约束自己，毕竟他们规定一个男人只可娶四位妻子。[63] 弗兰肯人对外地人表现出的无礼和蔑视也让读者联想到鞑靼人类似的态度和举止。[64] 让·博丹（Jean Bodin）的《轻松理解历史的方法》(*Methodus ad facilem historiarum cognitionem*) 意在让读者学会比较不同的历史学家及其所描述的架构。而博丹对伯姆的评价并不高。[65] 不过，同样读过博丹著作的豪勒却认为伯姆的书更值得认真研读，他编织起一张交叉比对的网，揭示出文本的相似之处——或许也揭示出了历史性的关联。

民族志的眼光：从新视角观察熟悉的事物

另一个让伯姆的作品发人深省的特色是：他愿意取悦与普遍认知相悖的想法——褒扬非基督教民族，归纳非基督教作者对基督教历史的记载。在进一步完善研究的过程中，他使用素材的方法以及章节的内容都愈发具有创新性。全书第二部分的最后一章记述的不是某个亚洲民族，而是一种诞生于亚洲的宗教：基督教。在书中更早的地方，伯姆曾明确写道，基督教与他探讨的其他宗教信仰一样历史悠久。在介绍古埃及时，伯姆与之前的许多作者一样，列举出多位曾跨越地中海去寻找更古老智慧的古希腊人。经过一番探寻，伯姆最后也在这一古代文化中寻得基督教的源起："我们基督教使用的许多器物都借鉴自古埃及风俗。比如苏袍、罗袍和类似的亚麻外衣；剪发礼；（圣职）转身面向圣坛的动作；弥撒的庄重仪式，管风琴，跪拜礼，屈膝礼，祷告以及其他。"[66] 在这个案例中，伯姆明确指出，这段论述借鉴自一部集 15 世纪学识之大成的巨著。博洛尼亚人文主义者菲利波·贝洛奥尔多（Filippo Beroaldo）——他对阿普列乌斯（Apuleius）《金驴记》[*Golden Ass*，原名《变形记》

019　（*Metamorphoses*）] 的大部头评注于 1500 年现世——曾有过详尽论述，称基督教仪典的核心是从埃及和罗马宗教仪式演变而来的。[67] 但贝洛奥尔多的著作仅仅将该观点作为一种可能的设想，在伯姆的著作中，它却成了新史论的核心。

在有关基督教的章节中，伯姆格外谨慎且精准地阐释了前人设想的意义。他所构建的不是对其所处时代基督教的研究，甚至不是对拉丁基督教（Latin Christianity）*的研究，而是一部教会史。从弥赛亚降临与第一个教区在安提阿（Antioch）的创建开始，伯姆展示了教会如何为适应新用途而对现成的原型加以改造，从而创造出教会自己的组织机构、职位和实践活动。神庙祭司的衣袍改头换面，成了后起之秀基督教的法衣。奠定罗马帝国权力基础的等级制度发生质变，成了新生教会内部的等级划分。[68] 伯姆让读者看到，基督教组织和实践的每一方面都随时间流逝而有所发展，其中许多都建立在效仿更古老的非基督教范例的基础上。

早前研究基督教礼拜仪式和相关主题的作家也探究过上述发展中的一部分。13 世纪的圣典学者 / 教律学家纪尧姆·杜兰（Guillaume Durand）在其关于教堂建筑和礼拜仪式的专著《圣理宗规》（*Rationale divinorum officiorum*）中收集了大量素材。每一位教长和潜在的改革者都知道这部必读之作。当托马斯·克兰麦（Thomas Cranmer）想知道他所反抗的陈旧教会是如何

---

* 拉丁基督教亦称"罗马基督教（Roman Christianity）"，系基督教的原始教派之一，也是最大的天主教教派，以基督教五大牧首区首府（其余四城分别是君士坦丁堡、亚历山大港、安提阿和耶路撒冷）之一的罗马为中心。

发展出今日的形式和惯例时，他便去翻看手里的那本《圣理宗规》，从字里行间追根溯源。[69] 举例来说，杜兰在书中解释了数个世纪以来，弥撒屡次面对挑战并逐渐定型的过程。

> 一般来说，教堂内不得吟唱或朗读任何未被正式纳入正典、未经罗马教会认可或允许的内容。但是，在早期教堂里，人人都可以吟唱自己喜欢的内容，只要与赞美上帝有关即可。有些祈祷文从一开始便为信徒所吟诵，比如基督在主祷文中、使徒们在信经中所确立的内容。后来，由于上帝的教堂被异端分裂，异教徒的铲除者狄奥多西大帝（Emperor Theodosius）请求教宗达玛稣（Pope Damasus）号令审慎且虔信天主教的圣职，让基督教的礼拜仪式回归正轨。[70]

达玛稣向圣哲罗姆（St Jerome）求助。后来，哲拉旭一世（Pope Gelasius I）和额我略一世（Pope Gregory I）两位教宗又进一步作了补充，教宗哈德良一世（Pope Hadrian I）则将他们的这些补充转变为约束整个教会的标准。[71] 克兰麦在阅读这段阐释时提笔作注，其中的一些后来被他的缮写者誊抄在他那本《大摘录集》（*Great Commonplace Books*）中。[72] 然而，伯姆提供的却是一部羽翼丰满的弥撒史，从圣餐礼中奉献圣饼和葡萄酒的仪式到最终的"弥撒礼成（Ite, missa est）"，他提及的每一项要素都有合乎正统的作者出处，关于教堂建筑、音乐等其他方面的内容也是如此。在波利多罗·维尔吉利（Polydore Vergil）的八卷本著作《论发明家与发现者》（*De rerum inventoribus*）

中，作者通过主题论述的形式，以四卷的篇幅首次详细阐述了基督教的实物历史。而在此前一年，伯姆便让读者看到，基督教本身就是一段历史，他的论述提前抢走了这位意大利学者的风头。[73]

此外，伯姆对基督教的研究表明，他非常了解自己的主要课题——风俗、律法和仪式——会随时间推移而改变，尽管他关于非洲和亚洲各民族的记载有时表现得恰恰相反。写到莫斯科大公国（Grand Duchy of Moscow）时，他用现在时表明自己描述的是一个近期才建立的新社会："女孩背后露出一些头发，但结婚成家后她们就会小心避免露出头发。男人的头发剪到露出耳朵的位置，任何对头发的明显关注都会招致对其男子气概的批评。"[74] 伯姆对莫斯科大公国城市的描述（城市出奇的空旷，有许多开阔的空地）同样引自他人，也明确使用现在时，与他描述俄国人头发的段落如出一辙。而在介绍立陶宛时，如前文所述，他用一些篇幅描述了基督教之前的风俗信仰及其在 15 世纪的毁灭。

谈及自己在德意志的故土弗兰肯（Franconia，也译"法兰克尼亚"）时，伯姆的写作风格再次转变。现在，他一改在同一本书前两卷中大量删减、言简意赅的手法，采用教宗庇护二世和匈牙利的格奥尔格那种散漫无序、生动详实的风格来描述其所处时代的宗教生活与实践。与他们类似，他为生活在那里的民族描绘了一幅不可思议的点彩肖像。弗兰肯人同其他德意志人一样努力工作，却始终贫穷："弗兰肯人的身体素质和健康状况与其他德意志人毫无差别。无论多繁重的工作他们都能承担。男人和女人都受雇去葡萄园干活。谁都没有闲暇时光。由于生来贫穷，他们往往将葡萄酿成的酒拿去售卖，自己只喝水。他们厌恶啤酒，特别反感别人用啤酒招待他们。"[75] 同样犀利的段落表明，弗兰肯人一向瞧不起其他民族。他们崇拜上帝，还（很不幸地）对亵渎和偷窃习以为常，"因为他们认为前者很正确，后者很光荣，二者都是他们长期流传下来的风俗"。[76] 与伯姆笔下的希腊人和土耳其人不同，他描述的弗兰肯人反倒与文献中的非基督教民族一样复杂且充满矛盾。

对伯姆来说，一旦涉及宗教，没有任何细节无关紧要到不值得讲述。他记录下圣诞节松饼的食谱：松饼用小麦、蜂蜜、姜和胡椒制成，一家之母还会在里面包几枚硬币。有些松饼被赠送给穷人。在自己那份松饼里找到硬币的家庭成员"将被所有人致以国王般的礼遇。大家让他在高高的椅子上坐好，然后在欢呼声中三次将他高举起来。他手拿一支粉笔，用它在餐厅的天花板上画出三个十字架。人们相信这些十字架能驱走多种疾厄，因此它们很受推崇"。[77] 伯姆热切地介绍了弗兰肯节庆时男女易装的细节。每年在圣诞节和主显节之间，男人打扮成女人，女人打扮成男人，所有人都戴着面具。伯姆还写道，每家每户都要点燃香薰蜡烛，让恶魔和女巫远离。[78] 一段引人入胜的文字生动描绘了人们将塞满稻草的木轮抬到山顶，在黄昏时分点燃，任由它们一路滚下山谷的情景："这景象令人目瞪口呆，没见过这场面的人甚至以为是太阳或月亮从苍穹坠落人间。"[79] 他特别关注青年群体和民间活动，并且明确写道，他认为其中一些活动是"迷信"，是对正统基督教实践的补充。[80]

　　在某些案例中，伯姆将这些仪式的历史一直追溯到古罗马时代。关于圣诞节和主显节之间的 12 天，伯姆评论道："有些人一丝不挂地四处乱跑，扮演牧神［Luperci，古罗马牧神节（Roman Lupercalia）上的庆祝者］；我认为，古时一年一度疯跑庆祝的习俗正是通过这些牧神传承至今。"[81] 在元旦那一天互赠礼物的"古老习俗"则让他想起，罗马人在新年第一天举行的各项仪式中也包括互赠礼物。[82] 相似之处值得载入文献，它们可能将那些具有蛮族起源背景的近代民族（比如弗兰肯人或奥斯曼土耳其人）与古代世界文明程度最高的民族联系在一起，也可能表明异教残余已渗透进基督教生活的方方面面。不过，在另一些情况下，伯姆却发现自己无法确定某一弗兰肯习俗背后的成因或来源。在圣灰星期三（大斋首日），于过去一年中曾参加过舞会的年轻女子"会被年轻男子们集中起来，拴在犁上当作牛马驱赶"。一名吹笛手坐在犁上，伴着他的笛声，女人们将他一直拉到湖边或河边。写到这里，伯姆的口气与《屋顶上的提琴手》（Fiddler on the Roof）中的特维亚（Tevye）颇有几分相似，他坦言"我不太明白为何要这样做"，只能猜测是她们要为在教会节日期间跳舞的罪行接受惩罚。[83] 有时，他会刻意以犹豫不定的口吻结束一段讨论，这与他展示彼此矛盾的原始资料，并由读者自行决定的做法如出一辙。

　　有一点十分明确：民族志本身便具有坚实的知识论地位。伯姆称，他希望记录本民族"引人注目的仪式"，"以免关于异族的记载被当作空洞的传闻"。[84] 他不但没有轻视因亲见而获得的知识，还通过阅读匈牙利的格奥尔格和其他人的作品学习如何以民族志学者的好奇眼光来审视民俗。更值得称道的是，他还用这样的眼光审视自己的故乡，从而观察到了故乡社会的陌生之处。在他笔下，这个社会所奉行的仪式和信仰给读者的感觉与关于亚洲和非洲民族的篇章一样古怪。[85] 接着，在描写德意志地区的一个又一个省份时，伯姆不断列举新的原始资料，也不断提出新的问题。在讨论古巴伐利亚人（ancient Bavarians）和古克恩顿人（ancient Carinthians）时，他详尽引用他们的律法，以揭示"这些民族的习俗和生活方式"。[86] 在描写古斯瓦比亚人（ancient Swabians）时，他引用塔西佗关于德意志的著作来反映古代当地人在森林中的清贫生活：没有贸易，也没有农业。但对于近代斯瓦比亚，他指出："习俗已经改变，而且遗憾的是，很多方面都变得更糟。"[87] 尤为特别的一点是，斯瓦比亚男女都精于纺织，棉与亚麻混纺出的面料被称为"粗纹布（Barchent）"，纯亚麻纺织成的面料则被称为"凯尔施麻布（Kölsch）"。据伯姆估算，仅乌尔姆的居民每年就能纺织出各10万匹的两种面料，他们将其拿到法兰克福（Frankfurt）的集市上，"售卖至最偏远的国度"。[88]

然而，银钱往来的迅速扩张给斯瓦比亚人带来了悲剧性的后果。近代斯瓦比亚人全都投身于贸易领域，组成合伙企业，购买从异国香料到汤匙和针线等的各种商品，并迫使其他人从他们那里购买必需品。

这有损于手工业者和农民的利益，他们提前将产品卖给那些商人——或许我该称其为奸商？——随后不得不以双

倍的价格再买回来。不仅如此，这对全省都贻害无穷。人
们再也无法从邻近地区的人手中购得所需要的一切——从
附近的人那里购买价格更便宜——现在，他们只能从来自
斯图加特或其他有集市的地方的商人手里购买商品。[89]

在伯姆的上帝视角下，中世纪晚期帝国城市中庞大的制造业经
济是一种具有历史偶然性且对社会有害的新发展：这一发展与
邻国奥斯曼土耳其无往不利的军队一样让人感到陌生，却又是
当时德意志世界的时代特色，就像成功的军队是奥斯曼帝国的
时代特色一样。这不是伯姆对其所处时代和民族风俗的唯一一处批
判性思考。他还指出，德意志女性已抛弃一度时兴的夸张服饰
和珠宝，重新拾起朴素节俭的古老传统。但德意志男性却成了
时尚的展板，热切追捧来自法兰西和意大利的新式服装。[90] 与
此同时，农民却过着"艰苦而悲惨的生活"，住在用木头和泥土
搭成的陋室里，以面包、燕麦和水煮豆类果腹。[91] 德意志以富裕
而精致的城市、广受布施的托钵僧书院而自豪。伯姆在书本一
开头便以雄辩的笔法提到了这种物质文化的兴盛，但那并非一
件简单的好事。[92]

　　写完这本书，伯姆也成了一位具备批判性和国际视野的
观察家。他不仅摆脱了对较为古老的书面文献的依赖，还将
自己的敏锐观察作为文献的补充。他收集和使用信息的方法
在写作过程中渐渐改变，成了当初动笔时他自己或许始料未
及的模样，比他本人介绍此书时所提及的方式要丰富得多。伯
姆著作的丰富性体现了编集活动本身的复杂性。文艺复兴时期

许多看似由执笔之手匆匆抄就的笔记本其实也是动脑苦思的结果——伯姆的著作和为其提供养分的笔记本便是如此。收集书面素材有助于促进观察，而观察又可以启发对摘抄选段的思考。

与伯姆类似，贝尔纳多·本博在他的摘录集中也多次将权威文本与个人经历放在一起。在摘录集中的一处，他从公元 4 世纪辑录帝王生活的汇编作品《罗马君王传》（*Scriptores historiae Augustae*，也译《皇史六家》）中引用了一段文字，以表现赫利奥加巴卢斯（Heliogabalus，也译"埃拉伽巴路斯"）对"拔去爪牙的狮子和花豹"的钟爱。这段想象力丰富的文字写道，皇帝命驯兽师将这些猛兽牵到宴席桌边，"只为将不知情者吓得魂飞魄散，然后对他们大加嘲讽"。[93] 在这段引文旁，本博回忆起自己与大型猫科动物亲密接触的一次个人经历："类似的事情也曾发生在我本人，即贝尔纳多·本博大使身上。那是我第一次与勃艮第公爵、尊贵的查理殿下（His Serene Highness Charles, Duke of Burgundy）共进晚餐的时候。在事先毫无提醒的情况下，他领出一头拔去爪牙的母狮来见我。我吓得浑身战栗、面无血色，引得周围侍立的廷臣哄堂大笑。记于 1471 年 8 月，皮卡第，阿布维尔。"[94] 本博从同一份古代文献中引述了一段赞美位于蒂沃利（Tivoli）的哈德良别墅（Hadrian's Villa）的文字，在引文旁，他写下了亲眼见到别墅遗迹时的欣喜之情。[95] 伯姆写书所依靠的不仅是至少三年的耐心摘抄，还有赖于将观察评论与引文放在一起作对照的方法，本博在其"摘录集（Zibaldone）"中便已采用这种方式。如今，出版与研究——写作与阅读——似乎是彼此独立的实践。但是在人文主义者制作书籍的世界里，二者很难被分得泾渭分明。二者都需要执笔在手，又都不是对文献知识的盲信盲从。而且，二者都可能得出激进的结论。

做书的手艺

伯姆制作书籍的经历与本博有一点至关重要的区别。伯姆写书是为了出版。尽管此前只出版过一部篇幅很短的作品，但这足以让他充分了解印刷商的工作方式，好让这部著作以他认可的形式刊印出版。举例来说，他在致安德烈亚斯·阿尔塔默的信中写道："我在本书标题中便相当坦白地承认，我这本书是收集各方素材的结果。"这本书的完整标题其实是《天下诸民的风俗、律法和仪式，由条顿骑士团的忠诚教士约翰内斯·伯姆收录自诸多杰出史学家的著作，归为非洲卷、亚洲卷、欧洲卷三册，敬奉读者雅士》(*Omnium gentium mores leges et ritus ex multis clarissimis rerum scriptoribus, a Ioanne Boemo Aubano sacerdote Teutonicae Militiae devoto nuper collectos, & in libros tris distinctos, Aphricam, Asiam, Europam, Optime lector lege*)。如前所述，该标题并未准确反映伯姆的写作手法和成果。但这显然是他亲自选定的标题，也许他意在显露谦逊的姿态，以免遭受批评。

伯姆所做的明显不止于此，他至少还对此书的版面设计和排字印刷的细节提出了具体且明确的要求。我们不知道他是否参与了第一版版式的选择，那是一本精巧的小型对开本。伯姆在写给格林的序言中指出，他与这位出版商就书本设计中的一个方面达成一致。他感谢格林将书本印刷得"非常精准，并且按承诺将图画放在每一章的开头"。这本书的第一版并没有插图。但序言和三大主要部分的开头都饰有一个华丽的大写首字母，由复杂的细小图案和藤蔓般交缠的线条组成，有的还点缀着小巧的人脸。这些想必便是格林承诺提供的"图画"。在独立的索引标题页最后有一幅精美绝伦的木版画，画面中赤身裸体、无拘无束的小天使手持奖杯和纹章，这可能也是应伯姆的要求制作的。毫不意外的是，伯姆的书［与伊拉斯谟的《箴言集》(Adages) 等极富创新性的参考工具书差不多处于同一时代］以按章节分册的套装问世，配有一本独立且详细的主题索引册，这样的设计是为了让此书便于查阅，也适合持续阅读。伯姆虽然不是一位高产的作者，却十分了解出版之道，知道在序言中向印刷商的出色工作表示感谢——序言是整本书中最后创作和付印的部分。无怪乎此书能以那个时代最上佳的形式出版。《天下诸民的风俗、律法和仪式》远远不只是一部在闲暇时复制粘贴出的产品。这本书所蕴含的种种证据揭示了自身的发展过程。这一过程表明，例行公事的流程可能产生自我重复、自我批判的论证；制造知识的传统形式可能对人们普遍接受的关于生命、宇宙乃至万事万物的信条构成挑战；最重要的是，今天我们探讨文本时已不再将其视为具有物质形态，然而它在诞生之时却实实在在地需要无数具体的物质劳动。

染墨的指尖

本书共九章，将在辽阔的人文主义学术世界里进一步探寻一向被视为彼此独立的领域之间的联系。前三章将审视印刷商和缮写者的工作及其对学者制造知识方式的影响。第 1 章关注的是人文主义者最重要的一项技艺——校勘学。该章研究的重点是，在一版版书籍付梓的过程中，在印刷工场内开展的校勘活动对这门表面上脱离物质形态、堪称玄妙的学术技能的形成其实有着深远的影响。学者们不仅在安静的书房里，也在墨迹斑斑的工坊里校对文本，而他们在工坊里承受的时间压力和具体限制则使工作方式发生了至关重要的改变。第 2 章提出的观点是，校勘学与一种截然不同的智力活动——通常由女巫和死灵师进行的不合正统的占卜——存在出乎意料的关联。我们将再一次利用制作书籍的物质条件来解释占卜校勘如何脱离与死灵术的联系，逐渐成为学术精神的主要产物。第 3 章将回溯缮写工作的各种新形式——在印刷术诞生后，这类劳动反而有所增长——与近代早期学术研究最原初的形式之一，即古文字学之间几已被遗忘的历史联系。每个案例都涉及一种对专门知识要求极高、极费心力、显然秘不外传的学术形式，最后却与另一些看似毫无关系的工作存在不可分割的有机联系。

中间三章将对编集活动以及学术阅读与写作之间的紧密联系——安·布莱尔在《工具书的诞生》(*Too Much to Know*)中对此作了极其精彩的调研 [96]——进一步展开案例研究。正如伯姆的案例所显示的，选择、保存并使用摘自文献的选段是一种

"复杂且切实的"脑力劳动形式。[97] 这项劳动时常涉及对较为古老的素材合集的使用，而这些合集本身便是前人精读、摘抄和保存的产物。[98] 当我们探寻学者收集和组织文本与摘抄的多种方式时，我们发现汇编、档案和笔记本都不只是存储信息的容器。如果组织得当，它们本身便可成为知识的工具和认知的机器，可以为其储存的看似枯燥且难以区分的摘抄提供解释，进而为它们赋予意义，或者激发这些摘抄的活力，使之为影响深远的新颖论述提供依据。[99] 第 4 章将展示系统性编集，以及对旧汇编的再利用是如何启示人们从根本上重新认识基督教的历史的。第 5 章以近代早期的一位伟大收藏家马修·帕克（Matthew Parker）为主角，探讨他所认为的创建档案馆的意义。第 6 章则告诉我们，人文主义者编写摘录集的传统表现出了意料之外的适应性，在 16~17 世纪的大西洋彼岸显得格外有用。

最后三章将探讨文献藏书如何再次为人所用，在经过转化后为特定目的的论证而服务。事实证明，在近代早期欧洲提出的最新颖的历史观点中，有些恰恰取材于当时存在已久的故纸堆或者疲惫不堪的出版校对人员的研究；这些人虽充当着内容提供者的角色，薪资却少得可怜，也不受重视。矛盾层出不穷。第 7 章认为，根据文艺复兴时期技艺最娴熟的伪书作者维泰博的安尼奥所虚构的历史，生命的起源与当时的人文主义者对古希腊史学的复兴截然相反。安尼奥从已有数百年历史的多明我会汇编中吸取了至关重要的素材，将犹太律法作为真实的史料，而这又反过来影响了晚期人文主义者对该主题的态度。第 8 章将展示约翰·凯斯（John Caius）是如何阐述 16~17 世纪的学者提出的文

027

献最丰富的历史论证之一，最终又如何陷入或许由别人创造，但他原本可以轻易识破的幻想的。第9章提出，巴鲁赫·斯宾诺莎（Baruch Spinoza）对《圣经》文本历史的研究有许多地方都应归功于早期学者的成果，它们远比人们意识到的要多。就连斯宾诺莎也做过一些编辑工作，尽管他遗漏了可能使自己的论证更充实的早期著作。

028　　这几篇研究在不同的时间、为了不同的场合而创作。但它们全都为同一项事业服务。以文献抑或以经验为依据，采取学术抑或工艺的手段，研究过去抑或当代世界，这些都不是相互对立的关系，而是可以组合运用的实践和习惯、方法和态度。学者们在这些组合间穿梭自如，随着项目的推动或灵感的启迪而选择相宜的表达和实践。他们取得的成就在很大程度上取决于不知疲倦、脚踏实地的繁重工作。在他们收集的文档和图像的残片中，在书本的空白处，仍能发现他们精心设计的复杂编排的蛛丝马迹。

　　如果没有劳动，一切近代早期的学术项目都无法实现。如今，学者们目光炯炯的肖像被挂在大学和中学的墙壁上，或者被印在名人传记的合集中。想当初，他们没有一人能够双手干净地度过一生。科西莫·德·美第奇（Cosimo de'Medici）及其一位为后世商人提供建议的作家都曾忠告，任何想在竞争激烈的贸易中取得成功的人都有着墨迹斑斑的手指。[100] 历史学家接受了这一忠告，追溯记账活动在经济和政治史上的关键作用。[101] 本书则试图再现染墨的手指于学术史领域所发挥的作用。

第 1 章
指尖染墨的人文主义者

印刷工场里的校对人员

幽灵在近代早期欧洲印刷史和人文主义学术史上游荡。骨瘦如柴、衣衫褴褛的幽灵。他们通常被称为校对人员，负责准备好等待印刷的写本，审读校样，还时常向其中自行添加新的素材。在印刷的世界里，他们无处不在。近代早期的人文主义者（包括我们今天耳熟能详的几位）对他们和他们的劳动成果抑或大加赞赏，抑或大肆诋毁。巴塞尔学者特奥多尔·茨温格（Theodor Zwinger）是一位理想的维吉尔式向导*，他带领我们深入文字的地下世界，校对人员既在那里生活，也在那里受苦。茨温格是 16 世纪学术旅行的理论大师。在 1588 年问世的《旅行方法论》（*Methodus apodemica*）中，他为读者提供了一套编

---

* 在《神曲》中，正是古罗马诗人维吉尔的灵魂作为向导，带领但丁走过了地狱和炼狱。

排清晰的调查表和模板，以方便读者远游时随身携带。[1] 他们手中紧紧攥着茨温格的书，每到一座城市都能一边阅读，一边与当地人交谈，一边留心环顾四周。茨温格明确指出，他的方法同等适用于现在和过去——对于现在，他提供了前往巴黎、巴塞尔和帕多瓦（Padua）的旅行范例记录；对于过去，最后一篇虚拟旅行则带领读者前往古代雅典。游览巴塞尔时，他言简意赅地介绍了这座城市里的一类特别机构：印刷工场。

030　　作为一名技艺娴熟的民族志学者，茨温格用树状图来帮助读者理解他们将在印刷工场内遇到的复杂场景。[2] 一张图表中包括组织结构表以及罗列出设备、材料和相关操作的清单。（见图1）在右上角，茨温格提到印刷工分为两种：理论印刷工和机械印刷工。理论印刷工便是校对者，负责将工场印刷的文本与"样本"或根据样本制作的复本进行比对。机械印刷工则又可细分为两类：负责排列活字的"排字工（compositor）"，以及负责上墨和印刷的"印制工（pressman）"。理论印刷工和机械印刷工都有雇工协助。阅读者与校对者通力合作，阅读者的地位略逊一筹，粗使杂役则为这些工人打下手。

　　茨温格的第二张图表是一张流程图，条分缕析地展现了印刷文本形成的过程。（见图2）他在图表中说明，校对者和阅读者负责审读印制工做好的校样，纠正其中的形式错误；接着，排字工据此对物质设备进行修改，即更换错误的活字。显而易见，他们校对一校样和二校样的方式相同，据推测大概是将校样与底稿进行比对。不同的是三校样，他们将其与校对后的二校样相比对。这张图表的描述与其他不那么抽象的关于

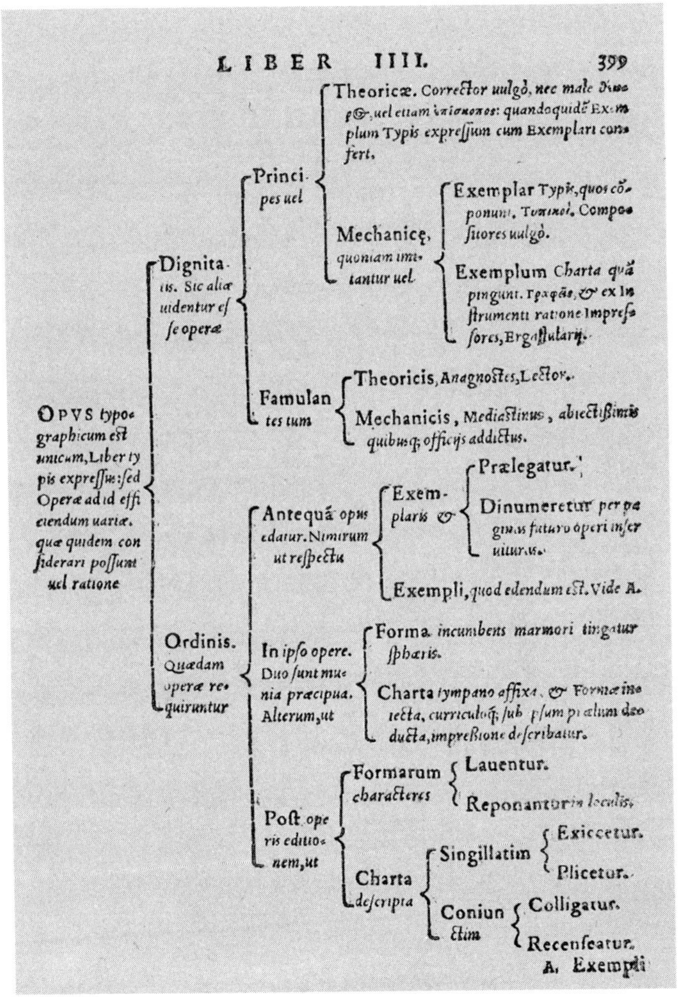

图 1　印刷工场中的劳动力分工

特奥多尔·茨温格:《旅行方法论》(1577)

现藏于普林斯顿大学图书馆珍本与特别藏书部

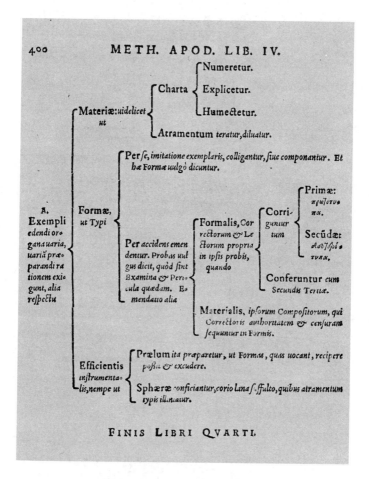

图2 印刷工场中的活字排版流程
特奥多尔·茨温格：《旅行方法论》（1577）
现藏于普林斯顿大学图书馆珍本与特别藏书部

巴塞尔各大印刷工场实践的文献记载不谋而合。例如在 1534 年 7 月 1 日，弗里斯兰法理学家和政治家维吉里乌斯·祖伊谢穆斯（Viglius Zuichemus）为同胞杜伊森·维亚达（Dooitzen Wiaarda）描述了希耶尼穆斯·弗罗本（Hieronymus Froben）著名的印刷工场。他解释道，像弗罗本这样的印刷工场通常要雇一名学术校对人员，负责"在理解的基础上通读排好活字的字版，检查所有活字和字母的排序是否正确，所有单词和段落的间隔是否正确"，他还有一位"朗读者（lector）"或"阅读者（reader）"作为助手。³ 祖伊谢穆斯还提到，"在操作规范的工场里，按惯例会制作三份校样由不同人员分别进行充分审读，尽可能清除错漏之处"。⁴ 祖伊谢穆斯的记载证明，茨温格的图表基本准确——至少符合实际中雇用校对人员的大型印刷工场的情况。

不过，如果过于相信其字面上的意思，我们反而可能被茨温格这张清晰的图表所蒙蔽，因为这份拉米斯学派＊图表中所介绍的人员和操作在日常工作中并非界限分明。

第一本关于校对的手册，即杰里迈亚·霍恩舒（Jeremiah Hornschuch）的《正字法》（*Orthotypographia*）中有一幅木刻版画展现了印刷工场开展工作的情形。⁵ 在这幅版画中，印刷组里的理论印刷工和机械印刷工在局促的空间内密切合作。衣

033

＊　彼得吕斯·拉米斯（Petrus Ramus），又名皮埃尔·德·拉·拉梅（Pierre de la Ramée），系法国人文主义哲学家、逻辑学家和修辞学家，主张通过"二分"技术或"二叉树形图"方法找到从"一般"推导出"特殊"的简明、清晰且图式化的阐释，由此形成了所谓"拉米斯学派"的方法论学派。

着朴素的工人打湿纸张，让其更吸墨，随后捞起来，然后搭在天花板下方的架子上晾干。级别更高的人员穿着有拉夫领的紧身上衣，他们争论不休，或许正在讨论等待印刷的文本。另一名衣服有拉夫领的男子正在排活字。一名女子走进房间，为工人端来一大杯啤酒。位于场景正中的是身披精致长袍、统筹现场的印制总管。由禁奢法规定样式的各色服装将工匠与社会地位更高的成员区分开来。[6] 然而，他们全都在同一个嘈杂脏乱的空间中忙碌。在这样的工场里工作的博学之人不可能逃过双手染墨的下场。

　　这种情况在近代早期很不寻常。正如茨温格的图表所示，旧制度（Ancien Régime，也译"旧秩序"）下的社会对体力劳动者和脑力劳动者，即他笔下的"理论"工作者和"机械"工作者有着明确的区分。然而，在印刷工场里，手工劳动每时每刻都需要从事脑力劳动的监督者在场。反过来，监督者也无法避免要接触沾满墨水的金属活字和字版。阿尔多·马努齐奥（Aldo Manuzio）是一位罗马学者，著有一部拉丁文语法书。不过，一位研究阿尔丁出版社（Aldine Press）* 的先驱马丁·西歇尔（Martin Sicherl）将马努齐奥印刷的希腊文写本中沾染墨水的指纹作为关键线索，以此鉴定出马氏及其校对人员曾使用过的范本或基础文本。[7] 在 1496~1498 年间由马努齐奥印刷的数十本《诗篇》中，马氏亲自手写插入了一行遗漏的希腊文。[8] 不论哪种方式，在印刷工场工作的学者的双手可能都是墨迹斑斑的：

---

*　阿尔丁出版社于 1494 年诞生于威尼斯，是阿尔多·马努齐奥与安德烈亚·托雷萨尼（Andrea Torresani）合作创办的印社。

这是证明文本准备和校对并非纯粹脑力劳动的无声证据。至于作者,当他们被迫(或者被允许)修正自己的校样时,他们的抱怨也充分体现出校对工作的繁琐沉闷。[9] 学者们在调查近代早期印社留下的大量文档时发现,关于校对人员工作的直观有形且可见可触摸的线索越来越多。因此,我们完全有理由认为,那幅木版画准确表现了一个抽象的知识与漆黑的油墨在同一件产品中融为一体的社会图景。

034

校对者的任务

那么,校对者和阅读者究竟要做哪些工作呢?一些大型工场的账本留存至今,为我们提供了第一手资料。举例来说,弗罗本—埃皮斯科皮厄斯商号(Froben and Episcopius firms)幸存的细账记录着 1557~1564 年支付给员工的薪酬。[10] 每份雇员名单都以一名校对或"修订人员(castigator)"开头:这些识文断字的雇员姓名出现在排字工和印制工之前,显然证明他们拥有一定的地位,高于只凭双手工作的人。另外,每份名单里还有一名朗读者,其薪酬通常是校对者的一半或更少。这些账本再次为茨温格的图表提供了佐证,也对其有所补充。有些文书中还提到,某位校对者或阅读者也靠其他劳动来获得报酬。举例来说,1560 年 3 月,朗读者利奥德加里乌斯·格里马尔杜斯(Leodegarius Grymaldus)的酬劳包含阅读和另外两项有明确记载的任务:①编制索引;②校对一篇阿格里科拉(Agricola)关于金属的论著的法文译本。[11] 1563 年 3 月,巴托洛梅乌斯·瓦罗勒(Bartholomaeus Varolle)薪酬的支付项目既包括校对,也包括为一份 13 世纪的法律文本，即纪尧姆·杜兰的《法官镜鉴》（*Speculum iuris*）制备范本或复本，并为这部作品编制索引。[12]

珀西·辛普森（Percy Simpson）在其蔚为可观的大作《16、17、18 世纪的审校》（*Proof-Reading in the Sixteenth, Seventeenth and Eighteenth Centuries*）中详尽介绍了校对者的各项任务。遗憾的是，这本书也令读者困惑不已，因为从标题来看，这部广泛收集材料的大部头著作所探讨的似乎仅是审校这一个课题。[13] 从鲁道夫·瓦克纳格尔（Rudolf Wackernagel）到芭芭拉·哈尔伯恩（Barbara Halporn），再到爱德华·马隆（Edward Malone），诸位印刷史学家都强调，最能准确翻译"校对者（corrector）"一词内涵的现代术语并不是这个词在英语或其他语言中所对应的派生词，而是"印刷专门从业者（print professional）"这样更笼统的术语。[14] 只要我们从一般性的描述转向其他形式的证据，立刻就会发现他们的强调是正确的。诚然，校对者的薪酬首先来自审校或修订校样。但其他人（尤其是作者）也会从事这项工作。比如，维吉里乌斯·祖伊谢穆斯就曾告诉友人维亚达：他要在巴塞尔待两个月，在此期间，他关于查士丁尼《法学总论》（*Institutes*）的评注将被送到印社，以便他亲自校对纸样。

但是，校对者还会做许多别的工作。除了校样，他们也校对作者提供的底稿，尽己所能地寻找并纠正拼写和其他方面的错误。他们拟订扉页、目录、章节标题和索引，将文本分成若干章节，为读者提供便利。这种操作模式在许多行业中都屡见不鲜。方济会修士康拉德·佩利坎（Conrad Pellikan）是一位校对专家，曾供职于阿默巴赫印社和弗罗本印社，此人在约翰·阿默巴赫（Johann Amerbach）的印社迈出了印刷专门从业者的第一步：原本为阿默巴赫准备奥古斯丁作品复本的另一位修士弗朗茨·维勒（Franz Wyler）被调离巴塞尔，佩利坎便顶了他的空缺。"是他来找我的，"佩利坎回忆道，"当时我还年轻，但非常刻苦。他请我去替代被调走的那个人。我需要将余下尚未分节的奥古斯丁作品分成数章，并为每一章写一段简短的概述。"[15] 他声称接受这项任务并非己愿，但最终却引以为豪，甚至在阿默巴赫赠予他的成书中还标出了由他编辑后交给排字工的段落。[16]

换言之，作为职业校对人员，佩利坎辉煌职业生涯的第一步是编辑复本，而不是校对校样。后来，他成了编制索引的专家。最终，他将在印刷工场中处理信息的技巧应用到苏黎世的图书馆中，在那里编制书目。[17] 不过，他在阿默巴赫和其他印社也以严格意义上的"校对者"身份工作。佩利坎在回顾过去时明确表示，他通过观摩大师的工作，学习大师的技法和标准来掌握这门手艺的精髓："阿默巴赫其人学识渊博，又异常勤勉。他在书本校对上投入了大量财力和精力，总有 2~3 位阅读者从旁协助，每人审读一份复本，以免因疏忽而错过书中的任何差错。任何仔细观察他出版过程的人都会发现，如果一个单词印错了，他宁愿从头开始一整天的工作，不惜为此付出代价。"[18]

有些校对者同时创制文本和副文本*，其身份相当于今日所

036

---

* 副文本（paratext）指围绕文本的所有边缘的或补充性的数据，具有多种形式，包括与作者和编辑相关的标题、插图、前言、注释等，也包括作者访谈、往来书信等和媒体与私人相关的同文本生产与接受的物质手段相关的一切内容，比如分段。

谓的内容提供者。1512 年，亨利·艾蒂安（Henri Estienne）准备刊印一部古老的书籍，即由凯撒利亚的尤西比乌斯（Eusebius of Caesarea）创作，后由圣哲罗姆译为拉丁文的《世界编年史》（*World Chronicle*）——这类古籍在文艺复兴时期有多受欢迎，现在就被遗忘得有多彻底。这部内容丰富、引人入胜的著作以平行表格的形式展现了 19 个古文明的历史，时间跨度从亚伯拉罕时代直至尤西比乌斯本人所处的公元 300 年前后。统治者的名单划分出历史进程中的节点和分野，展现古代诸国的兴衰，直至只剩下罗马王国和以色列王国，最后只剩下罗马帝国及时将世界统一起来，好让救世主的信息普照世间的所有子民。在写满名字的长长纵列间，简短的注释标出了相应时间段内的名人生平以及所有发明创造，从三列桨座战船到悲剧不一而足。这本书不仅提供了有关诸国和城市的关键信息，也在虽说复杂但引人入胜的字里行间透露出关于文化史的关键信息。圣哲罗姆将此书译为拉丁文，并将时间线延长至尤西比乌斯之后的一个世纪：尤西比乌斯的叙事在君士坦丁一世（Constantine I）登基并皈依基督教的高潮中戛然而止，而圣哲罗姆则将罗马文献融入其中，一直写到自己所处的那个相对混乱的年代。[19] 奥古斯丁在论述"过去的形态"及"犹太人的著作高于异教徒的著作"等话题时，曾利用尤西比乌斯和圣哲罗姆著作中的内容组织论点。[20] 近千年之后，这部著作依然实用且颇受欢迎。弗兰齐斯科·彼得拉克（Francesco Petrarch）手中的那本（今已佚失）写满了自己的批注。[21] 在中世纪时期及之后，一位又一位作家不断为这部作品增添各自时代的内容，他们撰写的补编将帝王与主教的历史又延长了好几个世纪。[22]

艾蒂安希望为他编辑的这一版《世界编年史》再增添几分价值。他的一名校对者让·德·穆沃（Jehan de Mouveaux）编制了一份详细的索引——虽未明说，但这份索引是根据一份早期版本改编而成的。此举彻底改变了这本书。这部作品原本采用线性的时间线设计，以便写本时代的读者查阅，并满足读者按年份和纪元追踪历史进程的愿望；现在，它摇身一变，成了可供读者以多种方式交叉比对阅读的数据库。穆沃也对书本内容加以更新。他从最受欢迎的 15 世纪世界编年史著作，维尔纳·劳尔温克（Werner Rolewinck）的《时间的纤维》（*Fasciculus temporum*）的新版中获取了大量信息，编集出一份补编。穆沃的亲笔手稿得以保存下来，正如彼得·韦（Peter Way）所言，他的手稿是艾蒂安版《世界编年史》最后几页的基础。[23]

037

艾蒂安是位一丝不苟的印刷商。他雇了 10 名校对者，还根据传统将自己编辑的希腊文校样复本挂在印社门外，悬赏让人挑错。尽管印刷工和校对者对这一版《世界编年史》十分尽心，但其中仍有瑕疵。穆沃抄录了一段描述神迹从天而降，"像耶稣的十字架一样（instar dominicae crucis）"落在人衣服上的文字。匆忙中，穆沃将"instar"笔误成了"instas"，后者是一个不存在的拼写。在确保文本从头到尾通顺的压力下，阅读这份补编的排字工（也可能是另一位校对者）试图修正这处错误。然而，他将"instas"一句改成了与原稿相去甚远的"iustas dominicae crucis"，这几个单词的拼写都正确，但组合在一起却没有任何意义。不过，与文档所揭示的制书过程相比，这些错误不算什么。这样一版书需要不止一名校对者参与工作。虽然穆沃提供了底稿，但显然还有其他人来修订校样，因为经过印刷，穆沃初稿中的很多单元音都被换成了双元音，这表明有一位接受过更古典教育的校对者参与了工作，而且他与穆沃一样，在排字工开始排活字前就完成了这些改动。

最后，校对者有时还要充当作者与出版商之间的中间人。特奥多尔·珀尔曼（Theodor Poelman）便是其中一例。他并非克里斯托夫·普朗坦（Christophe Plantin）手下负责书籍校对的职员（到了 17 世纪，这些职员的后继者在普朗坦印社工作的地方依然被称作"校对室"）。他的基本收入靠做漂洗工获得，在安特卫普的支柱产业纺织业中从事布匹精加工行业。但是，珀尔曼为普朗坦校对过许多古典文本，表现出难得一见的利落与精确，这表明他深得那位组织有序的堪称传奇的出版商的真传。在为 1589 年版卢坎（Lucan）著作所写的评注中，他在引用自己读过的写本时以所有者姓名的首字母缩写指代相应的版本，而不是指出所有者的全名，这种引用写本的方式在 19 世纪后成了标准操作。[24]

珀尔曼的同时代人显然将他视为普朗坦的一名校对者，因为普朗坦出版的某些书的封底推荐语称赞了珀尔曼的工作。普朗坦档案馆中现存的文档清楚地表明，他们的看法正确无误。在普朗坦同意出版一位诗人的作品后，珀尔曼在致这位诗人的一封信中写道："我在某些段落的页边空白处作了标记，这些地方我读不懂；如果您能解释给我听，我将不胜感激。"他还提出了一套被他称为根据"最优秀学者的权威"制定的拼写规范建议，其中解释了他删除诗人页边注的原因，因为"印刷书本的页边距很窄，删去页边注可为大家留出自由书写的空间"。[25] 尽管实质可能不同，但这些意见已从形式上勾勒出了今日的文稿编辑所从事的沟通工作的轮廓。当远在西班牙的安德烈·肖特（André Schott）发现，在他编辑的塞克斯特斯·奥列里乌斯·维克多（Sextus Aurelius Victor）的作品中，排字工根据他的校对意见进行修订后仍有三个多余的字母时，他选择向珀尔曼求助。序言中的这处错误非常明显，甚至让人大惊失色。肖特形容，自己发现这处错误的感受好似遭遇了一场海难：原本应当流畅平顺的阅读体验猛然被粗暴地打断。他写道：珀尔曼必定能说服普朗坦，让后者相信那是印刷工的失误，他也一定会纠正他们的错误。[26] 可惜，抑或是这封信姗姗来迟，抑或是普朗坦对信中的恳求充耳不闻，总之那些错误并未得到纠正。安妮·戈德加（Anne Goldgar）早就提出，17 世纪末和 18 世纪初的校对者所需完成的事项中有很多都是现代的"统筹编辑（desk editor）"或"文稿代理人（literary agent）"的工作。[27] 印刷工场的种种证据清楚地表明，这些实践在更早以前即已存在。事实上，它们在印刷诞生后不久便出现了。

校对者似乎代表着一种新的社会类型，是一种因印刷而诞生的现象，是在印刷创造的全新书籍之城中土生土长的稚子。显而易见，是新技艺创造了新任务。印刷商在市场上有许多竞争对手。他或她必须证明自己的某一特定产品优于竞争对手。于是，他们很快作出决断，方法之一便是在书末版权页（后来是在扉页）强调：本书文本已经过博学之人的校对。在意大利和德意志，15 世纪印刷的书籍均承诺呈现在读者面前的不仅是文本，而且是经过特定学者"勤勉修订"、"谨慎修订和审阅"或者"最为勤勉和精准地审阅"的文本。[28] 雇用别人来校对文本——许多不曾请人校对文稿的印刷商也声称这样做了——是一种争取更大市场份额的合理且有效的方法。

印刷之前的校对

事实上，校对者的任务并不都是随古腾堡印刷术一同诞生的。14 和 15 世纪的文具商创建了一些产业网，开发出某些让印刷得以迅速普及的方法。[29] 让·德·穆沃不是文艺复兴时期第一位对尤西比乌斯和圣哲罗姆的编年史进行更新的内容提供者。15 世纪的佛罗伦萨学者马泰奥·帕尔米耶里（Matteo Palmieri）撰写过一部名为《诸纪元书》（De temporibus）的历史著作，是对古老《世界编年史》的修订和延续，其谋篇有所简化，时间跨度从道成肉身一直写到 15 世纪中叶。不管是对尤西比乌斯和圣哲罗姆已写过的时期还是之后的时期，帕尔米耶里都增添了有用的素材。他讲述了尤西比乌斯所忽略的趣闻轶事，比如公元 2 世纪末卢修斯国王（King Lucius）* 在教宗义禄（Pope Eleutherius）的帮助下让英格兰皈依基督教的故事。另外，他还提供了一份简洁但连贯的教会史介绍，从古希腊罗马时代末期

---

* 不列颠国王卢修斯生活在公元 2 世纪，据说是将基督教引入英伦的圣徒。商务印书馆 1991 年版的比德《英吉利教会史》第 1 卷第 4 章记载："不列颠王卢修斯写信给教宗义禄，希望成为基督教徒。"

一直写到宗教会议至上运动（Conciliar Movement）*及其后续的影响。[30]"他的作品在过去和现在都备受赞誉，"佛罗伦萨书商韦斯帕夏诺·达·比斯蒂奇（Vespasiano da Bisticci）如此评价，还补充道，"它印制了无数册，以销往世界各地。"[31]韦斯帕夏诺和他的竞争对手们向行家推销帕尔米耶里奢华精致的手抄本基督教编年史。[32]而印刷版《世界编年史》则为帕尔米耶里著作的后半部分提供了丰富的补充，使历史跨度延伸至他本人所处的时代。让·德·穆沃对文本的补充从帕尔米耶里停笔的地方开始。[33]而印刷工场的校对者则从曾在手抄出版界与之竞逐的同行手中接过了接力棒。

　　在修道院的缮写室及后来的城市工坊里，校对工作都是写本世界习以为常的活动。但是，印社中校对者的兴起自有其新颖之处。随着印刷活动从一项在很大程度上具有随机性的新生事物转变为组织性更强、层次更分明的事业，校对者的技艺也得到了规范。他们在入行之初首先是朗读者和阅读者。与校对者类似，阅读者要准备复本、审读校样、编制索引：正是这些活动让一部分现代学者至今还沿用这些术语来界定阅读者的任务。但他们的同时代人却有着不同的看法。校对者的第一要务是校对，同理，阅读者的第一要务是阅读：在校对者审阅并根据需要修订校样时将复本大声朗读出来。巴尔塔扎·莫雷图斯（Balthasar Moretus）在他手下最有经验的校对者退休后，为普

---

* 指为结束中世纪晚期西方教会大分裂危机而发起的教会改革运动。该运动旨在结束大分裂和限制教宗专权，对 16 世纪的宗教改革产生了广泛且深远的影响。

朗坦印社的校对人员制定了一系列规范，其中明确规定："校对者必须养成始终超前阅读者一个单词的习惯。阅读者应当相对放慢阅读速度，若发现校对者因错误过多而跟不上节奏，则应立即停止阅读。"[34]

在这一案例中，印刷工场校对人员的实践有着深厚的渊源。在古典时代晚期的罗马，校对工作与近代早期的安特卫普一样，通常由多人合作并以口头形式完成。地位较低的搭档充当阅读者，负责大声朗读原稿；地位较高的搭档则充当校对者，在一份新的写本中修改错误。[35] 在公元 300 年前后的巴勒斯坦古城凯撒利亚，富有的神父潘菲鲁斯（Pamphilus）收藏了多部希腊文《圣经》写本并对其进行校对。潘菲鲁斯对奥利金（Origen，又称"俄利根"）的评价很高，还曾在他遭受基督教批评时为其辩护，与奥利金类似，潘菲鲁斯也针对《圣经》文本做了许多案头工作。潘菲鲁斯较晚期写本中的手写内容描述了他的工作方式。其中一处很难识读，但破译之后却令人动容，它描述的是潘菲鲁斯与一位友人在狱中等待处决时校对一篇《圣经》文本的经过，当时正值罗马帝国针对基督徒的大迫害时期。这段文字所描绘的校对是以口头形式进行的合作活动："受迫害的信徒安东尼努斯核对整理，我潘菲鲁斯进行校对。"[36] 这份拉丁文写本的原件在公元 400 年前后被收入档案，其内容表明异教徒在这方面的实践与基督徒并无二致。[37] 印刷工场中的新型实践是对缮写室里古老活动的复制——而且很可能是通过年代久远的抄写传统代代传承，而不是后人根据第三方记载所进行的效仿。

校对：妇孺的差事？

不过，深藏于雇主工场中的印刷世界与尤西比乌斯和潘菲鲁斯的教会世界仍有不同。1576 年，约翰内斯·艾尔提乌斯（Johannes Elstius）写信询问珀尔曼，关于普朗坦的女儿们"不仅能读写拉丁文，还能读写希腊文和希伯来文"的传言是否属实。[38] 珀尔曼回信称，他知道好些精通希腊文和拉丁文的女性——尤其是英格兰人约翰·克莱门特（John Clement）的妻女，以及安特卫普商人约翰内斯·霍维乌斯（Joannes Hovius）的女儿们。与她们相反，普朗坦的女儿玛格达莱娜（Magdalena）"虽能通读希伯来文、希腊文和拉丁文，却不解其意"。[39] 根据上下文，此处的动词"通读（legebat）"只可能有一种含义：表示"大声朗读"的"读"。显然，玛格达莱娜所做的是"阅读者"的工作，即在校对者检查校样时大声读出底稿。普朗坦本人在一封信中提到，他最年长的四个女儿自幼便学习阅读。从 4、5 岁一直到 12 岁（他认为到这个年纪便不再适宜与男人共事），女儿们帮忙参与了多种语言的书籍校对工作。史料证明，珀尔曼和普朗坦所言不虚。1572 年的《安特卫普多语种合参本圣经》（Antwerp Polyglot Bible）是普朗坦最具雄心的项目，普朗坦出版社至今还存有一份后期校样。校样的页边空白处既有证明它曾出现在排字房的点点墨迹，也有编辑贝尼托·阿里亚斯·蒙塔诺（Benito Arias Montano）与校对弗朗西斯库斯·拉费伦吉乌斯（Franciscus Raphelengius）讨论问题的笔记，其中涉及格式和字体大小以及校勘学的专业要点等多项事

041

宜。特奥多尔·东克尔格林（Theodor Dunkelgrün）从中发现了一条蒙塔诺用希伯来文写下的笔记，字里行间的怨气溢于言表："告诉要来这里的那个女孩，让她每天早点过来，她路上花的时间太长了；还有，我跟不上她的速度。"[40] 毫无疑问，蒙塔诺在此使用希伯来文的原因是，即便普朗坦碰巧看到这句话，也不会明白这是在批评他的女儿。

与普朗坦的女儿不同，年轻男子希望从朗读者晋升为校对者。与其他所有复杂的职业一样，校对活动也发展出了自己的文化。从业者很快开发出这一行独有的术语和行业惯例。举例来说，他们制定了一套标准化的校对符号，这些符号在今天的德语和英语世界中仍可见到。[41] 更重要的是，校对开始被视为需要特定类型人员的工作。普朗坦在举荐女婿弗朗西斯库斯·拉费伦吉乌斯的推荐信中生动刻画了理想的校对者令人望而生畏的形象："他对任何事物的兴趣都不如对拉丁文、希腊文、希伯来文、迦勒底文、叙利亚文和阿拉伯语言（用这些语言与之交流的人断言，他绝不是才疏学浅的学者）以及人文科学那般狂热；他忠实、严谨、诚心诚意地校对托付给他的一切。他从未动过在别人面前卖弄学识的心思，因为他不善交际，而且对分配给自己的任务一丝不苟。"[42] 至少在理论上，校对工作需要对细节细致入微的关注和专业的语言知识，还要求校对人员完全没有思想：简直是斯达汉诺夫式人物*的天堂。

---

* 阿列克谢·斯达汉诺夫（Алексéй Стахáнов，1906~1977），苏联矿工，社会主义劳动英雄，在 1935 年成为体现社会主义经济制度的标志性人物。

　　而在实践中，校对者经常犯错。同早期化学家的助手一样，他们只有在导致灾难性后果时才会被地位更高的人士重点提及。比亚图斯·雷纳努斯（Beatus Rhenanus）既是饱学之士，也是技艺高超的校样和印版匠人，他负责监制伊拉斯谟编集的1515年版《塞涅卡作品集》。扉页着力宣传该版本在校勘方面所下的功夫，宣称伊拉斯谟修订了书中的每一处错误——至少修订了许多处错误。这本以全新形式问世的图书将反过来修正读者的观念，读者们将以适中的价格收获丰富的道德教诲。但是，书中却灾难性地收录了一批古典时代晚期精心创作的伪作，即所谓塞涅卡（Seneca）写给圣保罗（St Paul）的拉丁文书信。在众多假托塞涅卡之名的作品中，这是唯一在文艺复兴时期比真正的塞涅卡作品拥有更多读者的伪作，这一点或许能解释为什么编辑们尽管心存疑窦，却仍选择将它们收录其中。[43] 伊拉斯谟坚称，在这个令人反感的版本的制作过程中，他本人根本不在巴塞尔。他强调说，谁也无法想象他会将塞涅卡主动提出寄给圣保罗一本专著，以助后者积累拉丁文词汇的信件视为塞涅卡本人的手笔，这简直匪夷所思。长期与之合作的比亚图斯承认，这全是他的错。伊拉斯谟不得不等到1529年才能见到又一个新版本的面世。可即便是这一版，也还是将数篇塞涅卡的伪作收录其中，只不过将它们单独归为一节。[44]

　　关于校对者的社会和文化起源，仍存有许多问题。他们工作时需要哪些知识和技术工具，遵循怎样的形式惯例，对自己的任务作何感想？他们的知识资源又从何而来？关于校对者令人瞩目的事实之一也让人难过，过去和现在皆是如此：尽管他们的劳动十分有用，但他们收获的愤怒、怜悯或嘲弄往往多于感激。早在 1534 年，祖伊谢穆斯在介绍弗罗本的店铺时就曾提到那里的首席校对耶莱尼的吉克蒙德·赫鲁比［Zikmund Hrubý z Jelení，也称"西吉斯蒙德·吉伦尼乌斯（Sigismund Gelenius）"］。祖氏看到他担任这样的职务，感到非常惋惜。他解释道，赫鲁比"学识异常渊博，值得远胜于此的待遇"。[45] 几乎所有人都同意他的看法。作为一位自豪的校对者，同时也是一部校对技艺教科书的作者，霍恩舒承认他本人投身此行是为了避免另一项更糟糕的职业——家庭教师。而他的大多数同事但凡条件允许，"都会头也不回地逃离这个出卖血汗的工场，靠他们的才智和学识谋生，而不是靠双手"——这显然证明校对者不是茨温格所设想的"理论"工作者。[46] 约翰·康拉德·策尔特纳（Johann Conrad Zeltner）于 1716 年出版的著作至今仍是关于博学的校对人员的生活与实践的最全面研究，就连他也意识到，校对者的地位是一大问题。举例来说，在 1700 年前后席卷"文人共和国（Republic of Letters）"的论战中，许多辩论者对对手［哪怕是像让·勒克莱尔（Jean Le Clerc）这般杰出的对手］进行人身攻击的论据便是此人年轻贫穷时曾当过校对者。策尔特纳辩称，这种观点根本站不住脚，但他消除偏见的努力恰恰证实了偏见的存在。[47] 遗憾的是，他在书中回顾的许多校对人员明显受到贫穷或性情的掣肘，只能毕生低头检查校样，同时抱怨某些比他们著名的作家或编辑的无能。弗里德里希·西尔伯格（Friedrich Sylburg）便是其中一例，除了晚餐前散步的一小时，其余的时间他都在工作，每天皆是如此；斯特凡·贝格勒（Stephan Bergler）是另一个例子，他主动选择与世隔绝的生活，避居在莱比锡（Leipzig）的书香门第弗里切家族（Fritsche family）最高的阁楼里。难怪只是提起他们的职业，都可能在社交场合导致狼狈不堪的尴尬局面。[48]

校对者有充分的理由感觉自己受到了压榨。诚然，前已述及，他们的名字在弗罗本—埃皮斯科皮厄斯商号的工资单中名列前茅，但他们实际得到的工资并不高，低于排字工和印制工的最高薪资。普朗坦印社丰富的档案记录了拉费伦吉乌斯和科内利斯·基利安（Cornelis Kiliaan）为雇主勤恳工作的漫长年月，他们显然对报酬很满意。但是，档案中还保存了关于一位名叫斯特克（Sterck）的人的记载，此人不想按校对者的惯例在普朗坦印社吃住，也无力承担每周 2 弗罗林（florin）*的费用在安特卫普另寻住处，因此只得离开。普朗坦写道，"我已提前告知他这一点"，还指出他们分别时仍是朋友。[49] 奥利维耶·费恩（Olivier a Fine）的情况更令人难过。细账记录了 13 年间每周支付给他的费用。突然，到了 1593 年，"他感到不满，不告而别"。[50] "钉耙下的蟾蜍知道，耙齿扎下生死难逃。"**普朗坦的校对人员对自己的贫穷心知肚明，也很清楚该责怪谁。一份名为《康考迪亚》（Concordia）的档案公文记录了他们计划在 1664 年举行一场年度盛宴的协议，还记录了他们见面闲聊时所流传的窃窃私语——如果不能称其为奔走呼号

044

---

* 1252~1533 年流通于欧洲的一种金币，最初由佛罗伦萨共和国铸造。

** 出自约瑟夫·鲁德亚德·吉卜林（Joseph Rudyard Kipling）的小诗："钉耙下的蟾蜍知道 / 耙齿扎下生死难逃 / 而路上的蝴蝶 / 却劝说蟾蜍少安毋躁。"

的话——"我，菲利普·雅克·诺扬（Philip Jac. Noyens）经常听人说起，尊敬的德克莱因（De Kleyn）从凡德威登师傅（Master Vanderweyden）那里听说，尤赫尼姆斯·德·布拉维约（Hieronymus de Bravio）也从他那里听说，校对者从前在这里工作满两年就能涨薪一次。前面提到的诺扬和德克莱因也都经常听人提起这种说法。"[51] 其他记录还回忆了被不公平解雇的同事的名字，还有另外一些设法谋得有俸圣职之人的名字，后者就此摆脱了耗费三四十年从事校对工作的人生。换言之，博学的校对者所承受的典型命运有时仿佛就是人文主义者的宿命：古典教育赋予其鉴赏的品味，却也让其沦为识文断字的可怜鬼。与在他们身旁满头大汗、满手墨迹做苦工的劳动者相比，他们既没有更丰厚的报酬，饭碗也没有更安全的保障。

更让人咬牙切齿的是，校对者的文化和社会地位与其财务状况一样堪忧。许多校对者都是受过教育的人，只是缺乏在职业道路上走得更远的手段和健康的身体或性情。有些校对者同时也是手工业者。珀尔曼喜欢将他的工作场所称为"书房和漂洗工场的组合（musognapheum）"。显然，他正是在这里完成了自己的一篇序言，同时向读者告别。["再见了，漂洗工"，约瑟夫·斯卡利杰（Joseph Scaliger）在他那本书的页边空白处这样写道。][52] 1563 年在弗罗本印社准备复本、审读校样并编制索引的巴托洛梅乌斯·瓦罗勒原本是一位受过训练的排字工，他一有机会便回去从事报酬更高的排字工作。[53] 普朗坦印社的一些排字工也会为了挣钱去审读校样，这是他们工作的自然延伸。

按惯例，排字工会对他们排出的第一版样张［又称"粗样（foul proof）"］进行校对。这些文本往往充斥着文字和技术上的错误，不会让作者或印社雇员之外的人看到。要进行下一步更全面的校对，只需排字工进一步发挥他们已基本掌握的技巧。然而，此举对校对者显然是一种威胁：文化维系着校对人员不堪一击却至关重要的自豪感，现在，他们引以为豪的文化却再也无法将其与干粗活的工人区分开来。

045

文艺复兴时期罗马的校对活动：案例研究

换言之，校对者属于低收入群体。以他们对自身的价值感来衡量，他们还是地位低下的群体。这些问题与其职业的本质不无关系，他们所从事的工作在不断制造麻烦——对校对者以及作者和出版商皆是如此——却又不可避免。一段广为人知的轶事尤其能体现这一点——那是印刷诞生的最初几年，校对活动在罗马的故事。自 1467 年德意志印刷商康拉德·斯韦恩海姆（Conrad Sweynheym）与阿尔诺·潘纳茨（Arnold Pannartz）从苏比亚科（Subiaco）搬到罗马开始，到 1470 年代初他们与竞争对手生产的大量古典文本使书籍市场陷入混乱为止，在此期间，问题层出不穷，而且此后还会反复出现。[54] 斯韦恩海姆和潘纳茨制作的书籍无比精美——有些买主甚至让人在开篇页上绘制装饰画，仿佛它们是人文主义者精心写就的写本。不过，他们占领的市场规模比产品质量还要惊人。五年间，斯韦恩海姆和潘纳茨生产了 11000~12000 册书，基本都是古典作品。此举让这些书籍的价格降低了一半甚至更多。罗马缮写者制作一折精巧的手抄对开本的收费是 1 杜卡特（ducat）*。定制一部像老普林尼（Pliny the Elder）的《博物志》（*Natural History*）这样的大部头可能要花费 30 杜卡特或者更多。那时同现在一样，"学术"和"财富"是风马牛不相及的两件事：很多人文主义者都对梵蒂冈图书馆的管理员普拉蒂纳（Platina）羡慕不已，他每月的薪俸是 10 杜卡特。对于靠微薄收入维生的普通图书馆书虫而言，手工书籍实在太过昂贵。然而，印刷版的普林尼著作仅售 8 杜卡特，比写本便宜三分之二还多。[55]

同时代之人意识到，斯韦恩海姆和潘纳茨彻底改变了文献匮乏的经济现状，打造出一片书籍的安乐乡。一位观察人士写道，他们的店铺里"塞满了书"，只用很少的钱便可以买到。我们很容易体会他们的工作所引发的兴奋之情。1467 年 11 月，教宗秘书莱昂纳多·达蒂（Leonardo Dati）从"那些自己写不出却能制作无数此类书籍的德意志人"[56] 手里购得了一本奥古斯丁的《上帝之城》（*City of God*）。不久之后，莱昂·巴蒂斯塔·阿尔伯蒂（Leon Battista Alberti）创作了一本介绍新发明的手册《论密码》（*On Ciphers*），其中介绍了一个他自己设计的用于机械复制文本的设备：一对金属轮，一个在发信者手中，另一个在收信者手中，可以自动随机将文本加密为敌人无法破解的形式。阿尔伯蒂注意到，这项转换信息的发明与印刷设备存在相似之处，因此在书中加入了一段他与达蒂在梵蒂冈教宗花园中的对话。二人都对印刷机赞不绝口，该装置"只需三名男子即可根

---

*　一种威尼斯铸造的纯度极高的金币或银币，14~19 世纪在欧洲各国广泛流通。

据给定的范本在 100 天内制作 200 多本书"。[57] 这样一来，人们便可充分了解从鲜花广场——达蒂想必是在这里买书的——经哈德良桥（Ponte Adriano，又名"圣天使桥"）一直到梵蒂冈的新闻。不幸的是，生产过剩致使市场饱和。不到五年，印刷商们便向教宗诉苦，说他们的房子里满是印好的书页，却没有食物。像阿尔多·马努齐奥和亨利·艾蒂安这样颇有学术抱负的印刷商在接下来的数十年中也将遭遇类似的灾难。直到 16 世纪后期，让·维谢勒（Jean Wechel）等精明的商人才想到编制学术书籍目录的办法，"除非市场行情有很大机会上涨，否则不会冒险"印制它们。[58]

罗马的校对活动：案例研究

在这段高产的时期，罗马成了杰出校对者的群英荟萃之地，尤以阿莱里亚主教（Bishop of Aleria）和梵蒂冈图书管理员乔瓦尼·安德烈亚·布西（Giovanni Andrea Bussi）为代表。校对者不仅为印刷商准备文本，还为作品打上自己的烙印，在序言部分的书信中（过分简洁地）介绍他们如何在编辑过程中对文本进行改进。这些校对者用创制于 14 世纪的方法完成任务，但时代背景已大不相同。在 14 和 15 世纪，意大利的世俗商业化拉丁文书籍贸易发展十分活跃。这一时期的人文主义作家可以获得大量读者，莱昂纳多·布鲁尼（Leonardo Bruni）和庇护二世的某些作品保存至今的写本多有两三百册。在出版于 1937 年的《费奇诺集补编》（*Supplementum Ficinianum*）中，保罗·奥斯卡·克里斯特勒（Paul Oskar Kristeller）在以拉丁文撰写的精彩序言部分罗列出了人文主义者所遵循的出版游戏规则。[59] 为了让文本更易识读，人文主义者会为缮写者或排字工准备一份整洁的底稿，即所谓的"原本（archetypus）"。此举让作者承担了严峻的风险。在学校里写错拉丁文可能会遭到体罚，但公开出版的文本中如若出现拉丁文错误则可能招致更糟糕的屈辱：波焦·布拉乔利尼（Poggio Bracciolini）在对手洛伦佐·瓦拉用整整一篇对话批判他的错误时便感受过这份屈辱。洛伦佐·瓦拉在这篇对话录中写道，另一位伟大的拉丁文学者维罗纳的瓜里诺（Guarino da Verona）家中的厨子和马夫——他们都是日耳曼人，也就是蛮族——都能大声朗读布氏的文章，逐个挑出其中的语法错误。[60] 正如塞缪尔·约翰逊博士（Doctor Samuel Johnson）所注意的那样，这种有如被绞刑示众一般的画面始终萦绕在人文主义者的脑海中。让作品中的错处暴露在公众面前，这种可能性不仅推动了人文主义者的思考，也敦促他们积极寻找避免受罚的办法——如果说这种态度在印刷时代有所改变，那也只是变得愈发强烈。16世纪的托马斯·纳什（Thomas Nashe）让人制作过一幅木版画，表现与他论辩的一个对手加布里埃尔·哈维（Gabriel Harvey）听闻纳什的新书即将问世时被吓得魂飞魄散的场景。[61]

希望出版拉丁文作品又不想遭人抨击的人文主义者往往求助于友人的判断，即一位有能力对作品的主旨和内容进行评估和校正的友人。在理想的情况下，作者在让作品接受这样的净化处理前，绝不会将样书寄赠给赞助者和同行，也不会允许"文具商（cartolaio）"制作或出售书本（当然，实践中有未经校对的书册流入市场）。个别的人文主义者，如尼科洛·尼科利（Niccolò Niccoli）和安东尼奥·帕诺米塔（Antonio Panormita），以发现和纠正他人错误的技巧而闻名。举例来说，布氏在撰写论贪婪的对话录时，就将文稿寄给尼科利，请对方批评。接下来的故事对每一位曾将写好的论文章节发给导师或将书本成稿发给编辑的人而言都很熟悉。整整两个月过去了，布拉乔利尼没有收到任何消息。因此他又写了一封信，温和地询问尼科利是否收到了书。此信一出，他收到的回复是一番劈头盖脸的打击。尼科利坦言，布氏的作品除了风格和内容以外没有任何不妥，而他在这两方面都提出了多处修改建议。明显受到伤害的波焦·布拉乔利尼回信说，他在罗马的友人都挺喜欢这本书。话虽如此，布氏还是按尼科利的意见作了修改。最终，这部作品改进后的版本和最初的版本都出现在了市场上。[62]

编辑他人作品的人文主义者即是校对者和修订者，他们也的确这样称呼自己。他们将自己提出的关于风格和主旨的建议称为"校订（emendations）"，对所从事的活动也这么称呼——与布西在校对古代文本时所用的说法相同。[63] 他们对近代文本所做的工作与后来印社的校对者对古典文本所做的工作非常相似——二者都是相对枯燥的活计；提出的修改建议有时都十分激进，甚至违背作者的意图。如果说二者有什么区别的话，那就是在出售古人的作品时，招徕读者的手段更加肆无忌惮，也更富有想象力。在同一时期，但不是在罗马，弗朗切斯科·罗兰代罗（Francesco Rolandello）正在编制第一版由马尔西利奥·费奇诺译为拉丁文的赫耳墨斯·特里斯墨吉斯忒斯（Hermes

048

Trismegistus）文集。他在第 1 页 * 编造了一篇向读者致意的华丽宣传稿。

> 致正在翻阅此书的你，无论你是何人，无论你是语法学家、演说家、哲学家还是神学家，本人即是赫耳墨斯·特里斯墨吉斯忒斯，我的无边智识和神性光芒曾令埃及人和蛮族大开眼界，也曾赢得古代基督徒中的神学家的赞叹和欣赏。因此，若买下此书阅读，你将受益匪浅。本书售价低廉，却将为读者诸君提供乐趣和裨益。[64]

没有任何一部新拉丁文 ** 作品的拉丁文宣传比这更为花哨了，它们的校对者对作者的评价也从来不曾如此之高。

　　布西的竞争对手之一、校对者詹南托尼奥·坎帕诺（Giannantonio Campano）的案例尤能说明问题。他曾为罗马的一位维也纳印刷商乌尔里希·哈恩（Ulrich Han）编辑李维（Livy）的著作和其他古代文本。在印刷术传入罗马之前的几年里，坎帕诺以写本校对者的身份而出名，其校对方式与尼科利相同。他的传记作家米凯莱·费尔诺（Michele Ferno）写道："所有人都将自己创作的一切交到他手里，仿佛将他视作理所当然的审查员或至高无上的先知。那时，倘若没有他的批评意见，

---

* 　本书表示书页时有两种单位，其中"页"对应英文"page"，即"纸的一面"，而"叶"对应英文"leaf"，指"一张纸"，即"纸的正反两面"。

** 　"新拉丁文"在英语里写作"morden Latin"或"New Latin"，指文艺复兴后因中古拉丁文在一定程度上脱离古拉丁文，文艺复兴时期的拉丁文作家便以古拉丁文为范式建构了较规范且纯洁的"新拉丁文"。

没有哪位学者敢出版自己的作品。任何得到他推荐的人都觉得
自己的作品获得了无上殊荣。"[65]

在用拉丁文写作的人文主义作家中,教宗庇护二世是极
其杰出也极具权威的一位,就连他也允许坎帕诺对自己的著
作《庇护二世闻见录》(Commentaries)进行编辑。这部华美
异常的作品充分展现了庇护二世无人能及的能力,正是这些杰
出的能力让他在辩论中击败对手,在面对年轻女子的热情诱惑
时守住贞操。这本书并非一个人以单一的理念为灵感写成的风
格通篇一致的作品,而是通力协作的产物:这是人文主义时代
的秘书们制造文本的常规做法。有时,庇护二世在他的"内室
(cubiculum)"中口述内容,由他的一位秘书,通常是阿戈斯蒂
诺·帕特里齐(Agostino Patrizi)记录。有时,庇护二世也会亲
自书写。他以在页边空白处修订的方式写下一些极为辛辣的对
文本的补充,还有对秘书所记内容的补充。秘书们也会作出更
正或提出建议。最终成形的初稿现存于梵蒂冈写本之中,编号
为 Reginensis lat. 1955。

庇护二世将这份初稿,可能还有后来的一些手稿都交给了
坎帕诺。[66] 他甚至禁止这些书稿在得到"校订"前进入市场流
通。[67] 坎帕诺还监督了第二版第 1~12 卷的创制工作,这一版现
存于科西尼亚纳图书馆(Biblioteca Corsiniana,编号 MS 147)。
在这一版的结尾处,坎帕诺为《庇护二世闻见录》撰写了一篇
很长的评论。他在评论中表示,庇护二世赋予其"删繁、去伪
和释明的权力"。坎帕诺说的应该是实话,因为在他校订庇护
二世著作的写本时,教宗依然健在。出于客套,坎帕诺声称自

049

己认为庇护二世的作品极其优美，无需"靠他人润色来完善品质"。[68] 然而事实上，正如孔切塔·比安卡（Concetta Bianca）所强调的，坎诺帕还是进行了修改和补充。在《庇护二世闻见录》中，教宗五次提到坎帕诺为庆祝某件事而赋诗：在托尔法（Tolfa）发现属于教廷的矾矿便是其中一例。坎诺帕将其在"手稿原本（Reginensis）"中添加的部分注释视为自己最重要的校对成果，其中一条表明，他不仅创作了这首诗，还亲自将其插入文本。显然，他完全确信作者会接受这些添加的内容，并将其视为"校订后"文本的一部分。其他四首诗皆是如此。[69]

显而易见，在印刷术传入罗马之前的几年中，"校订（emendation）"和"校对（correction）"这两个术语不仅包括彻底的改写，也包括全方位的增补。同样显而易见的是，校订和校对活动意味着作者身份包含许多人的协作，哪怕作者本人位高权重。[70] 根据费尔诺的观点，坎帕诺正是凭借校对新拉丁文写本的技巧而在印刷工场中得到了工作："这就是为什么在当时的意大利，显然没有一位印刷商愿意出版序言部分没有坎帕诺的书信保驾护航的书籍。"[71] 无怪乎布西觉得自己可以刊印由他改进后的普林尼或奥卢斯·格利乌斯（Aulus Gellius）著作，他作了相当一部分的改进却没有进一步说明细节：他只是在进行"校对"，就像坎帕诺一样——坎帕诺在将那部体量和影响力都极大，内容却极其粗心的普鲁塔克（Plutarch）《名人传》（Lives）拉丁文译本拿去付印时，也说自己只作了校对。[72]

布西对文稿精心修饰，好让它们在人文主义图书市场上流通。但他无意将自己印刷的作品打造成记录制书过程中思考和研究的档案——就像他对写本所做的那样——此举会让作品变得难看且难读，或者让页边空白处挤满琐碎的注解。在当时的时代背景下，布西和坎帕诺的设想和实践是完全可以理解的，而且在出版界与学术界交会的墨迹斑斑的十字路口幸存了数百年。18世纪伟大的爱丁堡人文主义大师托马斯·拉迪曼（Thomas Ruddiman）本身也是出版商，还是爱丁堡出庭律师协会（Edinburgh Faculty of Advocates）的图书管理员。他不仅对加文·道格拉斯（Gavin Douglas）和霍桑顿的威廉·德拉蒙德（William Drummond of Hawthornden）的重要著作校样进行过校对，还校对过申请加入协会的律师们的拉丁文文本，但他从不宣扬自己做过这些。后来，面对詹姆斯·博斯韦尔（James Boswell）论文中的拉丁文错误，约翰逊博士不禁摇头低声慨叹："拉迪曼已死。"[73]

校对者的胆量可以说是肆无忌惮。即便是布西这样地位的人也曾遭到特拉布宗的乔治（George of Trebizond）和其他同时代人的尖锐批评。乔治公然抨击他和他的所有作品。布西的胆大妄为令乔治愤慨。他试图给古人打上自己的烙印。他曲解了他们的文本。更为恶劣的是，他在已故的罗马伟人的话语前加上自己的序言——除了译自希腊文的文本外，这种做法在写本的世界几乎是闻所未闻。乔治呼吁教宗对出版物进行审查，以免布西对普林尼《博物志》的屠戮再度上演。[74] 校对古典文本的实践缓慢发生着改变。评注开始蓬勃发展，编辑们在评注中进行解释，即便不是解释他们如何创造相关文本，至少也是在解释他们是如何对文本进行的校订。

作为编辑活动的校对

不过，对于近代作品，校对者依然乐于继续他们一直从事的工作。1627 年，最受斯卡利杰青睐的年轻同行丹尼尔·海因修斯（Daniël Heinsius）为莱顿出版商埃尔策菲尔（Elzevir）编辑了这位已故友人的拉丁文书信。[75] 早在 1610 年，伊萨克·卡索邦（Isaac Casaubon）便刊印过斯卡利杰的一部分信件。* 在欧洲各地，"文人共和国"的公民们整理好手中未出版的斯卡利杰来信寄往莱顿。斯卡利杰的字迹清晰整洁，因此，大家或许以为海因修斯只需将信件按顺序排好便可交付印刷。然而事实并非如此。当保罗·博特利（Paul Botley）和德尔克·范·米尔特（Dirk van Miert）将那部出色的评述版《斯卡利杰书信集》制作完毕时，他们发现海因修斯用自己的妙笔做了大量工作。这本书旨在纪念一位伟人。可是，尽管斯卡利杰的拉丁文流畅而有力，但并不完美。他不注意时态的先后顺序，也不在乎将动词置于句尾的规则。海因修斯纠正了这两个问题。[76] 正如小弗朗西斯库斯·拉费伦吉乌斯在致尤斯图斯·利普修斯（Justus Lipsius）的一封信中所言，斯卡利杰以出言轻率闻名："他今天说某些人是恶棍、蠢货、畜生、白痴，改天又称其为绅士、学者和智者。"[77] 斯卡利杰的书信里充斥着对朋友和同事的冷嘲热讽，对耶稣会修士马丁·德尔里奥（Martin Delrio）那样的敌人就更不必说——他称其为"魔鬼拉的屎（stercus Diaboli）"。（德尔里奥的回应言简意赅却分量十足：魔鬼不拉屎。）[78]

---

*　斯卡利杰逝于 1609 年。

海因修斯竭尽所能让这些书信合乎语法规范并且得体，好让它们符合一位伟人应有的体面。有时，他的工作简直天衣无缝，甚至不会引起读者的注意。在 1599 年写给荷兰领俸官约翰·范·欧登巴内菲尔德（Johan van Oldenbarnevelt，Pensionary of Holland）*的一封信中，斯卡利杰——莱顿学院薪酬最高的成员——抱怨自己不得不支付高得离谱的税款。他写道："这不是有关部门的政令，而是教授们的阴谋，他们想减轻自己的负担，从而加重我的负担。"[79] 海因修斯干脆利落地剔除了"教授们"，只留下一个语法略让人困惑却不会激怒任何人的句子。[80] 在其他地方，斯卡利杰抱怨个别愚笨的学生给他造成的伤害，所用的措辞更难润色。1590 年，弗朗索瓦·迪·约恩 [François du Jon，也称"弗朗西斯库斯·尤尼乌斯（Franciscus Junius）"] 玷污了斯卡利杰编辑的曼尼里乌斯作品，因为他在重印这部著作时加入了自己的评注，意图批判这位伟人。斯卡利杰的报复方式是在迪·约恩重印的书中写满"全是屁话（cacas）"之类的狂怒评论。[81] 他还在不止一封信中说过迪·约恩的坏话。面对这种情况以及其他许多类似的情形，海因修斯用星号替换了斯氏抨击对象的名字，但上下文还是足以让他口诛笔伐的对象昭然若揭。书信集出版后，推测被掩盖的名字究竟是谁成了购书者的

052

* 荷兰领俸官，荷兰语直译为"荷兰土地代言官（Landsadvocaat en pensionaris van de Staten van Holland）"，系尼德兰联省共和国中实力最强大的荷兰伯国议会的贵族代表，权势等同于议长。该职位诞生于 15 世纪，起初主要承担市政秘书和法律顾问的职务，后来权力日渐扩大，到 16 世纪时往往是某些城市政府的实际掌控者。在 1619 年欧登巴内菲尔德被处斩刑后，该职位更名为 "raadpensionaris"，即所谓的"荷兰大议长（Grand Pensionary of Holland）"。其是没有执政在位时，整个联省共和国的最高行政长官。

一大乐趣，在 1669 年保罗·科洛米耶斯（Paul Colomiès）出版了一部线索提示后更是如此。举例来说，理查德·本特利（Richard Bentley）在他那本《斯卡利杰书信集》中写出被星号遮挡的人名，这本书现藏于大英图书馆。[82] 也有许多读者并不觉得有趣——尤其是被斯卡利杰笔伐过的人。迪·约恩的女婿赫拉尔杜斯·约翰内斯·福修斯（Gerardus Joannes Vossius）向斯卡利杰的遗稿保管人弗朗西斯库斯·霍马勒斯（Franciscus Gomarus）抱怨道，斯卡利杰和海因修斯中伤了一位值得尊敬的人。编辑们——也就是海因修斯——将这样煽动性的素材展现在公众面前，便是未能充分履行自己职责的明证。他说："他们做得对。在每一处出现迪·约恩名字的地方用星号代替，这值得称赞……但我更希望他们直接删去整个句子。因为有足够多的读者能从前后段落中明白这句话的意思。特别是那些与迪·约恩和斯卡利杰生活在同一时代且足够聪明的人。"[83] 对于习惯于相信作者每一个字都有深意的现代读者而言，这些改动似乎大错特错。而在近代早期，正如博特利和范·米尔特让我们看到的，这是司空见惯的常规操作。伊萨克·卡索邦的第一版书信集在《斯卡利杰书信集》之后几年出版。这一次，编辑谨慎地移除了可能冒犯他人的段落，没有留下任何痕迹。[84] 事实上，细微的学术性改动在此前有很多先例。1498 年，阿尔多·马努齐奥在印刷时便故意改动过安杰洛·波利齐亚诺的书信。[85] 1536 年，约翰内斯·特里特米乌斯（Joannes Trithemius）的书信集在阿格诺印刷时，校对者也对手稿原本中的敬辞作了编辑，暗指特里特米乌斯收到过"科隆大学的秘教修行者"的信函（也暗指其书信集与他的部分作品一样，即便不是通篇假话，也有一部分是在骗人）。[86] 甚至有些刊印自己书信集的人也会这么做。举例来说，1521年伊拉斯谟在出版自己的书信集时就承认，对于语气不太温和的信件，他或直接略过，或在润色后再收录。他还请求监制该版本的校对大师比亚图斯·雷纳努斯将书信集出版后对其声誉的损害降到最低。[87]

从理论上说——伊拉斯谟也持此观点——书信应当直接透明地反映作者的自我。根据凯西·伊登（Kathy Eden）的观点，文艺复兴时期书信写作的兴起不仅记录了一种新型亲密关系，也为此类新型亲密关系的发展提供了可能。[88] 但是，书信所反映的自我理应端庄得体，是作者想让公众看到的自我。人文主义书信作者就像那些与简·爱一起上学的女孩子，不是自然的孩子，而是蒙受神恩的孩子。所有人文主义者都以旧日先贤为榜样，比如书信字句间满是礼貌用语的西塞罗，比如坚称绝不会收集并发表书信的普林尼，比如有时借女性朋友和女伴之名写作的圣哲罗姆。显然，古人不仅将他们的书信收集起来，而且还加以改动，以实现某些修辞层面的意图。很多人肯定怀疑近代第一位书信作者彼得拉克在编辑和重排一系列题为《书信集》（Familiares）和《晚年书信集》（Seniles）的作品时也进行过同样的修改和调整。他们的怀疑是对的。[89] 看起来，大多数在去世后出版书信集的人文主义者可能更愿意像斯卡利杰那样向公众展示自己，而不愿暴露自身的种种缺点，成为一丝不苟的文献学批判的对象。对待近代作者，校对者可以自由发挥；面对古典作品，他们却不敢这样自作主张——至少在理论上是这样的。

校对哥白尼的著作

探究校对实践——比如通读某位伟大学者的所有书信——可以引申出另一个故事。1543 年，精明的纽伦堡印刷商约翰内斯·佩特里乌斯（Joannes Petreius）推出了哥白尼的《天体运行论》（De revolutionibus）。作者身在远方又疾病缠身，无法亲自监督这本书的出版印刷。因此他只提供了底稿，校样则由富有出版和印刷经验的格奥尔格·约阿希姆·雷蒂库斯（Georg Joachim Rheticus）和安德烈亚斯·奥西安德（Andreas Osiander）进行审读。同许多校对者一样，格奥尔格·约阿希姆·雷蒂库斯也是印刷商佩特里乌斯的代理人，为其搜寻新的作者和手稿。他们没有让这本书原封不动地出版。在 19 世纪《哥白尼全集》出版后，文献学家们发现佩特里乌斯版的细节与其存在数百处差异。自然，他们设法还原了哥白尼本人所写的文本。除了修改文字以外，还有大量更深层的改动，有些改动记录在随附的几册勘误表里，有些则是在佩特里乌斯的店里用笔修改的。不过，文献学家们没有注意到的是，这些修改事实上是对书本的改进。就科技类书籍而言，这一点相对容易确定。其中很多修改想必出自哥白尼本人之手，他一定是在提供给印刷商的现已不存的书稿里进行修改的。而另一些则是——如今看起来应该很明显——校对的结果。

奥西安德有一处格外激进的修改一直为人所诟病。哥白尼相信自己发现了关于宇宙的真理，他将所呈现的成果视为对现实世界的客观描述。这种理念让他的书对自然哲学和天文学的总体结构提出了直接且激进的挑战。而奥西安德为这部作品添加了一篇匿名人士致读者的序，其中声称哥白尼在书中阐述的只是一种"理论（theory）"而非"真理（truth）"，只是一种旨在引出讨论的"假设（hypothesis）"。通过这种方式，序言为本书的激进思想提供了缓冲。从 1543 年到今日，奥西安德的做法令无数哥白尼的仰慕者勃然大怒。雷蒂库斯扬言要收拾他，并且真的将他和佩特里乌斯告上了法庭，只是没有胜诉。在 16 世纪末和 17 世纪初，约翰·开普勒（Johann Kepler）、威理博·斯涅尔（Willebrord Snell）和其他人发现了这篇序言收入书中的经过，他们在给书作的评注里记录了自己的愤慨之情。他们不无道理地认为，奥西安德的做法完全与哥白尼明确表达的意图背道而驰。[90]

　　然而，奥西安德的决定有利于让哥白尼的著作顺利流通。《天体运行论》一经问世便引起尖锐的批判，有些审查机构曾试图查禁它，至少曾试图阻挠它的销售。但除了在伊比利亚遭到一定程度的封禁外，它从未真正成为严格镇压的对象。欧文·金格里奇（Owen Gingerich）曾对数十份保存下来的书稿作了仔细检查，这一简单却至关重要的做法表明，这本书不仅得以在市场上销售，还吸引了许多读者，他们在书中空白处与满页边注，令哥白尼的著作成了标准版文本。正因如此，到了 16 世纪末，哥白尼学说已经像从盒中逃出的巨灵*一般，再没有任何

055

---

* 　伊斯兰教对超自然存在的统称，相传是真主安拉用无烟之火创造，有善恶之分——《一千零一夜》的《阿拉丁神灯》中的灯神即是此灵。

镇压行为能将它打回盒中封印起来，即便是对伽利略的迫害也不能。[91]

就其行为来看，奥西安德的做法的确胆大妄为。即使放在文艺复兴时期校对方法的大背景下，此举似乎也有争议——一位渺小的人将自己的小心强加于一位比他伟大得多的人。但这也不失为校对者在实践中付出的一种谨慎而巧妙的努力——而且，学界在 16~17 世纪也不乏类似的做法。校对者是一幅如今正在消失的时代画卷中的人物：在那个时代，作者期待他们的印刷商或缮写者改善自己交付的作品。同样是那个时代，很多作家都将自己的作品视为合作的产物，而非个人的成果。在数个世纪里，校对者一直充当着作家与读者间的中间人。他们不仅是现代文献学家的遥远先驱，也是为打造重要作家的作品而付出了巨大努力的现代编辑的遥远先驱。在 20 世纪的美国，T. S. 艾略特（T. S. Eliot）、托马斯·沃尔夫（Thomas Wolfe）、F. 斯科特·菲茨杰拉德（F. Scott Fitzgerald）、理查德·赖特（Richard Wright）和雷蒙德·卡佛（Raymond Carver）的作品都经过博学友人的重塑，其中大多数是文学界的专业人士。所有这些作家的成功都有提出修改意见的校对人员的一部分功劳。在作者身份和编辑活动流传千年的历史上，许多有力的线索贯穿始终。这些事实在学术史——学术编辑史——上所引发的后果仍有待全面研究。但有一点很清楚，每当作者对文稿编辑、教授、编辑或代理人大发雷霆时，每当编辑抱怨作者无法欣赏他们的劳动时，他们都在重演一场深深植根于古典传统的戏剧。

第 2 章
手持占卜杖的文献学家

伊萨克·卡索邦与采信的基础

校对并非生来就是一项严格且对技术要求极高的职业。在人文主义编辑面对的文稿中，常有缮写者抄录的难以理解的段落、装订工弄错位置的篇章，甚至还有缺页。有时他们不得不想方设法琢磨原稿作者究竟写了些什么，还要想办法确定自己和他人的推测是否可信。学者对于文献的想象力受到其对语法和惯例、体裁规则和历史背景掌握程度的制约，但也取决于学者通过卜测补足遗失内容的能力。之所以将这类手段称为"卜测"，是因为学者往往无法解释个中缘由。人文主义者的工具箱里不仅有校对者常用的技艺，还有显然与魔法师脱不开干系的手段。学者们总在苦苦思考论证的本质和采信的基础，现在，他们又将如何评价那些为还原看似已彻底散佚不可寻的字词和段落而付出的学术努力呢？

伊萨克·卡索邦在判断所读和所闻之事是否可信时，态度十分谨慎。当兰斯洛特·安德鲁斯（Lancelot Andrewes）给他讲鬼故事时，卡索邦总是认真倾听关于故事传播链的细节，还会仔细观察朋友的举止神态，看他是否在说实话。举例来说，在 1613 年的一次远足期间，安德鲁斯讲了这么一桩奇事。1563 年，一个看起来十分虔诚的男人在伦敦伦巴第街死于瘟疫。在妻子为入殓作最后的准备时，这位绅士却开口说话，把她吓得不轻。他向妻子索要食物，却不肯等她烹制肉或家禽，只吃了她给的面包和奶酪。等牧师赶来时，这位死者解释道，他被冥界打回人间，是为了坦白自己亲手谋杀第一任妻子却巧妙摆脱追查的罪行。说完，他再一次死去了。卡索邦相信他听到的这个故事。他解释说，毕竟安德鲁斯的故事是直接从一位亲历此事的目击者那里听来的，即那位圣职，因此"是可信度最高且众人皆知其虔诚的人（fuit presbyter homo summae fidei et notae pietatis）"。[1] 同样是在这次旅行中，安德鲁斯还讲了一个十字架从天而降，落在韦尔斯（Wells）居民——包括主教及主教夫人——身上的故事。卡索邦再次相信了他的讲述，一方面是因为他的朋友"从很多人那里听过这个故事，尤其是听已故的主教说过"，另一方面是因为安德鲁斯讲故事的方式"不容任何人怀疑其内容的真实性"。[2] 然而，卡索邦本人对这两个故事都没有发表任何看法。他似乎觉得自己缺乏足够的信息来解释这些现象。

马克·帕蒂森（Mark Pattison）在其所著的《卡索邦传》中指出，根据这位学识极其渊博的希腊语言文化研究者所处时代——以阿尔德罗万迪和博丹为代表的奇闻兜售者辈出的时代——的标准，他是一位颇具批判精神的听众和读者。[3] 在卡索邦生命的暮年，詹姆斯·马丁（James Martin）写信向他讲述了大约 12 年前发生在剑桥郡加姆林盖（Gamlinga, Cambridgeshire）的神奇事件。这封信没有保存下来，但詹姆斯·马丁写给威廉·卡姆登（William Camden）的另一封信被保存了下来，信中简要概括了他告诉卡索邦的那桩生动的超自然奇闻。

> 一个摇篮里的孩童不知怎的被运到屋外，裹在一团火中，出现在街头。亚麻围裙上的灰尘组成了许多个十字架图案。女仆以为孩童被烧死了，正当她哭泣时，一个没人认识的男孩对她说：我想到了那个孩子，把他救了出来，你自己去看吧。[4]

在着火之前，房屋上空曾出现过一个发光的十字架，又过了一段时间，十字架图案纷纷出现在那个孩子的母亲和姐妹的亚麻衣服上，但最后都褪色不见或被洗去了。"我本人亲眼见过其中一些：它们呈褐色，是十字形状。"[5] 卡索邦既没有直接可见的视觉证据和目击者的完整叙述，也没有可供继续调查的原始资料。马丁似乎直截了当地要求他对这起事件进行解释。卡索邦的答复很明确：他可以接受马丁对事实的陈述，但他既没有证据也缺乏天赋，因此无法说出事实背后的因由。

近期我收到了您的两封信。第一封信着实让我惊诧非常。毋庸置疑，您描写的是一个奇迹。但这奇迹从何而来，我却无法确定（究竟是来自上帝还是魔鬼）。最适合对此提出推测的也许是目击者或他们最亲近的熟人，还有那些具备敏锐洞察力的人。如此说来，还是让您那所群英荟萃的大学里最杰出的神学家来甄别此事吧。获知这一事实（τò ὅτι）我很高兴。至于导致这起令人赞叹的事件的原因（τò διότι），要是我有这样的判断力，那就好了。[6]

卡索邦是亚里士多德主义者（即注重经验的求实者）而非怀疑论者（即不可知论者），从他使用亚里士多德对"事实（the fact）"和"知其所以然的事实（the reasoned fact）"［或简称为"原因（the reason why）"］的区分中可以看出这一点。[7]不过，他采用亚里士多德的这种区分似乎是为了确定自己对于类似的案例能够提供何种见解。他可以判断出一段看似违背自然规律的事实陈述是否值得采信，但他没有用以构建完整三段论的小前提，因此他无法对事实作出解释。他对这种克己准则的坚决贯彻令人印象深刻。

卡索邦对卜测的看法

卡索邦与同道学者对他们的毕生事业——古代书籍及其校对和解释——提出过种种假设，然而，卡索邦在评估建立假设的依据的可信程度时，所进行的分析和所采用的术语却惊人的不精确——有时他甚至会使用同一个词的两个截然相反的意思。以"divinatio"为例，这个拉丁文单词在英文中对应"divination"，意为"占卜、卜测、解读"，现指将流传下来的文本中散乱的字词转变为合理的拉丁文、希腊文，当然还有英文篇章的解读活动，属于意料之外但令人信服的推测性校订，是个褒义词。⁸ 一个成功"卜测"的经典案例出自莎士比亚《亨利五世》（*Henry V*）中的一个著名难题。女主角这样描述垂死的福斯塔夫（Falstaff）："他的鼻子像笔一样尖，还有一片绿野。（his nose was as sharpe as a Pen, and a Table of greene fields.）"* 批评家和学者为校对这段话使尽了浑身解数。蒲柏（Pope）机智地指出，这是因为一份舞台说明中提到的房东格林菲尔德（Greenfield）的名字不知怎么混入了正文。但是，18 世纪的编辑刘易斯·西奥博尔德（Lewis Theobald）借助手中一本有注释的作品加以卜测，他对这句话的重新排序在如今得到了普遍的接受。他将"a Table of greene fields"改成"a'babled of green Fields"［此处的"a"相当于"he"，即"he babbled of green Fields"（他喃喃念叨着绿野）］——据推测，尽管他没有明说，这句话是对《圣经·诗篇》第 23 章的不准确引用。** 这成了推测论证的经典案例——甚至被纽曼枢机（Cardinal Newman）作为典范收入其著作《赞同的规律》（*Grammar of Assent*）的第 8 章。

---

*　人民文学出版社 2014 年版《莎士比亚全集》（方平译）的译文为："因为他的鼻子像笔那样尖，脸绿得像铺在账桌上的台布。"

**　《圣经·诗篇》23:1-2："耶和华是我的牧者，我必不至缺乏。他使我躺卧在青草地上，领我在可安歇的水边。"（本书《圣经》译文均引自"简体和合本"。）

这种令人瞠目结舌、彻底改头换面的推测便是弗兰克·克莫德（Frank Kermode）在谈及 A. E. 豪斯曼（A. E. Housman）"精妙的卜测智慧"时的具体所指，也是我们今天将"卜测"作为褒义词时所指的内涵。

卡索邦使用这个词时也正是取其这层意思。他持笔在手，一页一页地翻阅 16 世纪文本卜测的集大成者之一：由奥古斯都时代的学者费斯图斯（Festus）所著、由约瑟夫·斯卡利杰在 1575 年编辑出版的拉丁文词典。这是一部推测校勘的代表作。在此前约二十年，西班牙文献学家和法理学家安东尼奥·阿古斯丁（Antonio Agustín）彻底改变了这份零散保存下来的文献的本质。他直接从 11 世纪的那不勒斯写本着手进行研究，这份写本保存了一部分原始文本，但也有一部分遗失，还有一部分遭到火焚，或者纸张外缘烧毁不见。用他的话说："他是一位战友被击败和遭屠杀的士兵，自己也断了双腿、缺了鼻子、被挖出一只眼睛、折了一只手臂，却还在竭力爬行。"[9] 以此为基础，他编制出一份非常粗糙的摹本，将词典分解成各自独立的词条，还在文本中留出间隔，让每个词条的长度大致相同。[10]

斯卡利杰从阿古斯丁的评注中学习，也从活跃的法兰西法学和历史学界朋友们那里学习。他对伦巴第人保罗（Paul the Lombard）后来编制的衍生词典和其他文献进行深度挖掘，从中提取素材，经过一番雕琢，将其作为补编纳入摹本之中。一次又一次，他用令人眼花缭乱、意想不到的方式重构引文和关于仪式的记载，填补阿古斯丁留下的空白。每每读到这些地方，卡索邦写下了许多热情洋溢的附注。终于，他读到了斯卡利杰对谚语"萨宾人梦想着他们渴求的事物（Sabinos solitos quod volunt somniare）"的解读——这是一处与谚语本身一样出名的校对。[11] 卡索邦在他那册书的页边空白处写道："精彩的卜测，显然有神明相助。（Foelix divinatio et plane divina.）"[12] 在这个案例中，一个远远突破传承证据的大胆猜想激发了卡索邦的热情。显而易见，他有时很愿意看到别人发挥他不肯用以解释超自然现象的飞跃式想象来补充"事实（τὸ ὅτι）"。在他于 1594 年编辑出版的阿普列乌斯《辩解录》（Apologia）中，他承认自己不赞同斯卡利杰在某些方面的观点。尽管如此，他仍然笃定"最崇高的"斯卡利杰不会要求自己的观点被视为"文人王国"里的"权威教条（κύριαι δόξαι）"，这座王国——正如克理索（Celsus）对医学界的评价——在很大程度上依赖于推测。[13] 至于卡索邦，他倒是坚持认为自己按古希腊演说家的惯例，在阿普列乌斯引用文献之处插入标题的做法是正确的，"哪怕没有被视作权威的手稿"。[14]

　　然而，在卡索邦的文献学词汇表中，"卜测"并不总是褒义词。1603 年，他出版了自己编辑的《罗马君王传》，这一系列关于罗马帝国历史的离奇记述据说原本是六位作家各自独立的作品。与许多 20 世纪的学者不同，卡索邦并未将这套作品视为精心撰写的伪作而弃之不顾。但是，和他的友人约瑟夫·斯卡利杰一样，他非常了解古希腊罗马时代晚期的伪书和假托经典之名的伪作——不仅仅是《赫尔墨斯文集》（Hermetic Corpus）。[15] 这一系列文本似乎也存在类似的问题。按理说，其中有四位作者写到了所有帝王的生平，但其中一些文本之间的矛盾和留下的空白表明，这些文本没有一篇是真正写完的。保守地说，这至少是个实在奇怪的巧合。卡索邦的判断是，这些生平记述由不同摘抄选段拼凑而成，而且技法拙劣，恰如古罗马《民法大全》（Corpus iuris）的《学说汇纂》（Digest）部分系由诸多罗马法理学家的作品拙劣拼凑而成一样："我毫不怀疑，这位特里波尼安（Tribonian）在做这个工作时觉得自己很有本领，可他实际上就像条臭鱼。"[16]

即使没有最后这句讥刺，卡索邦提及特里波尼安——主持编委会编集《学说汇纂》的6世纪法理学家——的言论也足以揭露他对《罗马君王传》拼凑成书的看法。创立"高卢风格（mos Gallicus）"的法兰西法理学家们专门致力于遍览《学说汇纂》，收集零星散落其中的早期法理学家的只言片语，以重构他们所认为的真正的罗马法历史，而他们对自己的主要文献来源往往没几句好话。关于这一主题，弗朗索瓦·奥特芒（François Hotman）以一本标题让人过目不忘的小册子《反特里波尼安》（Anti-Tribonian）展开了自己的论战。[17]对于在《罗马君王传》中发现的问题，卡索邦没能确定任何有理有据的假设，于是他便放弃尝试，只是对这些文本形成的可能过程提出了几点建议。他评论道："至于这位作者是根据怎样的规划将这部合集处理成这种形式，我还是留给先知们去卜测吧。"[18]在这种语境下，"卜测"的意思并不是对"事实"的精彩还原，而是学者在缺乏确凿证据时为了推知事实而可能采取的解释性假设。倘若卡索邦愿意，他或许也能用类似的做法来解释前文中的"亡者归来"和"天降十字架"事件。

文献学家对卜测的看法：众口一词的反对

在人文主义文献学中，"卜测"的后一种不足为训的用法比前一种更加根深蒂固，西尔维亚·里佐（Silvia Rizzo）在她很久以前出版的经典著作《人文主义者的文献学词典》（*Il lessico filologico degli umanisti*）中便揭示过这一点。早在 14 世纪，薄伽丘就曾为其关于地理学术语的著作恳请读者原谅，因为他既没能对自己使用的所有文献进行校对，也无法为其收录的每一个古代术语找到现代语言中的对应。他写道："的确，有些地方我可以凭推测得到更进一步的结果。比如，我推测我们如今所说的佩鲁贾湖（Lake of Perugia）就是古代的'特拉西美诺湖（Trasimene）'……其他地方则无法追踪任何古人的线索，需要求助于卜测，而我始终没学会这项本领。"[19] 与之类似，波焦·布拉乔利尼在写给弗朗切斯科·巴尔巴罗（Francesco Barbaro）的一封著名书信中指出，为他抄写斯塔提乌斯（Statius）《掌故集》（*Silvae*）和曼尼里乌斯（Manilius）作品的缮写者是"世上最无知的人"。在阅读和校对部分写本时，他抱怨道："只能卜测，没法阅读。"[20] 里佐指出，布氏在使用"divinare"一词时，通常是指使用一份很不准确且难以辨认的古抄本时所费的努力。他对西塞罗《反腓利比克之辩》（*Philippics*，也译《反腓力辞》）的 9 世纪写本 [现编号为 Vat. Bas. S. Petri H 25（V）] 的评注颇具典型性："我借助这份老旧写本校对了西塞罗的《反腓利比克之辩》。它写得太过幼稚、错误太多，以至于我从中摘抄时需要的是卜测而不是推测（conjecture）。任何一位无知又无品味的小女子都能做得比这更好。"[21] 作为西塞罗的狂热读者，布拉乔利尼也像西塞罗那样使用"divino"一词，其中一部分原因很可能是，西塞罗经常用这个词形容他认为薄弱且在方法上存在问题的获取知识的途径。标准意义上的卜测因证据和逻辑问题而为人诟病，这些问题也是西塞罗的重要对话录之一《论预知》（De divinatione）的部分主题。在其表达政见的书信中，以及向朋友说明他认为自己预测近期事件发展的可靠程度时，西塞罗都使用过"卜测"和"推测"之类的表达。[22] 文艺复兴时期的学者相当熟悉这些段落。在一封致雷恩图卢斯（Lentulus）的信中，西塞罗对自己的政治洞见以及收信人对时事的把握表示赞美，他告诉雷恩图卢斯的不是普通的新闻，而是"隶属于推测范畴的事项"。[23] 16 世纪的西塞罗学者保罗·马努齐奥（Paolo Manuzio）以此为契机解释了"推测"与"卜测"的区别，指出前者范围更窄、更加严格："推测与卜测不同。推测以种种迹象为依据，但卜测不一定遵从迹象。由此可知，所有推测都可算是卜测，反之却不尽然。"[24] 马努齐奥是西塞罗的追随者，西塞罗在《论预知》中让笔下人物借学院派怀疑论者卡涅阿德斯（Carneades）的论点抨击占卜之人，因为他们无法解释占卜如何得出结论，也无法说清他们观察到的现象与其宣布的结果之间有何关系。[25]

被视为黑魔法的占卜

后人很难，也许不可能断定西塞罗本人对占卜的态度，而同时代人可能以诸多不同的方式阅读他的著作。在他的对话录中，西塞罗让自己的兄弟昆图斯（Quintus）用罗马人的表达方式为占卜发表过一通强有力的辩解，但他创作这篇文稿或许只是为了进行"正反面兼顾（in utramque partem）"的论述练习。[26] 但在 15 和 16 世纪，"dininatio"一词在大多数读者脑海中唤起的却是比《论预知》和西塞罗书信古怪许多的文章，他们想到的不仅是昆图斯·西塞罗在兄弟的对话录中描述并捍卫的活动，还有其他实践。这些近代早期的文本和实践以及正统思想对它们的看法，共同形成了一块让某些人文主义者借以解读西塞罗的"屏幕"，可以解释他们为什么会认为西塞罗对占卜持怀疑和批判的态度。欧洲人从 15 世纪开始采用多种形式的占卜术。许多目击者曾对这些活动进行分类，其中一位名叫约翰内斯·哈特利布（Johannes Hartlieb）。他生活在 1400~1468 年间，旅行经历丰富，是一位严肃的藏书家，曾在德意志和意大利的多所大学学习，后为巴伐利亚的统治者们效力，是阿尔布雷希特三世（Albrecht III）的顾问和内科医师。到了晚年，哈特利布应勃兰登堡边境伯爵约翰一世（Markgrave Johannes of Brandenburg）的要求，在 1460 年前后创作了《禁术之书》（*Book of the Forbidden Arts*）。他在书中提到了七种禁术，对其作了定义和分类，并将这些活动全部视为不同形式的占卜：死灵术，靠魔鬼实现的魔法；地占术，通过掷骰子进行预测；水占术，通过观察水进行预测；风占术，通过风向和喷嚏进行预测；火占术，用特定日期砍下的木柴烧火，观察火中的影像；手相术，解读手掌的纹路；骨占术，用肩胛骨或其他骨头进行占卜。[27] 哈特利布在其作品中反复明确地表示，他的素材不仅来自合法的神学著作，也来自他亲自寻访过的被他称为"精于此道的大师"的占卜者们。

　　哈特利布狂热地沉醉在对黑魔法的研究中。他的观点是，所有形式的占卜本质上都涉及同样的弥天大罪。它们所仰仗的不是占卜者表面上的咒语和仪式，而是魔鬼。有时，占卜活动错误地将自然现象视为超自然现象。当占卜者将熔化的铅投入水中，通过形成物质的颜色和形状预测未来时，他其实只是将金属受热程度和入水高度所引起的自然变化强行赋予某些意义罢了。当然，魔鬼可以让这些预言成真——在他想这么做的时候——除此之外，二者并无关联。但在另一些情况下，却明显是魔鬼在发挥力量。[28] 只有魔鬼能让异象出现在小男孩的指甲上——哈特利布尤其对这种占卜方式描述了许多生动的细节。魔鬼在他愿意时能让占卜术起作用，同样也可以使其失效。无论哪种情况，实施占卜术的人就像西塞罗批判的占卜者一样，无法说明他们如何从问卜的方法中得出结论。与其他许多人一样，哈特利布认为占星术与占卜不同，那是一种利用星体的不断变化预判未来的严谨的预测系统。但另一些人，比如皮科·德拉·米兰多拉（Pico della Mirandola）则将占星术大而化之地归入统称为占卜的受诅咒的实践中，这些实践都无法靠确凿的证据得出清晰的推论。[29]

　　理查德·基克希弗（Richard Kieckhefer）、克莱尔·范杰（Claire Fanger）和许多人的研究都表明，哈特利布描述的占卜实践与那些据称是崇拜魔鬼的女巫所用的巫术不同，它们并不是他想象的产物。在整个欧洲，基克希弗所描述的"地下教会组织"成员倾心投身于"邪魔之术（ars notoria）"，恪守禁欲主义准则，钻研复杂的图表，以期获得关于未来的知识。上至王室和罗马教廷，下至欧洲城乡的寻常巷陌，占卜是欧洲人日常生活中的寻常活动。[30]

　　尽管有些学者对上述所有占卜形式都予以谴责，但另一些学者对它们的态度却模棱两可。博学的人文主义者维罗纳的加斯帕雷（Gaspare da Verona）曾在罗马教授一批年轻人如何阅读和解读拉丁文诗歌，他的态度可见一斑。[31] 加斯帕雷是一位坚定的古典主义者，他十分重视自己与教宗尼各老五世（Pope Nicholas V）的教廷以及卡普拉尼卡枢机（Cardinal Capranica）的府邸等罗马权力中心的联系。谈及尤维纳利斯（Juvenalis）在他的《第六讽刺诗》（Satire VI）中提到的预测未来的几种方法时，加斯帕雷充满了轻蔑："神圣法则对不同占卜形式大书特书。好几种占卜形式都遭到禁止，比如死灵术、手相术、预卜术、内脏占卜术、火占术、鸟卜术。这才是对待个别占卜术的正确方式。"[32] 为强调这番话，他援引了一个令人印象深刻的例子来说明该如何对待那些从事此等肮脏活动的人："佩鲁贾地区有一位施展邪恶法术的女人，既是女巫也是死灵师，堪称楷模的卡普拉尼卡枢机下令将她烧死。他的决定英明公正得无以复加，他是一位从头到脚都无比公正、谨慎、博学多才、深谋远虑的王亲贵胄。"[33] 加斯帕雷还摒弃了将"圣灵感孕（Virgin Birth）"与和平神庙（Temple of Peace）的倒塌联系在一起的中世纪先知传统。他和博学多才的朋友们明白，这一传统与他们根据书面资料和物质证据建构起的罗马史时间框架相违背：

"因为圣母玛利亚无沾成胎的时间早于韦帕芗（Vespasian）或提图斯（Titus），也就早于我们所讨论的和平神庙。"加斯帕雷以令人印象深刻的冷淡向他的听众以及特定的读者——尼各老五世——坦言："我不太在乎你们是否相信这些。因为这不是一篇论述信仰的文章。那位绝非等闲历史学家的伟大学者莱昂纳多·布鲁尼（Leonardo Bruni）也同意我的观点。我的同乡瓜里诺，还有布鲁尼的同胞卡洛·马尔苏皮尼（Carlo Marsuppini）也是如此。我的密友、我所知道的知识最渊博的学者乔瓦尼·托尔泰利（Giovanni Tortelli）也所见略同。"[34]从这些段落来看，人文主义文献学似乎与晚期经院哲学结成了同盟，对魔法传统及其包含的各种占卜形式予以尖锐的批判。显而易见，文献学依靠的是证据，而不是预测，也不是其他凌驾于人类理性力量之上的高深莫测的努力。

不过，加斯帕雷在魔法实践方面也展现了一定程度的专业知识，但他拒绝探讨这些实践。比如他曾表示，关于"如何调制毒药"，还是留给投毒者讨论比较好。[35]他为家乡农村地区目不识丁的占卜者撰写了一篇很长的补记，毫不避讳地对其占卜手段的有效性大加称赞。

在维罗纳郊外的乡村，我见过一些上了年纪的农民，如果有人丢了驴或马，他们能借助预测立马找到失物的位置。当他们念诵咒语并完成某些仪式，一颗类似星星的东西就会从天空落下，去落地之处搜寻，最终定能找到失物。有一回，狂风暴雨大作，电闪雷鸣不休。这些老人中有一位预言，将有一道突如其来的雷电击中某座山的山顶，结果事情真的与他所料不差分毫。当时，这位大字不识的无知老人已年过八旬。[36]

在欧洲各地，狡诈的男男女女践行此类占卜已有数百年之久，但加斯帕雷对传统占卜方式的认同显然没有扩展到更需要学识的占卜实践上。在他的遗嘱中，他禁止儿子参与标准形式的魔法："立遗嘱者之子弗朗切斯科（Francesco）不得冒险从事任何炼金术和寻宝活动，也不得身涉死灵术的任何部分"，否则他将失去继承权并受到亡父的诅咒。[37]然而，加斯帕雷却记录了自己在教宗保禄二世（Pope Paul II）时代挖掘"一座巨大的山洞并在里面找到珍奇矿物"的经历。[38]

费奇诺与伊拉斯谟对文献学和卜测的看法

因此，卜测这个术语及其实践所引发的联想既让人兴奋，又令人恐惧。文献学家选择卜测还是拒绝卜测，取决于在更广泛的意义上他们对获取知识的恰当途径的预设认知，以及他们在实践中所面临的具体任务。马尔西利奥·费奇诺不曾从历史角度研读柏拉图，但他依然是一位技巧高明的文献学家。[39]为了将柏拉图和后来的新柏拉图主义（Neo-Platonism）*作品

---

*　系公元 3 世纪由亚历山大港的普罗提诺发展出的哲学派别，是古希腊文化末期最重要的哲学流派，对基督教神学产生了重大影响。该流派主要基于柏拉图的学说，再加上斯多葛学派和亚里士多德的思想，进而融合为一个体系，但许多地方都被其作了新的诠释。《新约》时代的哲学本身含有一种宗教态度，这就是基督教涉及哲学的缘故。

译为拉丁文，费奇诺时常发现自己需要对希腊文原始文本加以修订。同柏拉图和普罗提诺（Plotinus）类似，费奇诺相信人类可以在更高等存在的帮助下通过直接启示而获得知识。他出生时的守护行星土星赋予了他先知的力量。正如丹尼斯·罗比肖（Denis Robichaud）在一篇精妙文章中所阐述的那样，费奇诺在修订普罗提诺的作品时特意表明了两点：一是自己已熟练掌握文献学家的工具和术语；二是至少在某些情形下，他将这些工具和术语与某种更高层次的洞察力融为一体。

> 有必要指出的是，希腊文写本中的许多语句似乎改变了位置，字词也时常颠倒。就我而言，我已尽己所能努力修订了这些内容，可以说，我依靠的是我身为先知（vates）而不是阐释者（interpres）的禀赋。[40]

费奇诺在学术领域刻苦钻研，从他最喜欢的新柏拉图主义作品中收集摘抄，逐步建立起自己对它们的诠释。他号称自己只凭灵感工作，这实在是夸大其词。[41] 不过，在普罗提诺的案例中，费奇诺的自我标榜倒十分准确。他不得不在手中只有一份希腊文写本（编号 Laur. 87, 3）的情况下做出一份通顺的译文。为此，他作了 120 多处至今仍被《九章集》（Enneads）的编辑们认为颇具参考价值的修订。[42] 一百年后，另一位技艺高超的文献学家、耶稣会修士马丁·德尔里奥在两大领域开展职业生涯：一方面，他是魔法知识的专家，对他所谴责的所有形式的占卜都了如指掌；另一方面，他是塞涅卡及其他拉丁文作家的校勘者。正如扬·马锡尔森（Jan Machielsen）让读者看到的，在文献学领域，费奇诺主动采用卜测的做法，德尔里奥却以同样积极的态度对这一做法大加谴责。[43]

从表面上看，将校勘学与文艺复兴思潮中理性主义的一面联系在一起，似乎易如反掌且自然而然。[44] 然而，德尔里奥并不是理性主义者；费奇诺是一位出类拔萃的校勘者，但他和理性主义完全不沾边。另一个案例则清楚地表明，将文献学历史硬套入这些老生常谈的分类之中无比困难。有一位极负盛名的文献学家每过一段时间便要对卜测的问题探讨一番，借用 16 世纪"经律主义者（Biblicist）"*爱用的形容，就像狗回头去吃自己的呕吐物一样积习难改。** 德西德里乌斯·伊拉斯谟不止一次明确表示，他反对一切形式的魔法占卜。举例来说，在《箴言集》中，他对"看见死者（Mortuos videns）"这一词组评论道："如果梦见死者，您的生意将会失败。这在《苏达辞典》（Suidas）中有所记载，被视为以梦为依据的占卜中最常见的内容，是迄今为止所有迷信中最空洞无稽的一种。"[45] 他还专门写过一篇对话体文章《邪魔之术》（Ars notoria），以表现这种民间流行的获取关于神性和未来的知识的方式有多么可笑。不过，伊拉斯谟也意识到古代关于占卜的记载并不都是负面的。在对《箴言集》I.x.8"筛网占卜术（Cribro divinare）"的评述中，他引用了古典文献中关于旋转筛网的记载，并指出"时至今日，仍有某些迷

---

*　也称《圣经》直译主义者"，指完全依照字面意思来阐释《圣经》的人。

**　典出《圣经·旧约·箴言》26:11："愚昧人行愚妄事，行了又行，就如狗转过来吃它所吐的。"

信之人用细绳吊起筛网，以此进行占卜"——这一观察与基思·托马斯（Keith Thomas）对近代早期英格兰魔法和占卜的宏大全景式研究完全吻合。[46] 然而，在讨论的开头部分，伊拉斯谟作了一番反思："这意味着要用机智的推测来掌握某些东西，或者用愚蠢的办法占卜出隐藏在背后的事物"——这至少为利用智慧作出猜测留下了空间。[47]

与波焦·布拉乔利尼类似，在探讨文献学问题时，伊拉斯谟有时将"卜测"作为贬义词使用。举例来说，在《箴言集》中，他讨论了一个"在费斯图斯的零散残篇中"偶遇的短语"Vapula Papyria"。根据费斯图斯的观点，语法学家辛尼乌斯·卡皮托（Sinnius Capito）曾将这个短语解释为一句表示拒绝威胁的谚语。伊拉斯谟本人在尝试解释这个短语时犹豫不决。他认为，这个短语也许典出帕皮里乌斯·普拉泰克萨图斯（Papyrius Praetextatus），因为他曾拒绝向母亲透露元老院的机密。但如果果真是那样，这个短语便需要修订。也许，这个短语与埃米利乌斯·保卢斯（Aemilius Paulus）的原配夫人帕皮莉亚（Papyria）有关。埃米利乌斯从未透露过与她离婚的原因。"能怎么办呢？"伊拉斯谟哀怨地问道，"当作者们完全帮不上忙时，你必须用上卜测。"[48]

第二个案例让伊拉斯谟的观点显得更加明晰。他从泰伦提乌斯（Terentius）的《福尔弥昂》（*Phormio*）中援引了这句格言："逃跑勿经自家门。（Ita fugias ne praeter casam.）"伊拉斯谟本人从道德的角度理解这句谚语，认为这是在告诫人们，不要为了避免犯下一种恶行而最终卷入更糟糕的局面。[49] 但他也指出，在据说是多纳图斯（Donatus）所写的关于泰伦提乌斯的评注中，这一句话至少可作三种解释。

> 多纳图斯——如果这确实是多纳图斯的评注——这样解释这句谚语中的修辞手法：在逃跑时不要经过自己的家，尽管那是最安全的避难所。另一种解释是，（窃贼）不要往自家门前逃，因为那里是最容易抓住窃贼并将其关押起来拷打的地方。此外还有一种解释，说这句话的是一个追捕小偷的人，他在追捕过程中小心提防，不让小偷经过自己的住所，以免小偷在逃跑过程中捎带顺走自己的财物。[50]

谈到对古代权威在解释方面跌跌撞撞的努力的看法，伊拉斯谟所使用的语句与描述自己的吞吞吐吐时如出一辙："如果我们没能意识到希腊文谚语和条文细节的诠释者也有完全相同的惯例，那一定没人能容忍这样的卜测，这是充满幻想的乱猜得出的结果。"[51] 多纳图斯的学生圣哲罗姆曾在《反鲁菲努斯》（Contra Rufinum）的一个著名段落中解释道，多纳图斯认为评注者不应该为文段提供最终解释，而应该汇总多种不同的解释。读者就像出色的货币兑换商，自会甄别出真金白银。[52] 与在他之前的波利齐亚诺一样，伊拉斯谟拒绝接受这种阐释学观点。他明确指出，评注者提供多种缺乏明确证据支持的薄弱假设，此举并不是为了兼容百家观点，而是因为评注者自知无法提供扎实有力的解释。因此，无怪乎他在一篇回应爱德华·李（Edward Lee）的批评且极具争议的文章中写道，他可不是只会"用筛网

069

占卜”。[53] 在这些案例中，伊拉斯谟对“卜测”一词的使用与卡索邦多少有几分相似，尽管他不像卡索邦那样使用亚里士多德学派的术语，即一个用来表达解释缺乏依据的术语。

不过，伊拉斯谟对这个词的使用比维罗纳的加斯帕雷还要前后不一。在许多引人注目的地方，他不止一次提到过自己的“卜测能力”。其中一个格外值得注意的例子出现在他的第二版《塞涅卡作品集》的扉页上，该版本由弗罗本于 1529 年在巴塞尔出版。扉页标榜这本书的内容是技艺娴熟的推测产物。经过伊拉斯谟的修订，现在这部《塞涅卡作品集》将修正读者的看法。

> 塞涅卡的作品对锻炼口才和改善生活质量大有裨益。本书之所以有此等妙用，皆得益于伊拉斯谟的校对。他以老旧写本的权威和一流作者的著作为基，加之有时堪称精妙的卜测，明智地摒弃了在其缺席的情况下刊印的前一版本。比较两者之后，您会发现这是正确的选择。[54]

这篇推介是在伊拉斯谟在巴塞尔最长一段居住期即将结束时准备的。文中将“divinatio”（卜测）一词与褒义形容词“sagax”（精妙）搭配在一起，他在《箴言集》中也曾这样使用过这个词。这使后人有充分的理由怀疑，这篇推介就是伊氏本人起草的。

印刷工场里的卜测活动

伊拉斯谟第一次负责大型作品出版的经历介于他在《箴言集》中的保守与编辑《塞涅卡作品集》时的激进。1514~1516 年，伊拉斯谟为巴塞尔的弗罗本印社编辑了《圣哲罗姆书信集》。在这一版中，伊拉斯谟本人亲自负责圣哲罗姆的信件，逐一确认文本，并加入详细的评注。随着工作的开展，推测的必要性显得愈发明晰。他的注释记录了许多他卜测的结果。举例来说，在圣哲罗姆写给莱塔（Laeta）的信中，伊拉斯谟发现了一段令人困惑的语句："满堂子孙都很虔诚，这样的人是信仰的候选人。我想假如朱庇特本人（etiam ipsum Iovem）当初曾有这样的大家族，他可能也会信基督。"[55] 他在注释中认为自己可以通过推测解读出这句话的含义："'etiam ipsum Iouem'一段似乎有误。圣哲罗姆为什么要在这里提到朱庇特？我倒是可以猜出应当写在这里的内容。也许应该将'Iouem'换成'proauum'（曾祖父、祖先）。"[56]

其实这段话不经改动也说得通。或许是受到这一处和其他模棱两可的成功之处的鼓舞，又或许是因为需要推测之处出现得不够频繁且令人沮丧，伊拉斯谟在写给格雷戈尔·赖施（Gregor Reisch）——弗罗本此前曾将该项目委托于他，后来他也一直参与其中——的信中说："我靠卜测猜出了很多东西，但无法全部解决。"他就几处难题向赖施征求意见。[57]

伊拉斯谟在信中罗列出好几处有待指点的段落。举例来说，对于圣哲罗姆写给莱塔的那封信，他坦言"有一段话让我头痛：'Quibus corax, niphus, miles'[ep. 107.2]"。[58] 从他最后出版的版本的评注中可以明显看出，他还是不确定，"这段话实在晦涩，非得请教提洛岛（Delos）的神谕先知才能还原其本来面貌。但我将尽己所能推测出其中的含义。柯腊克斯（Corax）是生活在卡里波利斯（Callipolis）和纳夫帕克托斯（Naupactus）之间的一个民族"。[59] 他在给赖施的那封信中写道："'Cibus eius olusculum sit et simila, caroque et pisciuli' 这句话，根据我的卜测应该解读为'Cibus eius olusculum <sit> et e simila garoque pisciuli'。"[60] 在提出问题的同时，伊拉斯谟也在附注中给出了解答。

> （让）她以百草为食。这句话明显是讹误。因为它在很
> 多文本里都写作：Cibus eius olusculum sit et simila, caroque
> et pisciuli（让她以百草、小麦面包、肉和小鱼为食）。圣
> 哲罗姆是在劝诫人们不要奢侈，假如他允许人们以肉和鱼为
> 食，那我很想知道他除了糕饼以外还有什么可排除的。我认
> 为这句话应解作：Cibus eius olusculum sit, & e simila, garoque
> pisciuli（百草和小鱼，搭配鱼酱和小麦），这样读者即可明
> 白，可以以百草和鱼为食，但不是所有鱼类，也不是烹制复
> 杂的鱼类，而是以鱼酱和小麦为佐料的寻常小鱼。[61]

比起将"肉（caro）"换成"鱼酱（garo）"的做法，第二种推测让这段话的意思更加清晰。现代文本将"garo"一词又换成了"raro"（罕见地），即"olusculum ... et e simila, raroque pisciuli"（百草和小麦面包，偶尔还有一些小鱼）。与之形成鲜明对比的是，在第一个案例中，伊拉斯谟是在黑暗中摸索。圣哲罗姆的书信列举了密特拉教*授予新入教信徒的头衔："我的意

---

* 密特拉教是一支以主神"密特拉斯（Mithras）"为信仰中心的秘密宗教，于公元1~4世纪盛行于罗马帝国境内。

思是，初入教的信奉者被称为渡鸦、新郎和战士。"伊拉斯谟向神谕先知寻求帮助也不无道理。

在这一背景下，伊拉斯谟的推测是否正确乃至质量如何都不重要，重要的是他采取了推测这种做法，并将推测所得视为卜测的结果。伊拉斯谟在弗罗本的印刷工场中拥有独特的地位——以文化历史学家为媒介，印刷工场这种环境经常与现代性以及校勘学等近代学科的兴起联系在一起。他必须一页一页地审定圣哲罗姆的书信文本——尽管他知道排字工所依据的文本充满了费解和矛盾之处。伊拉斯谟不仅在个别注释中承认卜测的必要性，还在该版著作的序言中承认了这一点。他解释道，缺少学识的缮写者不仅在圣哲罗姆的作品中"留下讹误，还使其支离破碎，将其彻底破坏"。[62] 不过，他依然认为卜测存在一定的风险："不论是从各种讹误中推测出作者最初的文字，还是根据只言片语和蛛丝马迹卜测出原本的意思，都异乎寻常的困难。"[63] 话虽如此，但到走投无路、再无他法能让文本通顺可用之时，即使没有证据，伊拉斯谟也会坚决捍卫自己校对文本的权利。[64] 十年后重新修订这一版时，伊拉斯谟再度强调自己求助于卜测之术，尽管他坦白这种方法并非总能成功："在我心中，我对一些段落的卜测仍然不甚满意，但只是极个别的段落而已。"[65] 在必须制作一部有用可读的版本的压力下，伊拉斯谟的做法和态度都发生了改变。他接受了必须在明显存在问题，却没有写本或对应资料能提供明确可信的答案的地方对"事实"——或者说原本内容——进行卜测的需要。

因此，我们明显可以看出，到 16 世纪初，"卜测"一词已经比它在意大利人文主义者的世界里承担了丰富得多的内涵。作为贬义词，它适用于无凭无据重建文本以及解释其中含义的活动。但它也是一个克制的褒义形容词，适用于风格大胆的修订。后来，莫里茨·豪普特（Moritz Haupt）这样形容这种大胆："如果文意需要，我完全可能将原稿中只有一个单音节感叹词'噢'的地方改写为'君士坦丁堡人'。"[66]

卜测在近代早期学术界的使用

072

该术语后来的历史仍值得仔细追踪。许多 16 世纪的学者认为，在借助推测进行修订时，过分的大胆不值得鼓励。正如此前对历史学和修辞学所做的，当弗朗切斯科·罗伯特罗（Francesco Robortello）着手将校勘学发展成一门学问时，他与最伟大的保守派批评家皮耶罗·维托里（Pier Vettori）站在同一立场。罗伯特罗坚持认为查阅写本是最基础的要求，以古代写本最为理想，他还尽其所能制定出推测活动应当遵循的规则，这些规则体现了缮写者在实践中的操作习惯。[67] 尤斯图斯·利普修斯以及许多曾对他们口中的古文献危机发表过评论的人都认同一点：贸然修订经典可能损害经典，尤其是由年轻编辑进行修订时。[68]

这一术语从未完全失去贬义色彩，也从未彻底摆脱涵盖不止一项职责的模糊不清的语意。举例来说，在埃里乌斯·拉姆普里迪乌斯（Aelius Lampridius）关于年轻的康茂德·安东尼努斯（Commodus Antoninus）暴躁脾气的惊人描述中，卡索邦发现一个词的位置错了。

> 他从幼年起便顽劣不堪、不知廉耻、性情残忍淫
> 荡、满嘴亵渎之言，更纵情声色。早在那时，他便擅长
> 某些不符合皇帝身份的活动。他会锻造高脚杯（ut calices
> fingeret），能歌善舞，会吹口哨，在扮演丑角和角斗士上
> 也技艺娴熟。[69]

卡索邦坚称，"fingeret"一词一定是弄错了，他将其修订为
"frangeret"：年轻的皇帝不会"锻造"高脚杯，只会将其"砸
碎"。他认为："锻造高脚杯更适合葡萄园里的工匠，而不是某
个将登上皇帝宝座的人。这段文字的其余部分也不支持这种解
读。"[70] 正如扬·格吕泰（Jan Gruter）满怀敬意地指出的，他不
太明白卡索邦何以认为"fingeret"不可能出现在这段文字中。在
海德堡的帕拉提那图书馆（Palatine library），记载该文本的两份
写本中都是"fingeret"，而格吕泰对此解释道："不知为何，我更
倾向于这种解读，而不是其他人所卜测的'calices frangeret'，不
过我也不认为后一种解读荒唐可笑。"更何况，康茂德并非唯一
被历史学家认为爱好各种手工艺的皇帝。[71] 换言之，一个人的巧
妙推测在另一个人眼中却是毫无根据的卜测，在证据面前完全站
不住脚。斯卡利杰本人曾抱怨，一位意大利批评家将他编辑的费
斯图斯作品斥为卜测最糟糕的典范："意大利最出色的文人说，我
显然在占卜和预言。"[72] 然而在同一时期，正如前文所述，他从文
献深渊中提炼出可信解读的能力虽然遭到卡洛·西古尼奥（Carlo
Sigonio）和其他意大利学者的强烈反对，却大受卡索邦的赞赏。

　　"卜测"一词及其所指的活动不仅出现在校勘学中。到了 16
世纪，学者们意识到历史学家、历史研究者以及批评家都时常
不得不卜测。在 16 世纪的头几十年里，学者们将注意力转向基
督教的早期历史。他们很快发现，无论是《圣经·新约》，还是
唯一留存下来的研究基督教起源的历史学家尤西比乌斯的著作，
都没有回答最基本的问题。波利多罗·维尔吉利在其 1521 年
首次出版的《论发明家与发现者》的第 4~8 卷中逐一追溯基督
教惯例和仪式的历史，他对遇到的困难直言不讳："我可不敢断
言，当福音书的教诲在万民中传播开来以后，第一座敬献给我
们救世主的圣殿究竟建在何处，以免让人觉得我是在妄加卜测，
而不是以真相为准。"[73] 很显然，历史学推测不像校勘学推测那
样不负责任。不过，接下来维尔吉利所进行的恰恰是他所谴责
的活动："遇到未知之处时，推测是允许的。"[74] 他小心翼翼地提
出一种观点，即第一批教堂或许诞生在偏远之地，也可能建在地
下，雅各或许在耶路撒冷为耶稣建了一座很不起眼的小教堂。[75]
又过了一代人，马蒂亚·弗拉契奇·伊利里克［Matija Vlačić
Ilirik，也称"弗拉齐乌斯·伊利里库斯（Flacius Illyricus）"］对
这一术语的使用及推测过程都变得更加正面。他很重视中世纪
拉丁文诗集所暴露的圣职的无知和典仪的空洞，他在编辑这些
诗集时坦言，自己通过卜测来确定诗作的日期——不过是基于
切实证据的合理卜测。

　　　信基督的读者啊，根据我们通过完全不算模糊的迹
　　象所作的卜测，这些诗歌至少创作于三百年前。第一点依

据是，我抄录诗歌的写本古色古香，似乎是在两百年前甚或更久以前写下的。另外，其中相当一部分内容以准确的拉丁文写成，因此它们似乎是从其他更老旧的写本中抄录而来。最后，为这些诗歌配唱的音乐是其古老程度的有力证据。因为这都是三百年前所用的音乐，已无人能够理解，因此我将其略过。况且文本的形式也具有不同寻常的年代感。[76]

在这个案例中，推测建立在一系列证据的基础上，弗拉契奇称之为"完全不算模糊的迹象（minime obscuris signis）"。这是一种说服力很强的卜测形式，它与证据的关系不言自明。

与弗拉契奇一样，卡索邦有时也使用卜测的这层积极含义。在一部未出版的关于罗马兴亡的专著中，卡索邦致力于"审视帝国伟业的覆灭"。与之前一样，"事实（τὸ ὅτι）"与"原因（τὸ διότι）"这对概念再次出现。卡索邦解释道，在详细阐述事实，即无人质疑的内容之前，他打算先探讨"一个如此伟大的帝国覆灭的原因"。[77] 与之前一样，阐明原因很难。卡索邦指出，经过思考，他发现这是一项艰难的任务："就像大自然不做无用功一样，任何事件都不可能在没有前因的情况下发生——只是人们往往无法看清其中的缘由……最后往往发现事情与所有人所想的都大不相同，恰如辛奈西斯（Synesius）所言。"[78] 因此，卡索邦发现自己不得不使用他口中所说的"谨慎之人所实践的其他作者在许多地方提到过的卜测形式。他们主张这种谨慎是一种先见之明，也是对谨慎本身的先见之明"。[79] 卡索邦在描述不虔诚和贪婪、军事上的失败和谨慎的丧失——他认为这些便是罗马帝国衰亡的原因——时，同样也在实践一种卜测形式——尽管他坚称，从异教徒和基督徒的原始资料中精心摘抄足以为自己的论点提供支撑。[80] 在为波利比乌斯（Polybius）著作撰写的序言中，卡索邦对那个时代风头最盛的历史读者尤斯图斯·利普修斯和让·博丹提出了尖锐的批评。[81] 但有一点他与他们所见略同，即历史的政治和军事价值取决于诠释者采取卜测诠释的意愿，也就是探求"其所以然（the reason why）"的意愿，从事物的本质上说，"其所以然"不可能完全只以明确的证据为依托。

近代和古代的卜测

人文主义者将卜测与校勘学相结合的做法既合理又具洞见，这一点也许比他们在分析中体现得更甚。核对过所有写本、整理出所有不同版本之后，创制文本的时刻终将到来。在那样的时刻，借用 E. J. 肯尼（E. J. Kenney）的话说，答案"抑或瞬间闪现，抑或永不出现"。[82] 而事实上，答案的得出依赖于批评家对语言和风格、古代史和文化史的掌握，其过程十分复杂，很难说清楚让这些因素和其他因素相互作用，随后在批评家滚烫的炼金炉中融合为全新解读的过程。罗伯特罗曾想弄清楚这种融合的方式。从卡洛·金兹伯格（Carlo Ginzburg）到迈克尔·菲什班（Michael Fishbane），专注的观察者们的注意力都落到了推测校订的过程与卜测过程的相似之处上。[83] 卡里·克劳斯（Kari Kraus）发现，应用于莎士比亚作品的校勘步骤与历史人物的文字游戏之间存在相似之处："在我看来，莎士比亚笔下的愚人、预言家和疯子的荒唐笑语竟与其作品编辑们的语言存在诡谲的相似，编辑们在页边空白处用字词玩杂耍，改变它们的位置，试图发现最切合原意的文本，然而实际上却遮蔽了真正流传到我们手中的原本有希望还原作者真正意图的文本。"[84]

正如金兹伯格和克劳斯均认为，且迈克尔·菲什班及其他人所附和的那样，古代卜测的确是推测校订的源头。此外，从两方面来看，局面似乎比他们想得更复杂。首先，早在古代——远远早于西塞罗时期——占卜和释经学之间似乎便存在显而易见的联系，对卜测的种种质疑限制了卜测活动的开展，因此在解决问题的过程中带来的不确定之处反而多于确定之处。修昔底德的一段著名篇章是现存关于"异文（variant）"的最早研究，他取笑同时代人在同一神谕先知的两种解读之间作取舍的方式。修氏写道，在伯罗奔尼撒战争（Peloponnesian War）初期重创雅典的那场瘟疫期间，雅典人"想起了这节流传已久的小诗"。

多利安人将来袭，

随之带来大瘟疫。

"现在，人们对诗中所言持有不同意见。有人说古人在这句诗文中提到的并不是'瘟疫（loimos）'，而是'饥馑（limos）'。但眼下自然是'loimos'更应景。人们饱受瘟疫之苦，所以用这样的诗句来表达心声。而我认为，倘若今后再与多利安人（Dorians）爆发一场战争，并且随之而来的是饥荒，人们在那时大概又会吟诵这首诗的另一个版本。"[85]

　　近代故事同样存在矛盾之处。金兹伯格坚定地认为，尽管校勘学最终取决于卜测活动，但它依然可以成为一门具有科学性的学科，因为"在对看似相关的内容进行大刀阔斧的精减过程中可以确定研究的对象"。批评家不再对曾经与文本解读如影随形的语音语调和手势感兴趣，随后对手写字体的特征也不再感兴趣。科学的校勘学所处理的文本在本质上已不再具有物质性。[86]

　　但是，作为一门科学，文献学的血脉世系并不简明直白。一些近代早期的批评家曾坚持强调审读写本、根据其版式和字体选择最佳写本、以证据为基础开展工作的必要性，试图以此让这门学科成为一门学问。用罗伯特罗的话说，就是：

　　　众神啊，波利齐亚诺是多么可信！直到今天，任何人都可以在佛罗伦萨的美第奇图书馆和圣马可图书馆中查看他曾用过的写本，它们保存在那里，对公众公开。无比值得尊敬、无比博学且值得所有人爱戴的老绅士皮耶里奥·瓦莱里亚诺（Pierio Valeriano）也同样可信，他曾用罗马古抄本来修订维吉尔的作品。我的朋友皮耶罗·维托里也曾这样做。他投身于修订事业，不仅凭博学，更力求凭崇高的善良和可信为自己赢得美誉。他总会说明自己使用了哪些写本，写本存于何处，以及它们是用伦巴第体还是罗马体写成的。[87]

当一位学者故意忽略写本中的证据——就像斯卡利杰在第一版

曼尼里乌斯著作中所声称的那样——那就是在高调宣示其个人的"卜测智慧",这种宣示很容易引发争议。斯卡利杰本人便在其出版的《卡图鲁斯、提布鲁斯和普洛佩提乌斯作品集》中作过这样的宣示。有人主张,校勘学应建立在对物质证据进行细致研究的基础上才有可能成为受规则约束的学问——该主张与这种宣示很难妥协。[88]

　　卜测的术语——包括古典的和同时代的——与学者们在处理古代文本时所体验到的某种感受相呼应。当学者们从对能力不足的缮写者创制的写本进行再创作转而投身于为印刷工场创作全新的文本时,这一套术语似乎准确地把握了一些编辑们难免会感觉到的矛盾之处,尤其是当他们发现自己在印刷工场校对校样的同时,还不得不作种种推测,不仅要修改送来的文稿中的种种问题,还要纠正排字工在排字过程中出现的新差错。[89]"一位冷静的经验主义者只要有一次实验成功,便会膨胀成一位理论家,而辛勤劳动的'校验者(collator)'却需要在推测中步履蹒跚地艰难跋涉。"这是塞缪尔·约翰逊博士关于一位编辑前辈的反思,他在自己那版莎士比亚著作的序言中毫不留情地揭示了这位编辑的不足。不过,他也提到了另一位不愿进行卜测的学者伊拉斯谟,从伊氏身上找到了他自己也曾使用过的在跌跌撞撞的摸索时所用的语言:"许多篇章在经过那么多版本之后已处于充满讹误的状态,这一点毋庸置疑;面对这么多版本,只有在整合校验不同稿本或能够进行明智推测的情况下,才能尝试去还原其本来面貌。校验者的职责范围安全又轻松,而推测者的却危险又艰难。然而,由于剧本的重要部分往往只存在于一个稿本中，因此我们不能躲避危险，也不能回避困难。"[90]
或早或迟，每一位校勘家都会发现自己审读的是明显存在讹误
的段落，仿佛在解读邪魔之术中的图表。能意识到这一点，便
是迈出了对文献学可能取得的成果保持理性怀疑的第一步，同
时也为令人半信半疑却不可或缺的文献学卜测留出了空间。

第 3 章
让·马比雍开创古文字学

以字体为研究对象

1685 年 9 月 16 日，让·马比雍（Jean Mabillon）正在梵蒂
冈图书馆查看一份写本。陪伴他的是图书管理员埃马努埃尔·
谢尔斯特拉特（Emanuel Schelstrate）和画家乔瓦尼·皮埃特罗·
贝洛里（Giovanni Pietro Bellori）。公元 5 世纪最初几十年在罗
马写成并配图的"梵蒂冈维吉尔抄本（Vatican Virgil）"（编号
Vat. lat. 3225）是古代留存下来的最惊人的写本之一，是古典时
代晚期书法与艺术的杰作。[1] 三人对这份写本进行了细致入微
的研究。正如谢尔斯特拉特所言，他们对每个细节都倍加留意，
从版式和字体的整体外观开始："这是一份正方形四开本，以大
写字母书写；除标点外，单词之间没有空格。"他们将单词拆解
为字母，又将字母拆解为笔画："字母 A 没有中间一横；字母 P
的半圆没有完全封闭；字母 U 总是写成圆形；字母 I 上面有一
条极短的横线。"[2]

英戈·赫克洛茨（Ingo Herklotz）的研究表明，写本中绚丽的异教神明与仪式细密画误导了他们。他们断定该写本的年代在公元 3 世纪，在君士坦丁大帝（即君士坦丁一世）将基督教奉为罗马帝国官方宗教并打压异教信仰之前。不过，他们所开展的研读的实质依然透露出许多信息。数百年里，人文主义者们在图书馆内会面，谈论各种写本并对其加以研读，尽最大努力为写本断代并评估其价值。举例来说，波利齐亚诺核对整理了皮埃特罗·本博（Pietro Bembo）所拥有的泰伦提乌斯古代写本，年轻的本博是他的助手。波利齐亚诺在一条著名的注释中记录了这一经过。

> 我，安杰洛·波利齐亚诺，将这份（印刷版）"泰伦提乌斯抄本"与皮埃特罗·本博借给我的一份年代相当久远且以大写字母写就的古抄本对比核验……我按自己的习惯，将哪怕明显有误之处也照抄下来。此书为诗体，字体与《佛罗伦萨学说汇纂》和帕拉提那图书馆的"维吉尔古抄本"几近一致。皮埃特罗本人也为我提供了帮助。[3]

但马比雍和友人们采取的是全新的工作方式，一种带有鲜明时代气息的方式。17 世纪的自然哲学家密切关注微小的存在和工艺流程，而他们博学的前辈则从不在意这些，认为它们无关紧要。这些学者所做的与自然哲学家别无二致。他们研究早已去世的缮写者笔走龙蛇的轨迹，从中寻找有意义可循的模式。赶时髦的专家当时并未提及科学革命，但马比雍及其同事处理古

代抄本的方式却彰显着文献学革命的气质。⁴

　　素日里，马比雍为人极其和善谦逊：他就读的第一所学校是兰斯（Reims）的好孩子学院（Collège des Bons Enfants），这名字似乎很符合他的性格。然而，在激进的文献学领域，他却扮演着罗伯斯庇尔的角色。1681 年，马比雍出版了《古文献学论》（De re diplomatica，也译《论文献学》或《古文书学六卷》）——一部彻底改变文献和写本研究的书。雕版印制的卷首插画用神话学的传统视觉语言突显其成果的重要地位。在阐述文献和写本的断代与鉴定规则的同时，这幅图像表明此书同时敬奉两位古代神祇：正义女神和司掌历史的缪斯女神克利俄（Clio）。然而，身为写作者的马比雍却采用了一套更加时新的习语：17 世纪晚期的习语——那是杰出的科学社团辈出、戏剧化的实验不断上演、许多实验者将求新视为首要品质的时代。在书本起始，他便信誓旦旦地作了一番创新宣言："我将开创一个古物研究之学的全新分支，专门研究古老文献的技法、程序和鉴定。"⁵

　　这一言论的大胆口气不难理解。马比雍的书本身便是对同样大胆的挑衅的回应。1675 年，耶稣会修士，同时也是史称"博兰德学派（Bollandists）"的《使徒行传》学术团休成员的丹尼尔·范·丕皮布罗奇（Daniel van Papenbroeck）为《使徒行传》的四月部第 2 卷添加了一份他所谓的"古物研究序言"。一份断代为公元 646 年 8 月 26 日的文献将几座村庄划归于特里尔（Trier）附近的欧埃伦修道院（Cloister of Oeren），丕皮布罗奇从关于该文献的讨论出发，主张墨洛温王朝（Merovingian Dynasty）的大多数早期特许状——将土地和特权作为礼物授予本笃会（Benedictine Order）修士的记录文书——均系伪造。[6]马比雍出言反驳，他要证明本笃会修士们的财产和特权都具有正统而切实的依据——这是一场关于特权与管辖权的论战。他还要证明自己是比丕皮布罗奇更胜一筹的古物研究者——这也是一场关于研究历史文献的正确方式的论战。

在《古文献学论》中，马比雍实际上汇总了他那个时代已知的关于拉丁世界古典时代以降的书籍与文献史的一切。他与同行——尤其是米歇尔·热尔曼（Michel Germain）——合作，介绍莎草纸文书和犊皮纸文书、笔和墨、卷本和册本、权贵和修士们撰写文书的缮写室以及储存文书的图书馆。[7]最重要的是，他使用雕版印刷——那个时代最为核心、有力且直观的技术——来为读者呈现证据。（见图3）生动的摹本让读者有机会观摩被耶稣会学者驳斥的早期文献，还有其他许多为他们的研究提供新背景资料的文献。[8]随着马比雍从古文献学拓展到更宽泛的古文字学领域，这本书的内容也得以扩张。他再现了每一种拉丁文书写的样本，包括"典籍体（literary）"和"文书体（documentary）"。他对样本中使用的许多字体进行分析，逐一示范每个字母的写法，以及如何将其转写为现代罗马字母。完整的字母表为进一步研究提供了支持。用阿尔弗雷德·希亚特（Alfred Hiatt）的话说，马比雍的样本"提供了一种文书形式的可视化历史。最重要的是，它们旨在为当代以及未来想要确定特定文献真实性的历史学家提供了至关重要的参照点"。[9]当马比雍逐个字母、逐个笔画检查"梵蒂冈维吉尔抄本"时，他便

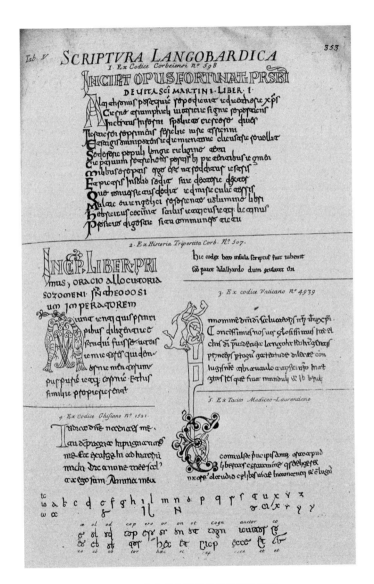

图 3　配有字母表解析的伦巴第体实例
让·马比雍:《古文献学论》(1681)
现藏于普林斯顿大学图书馆珍本与特别藏书部

是在扮演自己的最佳读者——学者们经常这样做。

马比雍犯过不少错误。有时，正确的恰恰是那些对文献的看法比他更具批判性的耶稣会修士以及其他人。[10] 到了 18 世纪，希皮奥内·马费伊（Scipione Maffei）等人发现，他的手写字体史过于简化。[11] 尽管如此，他对一手文献的展示掩盖了其中的不足。他在书中用清醒的论述反驳对手，积累的证据足以压垮任何残存的反对意见。在帕斯卡（Pascal）与洛克（Locke）的时代，这似乎是一种严格遵循经验主义的学术形式。丕皮布罗奇在放弃自己主张的那封著名信件中也是这样说的。他坦然接受失败，却坚称自己以引出一番如此精彩且学识渊博的反驳为荣："我觉得我那篇长达八叶的关于该主题的小文章一无是处——除了为这部出类拔萃、着实完美的著作提供了契机。"[12]

《古文献学论》的影响

要想更清晰地认识马比雍这部分量十足的著作的影响，我们或许要将目光转向英格兰。关于写本和文献的研究在英伦繁荣发展，因为那里的学者力求为本国及本国教会的历史奠定坚实的基础。但是，为手写字体和其他文献的物质特征确立断代标准的进程发展得相对缓慢。1625 年 8 月初，"无用议会（Useless Parliament）"* 正在牛津作最后的挣扎，当地古物研究者布莱恩·图恩（Brian Twyne）向全英格兰最专业的两位历史

---

* 即英王查理一世（Charles I）于 1625 年登基后召开的第一次议会。其拒绝授予国王征收关税的特权，因而被查理一世斥为"无用"，后于 1625 年 8 月 12 日解散，史称"无用议会"。

文献与写本研究者罗伯特·考顿（Robert Cotton）和亨利·斯佩尔曼（Henry Spelman）展示了一份出自圣弗丽德丝维德修道院（Priory of St Frideswide）档案馆的特许状。这份文书的年份为1201 年，它将牛津称为一所大学。[13] 图恩回忆道：

> 罗伯特·考顿爵士仔细审视完所述文书后回复称，根据字母的特点以及所称年代使用的手写体形式，这份文书似乎应该（他一直如此断言）不会早于亨利六世，因为此种书写方式在此之前并不常见。因此，他认为我这份文书存在讹误，乃是伪造，并没有自称的那么古老。[14]

图恩在继续为这份文献辩护时遇到了更大的阻力，不过这份阻力本身也存在自相矛盾之处："在罗伯特·考顿爵士认为文字太新的同时，亨利·斯佩尔曼爵士也对火漆印的铭刻提出质疑，但他认为，铭刻对于这份文书所称的年代过于古老，因此是伪造的赝品。"[15] 他们最后没有得出任何结论："我们就这些事项反复讨论，但没能达成一致，也没作出决断，因为他们被委员会唤走了。"图恩曾见过并抄录过数百份文书，但从整体上看，他认为物质证据不足以解决这场论辩："我们不能因为一些意外而忽略本质。"对于考顿依据字体来断定这份特许状年份的做法，他大不以为然，指出"古人的字体在同一时期也不总是全然一致，这一点从同一时期、不同地域制作的手抄书本中即可看出，而这些书籍却不会因这一点不同而遭到否定"。[16]

　　《古文献学论》问世十年后，马比雍在英格兰的一位友人、

083

牛津阿拉伯文化研究者、天文学家兼写本猎人爱德华·伯纳德（Edward Bernard）印制了一部世界各地字母表的可视化历史，[17] 从亚当［伯纳德认为亚当是撒玛利亚人（Samaritans）］的历史开始。此举无甚新意，许多"博学家（polyhistor）"都曾总结过语言和书写的历史。[18] 但伯纳德的处理方式十分新颖。举例来说，在研究拉丁文字体时，他总结出概括的字母表，并像马比雍一样将它们与年代捆绑在一起。[19] 伯纳德创造了手写字体的大事年表和家谱世系。马比雍为撰写精准断代的书写史所作的努力既为伯纳德的项目提供了灵感，也为其奠定了基础。

如果说马比雍对伯纳德的影响是使其项目初具雏形，那他对汉弗莱·万利（Humfrey Wanley）的影响则是让后者找到了一生的使命。万利是布料商人的儿子，15 岁便开始从一本"老旧拉丁文语法书"和一部亨利·科尔内留斯·阿格里帕（Henry Cornelius Agrippa）的《神秘哲学》（De occulta philosophia）英译本中整理历史上的字母表。[20] 两年后，他开始抄写文书和写本。他的摘抄集从一套与马比雍相似但更加详尽的字母表开始，摘自一部拉丁文《圣经》；他认为这部《圣经》"非常古老，因为它是在 1207 年加冕的坎特伯雷大主教斯蒂芬·兰顿（Stephen Langton, Archbishop of Canterbury）将《圣经》分为章节之前写成的"。[21] 与威廉·埃尔斯托布（William Elstob）和其他人的对话彰显了他的意图。1690 年代末，他倾注大量心血，根据硬币、题铭和写本追溯书写的历史，其字母表将"由斯特尔特先生或伯格斯先生刻制，全英格兰唯他二人有能力在这种印版上进行雕刻并达到令人满意的程度"。[22] 尽管万利的"样本集"从未出版，但他对历史上各种手写体的精巧再现后来被乔治·希克斯（George Hickes）和许多人加以利用，他们乐在其中，并且受益匪浅。[23] 万利知道伯纳德的表格并且从中学习。1695 年浏览考顿图书馆时，他写信给托马斯·坦纳（Thomas Tanner）称，他可以"用自己的方式"阅读 6 世纪的考顿本《创世记》，因为他"记住了伯纳德博士的希腊字母表中的字母"。[24] 但是，当他开始严谨地抄录古代写本中的手写字体时，他"起初不敢贸然直接从写本手稿开始，而是从马比雍的书中提取了四个样本"。[25] 正如肯尼思·赛瑟姆（Kenneth Sisam）所述，万利"从马比雍书中学到的不止书法：他意识到手写字体经历了一个历史发展进程，也意识到不能局限于狭义的文书研究，而是要研究所有类型的写本以及它们的日期和出处，这是一门科学"。[26]

084

马比雍对欧洲大陆的影响同样深远。弗朗切斯科·比安基尼（Francesco Bianchini）在他那一版《教宗名录》（*Liber pontificalis*）中提供了现已佚失的"法尔内赛写本（Farnese manuscript）"中的一叶摹本，并详细描述了它的制作过程。恰如卡尔梅拉·维尔奇洛·富兰克林（Carmela Vircillo Franklin）让读者看到的，此举超越了马比雍。[27] 但比安基尼明确透露，马比雍的著作激发了他的灵感，证据便是他在引用这位法兰西学者时称其为写本研究领域的大师，并且用马比雍的方法对手写字体加以分类，还从马比雍的书中复制了另一份写本的摹本以作对比。[28]

蒙森之前的字体研究

马比雍的项目集诸多传统之大成。数个世纪以来，本笃会修士们本身就是专业的缮写者。他们在缮写室里修复旧写本，也以同样的技巧伪造旧文书。人文主义者们研究过 15 世纪意大利新建的世俗图书馆中收藏的写本，后来还在 16 世纪法兰西宗教战争期间从修道院藏书中获得了好些写本。到了 15 世纪，他们开始使用类型化的术语对拉丁文手写体加以分类，比如用"伦巴第体（Lombardic）"特指一种不常见且难以辨认的娟秀小字。[29]然而，分类并不总能带来清晰的结果。在 1492~1493 年间或在此之前，文艺复兴文献学领域的"坏小子"，维泰博的安尼奥宣称自己发现了几块刻有题铭的大理石板。其中一块呈圆形的石板记录了伦巴第国王狄西德里乌斯（Desiderius，King of the Lombards）在 8 世纪晚期颁布的一道诏令。安尼奥指出，题铭"以古老而残败的伦巴第字母刻成"。[30]这位维泰博的学者过了很久才找到能读懂这些古文字的人，那是一位名叫贝尔纳迪诺·塞洛西（Bernardino Cerrosi）的本地律师。遗憾的是，这个案例表明一知半解反而更危险。安尼奥知道"伦巴第体"盛行于中世纪早期的意大利，但他不知道这种字体仅用于写本，从不用于铭刻。幸运的是，他的同时代人也不知道这一点。就连波利齐亚诺也采信了安尼奥这份充满想象力的赝品，还曾引用过它。

尽管如此，从 15 世纪开始，学者和收藏家一直试图对他们拥有和使用的写本进行年代、质量和字体方面的评估与鉴定，并且采取的手段也愈发系统化。如今，人们记忆中的约翰内斯·辛德巴赫（Johannes Hinderbach）是特伦托采邑主教（Prince-Bishop of Trento），因错判犹太人谋杀了一个名叫"西蒙尼诺（Simonino）"的基督教男孩并主持行刑而闻名。达妮埃拉·兰多（Daniela Rando）针对辛德巴赫蕴含丰富信息的大量旁注进行的研究十分经典，其研究表明辛氏还是一位严谨的写本收藏家及评估写本年代和字体的专家。[31] 随着时间的流逝，学者和收藏家们的这些工具也愈发锋利。16 世纪的罗马学者加布里埃莱·法艾诺（Gabriele Faerno）因根据字体判定抄本年代的本领而声名远扬，就像马夫根据牙齿判断马匹年龄一样轻松而精准。[32] 校勘家细致入微的工作让一些学者明白了研究和鉴定字体的价值。波利齐亚诺和维托里对写本的仔细研究使他们得以构建字体的谱系，在少数情况下还能从现存写本中鉴定出作为其他写本源头的那一份，他们为约瑟夫·斯卡利杰提供了启迪。斯卡利杰与收集了大量写本的法律研究者雅克·屈雅斯（Jacques Cujas）共事过一段时间，还从志同道合的法理学家朋友们，包括雅克·邦加尔（Jacques Bongars）、皮埃尔·达尼埃尔（Pierre Daniel）和克洛德·杜普伊（Claude Dupuy）等人处借来了许多写本。在 1570 年代初，他曾有机会研究一份格外令人印象深刻的写本：用"西哥特体"撰写的公元 9 世纪的"奥索尼乌斯抄本（codex of Ausonius）"，现存于莱顿大学图书馆（Leiden University Library），编号 Voss. Lat. fol. 111。斯卡利杰意识到，外形相似的字母——比如 a 和 u，还有 c 和 g——很容易让后世的缮写者混淆抄错。在 1577 年出版的《卡图鲁斯、提布鲁斯和普洛佩提乌斯作品集》中，他以此为依据展开了巧妙的倒推。斯卡利杰根据一份 15 世纪写本——现存于大英图书馆，编号 MS 3027——和自己的推测（并非全部可靠）向前追溯，最后得出了这样的观点：卡图鲁斯的所有写本一定都衍生于一份现已佚失的原始文本，其字体与"奥索尼乌斯抄本"相似。[33]

086 有些人只是觉得昔日缮写者稀奇古怪的独特写法有记录的价值，无论是出于美学还是文献学的考虑，还有些人只是出于单纯的好奇。图宾根（Tübingen）的希腊学学者马丁·克鲁修斯（Martin Crusius）至今仍是为学界所铭记的人物，因为他是约翰·开普勒的希腊文老师，也因为他曾做过古怪的梦并在其体量庞大的日记中记录了它们。[34] 但他还值得受到更多的关注。作为一位对自己所处时代的希腊世界充满热情的研究者，他保存了从希腊学学者那里收到的书信的物质细节。克鲁修斯很注意他们所用纸张的形状和质量，复制他们的火漆印，甚至留心观察他们复杂的装饰性签名。这些签名往往都是一笔写成且气势恢弘的艺术品，笔尖始终不离开纸张，一气贯通，构成一串华丽的弧线。克鲁修斯复制并破解了其中的大多数。[35]

马比雍没有探讨过克鲁修斯的研究，他的研究仅针对希腊文书写。但是，得益于友人、历史学家和法理学家让·布耶（Jean Bouhier），他对贝尔纳多·德·阿尔德雷特（Bernardo de Aldrete）关于卡斯蒂利亚语之起源和本质的研究有所耳闻。阿尔德雷特提供了一页引人注目的摹本，用他所说的"哥特体（la letra Gotica）"写成，他将文本转写成标准字体，以便读者阅读。[36] 马比雍的《古文献学论》从这份摹本和另一份写本中收录了少量样本，他一直抱怨说，在某些西班牙人整日"让伪造的编年史在文人圈里泛滥、让西班牙人蒙羞"的同时，其他西班牙学者却不将如此珍贵的资料付印出版，这实属不该。[他所说的编年史是一部据称由德克斯特（Dexter）所著的关于基督教在西班牙崛起的记载，但那其实是耶稣会修士赫罗尼莫·罗曼·德·拉·伊格拉（Jerónimo Román de la Higuera）技艺娴熟的伪书。] 37

　　其他的人文主义者也曾意欲开展规模与马比雍相近的事业。16 世纪末，托尔托萨主教胡安·包蒂斯塔·卡多纳（Juan Bautista Cardona，Bishop of Tortosa）曾提议让一位同事参与在埃斯科里亚尔修道院（Monasterio de El Escorial）新建的图书馆中进行的古文字学项目。塔拉戈纳主教、著名的文献学家安东尼奥·阿古斯丁（Antonio Agustín，Bishop of Tarragono）是 16 世纪最专业的文献学家和碑铭学家之一。从他关于勋章和题铭的对话录中可以看出，他对古罗马人在雕刻和铭章中所使用的字母形式——以及近代伪造者的仿冒——无比精通，无人能出其右。38 卡多纳建议阿古斯丁创作"一本书，将字母按不同时期一一列出，并划分出每个时期所使用的字母。一旦有了这种更便于比较的方式，就可以轻松确定图书馆中每份写本的年代，结果也更加可信"，39 若是有一个团队来创作此书就更好了。这个项目最后不了了之，但后世的西班牙学者在面对于格拉纳达圣山区（Sacromonte，Granada）发现的金属铭牌，需要鉴定上面的古怪题铭——据称其由早期的西班牙基督徒所刻——时，也展现了与前人相似的技巧，尤以贝尼托·阿里亚斯·蒙塔诺（Benito Arias Montano）为表率。40

087

在马比雍之前，已有人利用此类证据来评估文书的史实性。1672 年，博学的历史学家和律师赫尔曼·康林（Hermann Conring）着手对一份加洛林王朝（Carolingian Dynasty）的某位皇帝路易（Louis）颁布的特许状加以解构，一座女修院曾凭这份特许状宣称不受林道城（Lindau）的管辖。[41] 康林对这份文书进行了野蛮的"公开解剖"，逐一揭露其在历史、谱系、法律和语言方面的错误。文献学家克劳德·索迈兹（Claude Saumaise）在写给克劳德·萨罗（Claude Sarrau）的信中辩称，将双元音 æ 分开写成 ae 的写本"尤其古老，而且这种写法是准确的"。而将两个字母融为一体的写本同样相当古老。但是，用下有一撇的字母 ę 表示这个双元音的写本"一定出现在较晚近的时期"。[42] 康林手里只有原本的一部分摹本可供研究，但他援引索迈兹的专业证言为据，以证明它是伪造的。[43]

尽管如此，马比雍与人文主义学术世界里这些明显为其成果奠基的先例之间的关联还是太过松散，不足以让人满意。两个案例可以让我们大致了解马比雍都知道些什么，又是何时知道的。佛罗伦萨城邦（Florentine State）拥有一份全欧洲学者广知的古代写本:《罗马法学说汇纂》[*Digest of the Roman law*，即《佛罗伦萨学说汇纂》（*Florentine Pandects*）] 的 6 世纪抄本，于 12 世纪被发现。四百年后，即便是尊贵的访客也只能凭借火把昏暗的光线，隔着栏架遥遥一观。在 15 世纪晚期和 16 世纪，少数几位学者获得了查看翻阅它的许可。1489 年，安杰洛·波利齐亚诺指出，宪法导论的修改之处证明这份抄本就是官方的原本，是其他所有复制抄本的原型。1540 年代，伟大的西班牙法理学家安东尼奥·阿古斯丁提出与之相反的看法，认为那些修改是缮写者所为，这份写本应该略晚于查士丁尼时代。最终，在 1553 年，莱利奥·托雷利（Lelio Torelli）根据佛罗伦萨写本出版了一版《学说汇纂》。他将传统上一向省略的希腊文章节也收录其中，不过效仿原本缮写者的做法将这一部分用大写字母印刷。[44] 马比雍刊印过《佛罗伦萨学说汇纂》中的一份字体样本，由佛罗伦萨学者兼图书管理员安东尼奥·马利亚贝基（Antonio Magliabechi）提供。而且，在附加说明中，他对这份写本的性质和年代作了详细的人文主义探讨，充分参考和引用了原始资料。[45]

不过，马比雍一直到创作《古文献学论》的后期才了解到关于《佛罗伦萨学说汇纂》的这些讨论。他的鸿篇巨制很快便初具规模。[46] 1679 年，即《古文献学论》出版前两年、书稿完成前一年，马比雍的亲密盟友埃梅里·比戈（Emery Bigot）给他在荷兰的朋友、拉丁文校勘学专家尼古劳斯·海因修斯（Nicolaus Heinsius）写了一封信，信中介绍了马比雍项目的成形经过。比戈说，马比雍已让人将几份早期特许状刻成雕版，眼下正在寻找年代明确的古老写本。"我提醒他关注《佛罗伦萨学说汇纂》，安东尼奥·阿古斯丁认为那是在查士丁尼时代写成的。（我知道屈雅斯和其他人质疑这一点，但他们都没看过写本手稿。验看过写本字体才可能作出判断。）"[47] 显而易见，马比雍认可比戈高超的专业知识，也知道他与意大利图书管理员交情更好——马比雍正是从他那里学到了人文主义校勘学领域的成就，而不仅是依靠自身的研究。

另外，马比雍从早期人文主义者的努力中所汲取的并不总是最丰富、最精准的成果。在《古文献学论》中，马比雍详尽探讨了最早的罗马书籍字体。他认为，文学作品通常使用略显非正式的"圆形"大写字母。正如他在提出这一观点时悄然暗示的那样，该观点直接借鉴自此前一位人文主义专家的成果。1636年，一位来自维泰博的年轻贵族库尔齐奥·因吉拉米（Curzio Inghirami）和妹妹一起去钓鱼。他无意中踢开一块形状古怪的石块（或许是土块），发现里面竟然有纸张，经他鉴定，纸上写的是伊特鲁里亚（Etruria）文字。随着更深入的探索，因吉拉米很快发现、抄录并翻译了100多份伊特鲁里亚文和拉丁文文书。[48] 在一个被阿摩斯·冯肯斯坦（Amos Funkenstein）称为"反向历史（counter-history）"的例子中，这些文书从喀提林（Catiline）的意大利盟友的角度讲述了西塞罗击败喀提林的故事。[49] 它们还记载了伊特鲁里亚人使用雷占术的规矩以及其他诸多内容。这些文书在佛罗伦萨印刷出版，引起了不小的关注，还配有伪造的法兰克福版权标记以规避审查。

英格丽德·罗兰（Ingrid Rowland）和吕克·戴茨（Luc Deitz）发挥他们的智慧与博学，讲述了因吉拉米的故事。[50] 对于我们和马比雍而言，重要的是梵蒂冈图书馆莱昂内·阿拉奇（Leone Allacci）的反应。在一份论战小册子中，阿拉奇将新发现的文本斥为伪作。在这份所谓的伊特鲁里亚文本中，从左至右的书写方向是错的。更重要也更直观的是，拉丁文字母均为小写。阿拉奇援引早期人文主义者——其中许多人都曾简要讨论或顺便提到过这一课题——的观点强调称，古罗马人在文献中总是使用大写字母。[51] 他用梵蒂冈和罗马的"维吉尔抄本"以及《佛罗伦萨学说汇纂》来证明这一点。阿拉奇从大写字母的不同形式开始描绘早期拉丁文书写历史的概况，为马比雍提供了可以引用的范本。与阿拉奇一样，他对最正式的书写和他所谓的"艺术性相对较差的小圆字母"［如今称为"粗俗体大写（rustic capitals）"（也称"平民体"或"拉斯提克体"）］作了明确的区分。[52]

不过，马比雍将克鲁修斯对细节的关注、阿古斯丁项目的无所不包与阿拉奇对字体历史的构想结合在一起，此举彻底改变了拉丁文字体之争的面貌。[53] 在此之前，从未有人像马比雍那样仔细研究并用图像展示过如此广泛的写本。尽管他的图示在细节上往往不够准确，但依然产生了爆炸性的影响。[54] 弗朗西斯·哈斯克尔（Francis Haskell）等人已让我们看到，近代早期的文献学家和古物研究者难得好好用上他们的双眼。[55] 正如西蒙·迪奇菲尔德（Simon Ditchfield）所言，哪怕去遗址现场发掘，他们先看到的也是文字，而不是铲子挖到的东西。曾经读到的残篇和听过的布道在他们眼前游荡，让他们面对地下墓穴的墙壁时只能看到殉教的场景，尽管现场根本不存在那样的画面。[56]

尽管关于字体的视觉证据在争论中发挥着关键作用，但学者们却几乎没有费心收集过这些证据并呈现给读者。马费奥·维吉奥（Maffeo Vegio）是教宗座下负责审查圣职候选人资格的主教，也是圣彼得大教堂（St Peter's Basilica）的咏祷司铎，他一丝不苟地探索过这座老教堂。在关于该教堂的专著中，他收集了许多证据来证明其的确为君士坦丁所建。比如，他抄录了教堂中殿"宏伟拱廊"上的两节韵文，并声称，用来书写它们的字母"确实非常老，几乎可以说是年事已高。它们看起来明确指向君士坦丁时代，它们就是在那时被写下的"。[57] 尽管维吉奥强调字母的时代风格，但他在引用韵文时显然没打算实事求是地复制文字，就连这部专著的寄赠样书里也没有。

即使到更晚的时期，人文主义者和古物研究者虽然认真关注所用写本的物质特征，但也很少或根本不会费心去复制写本中的文字。阿古斯丁细致入微地查看过《佛罗伦萨学说汇纂》，并从根本上纠正了波利齐亚诺得出的结论。可他对写本的描述却大而化之："在罗马法最古老的里程碑作品中，单词和从句之间空格很少，或者没有空格，字母形式看起来与古罗马和古希腊书写非常接近——只是我们似乎还注意到了某些从哥特人那里汲取来的东西，而哥特人从狄奥多西时代起才与拉丁和希腊世界有所往来。"[58] 就连托雷利在其帮助下出版的《佛罗伦萨学说汇纂》也没有提供摹本。阿古斯丁在出版费斯图斯作品时所参考依据的是一份11世纪的写本（现藏于那不勒斯国家图书馆，编号 MS IV.A.3）。写本最早的一部分已经佚失，外面几层大部分也被烧毁。斜体字将费斯图斯本人的作品与后来由助祭保罗（Paul the Deacon）撰写的概要区分开来，这部分也囊括在阿古斯丁的版本中。如前所述，他的版本为写本中出现的条目提供了相当粗糙的摹本，但并没有以那不勒斯写本中的手写字体为模板雕刻活字。[59]

学识渊博的坎特伯雷大主教马修·帕克（Matthew Parker）和他的秘书们建立了一座收藏中世纪写本的图书馆，其恢弘馆藏中的许多写本都以盎格鲁－撒克逊语写成。他们逐一阅读这些写本并准备将其中一些付梓，在此过程中，他们对盎格鲁－撒克逊手写字体的了解也日益详尽。他们为出版文本选择的字体与写本惯用的字体非常接近。[60] 他们也收集了一些用他们所谓的"撒克逊体（Saxon script）"书写的拉丁文写本并作了仔细研究：这种顶部平坦的字体与盎格鲁－撒克逊书写有着密切的关联。[61] 1574 年，帕克出版了用拉丁文写成的传统认为作者是阿塞尔（Asser）的《阿尔弗雷德大帝传》，但他没有依照摹本使用"撒克逊体"，而是以"盎格鲁－撒克逊体"进行印刷。[62] 他称这个版本是根据现已佚失的原本复制出的摹本，但这种做法完全曲解了这部作品。[63]

091

即便是在写本研究方面异常有经验的学者，从早期学者的著作中引用的也只是简短而模糊的段落，仿佛这在某种程度上能让他们的观点更有权威性。1606 年，古物研究者亨利·斯佩尔曼为儿子编制了一份拉丁文缩写及全称表。[64] 这项直到 19 世纪仍是初学者重要参考的成果体现了他对写本广泛且直接的了解。[65] 大英图书馆的一份复本中包含某些后来添加的"关于写本书籍的注释"。[66] 注释一开始的定论十分大胆："在其他条件相同的情况下，书越旧，据说就越好。"[67] 接下来，这些注释对正文进行了细致的观察，并有引文作为支撑："用'安瑟尔体（uncials）'或称大写字体准确写成的书，质量和可靠性都很高。此注乃奥贝尔·勒米尔（Aubert le Mire）在 1608 年安特卫普出版的圣哲罗姆《世界编年史》结尾页边空白处所书。"[68] 此处引用很精确，但除了重复一段简短而概括的陈述外，实属言之无物。在勒米尔所编辑的尤西比乌斯著、圣哲罗姆译的《世界编年史》及相关著作中，这位佛兰德教会历史学家再现了《世界编年史》末页用大写字母写成的"极其古老的写本"。他的旁注声明："因为该写本是用'安瑟尔体'，即所谓的大写字母书写：这类写本的质量和可靠性都是最高的。"[69] 此类引用给人的印象是，在 17 和 18 世纪，哪怕是经验丰富的写本使用者也自觉缺少详细而专业的印刷版指南。他们使用的是后经安·布莱尔和赫尔穆特·泽德迈尔重构的处理技艺，四处摘录价值大相径庭的文本，进而循环利用在于自己的工作中所发现的内容上。[70]

向书写大师们学习

　　相形之下，马比雍在自己著作的第二版中强调，唯有缜密的实践和直接的经验——唯有查看数十份文书——才足以训练和磨练学者的判断力，使其得以充分运用这项新技艺："在这个领域，眼力是你需要的一切，但我要的是专业的眼力。"[71] 与他共同编书的友人们便具备这样的眼力——不受偏见蒙蔽的眼力。马比雍解释道，批判写本需要工匠大师的那种视觉鉴别力。经过训练，感觉最敏锐的大师一眼就能看透事物的本质：这一过程与本能地判断出真迹有些相似。

　　真本文书自有一种真实感，专家往往一眼就能捕捉到这种气质，为之眼前一亮。同样的道理，专业金匠有时只凭手感就能分辨出真金和假货；画家一眼就能看出画作的真伪；还有古钱学家，他们往往只看钱币的外表就能判断出真假。[72]

马比雍本人的犀利眼光被彼得·吕克（Peter Rück）形容为他对文书的"图像摘要（graphische Regesten）"，即"压缩图像记录"。有时，他会对文本进行缩减，却腾出空间来复制能够证明其真实性的视觉符号：火漆印、由统治者姓名首字母组成的花押字图，以及设计布局等。[73] 关于"典籍体"的研究，马比雍暗示——但从未言明——某个特定的专业工匠团体为他树立全新的学术形式提供了至关重要的帮助。通过堪称乏味的系统训练，这些工匠对所见事物的判断力变得无比敏锐。我们将发现，马比雍所做的与他们别无二致。

为了确认这些工匠的身份，我们可以在马比雍的对手丹尼尔·范·丕皮布罗奇那里找到第一条线索。作为专业的古物研究者，他在建筑和遗迹研究与文书写本研究领域都拥有丰富的经验。[74] 他走遍意大利各地的图书馆，搜寻并抄录与历史和《使徒行传》相关的写本。他还强调，耶稣会修士与本笃会修士的全部争论都围绕一个细微却关键的要点展开："字母的形态"。虽然他研究的是摹本，但他强调这些都是精心制作的摹本。一位耶稣会同道这样回忆自己的工作手法，并为丕皮布罗奇所引用："首先，我用窗玻璃准确呈现出细节，这样便可透过覆在薄皮纸上的摹纸看到字母；等我将摹纸从皮纸上拿开之后，我再用更细的笔逐一描清楚每个字母。"[75] 古物研究者始终要解决的一大问题是，如何让无法移动的要素实现空间的转移：如何将庞大的石头和珍贵的钱币精确无误地复制到纸面上，便于欧洲各地的同行查看。在开发古物复制技术时，他们展现了无尽的智谋。[76]文书和写本学者所研究的同样是无法移动的物质对象，因此，他们也要面对类似的问题。丕皮布罗奇的摹本通过透写制成；摹本之于古文字学家，便相当于拓本之于碑铭学家、铸模之于古钱学家。

为了给马比雍的书收集图片素材，马氏和友人们求助于欧洲各地的学者和图书管理员，请他们用丕皮布罗奇所描述的办法逐字誊写原本，将他们手里的早期写本誊抄为准确的样本寄给马比雍。1679 年 6 月，比戈向马利亚贝基求助。他的书信揭示了马比雍制作摹本的方式，以及他的同事们得到的操作指导有多么细致入微。

出于您对文字的热爱，我恳求您将《埃涅阿斯纪》（Aeneid，美第奇版）的前两行抄录给我。为此，我随信给您寄去了一张透明纸，请将其置于文字之上。将纸置于文字之上后，您只需用笔和墨依照写本描摹其中的字迹即可。我觉得这件工具很巧妙。请您小心伸展置于文字之上的纸张，切勿将纸抻得太大，否则纸上的字迹也会随之变大，那就无法如实反映写本中的字形了。[77]

比戈另外索要了一份《佛罗伦萨学说汇纂》的誊本。哪怕对于没有确定年代的写本，他也指出："通过比对字体，有可能推测出写本的书写时间。"[78]

在 17 世纪的欧洲,透写并非新生事物。博学的医师蒂尔凯·德·马耶讷(Turquet de Mayerne)在 17 世纪早期编集过一部记录画家实践的写本合集,其中收录了如何制作如今所说的透写纸的详细指导。推荐原材料包括牛胚胎的尿囊(羊膜)、公牛的心包膜,以及产自里昂或威尼斯的纸张。制备过程非常繁琐。纸张必须用亚麻籽油、松脂或猪油按揉,随后晾干。尿囊很容易招虫子,有一条页边注推荐"将其摞在一起置于尿液中保存"。某些材料的实用性则遭到质疑。在推荐牛心包膜的段落,一条行间注评价道:"完全没用。"不过很明显,这些材料确实可以配合英格兰铅笔用来转描画稿。[79] 我们一定能想象出这幅场景:欧洲各地的图书管理员和学者将油纸或经过打磨的动物体膜平铺在他们收藏的最珍贵的写本上,用笔尖蘸饱墨水,描摹出一个个字母。比安基尼追随马比雍的脚步,命人用"中国纸"透写《教宗名录》的"法尔内赛写本"——不过在此过程中,负责抄录相关书页的"专业缮写者"使用的是普通纸张。[80] 另一些人则更加成功,比如希皮奥内·马费伊,他广泛使用油纸来透写写本。他热切地评价道,"所有王家图书馆里都配有这个好用之物"。[81]

对手们不谋而合:丕皮布罗奇和马比雍采用的是同样的技术。这为我们提供了第二条也是最关键的线索。丕皮布罗奇回忆道,在 1661 年末至 1662 年初的整个秋冬季节,他与戈特弗里德·亨申(Gotfrid Henschen)在佛罗伦萨的各大图书馆里进行研究,那时他们根本雇不到"熟练掌握古代字母,尤其是古希腊文"的缮写者,因此不得不亲自抄写。[82] 透写在很久以前便成为抄写实践的一部分。在伊拉斯谟关于拉丁语和希腊语正确发音的书中，有一篇略显离题的文章，文中的两位主人公——狮子和熊——就教育孩子书写的最佳方式展开了讨论。熊先生将手写字体视为一种严肃的艺术形式："书法就像绘画一样，自有乐趣在其中。不仅书写者能在写字时体会到乐趣，读者在欣赏书法时同样能体会到它。"[83] 经过对书写希腊和拉丁字母的最佳方式的漫长讨论，熊先生提出了一条实用建议："睿智之人可以提出许多有助于孩子学习的建议。其中一种可行之道是将范本放在透明的皮纸下，让孩子用笔尖描摹从纸下透出来的线条。"[84] 显而易见，耶稣会修士和本笃会修士在各自制作摹本时都用上了当时业已成熟的抄写实践方法。缮写者的古老技艺与马比雍的新兴科学之间有可能存在实质性的关联吗？

　　尽管马比雍在序言中着力强调其技艺的新意，但他也提到了好几位前辈：意大利书写大师乔瓦尼·巴蒂斯塔·帕拉蒂诺（Giovanni Battista Palatino），还有曾任查理九世（Charles IX）秘书的法国书写大师皮埃尔·阿蒙（Pierre Hamon）。两人皆是工作负担和工作量都繁重得令人头晕目眩的 16 世纪职业缮写者。[85]《连线》（Wired）杂志的先知们曾昭告世界：电脑将让纸上工作从办公室里彻底消失。事实恰恰相反，因电脑而生的纸张比以往的任何时候都多。印刷的诞生也是同理。对缮写者的需求更胜从前，而且不仅仅是因为印刷工需要的多种印刷字体是从缮写者的手写字体转化而来。[86] 只有缮写者能提供真正的——并非印刷的——文书。只有他们能满足政府和教会对清晰易读的文书的需求，而在卖官鬻爵之风盛行、运输网络和蓝海远航在世界范围内不断增长、政治和宗教访问日渐频繁的新时代，这种需求随着官僚主义的发展而现出爆炸式的增长态势：那是号称"纸张之王"的腓力二世（Philip II）的时代。[87] 印刷让技艺高超的缮写者得以复制并大量出售他们书写的范本，也让一部分缮写者名利双收。他们的技艺又传承了好几个世纪，后来，梅尔维尔（Melville）和狄更斯（Dickens）曾对这种技艺旷日持久的衰落深表怀念。

书写大师教给缮写者的不只是技艺，他们还提供了示范书籍，人人皆可从中学习这项内涵深厚的技艺的基本功，也可以研习新出现的"枢密院斜体（chancery italic）"和更古老的官方哥特字体的细节。[88] 掌握一套字母表意味着学会书写每一个字母。因此，书写大师首先帮助读者将手稿文字拆解为字母表，分别介绍每一个或每一组字母的特点。教廷枢密院的缮写者卢多维科·维琴蒂诺·德利·阿里吉（Ludovico Vicentino degli Arrighi）在 1522 年出版了第一本介绍"枢密院草书体（chancery cursive）"的教本。他以书中内容为例，向读者展示如何用同样"平直的粗体笔画"写出所有字母，让"顶部比底部略粗一些，只要逆势起笔再自然顺过来即可轻松做到"。[89] 他在缮写工作中一丝不苟的严格要求，以及对字母尺寸和形状的犀利眼光都通过保罗·乔维奥（Paolo Giovio）记录其时代历史的一份写本 [现存于摩根图书馆（Morgan Library）] 得到了证明。阿里吉为乔维奥的一本书抄录了一份草稿。他在里面多留出一叶，用来试验各种不同文本的起首字母的写法。从中可以看出，阿里吉用书本开头的起首字母 A 做试验，尝试了各种不同的尺寸。[90] 这些反复尝试体现了阿里吉在书写和查看那些倾斜而细长的直线和曲线时所表现的热忱和关注。

　　阿里吉的后继者们提供了同等详细的指导。乔瓦诺·安东尼奥·塔利恩特（Giovanno Antonio Tagliente）分析了"枢密院草书体"中的每个字母，对其形态加以对比，示范如何保持书写的整体一致性："字母 h 的写法和字母 b 基本相同，只是主体圆圈底部不封闭……须知字母表中所有主体为圆圈的字母，即 a、b、c、d、e、g、h、o、p、q，共十个，其圆圈部分应保持尺寸、形状、弧度和倾斜度一致。"[91] 帕拉蒂诺和皮埃尔·阿蒙都详细展现了多种不同的字体样本，且处理方式与马比雍完全一致：在每个样本的上方或下方写出完整的字母表。与马比雍类似，书写大师们对文书和典籍中的字体范例都进行了分析。

　　诚然，马比雍强调其著作与书写大师之间存在一处关键差异："从整体上看，他们只展示了近期的字体范例。"[92] 但这只是古往今来的革新者都容易采取的夸张说辞。举例来说，帕拉蒂诺就在他的教本里收录了两套"伦巴第体"范例，其中，他在 1540 年刊印的第一套例子是真正的"伦巴第体"（见图 4）。

　　第二套"伦巴第体"范例是帕拉蒂诺在 1545 年的版本中新加入的一段中世纪早期的小写字母，他在复制这段文字时采取了不那么严谨、只求近似的方式。[93] 与为帕拉蒂诺的收藏增色不少的秘传拉丁文和东方字体类似，这些范例表明他对书写的兴趣不仅注重实践，也注重历史。

　　从这方面来看，阿蒙走得比帕拉蒂诺远得多。马比雍本人

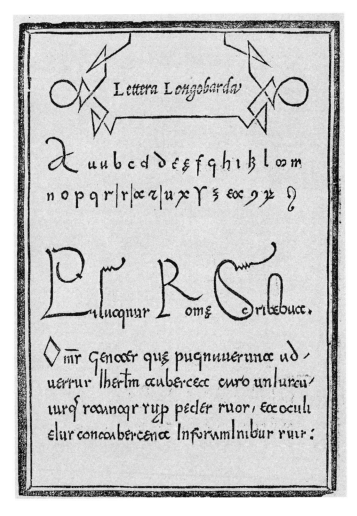

图 4　配以字母表解析的用伦巴第体书写的文字
乔瓦尼·帕拉蒂诺:《各类字母书写教本》(1556)
现藏于普林斯顿大学图书馆珍本与特别藏书部

也承认："是他想出了出版所有书写类型范例的主意。"[94] 不仅如此，他与同行们的不同之处还在于：

> 阿蒙对收集古代范例也很感兴趣。他从查理九世那里不仅得到了书信，还有从枫丹白露王家图书馆借书、在圣但尼修道院和圣日耳曼修道院查阅资料的特权。他从 1566 年开始落实这一项目，以娴熟的技巧抄录了一些样本，不过并没有印刷出来。[95]

马比雍的出版商路易·比莱讷（Louis Billaine）将阿蒙的笔记本给了他。马比雍承认他从中摘选了一些样本，但他也稍稍为自己辩护称，看到阿蒙的成果时，他自己的著作"早已写了不少"。[96]

尽管马比雍并未试图掩盖其利用阿蒙成果的事实，但是对于他从这位缮写者那里学到了些什么，他的讲述既不完整，也站不住脚。阿蒙的笔记本一直保存至今，现存于法国国家图书馆（编号 MS fr. 19166）。[97] 正是这部笔记中的原始资料让马比雍得知阿蒙已经展开了规模惊人的研究活动：一封查理九世写给王家图书馆馆长让·戈瑟兰（Jean Gosselin）的允准阿蒙借阅写本的信；一封查理九世写给圣但尼修道院院长和修士的信，允准阿蒙在他们的档案馆里作研究；还有一份阿蒙的便笺，证实他从王室藏书中借阅了两本书。[98]

笔记手稿本身也汇集了大量手写字体的样本，中间还穿插着阿蒙的评注。这些评注反映出其研究的时间和内容，也表明他得到了国王的全力支持。阿蒙从圣日耳曼德佩修道院

（Abbaye de Saint-Germain-des-Pés）的一份古抄本——现藏于法国国家图书馆，编号 MS lat. 13160——中抄录了一整页"蒂罗符号体（Tironian notes）"——西塞罗的秘书蒂罗发明的速记字体。在这份样本上，他写道："这些西塞罗风格的符号已存世1200 多年。国王书记官兼宫务秘书 P. 阿蒙记于 1566 年。"[99] 另一些评注更加具体：1566 年 8~9 月，阿蒙在圣日耳曼德佩修道院作研究，同年 9 月底在王家图书馆作研究，1577 年 3 月和 4月则在别的图书馆进行更深入的研究。[100]

阿蒙的犀利目光非常善于从上述馆藏中找出最值得注意的字体形式。16 世纪晚期，王家图书馆拥有一份"乌尔比诺碑文（Urbino Table）"的残片：那是一份年代可追溯至公元前 2世纪末的青铜题铭，其中 12 块残片于 15 世纪末在乌尔比诺附近出土。[101] 碑文记载的是古罗马关于处理地方法官滥用职权和土地分配问题的法律文本，它们深深吸引着 16 世纪的学者。法理学家巴纳贝·布里松（Barnabé Brisson）在 1583 年出版了存于巴黎的碑文文本。[102] 几年后，伊萨克·卡索邦在他那本布里松出版物中批注道："这份青铜书板现存于王家图书馆。我在枫丹白露见过它。[est hodie regia biblio（the）ca haec ta（bu）la aenea: eam nos（vi）dimus Fonti（sbell）aquei.]"[103] 显然，这份书板是图书馆的珍宝之一。不过，布里松和卡索邦都没有对碑文中极其古老的字母形式表现任何特别的兴趣。而当阿蒙从他们的作品中摘抄选段时，他却认真按照书板上的写法还原出大写字母，还重建了基础的字母表。[104] 他还仔细查看了另一件也曾吸引布里松目光的文物:《整体安全宪章》（Charta plenariae

101

securitatis），一份用古罗马晚期的"草书体（cursive）"写成的拉文纳（Ravenna）法律莎草纸文书。[105] 对于这份文书，阿蒙同样抄录了一段文字，并归纳出了这种字体的字母表。[106]

马比雍直接从阿蒙那里选取了这些样本：他完全照搬后者对"蒂罗符号体"的探讨。（见图5）至少在一处地方，他得到了意料之外的结果。才华横溢又充满好奇心的阿蒙在誊抄拉文纳莎草纸文书时添加了两行文字，将其认定为尤利乌斯·恺撒的遗嘱，并且将添加的内容也写进自己的笔记本中。[107] 马比雍在照抄阿蒙的誊本时自然也接受了阿蒙对文本的鉴定，而后在自己书中引用这段文字时也称其为恺撒的遗嘱。（见图6）[108] 等到马比雍重读布里松的作品，发现这份古典时代晚期文书的真正创作时间和本质时，他意识到自己错了，但那时印刷工已在印制《古文献学论》的第5卷了。他抓紧时间纠正了错误，这让他极为难堪——尤其是对于已刊印完毕的纸页上的内容，他已无力回天。[109]

马比雍制造知识

在《古文献学论》的创作过程中，马比雍似乎也亲自从事了大量缮写工作。这本书的印版由皮埃尔·吉法尔（Pierre Giffart，约1643~1723）刻制。他的儿子皮埃尔–弗朗索瓦·吉法尔（Pierre-François Giffart）则负责蒙福孔（Montfaucon）的著作《希腊古文字学》（*Palaeographia graeca*，1709）的雕版制作。马比雍与皮埃尔·吉法尔的合同没有保存下来，但蒙福孔与小吉法尔的合同却被亨利·奥蒙（Henri Omont）发现并两

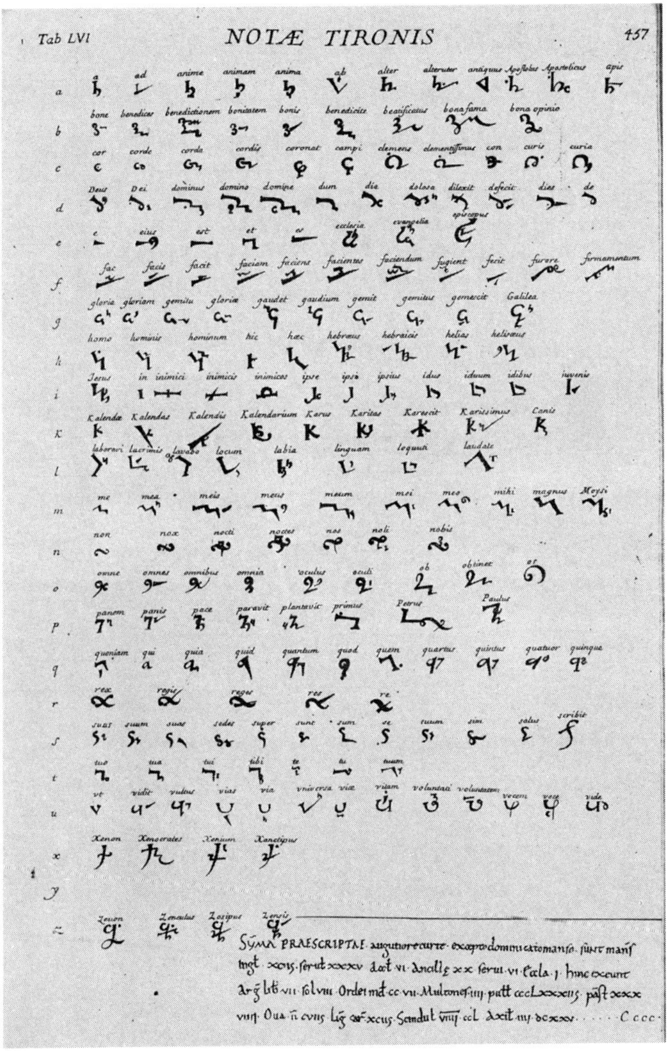

图 5　皮埃尔·阿蒙抄录的蒂罗符号体
让·马比雍:《古文献学论》(1681)
现藏于普林斯顿大学图书馆珍本与特别藏书部

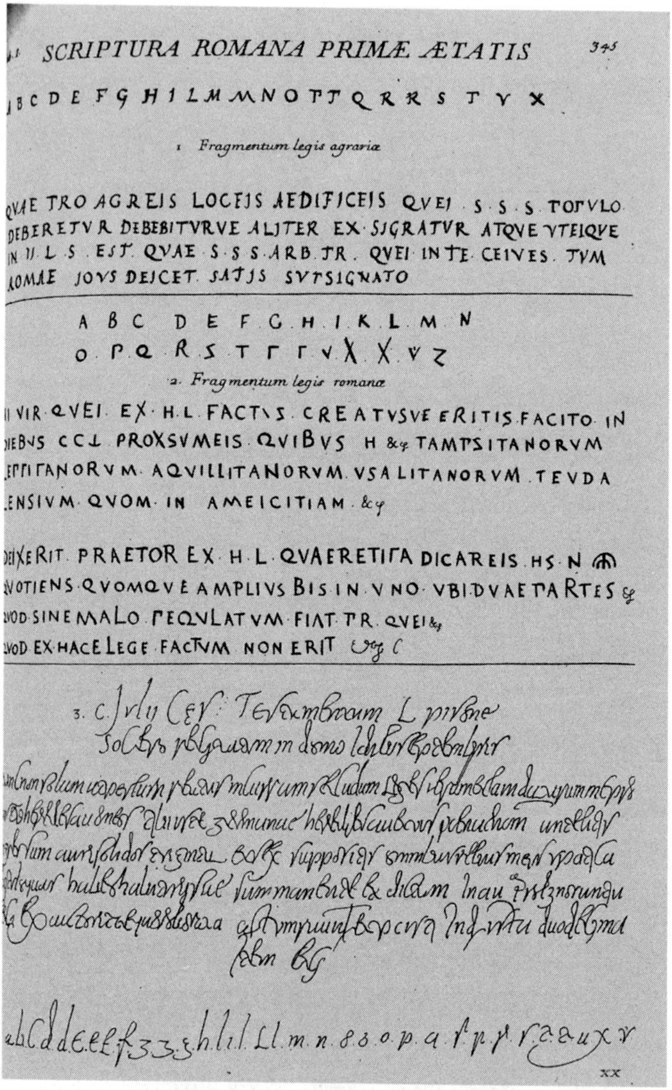

图 6　皮埃尔·阿蒙抄录的罗马体范例——含有据说是恺撒遗嘱的文本
让·马比雍:《古文献学论》(1681)
现藏于普林斯顿大学图书馆珍本与特别藏书部

次出版。这份合同规定，"吉法尔应当根据某位神父的设计雕刻印版，设计图纸将以完整、可供雕刻的形式呈交给他（sur les desseins donnez par ledit Révérend Père, lesquels dessins luy seront livrez parfaits et achevez & prets à graver）"。[110] 设计图纸中应包括"老式字母，不过顶多三四处，它们将以图像形式出现"。[111] 显然，蒙福孔为自己的著作设计了摹本。马比雍也很可能采取同样的做法。

相比于马比雍从阿蒙笔记中挪用的特定素材，他向诸位书写大师学到的分析和展示的风格则具有更为重大的意义。《古文献学论》与其他近代早期知识项目的相似之处在于，其中的图示说明为某一研究领域带来了彻底的变革，就像莱昂哈特·福克斯（Leonhard Fuchs）之于植物学，以及安德烈·维萨里（Andreas Vesalius）之于解剖学。诚然，马比雍的著作从外观和感觉上都无法与同时代的自然哲学著作相比。一位名叫让·勒克莱尔的早期阅读者一门心思地想将各种形式的文献学整合为一门系统的学科。他评论道："确证写本的年代并评判其中的字体是一项特别的技艺：要充分阐述这一主题，足以写出一本内容丰富的大部头。但至今还不曾有人以足够系统的方式阐述过它。"[112] 在一条脚注里，他进一步阐明了页边注中的评论："让·马比雍的《古文献学论》第 1 卷中有一些相关内容：但若能有更加完整的阐述，则对学者们更有裨益。"[113] 勒克莱尔最后的话未免有些不近人情。正如路德维希·特劳贝（Ludwig Traube）所指出的，"显然，勒克莱尔和往常一样只会批评（Aber freilich Clericus hat wie gewöhnlich nur kritisiert）"。[114]

然而，勒克莱尔的话不无道理。马比雍的确尽其所能来制定规则，但他对自己所认为的事实太过热切，又不愿忽视例外，这些都让他的作品远远称不上清晰易读。[115] 作为游历意大利和其他地方的日记作者，他的头脑就像笛卡尔主义者一样清楚。作为与丕皮布罗奇展开论战、探索广袤未知领土的文章作者，他却没有展现出这样的头脑。[116] 与之形成对比的是，比他早一代的蒙福孔已经开始使用某种试验性的方法。他的研究逐渐从年代已确认的写本转向年代未确认的写本，在此过程中，他不仅培养出了一眼即可判断写本年代的有效手段，还优雅地将自己的本领展现在公众面前。

> 1693 年，我开始进行试验，从王家图书馆和科尔贝图书馆里一切记录了书写年份和缮写者姓名的写本中摘抄，然后转向其他没有任何记录的写本。通过与有年份标记的写本进行频繁比对，我掌握了其中的一些诀窍。待到后来前往意大利时，我也从未放弃在这项研究上所付出的努力。在多家图书馆中广泛浏览希腊文写本时，我发现自己第一眼判断出的年代与缮写者在写本结尾标明的年代往往高度一致。我经常在其他学者面前作这样的判断。有许多人可以作证，尤其是在我停留了两个月的威尼斯。在意大利，我也像在法兰西那样，从每个时期最优秀的写本中尽可能准确地摘抄样本。[117]

103　通过上述展示以及随后在印刷文本中对其加以描述，蒙福孔对手中的素材以及评判这些素材的规则都有着炉火纯青的把握。勒克莱尔对蒙氏解决写本断代问题的方法十分赞赏，在他看来，这种方法想必更具哲学气质。在 1712 年版的《评论之学》(*Ars critica*) 中，勒克莱尔称赞蒙福孔的"杰出著作"，并指出了它相对于马比雍作品的优越之处。[118] 要想将这种新哲学与马比雍的新古物研究学直接联系起来并非易事。

尽管如此，马比雍的书与自然哲学和古物研究的新形式也确实存在一些共同点。在上述案例中，手工技艺和知识形式都发挥着独特的作用，历代作者们也都承认这一点。福克斯在他的著作中加入书中插图绘制者的肖像，以此向他们致敬。维萨里则与画家们有着密切的深度合作，他本人也是掌握外科手术技艺的大师。[119] 在距马比雍更近的时代，罗伯特·胡克（Robert Hooke）用人类毛发和被蛀虫啃食的书本来磨练显微镜的使用技巧。他发现，每一粒尘埃都是栖息着奇妙生物的新世界。通常情况下，胡克不需要依赖工匠。他属于一个新生的"混血"分支：他既是专业技术人员，又是学识渊博的学者。[120] 在风格和精神上都最接近马比雍的是同时代的古物研究者们所创作的图解。正如斯蒂芬妮·莫泽（Stephanie Moser）所揭示的，到了 17 世纪中叶，卡西亚诺·德尔·波佐（Cassiano dal Pozzo）等人已在系统地使用图解。古物研究者们对物品进行归类，将同一类型的物品放在一幅图中，以单调而概括的方式将其描绘出来，并重点突出其形状和功能，就这样，他们将图解变成了制造关于过去的新知识的工具。马比雍的所作所为与他们基本相同——而且与研究古物的伙伴们一样，他使用的也是高效且笨拙的视觉手段。[121]

近代早期的自然哲学家几乎没有一个能与福克斯相媲美，像他那样提起帮助过自己的人的名字。史蒂文·谢平（Steven Shapin）告诉我们，技术人员往往默默无闻。[122] 而安·布莱尔则让我们看到伊拉斯谟和其他许多学者所仰仗的"文书助理（amanuensis）"也是如此。[123] 马比雍没有福克斯那般大度，却比许多有学问的人都更加开明包容——至少他提起了让他学到鉴定字体新方法的书写匠人的姓名。在马比雍生活时代之前的两百年甚至一百年，缮写者还拥有极高的声望。当时往往很难将缮写者与学者区分开来。[124] 而到了马比雍的时代，钻研学术同追求书写技艺与艺术的道路已然泾渭分明。[125] 说到底，究竟是谁开创了哪一种学术形式，这个问题又有多重要呢？身为一名优秀的本笃会修士，马比雍坚持主张书写没有其他活动那么重要。在其专著《论修道院研究》（On Monastic Studies）的结尾，这位书面文字爱好者援引了圣哲罗姆的话："我花在听写、重读、校对上的时间，都已从我生命中流逝。我的秘书写下的每一个点，都已从我生命中流逝。"[126] 不论出于怎样的理由，马比雍都让我们很难看清楚这一点：引领人们探索古代书写历史道路的是近代字体创造者所撰写的指南。也许连他本人也未曾意识到，他的研究多么依赖于人文主义缮写者那充满创意的技艺。

尽管如此，他还是在一段关键性的文字中略微提到过自己亏欠甚多。正如前文所述，马比雍声称他开创了"一个古物研究之学的全新分支"。历史学家一度认为，这话指的是他所处时代的古物研究，研究者关注的是来自过去的物质遗存——他本人对此也很有兴趣。但是，"古物研究（antiquarius）"一词在古代和人文主义时代的拉丁文中还有另一层意思，那就是"缮写者"。文艺复兴时期最出类拔萃的古物研究者有不少都是极具创造力和影响力的缮写者，比如费利切·费利恰诺和杰拉杜斯·麦卡托（Gerardus Mercator），他们将高度具象化的手艺与更加抽象的学术研究结合起来。马比雍的创造在于，他为缮写者古已有之的书写技艺增添了一种全新的、丰富的、历史化的形式——他自己比任何人都清楚，但我们却忘记了这一点。"批判古文字学（Critical Paleography）"并非脱胎于人文主义文献学，而是发源于富有创意的书法艺术。

第 4 章

波利多罗·维尔吉利揭示
基督教的犹太起源

拉比耶稣

1742 年，J. C. 舍特根（J. C. Schöttgen）以一己之力震撼了学术世界。他提出一个观点：耶稣是以一名犹太人的身份被奉为弥赛亚的。他坚持认为间接证据十分清楚。聆听耶稣讲道的人称他为"拉比"（《约翰福音》1:38，1:50）。耶稣的着装也与拉比相同。耶稣被士兵钉上十字架后，他那件被士兵瓜分的"无缝的里衣"（《约翰福音》19:23）与犹太教长老的无缝外衣别无二致：至少与丹麦学者格奥尔·乌尔西努斯（Georg Ursinus）在《希伯来古事考：经院派与学院派》（*Antiquitates Hebraeorum Scholastico-Academicae*）中所描述的一般无二。[1] 对惯例的比较塑造出一个与"符类福音（Synoptic Gospels）"*

---

* 也称"共观福音"、"同观福音"或"对观福音"，为《圣经·新约》首三卷《马太福音》、《马可福音》和《路加福音》的合称。这三本福音书在内容、叙事、安排、语言和句子结构上很相似，且它们以相似的顺序、措辞记述了许多相同的故事。因而学者们认为它们有着相当的关联。至于"四福音书"中的《约翰福音》及其他被视作伪典的福音书，则在各方面均与"符类福音"有着很大的差异。

截然不同的耶稣形象：他不是犹太领袖的敌人，而是他们中的一员。

　　诚然，舍特根承认耶稣不是一位普通的拉比：他是最了不起、最有学问的拉比。从耶稣学识的质量和特点——比如他学习文献的速度和诠释文献的方式——来看，他都令其他拉比"难以望其项背"。普通人需要经历仪式和按手礼才能名正言顺地为人师表，但耶稣不需要这些，他只凭自身的权威便成为导师。[2]

　　比较还揭示了更多的信息：耶稣的博学恰恰建立在他日后将要取缔的律法的基础上。耶稣对《密释纳》（Mishnah）进行过多处修订，这说明他显然很了解这部律法书；就连他在修改中所用的语句——"只是我告诉你们（ἐγὼ δὲ λέγω ὑμῖν）"（《马太福音》5:34），译自希伯来文"v'ani omer lachem"——也是"拉比们惯常所用的语句"。[3] 耶稣援引存世犹太教祷文的事实也表明，他精通犹太律法和惯例。耶稣曾借用传统认为由犹太教大会堂成员创作的《十八祷文》，却并非因它们具有独立的价值*——有些宗教热情高涨的基督教学者支持这种主张。他之所以这么做，是因为追随他的犹太人了解这些祷文，而他必须用追随者熟悉的语言与他们交流。[4] 与其他拉比类似，耶稣"在公共场所、庙宇、学校、会堂等各处讲道"。与拉比们类似，他用寓言故事教导世人，不过他没有用拉比们的套话"这就像什么呢？"。[5] 与他们类似，他也有追随自己的会众；与他们类似，

106

---

*　此处"独立的价值"指超出犹太教旨趣的普世价值。

他也掌握了一门手艺；与他们类似，他也参与辩论——尽管他的辩论技巧和能力都让别人难以企及。舍特根写道，在《塔木德》（Talmud）*里，"没有一页不在为无关紧要的琐事论辩"。与之形成对比的是，耶稣"在辩论方面实力强大，可轻易击败所有对手"。[6]

拉比们被授予一把钥匙，以此象征他们在公众面前诠释圣训的权利。耶稣同样拥有一把钥匙：他赐予彼得的"天国的钥匙"（《马太福音》16:19）。信徒以头衔称呼拉比，从不直呼其名。耶稣的门徒也是如此。经过上述比较，累积起来的种种证据产生了最终的结论："全世界都知道基督如何教导他的门徒，以及他们从他的教导中得到了多少收获。就连犹太人也知道这一点，因为他们在《塔木德》中提到过耶稣的门徒，也提到过门徒以耶稣之名实现的奇迹。因此，他们确切无疑地在告诉我们，他们的主耶稣就是至高无上的拉比。"[7]

后知后觉地回顾往昔，我们很容易发现舍特根的比较颇有先见之明。在关于耶稣运动和犹太人的近代二手文献中，与之相似的比较随处可见，只是使用方式大有不同。但事实上，这属于17、18世纪而非21世纪的普通学术问题。舍特根赖以谋生的职业不是东方语言教授，而是图书管理员，以及先后担任莱比锡（Leipzig）、施塔加德（Stargard）和德累斯顿

107

---

* 系犹太教中地位仅次于《塔纳赫》（Tanakh），即《希伯来圣经》的宗教文献，其中记录了犹太教的律法、条例和传统，包含三部分，分别是将"口传妥拉"书面化后集结而成的《密释纳》（Mishnah），解释《密释纳》中口传律法意义的《革马拉》（Gemora），以及对犹太教律法和伦理进行通俗阐释的《米德拉什》（Midrash）。

（Dresden）文理中学的校长——根据克里斯蒂安·戈特洛布·海涅（Christian Gottlob Heyne）的说法，这是一份让人家徒四壁的职业，从业者甚至巴不得身受绞刑。不过，舍特根也是犹太教著作领域的知名专家，尤其是诸如《密释纳》等最早付诸文字形式的犹太教律法作品的知名专家。经过评估，他认为其中一些几乎就是基督教的内容。他不仅在针对小范围博学读者的拉丁文著作《希伯来文与塔木德实训》（*Horae hebraicae et talmudicae*）中作出过这样的判断，也在德语学术期刊《拉比》（*Der Rabbiner*）中表达过这种观点。[8] 舍特根在梳理耶稣与拉比的相似之处时，所依据的是当时所知的最有价值的文献的专业知识；在强调人间的拉比无论多么天才都无法与凌驾于犹太教律法和学识的弥赛亚相媲美时，也是如此。如果说他的论述确实存在似是而非之处，但至少是充满力量且站得住脚的，能够自圆其说——尽管比较法的批评家或许会指出，舍特根充分发挥了比较学者传统的自由做派，将相似之处的存在和相似之处的缺失都视为比较对象存在历史联系的证据。

基督教的犹太起源：近代早期的一种假设

在 15~18 世纪，早期基督教与第二圣殿（Second Temple）犹太教比较研究的一种理念开始在各个领域兴起，舍特根的观点便是一个鲜明的典型——而这种理念在现代已被大多数专业人士所遗忘。即便是《圣经·新约》研究领域的一些深谙该学科历史的同时代专家，恐怕也对这种学说理念感到陌生。要说将"比较"视为一种方法、隐喻及等等，没有任何一位宗教历史学家比已故的乔纳森·史密斯（Jonathan Smith）进行过更多的思考。他的著作《神赐苦差》（*Drudgery Divine*）用比较法对早期基督教进行了富有创见的研究，他在这本书中揭示了比较对其研究主题造成的巨大伤害。史密斯认为，从伊萨克·卡索邦进行创作的 1610 年代到我们所生活的时期，学者们通过比较所发现的不是他们认为自己应当发现的大量富有启发性的阐释方法——不是让学者得以发挥创造力、探讨理论与资料之间关系的"饶有趣味的复原和重构活动"——而更像是一把不甚锋利的单刃小刀。通过比较，新教徒得以就最早期基督教的历史唯一性展开讨论。他们将入教仪式的发展与异教的类似仪式联系起来，将这种联系视为基督教与时俱进的证据。通过这种做法，他们将耶稣与耶稣的活动从其发源的犹太世界里独立出来。从这一角度来说，比较旨在证实一个事先已知的结论：耶稣所领导的运动与早先任何形式的宗教生活都不存在可比性。[9]

舍特根的案例足以表明，比较所发挥的作用比史密斯在历史神学中所设想的还要广泛。比较既能揭示，也能隐藏基督教最初脱胎的犹太本源。为公允起见，需要说明的是史密斯的著作写于数十年前。在这数十年间，如果说《新约》研究者尚未对舍特根及其诸多同行予以关注，但近代早期和犹太史研究已将他们从历史之尘中发掘出来。艾伦·卡琴（Aaron Katchen）、卡斯滕·维尔克（Carsten Wilke）和埃里克·纳尔逊（Eric Nelson）等人已揭示 17 世纪早期曾发生过某种形式的方法论革命。从胡果·格劳秀斯（Hugo Grotius）和皮特鲁斯·库那乌斯

（Petrus Cunaeus）*及至约翰·莱特福特（John Lightfoot），《圣经》学者们从《密释纳》和许多文本中引经据典，对《圣经·新约》进行解释。[10] 他们所做的不止于解释经文。杰拉尔德·图默（Gerald Toomer）所著的《塞尔登传》内容丰富，其中毫不含糊地言明，约翰·塞尔登（John Selden）将最早的基督教视为"犹太教的一个教派"。[11]

更重要的是，在探讨威斯敏斯特会议（Westminster Assembly）——旨在创建全新的英格兰教会——的早期几次集会时，塞尔登坚持认为，比较必须是一切真正的基督教教会学的基础。18 世纪的教会历史学家约翰·斯特赖普（John Strype）曾明确表示，威斯敏斯特会议的数位参会者，尤其是塞尔登和约翰·莱特福特，将他们所谓的"犹太教教会（Jewish Church）"视为"基督教教会（Christian Church）"的原型，并根据大量资料还原了犹太教教会的祈祷方式以及其在犹太国家，即古以色列王国中的地位。

这些神学家在探寻使徒时代基督教教会及其体制最原初的构成，这种构成很大一部分建立在犹太教教会结构的基础之上；第一批基督徒是犹太人，而且是在犹太教教会中长大的犹太人，他们无疑会遵循犹太传统。因此，那些致力于在英格兰教会中构建类似体制的人也应如此。[12]

---

*　荷兰基督教学者彼得·范·德尔昆（Peter van der Kun）的笔名。

没过多久，参会牧师们便厌倦了塞尔登关于其藏书中秘传学内容的演讲。不过，他在阐释犹太教律法及其团体方面的先驱成果却对政治理论有着深远的影响。[13] 这位学者的谋算和他对自己谋算的雄心都清晰可见。

当然，上述相对知名的人物不是唯一从希伯来文化中汲取养分的人。将早期基督教与希伯来文献进行对比的意义在于跨越国家和教派的沟壑。若论启蒙时代早期人物之间的差异，没有任何两位能比坎佩乌斯·维特林加（Campegius Vitringa）与贝内代托·巴基尼（Benedetto Bacchini）的差距更大：坎佩乌斯·维特林加是远在北荷兰城镇弗拉讷克（Franeker）的神学教授；贝内代托·巴基尼则是詹森主义者* 和卡西诺山修道院（Abbey of Monte Cassino）的本笃会修士，也是一份评论他所处时代所有科学进步的活跃期刊的编辑，还是卢多维科·安东尼奥·穆拉托里（Ludovico Antonio Muratori）的盟友。然而，他们俩却在研究早期基督教教会并为之撰写详尽的分析时不谋而合。维特林加强调，早期教会的每一个结构和职位，从助祭到教区，仿佛都是借助了历史的信使核糖核酸（mRNA）复制而来，却并非来自第一圣殿（First Temple）——较早期学术界时常将圣殿认定为基督教实践的源头——而是来自与之极为相似

---

* 　也称"詹森派信徒"。詹森派是 17 世纪天主教的非正统派，创始人为荷兰天主教神学家康内留斯·詹森（Cornelius Jansenius）。詹森在自己 1640 年的主要著作《奥古斯丁论》中捍卫奥古斯丁关于上帝恩典的主张，反对"自由意志说"，主张教会最高权力属于公会议而非教宗，因而在 1653 年被教宗英诺森十一世（Pope Innocent XI）斥为异端，下诏禁绝——追随者后将其学说传于法国、荷兰等地。

的至今仍然存在的犹太教会堂 *，借以复制的"遗传物质"也更像是脱氧核糖核酸（DNA）。巴基尼认同这种观点——至少在东方，拥有大量会众的犹太教会堂确实如此。不过，对于罗马帝国的西部，他却认为基督教教会并非植根于犹太教土壤，而是一种全新形式的结晶，没有承袭任何古老的体制或实践。[14]换言之，在达成更广泛共识的大前提下，还有大量值得论证的空间：其中许多论点必须从希伯来文献中汲取养分，而这些学者对这些希伯来渊源就像对《圣经·新约》一样熟悉。换言之，当时与现在一样，学者在比较法——包括全面对比和局部对比——方面的选择十分广泛；当时与现在同样确定的是，没有任何新发现能一举证明某个论点是绝对正确还是绝对错误。

目前，还有许多问题尚未解决。基督教学者是从何时开始对早期基督教和公元最初几个世纪里的犹太教进行系统比较的？他们又是何时开始系统地审视手边的早期犹太教文献的？换个更犀利的说法，古代犹太教会堂与基督教教会之间的鲜明对比在何时突变成了值得探询的课题？本章将对上述问题中的一部分进行初步探究。下文将清楚地表明，学术思潮变化发展的风向可能让人大吃一惊。

比较学者与古物研究者

基督教与其他宗教的比较在古物研究界源远流长：许多学

---

* "犹太教会堂（Synagogue）"是犹太人进行集体祈祷，组织集会开展文化和慈善活动，以及研读经书的场所，相当于犹太人的宗教、教育和公共事务管理中心。

者都曾不无道理地主张，近代早期对早期基督教的比较研究正是发轫于此。纪尧姆·迪舒尔（Guillaume Du Choul）便是一例。这位生活在 16 世纪中叶里昂的古物研究者专精于古代钱币研究，在全欧洲享有盛名。迪舒尔对罗马宗教尤感兴趣，为此撰写了一部插图丰富的著作。根据钱币和浮雕仔细复制的插图描绘出了罗马神庙未遭破坏时的原貌以及在那里举行的仪式。迪舒尔描绘的古罗马祭司使用神圣的器物，饲喂被视为圣物的鸡，宰杀牺牲，收集它们的鲜血。站在基督教的立场上，这实在是无以复加的异端。[15] 迪舒尔的兴趣有时让人依稀回想起 15 世纪的学术和艺术，古物研究者在那时与艺术家通力合作，还原出古代那些鲜血四溅、充满性张力的荒诞仪式。1485 年 4 月 19 日，一口石棺在亚壁古道（Appian Way）被人发现，里面是一具保存完好的古罗马女孩尸体。全城人都来瞻仰这具尸身，用手触碰她仍然柔软的鼻部。最终，出于对异教复兴的担心，教宗下令将少女的尸体秘密移走并埋葬。[16] 古物研究的对象时常成为古典文化与基督教之间根本分歧的标志。艺术家们将耶稣诞生或拉撒路复活的事迹放在壮丽的古代遗迹场景中，从而突显异教死气沉沉的黑暗同基督教新生光明之间的反差。[17]

不过，迪舒尔为读者展示的并不仅仅是罗马人的崇拜方式。他也突出了古罗马祭司的尊贵以及他们的装束，比如纯白亚麻布制成的长白衣（Alba Longa）。其间，他提到了许多罗马与基督教活动的相似之处：维斯塔贞女（Vestal Virgins）*和基督教

---

* 　侍奉灶火与家庭女神维斯塔的女祭司。

修女都要剪短头发；异教祭司面向东方祈祷，"就像我们现在一样"；异教徒崇拜宙斯的霹雳，认为这个符号具有保佑他们免遭雷劈的力量，恰如基督徒崇拜象征耶稣的羔羊和象征圣灵的白鸽。[18]

此等相似之处便是玛格丽特·霍金（Margaret Hodgen）很久之前所说的"纪录属性（documentary properties）"。[19]借助它们可辨认出哪些异教圣祠变成了教堂，从而揭开基督教仪式为人淡忘的起源。迪舒尔反复提到，古罗马神庙经过改造后便为基督教所用——上至罗马城内的万神殿，下至其故乡法兰西规模小得多且已成废墟的圣祠皆是如此。基督教圣职的法衣、采用的手势和礼拜仪式也是同样："如果我们仔细观察，便会发现我们的宗教中有好些制度都是从埃及人和异教徒的典仪中挪用和转化而来：举例来说，祭袍和苏袍，冠冕，在圣坛周围低头鞠躬，祭礼，教堂音乐，崇拜、祝祷和祷告，列队行进和连祷，还有其他许多神父们在秘教仪式中所进行的活动。"[20]诚然，他在后文中指出基督徒比异教徒高人一等；与异教徒不同，他们理解这些仪轨的真正目的。[21]但是，恰如迪舒尔所言，基督教宗教生活的基础结构来自于古老的异教信仰。仔细审视描绘古罗马祭司祈祷的浮雕和钱币，即可看到后来取代他们的基督教圣职。

很难说迪舒尔是第一位进行此类比较或从中得出此类结论的学者。在他之前的一个多世纪里，古物研究者们一直在仔细审视基督教教会的各大组成部分，以甄别其中哪些是从异教神庙中转化而来。波焦·布拉乔利尼在其于 15 世纪三四十年代撰

写的《论命运无常》(*De varietate fortunae*)中对罗马城内的
遗迹进行了调研。他提到,在城市广场 [古罗马广场 (Forum
Romanum)] 有一堵方形石块砌成的古老石墙,气势雄伟,起初
是罗慕路斯神庙 (Temple of Romulus) 的一部分,"现如今却用
来敬奉圣科斯马斯 (St Cosmas) 与圣达米安 (St Damian)"。[22]
他又写道,"在这堵墙旁边,是曾经的安东尼努斯和法乌斯提
那神庙 (Temple of Antoninus and Faustina), 现在则是以圣洛
伦佐 (St Lawrence) 命名的教堂。其柱廊部分的许多大理石柱
得以留存"。[23] 卡斯托尔和波吕克斯神庙 (Temple of Castor and
Pollux) 摇身一变,成了新圣母堂 (Santa Maria Nova)。[24] 在台
伯河 (Tiber River) 附近的阿文提诺山 (Aventine Hill), 维斯
塔神庙 (Temple of Vesta) 变成了马车夫圣斯德望教堂 (Church
of Santo Stefano alle Carrozze)。[25] 布氏在细节方面时常犯错:
新圣母堂实际上坐落在维纳斯和罗马神庙 (Temple of Venus and
Rome) 的旧址上,而维斯塔神庙其实应该是屠牛广场 (Forum
Boarium) 的赫拉克勒斯神庙 (Temple of Hercules)。尽管如此,
他的读者依然能清晰地体会到:近距离观察任何一座古代教堂,
或许都可能发现异教徒举行仪式或献祭的场所遗存。

　　15 世纪中叶对意大利及罗马的古文物进行汇编的弗拉维奥·
比翁多 (Flavio Biondo) 也对异教崇拜的物质遗存格外留心。
在其著作《罗马凯旋》(*Roma triumphans*)中,比翁多对奥古斯
丁时期的罗马体制进行了调研:他和他的读者们都清楚,那是
不止一种宗教在罗马帝国繁荣发展的时代。[26] 比翁多关于古代宗
教的陈述在此处和其他处并不完全一致。在著作开头,他宣称

自己对异教徒及其一切成果都深恶痛绝。

> 在开始之前，我想说的是，在谈论罗马人和其他外邦人的宗教时，当我介绍涉及众神的名字、神庙、神庙建筑和圣域的信息时，我的意图（首先）是同时说明这些场所在罗马城中的位置；其次，是展现古人供奉众神——用先知的话说便是恶魔——的仪式的邪恶、污秽与极度的轻浮，从而让基督教的圣洁更容易为良善之人所接受。[27]

然而，在分析具体案例时，比翁多认为基督徒对异教徒的建筑和崇拜对象的挪用是刻意为之，旨在让崇拜这些异教的人皈依基督。米兰的圣安波罗修圣殿（Basilica of Sant'Ambrogio）有一根至今仍在的短柱，其上有一尊在 1001 年前后从君士坦丁堡运来的青铜蛇雕像。比翁多经鉴别认为，这是某种古老异教崇拜曾经供奉的偶像，而安波罗修出于宗教原因特意将其安置于此。

> 教会圣师安波罗修对这种疯狂感到惊奇，他决定将这尊俄菲翁（Ophion）像［后来在拉丁语中被称为"蛇（Serpent）"］保存在他位于米兰的教堂里，意大利外邦人曾效仿腓尼基人崇拜它——即使到今天，它依然完好无缺地在教堂里供人瞻仰——这样做的目的是让我们的上帝耶稣基督的神圣宗教更受当地基督徒的欢迎。[28]

我们还将遇到这一基本原理的其他应用。

对于比翁多而言，挪用罗马实践是合理的抉择。罗马人自己在建立宗教信仰时也曾精心选择，"在借用众神时，他们避开了许多埃及人、腓尼基人和希腊人的愚昧和迷信之处"。[29] 此外，尽管罗马人犯过种种错误，但他们彰显出了一种同样被基督徒视为宗教核心的品质。

> 罗马人虚假的宗教为我提供了大量必须讲述的内容，但对这种虚假的宗教应予以全盘否定，它的一切面目都可憎，唯独有一点例外，而我认为，这一点也值得基督徒奉为圭臬并身体力行。那就是，罗马人民一丝不苟地奉行仪轨——当然，那是他们自己的称呼——和宗教。[30]

就连奥古斯丁也承认罗马人的虔诚。可见，比翁多反复提及基督教与古罗马宗教在习俗上的相似之处也并非惊世骇俗的新奇观点。[31] 罗马人为死者举行的祭礼很像基督教在人死后第七天或死者生日当天举行的弥撒；罗马人在公共场合的祈求看起来就像基督教的连祷或"公共祈祷日"；古代祭司宣布"卜兆大吉"，与基督教弥撒上司铎从圣坛转向会众，低声请众人为之祈祷的时刻十分类似。比翁多详细比对了皇帝葬礼与教宗葬礼的各个相似之处（他指出，在这两种葬礼中，都有一尊代表死者的蜡像充当致哀的对象；在这两种葬礼中，都有男孩用扇子驱赶蜡像周围的苍蝇）。[32] 虽然比翁多坚称愚蠢的异教徒不像基督徒那样正确理解举行仪式的因由，但是，数位与他一样对古代世界的细节感兴趣的同时代人却不认同——至少不是始终认同——这种观点。

在研究古罗马宗教的基督教学者中，15 世纪晚期的博洛尼亚学者菲利波·贝洛奥尔多（Filippo Beroaldo）对古代仪式的看法比任何人都要乐观。他对一部记录罗马生活和宗教的重要文献，即阿普列乌斯的《金驴记》进行了举一反三的评论。[33] 与迪舒尔类似，贝洛奥尔多对相似之处十分留心，因为它们能揭示起源。伊西斯的祭司将他们的仪式与特定的时刻联系在一起，贝洛奥尔多对此评论道："所以我们的'祭司'也认为一天中的第一、第三、第六和第九小时适合举行某些'献祭'。"[34] 伊西斯的祭司要削发，贝洛奥尔多对此评述道："伊西斯追随者的这种仪式似乎正是我们的圣职同样禁止蓄长发的原因。"[35] 罗马人从位于高处的房间经过时严禁俯视位于低处的神明："因此，在宗教队伍行进时，我们也禁止男孩和女孩从窗户上往下看，即不得从高处俯视他们。"[36] 贝洛奥尔多利用阿普列乌斯对宗教列队行进的叙述，恰如迪舒尔利用他的硬币和浮雕所记载的仪式。当他发现一个又一个相似之处时，他写道："读到此处，我觉得自己看到并认出了我们宗教仪式中的所有光荣。"

贝洛奥尔多得出了一个意义深远的结论：

在持续思考这些异教崇拜的习俗时，我终于发现，我们宗教仪式中的一切几乎都是对前者的继承和转化。毫无疑问来自异教信仰的有：亚麻祭袍、圣职的剪发礼、在圣坛前转身的做法、行进的祭礼队伍和音乐。我们的圣职在

114

> 秘教仪式上所使用的庄严肃穆的敬礼、祈祷和其他类似的
> 仪轨无疑都来自古人的崇拜典仪。[37]

如果这个结论听来耳熟，那是有原因的。前文引用过的迪舒尔的类似论断是逐字逐句从这里翻译而来的。迪舒尔不是唯一一位被贝洛奥尔多犀利直白的论述吸引的作家。我们在前文中已经看到，约翰内斯·伯姆在其于 1520 年首次出版的《天下诸民的风俗、律法和仪式》中也对此有所概述。

> （正如菲利波·贝洛奥尔多在对阿普列乌斯的《金驴
> 记》一书的评注中所写，）我们基督教使用的许多器物都借
> 鉴自古埃及风俗。比如苏袍、罗袍和类似的亚麻外衣；剪
> 发礼；（圣职）转身面向圣坛的动作；弥撒的庄重仪式，管
> 风琴，跪拜礼，屈膝礼，祷告以及其他。[38]

历史学家经常援引伯姆那部影响深远的著作来证明，对此前不为人知的民族和宗教的探索对于宗教比较研究的发展具有刺激作用。[39] 但他显然也从 15 世纪的古物研究者那里有所学习。他们对自己生活的世界与古代的比较提高了伯姆对自己所处时代诸多民族的仪式和风俗进行比较的能力。受到阿纳尔多·莫米利亚诺（Arnaldo Momigliano）研究成果的启发，约翰·霍兰德·罗（John Howland Rowe）在 1965 年写下这样的文字："与他们的同时代人相比，在这种（人文主义）传统中受到训练的人更作好了观察与记录同时代文化差异的准备。"[40]

不过，这些人在某一方面有着至关重要的区别。迪舒尔在审查和宗教战争的时代背景下写作，他坚持认为异教徒并不理解自己的所作所为。贝洛奥尔多则在 15 世纪宗教融合主义 * 最后的辉煌岁月，即在费奇诺和皮科的时代写作，他主张异教仪式得以继承的原因是异教信仰先于基督教而存在。他写道，鲁巧（Lucius）对伊西斯的祈祷"用在基督教女神的身上也非常合适，他祷告中关于月神或伊西斯的一切描述用来形容荣福贞女玛利亚，也一样虔诚而得宜"。[41] 当鲁巧打算献身于伊西斯女神，却在犹豫是否接受随之而来的苦修时，贝洛奥尔多将他与奥古斯丁对比，二人都有意禁欲清修，"但时机未到"。[42] 而对于鲁巧接受启蒙、将执行典仪的祭司们视为生身父母的情节，贝洛奥尔多则解释道："一位真正得到祝圣的人经历了某种形式的死亡，从此成为纯净而圣洁的祭司，将教门外的生活抛诸脑后，在神意的感召下体验过天国和地狱，从此便能看透和分辨圣保罗曾经看透和分辨出的事物。"[43] 在贝洛奥尔多看来，异教为追随者提供的不仅是与基督教相同的仪式，还有同样深刻而真切的宗教体验。在诞生初期，古物比较研究并不必然导致后来时常与之如影随形并成为其束缚的种种假设——就像史密斯所主张的那样。有些作家，比如尼科洛·马基雅维利（Niccolò Machiavelli）排斥一切将罗马人的宗教与基督教相类比的行为，因为前者以血腥的祭祀著称，让古人充斥着男子气概的豪勇，

---

* "融合主义（Syncretism）"，也译"综摄主义"或"调和论"，是不同的思想流派或宗教调和冲突、融会贯通的过程和现象，能够发展出兼具彼此义化特质或宗教教义的融合产物，从而实现多元思想或信仰的融合。

而基督教仪式则"温和而庄重，不求盛大排场，毫不突显力量，也全无残忍之处"，基督教信仰歌颂的是"感念上帝的谦卑之人"。[44] 古物比较研究所延伸出的观点完全可能与其存在天壤之别。

这些宗教比较学专著文思典雅、晦涩复杂，与后来者试图将基督教植根于古希腊和罗马文化而非犹太文化的努力有相似之处。古物研究者在罗马遗迹中考察，在拉丁文，偶尔也在希腊文文献中探究。将异教仪式的文化声望和遗失的恢弘赋予基督教，这种可能性让古物研究者们感到温暖。毕竟，即便是恪守基督徒本分、对古代魔鬼崇拜深感恐惧的比翁多也承认，当自己偶遇一块描绘女性陷入迷狂状态的古代浅浮雕时，已激动得挪不开脚步，需彻底验看一番后才肯放手。[45] 当然，贝洛奥尔多明确表示自己也有同感，哪怕只是在头脑中琢磨某个古代节日的场景。截至目前，舍特根在文艺复兴时期的前辈依然身份未明。

历史、编集与犹太人：约翰内斯·伯姆与波利多罗·维尔吉利

迪舒尔的现代读者不无道理地强调，他对追溯基督教建筑和体制的古典起源尤感兴趣。然而，与其他文艺复兴时期的编集者一样，迪舒尔并未在古典文本内故步自封，甚至不局限于同他一样的人文主义古物研究者的成果。他在自己书作的结尾处解释道，当埃及人立誓成为祭司时，朋友们会向其赠送礼物并为其举办一场盛宴，而"在我们的宗教中，可以称为首席司

铎的主教会教导新晋铎者，并赠予他们一部卷本，就像希伯来人至今仍做的那样"。[46] 像往常一样，他在别处发现了基督教规矩和习俗的起源。

> 罗马人另有一种划分神职人员等级的方式：最高祭司、大祭司、主祭、主祭长和小主祭，这就像我们的教宗、枢机、主教、总主教和宗主教；古罗马人有学院，就像基督教有教习正典的学院教堂，还有耶路撒冷圣约翰骑士团 * 那样的外围组织。古人对所有神职人员都极尽尊崇，恭敬地服从他们，无比虔诚地践行自己的信仰。[47]

弗朗西丝·米克（Frances Muecke）著有一篇关于比翁多的古代宗教研究及其影响的文章，此文具有启发性的一点在于，迪舒尔在此使用的是非古典术语。米克还清楚地指出，比翁多不仅对物质遗存兴趣盎然，也是一位校勘学者，其成果在很大程度上来自对早期作家作品的摘录。[48] 在该案例中，迪舒尔追随的是另一位更早期的校勘学者。13 世纪的教律学家纪尧姆·杜兰在其巨著《圣理宗规》中阐述了中世纪中期天主教礼拜仪式的形式和起源。早在迪舒尔之前很久，杜兰便从更早的作家身上汲取养分，列出罗马祭司团体："据依西多禄（Isidore，塞维利亚的圣依西多禄）所说，异教神庙的仪式需要主祭长和小主祭、主祭和祭司。"[49] 不过，与迪舒尔不同，杜兰认为基督教圣

117

---

* 　即医院骑士团。

职的等级划分不仅类似于罗马人的祭司等级，也与其他系统存在相似之处。希伯来人也曾有过类似的职务等级。"圣殿内有高级祭司，比如麦基洗德（Melchisedech）；也有地位次一级的祭司，如利未人（Levites）、尼提宁（Nathinaei，殿役）和灭灯人。"[50]

伯姆在杜兰书中读到过让迪舒尔深受震撼的那段文字，但他效仿杜兰采取了兼收并蓄的做法。在罗列出罗马祭司的品级后，他继续写道："而希伯来人也有相似的等级：一位高级祭司，数位地位次一级的祭司，利未人、拿细耳人（Nazareis / Nazirites）、熄烛人、召灵人、祭礼司事和领唱者，即我们法语中所称的'领诵（Chantour）'。"[51] 使徒们决定，要以罗马政治等级为模板建立基督教的等级制度。统治普世教会的彼得就像是统治普世国家的皇帝。[52] 然而，在创立新教会时，基督徒也借鉴了"摩西律法"，即基督降临不是为了毁灭，而是为了实现。[53] 举例来说，主教行圣餐礼时，穿的是"依据'摩西律法'得到神圣认可的祭衣"，伯姆列出了全部的 15 种。[54] 在其他案例中，希伯来前人的影响则不那么直接。布道"并非真正依照《尼希米记》和《以斯拉记》的先例而确立，只是引以为鉴"。[55] 伯姆认同早期教会效仿异教的观点，但他也揭示了犹太人及其他范例同样在新宗教的创立过程中扮演着关键角色。伯姆著作中关于基督教发展的章节明确写道，宗教仪式随时间的流逝而发展变化。当他建立起这一观点并将基督教与上至古代异教、下至伊斯兰教的其他宗教加以比较时，伯姆便打开了一个新的方向：他开始记录当代基督教生活中的地方性习俗，承认它们与其他宗教中的实践一样让人好奇，有时甚至和其他宗教一样令人不得其解。

伯姆的书出版一年后，一位更加年长的意大利人文主义者出版了一部更加系统的关于基督教早期发展的著述。与伯姆相似，波利多罗·维尔吉利也从贝洛奥尔多和比翁多那里学到比较法并予以拓展，将犹太人纳入比较范围内。1499 年，维尔吉利出版了一部精巧的三卷本小作品，主题是从宗教、方尖碑到印刷术等一切事物的发明者：该主题深深吸引着他的同时代人，大家都热切地想知道，拥有指南针、火药和印刷术是否真的让他们比古人更加优越。[56] 1521 年，他又添了五本新书，逐一探讨基督教历史的方方面面。通过一篇篇文本，维尔吉利系统地汇集证据，追溯教堂和祈祷仪式、教区制度的组织、圣体的领受及其他诸多内容的发展历程。维尔吉利在英格兰为教宗收缴财政收入，勇于反抗传统习俗的性情让他在那里很不受欢迎，因为他告诉当地贵族，他们其实并不是那位名叫布鲁图斯（Brutus）的特洛伊贵族的后裔。他撰写的教会史作了更大范围的创新，既是希望揭露迷信，也是希望揭开过去的真容。[57]

维氏着手进行前无古人的创举：从外部和内部描述教会，从而追根溯源，探明教会组织和生活各方面的发展沿革，包括祈祷和祭礼、圣职的服装和祈祷的时刻、婚礼和接吻礼（并非"贴面礼"，也称"和平之吻"）等。他没有像后来的塞尔登和舍特根那样借鉴希伯来语和阿拉姆语（Aramaic，也称"亚兰语"）原始资料；他也没有询问犹太人，在耶稣或教会父老的时代，犹人人的圣殿或会堂中曾举行过怎样的仪式。他的书仿佛是对他可能在学堂里便掌握的方法的延伸，对他阅读的所有内容进

118

行系统的摘抄注释是其中最重要的活动。正如前文所述，文艺复兴时期最杰出、最有影响力的老师们认为，制作摘录集对于任何希望成为学者的人来说都不可或缺。[58]

维尔吉利对自己的工作方法所言甚少。与他相反，伯姆——他的作品在许多方面都与维氏相似——将自己的书形容为用摘抄拼出的马赛克镶嵌画："诸位史学的行家啊，得闲时，我四处收集值得注意的各民族风俗、仪式和律法，以及其所居之地的情况，在笔记本里一一记下。"在列出他所使用的古代和近代原始资料后，伯姆宣称自己未向其中添加任何内容："本书将上述名家之作汇于一处，以便诸位按需取用，随时翻看。"[59]如前所述，伯姆对自身写作实践的概括过度简化。但他对维尔吉利采用的方法却有言简意赅的准确描述。伯姆从地理角度组织书中内容，而维氏则按主题系统编排——类似的是，同一时期的贝尔纳多·本博也如此组织自己的摘录集。[60]

维尔吉利彻底变革了对早期基督教的研究，不是通过发掘新的原始资料，而是将已成为自我教育标准途径的方法转而应用到创作中。他的主题列表，或者说"核心（loci）"列表变成了著作里的目录。他所编集的材料——来自标准和非标准的原始文献，包括各种概要，但经过巧妙的安排和定期的修订——发展成了某种基督教世界前所未见的事物：从多样传统中汲取信息的对基督教历史的跨学科描述。这是用我们的术语进行的概括，而非维氏本人所言。他的书成了一座宏大的游乐场，读者可在其中追寻、发现和学习关于基督教历史的每一种既有阐释。

维尔吉利曾与贝洛奥尔多一起研究，与迪舒尔类似，他从贝洛奥尔多对阿普列乌斯的评注中摘录了大段文字，收入自己的书中。[61] 同样与贝洛奥尔多和迪舒尔类似，他在阅读中十分留意相似之处，将其解释为共同起源的证据。阅读维尔吉利，就是在学习已经熟悉的功课：纯亚麻外衣、剃发的习俗，甚至弥撒的最后一句话"弥撒礼成（Ite, missa est）"都来自异教徒。然而，维氏的方法与他们并不完全一致。

对维尔吉利而言，比较是一种研究工具，在实践中就像安杰洛·波利齐亚诺用比较法校验写本一样准确实用。与波利齐亚诺的校验类似，维尔吉利的比较力求将表面上的混乱转变为清晰的起源故事。正如他所抱怨的那样，最早的基督教历史模糊得让人头疼，这位学者希望还原第一批教堂与其中所进行的活动原貌，却几乎没有原始资料可循。他难免要进行某种形式的猜测："我可不敢断言，当福音书的教诲在万民中传播开来以后，第一座敬献给我们救世主的圣殿究竟建在何处，以免让人觉得我是在妄加'卜测（divinare），而不是以真相为准。不过，在鲜有人知的事情上允许推测（coniectare）'。"[62] 在踌躇中，维尔吉利猜测第一座教堂可能建在基督教世界的某个偏远角落，又或许是由雅各在耶路撒冷建造。

有一种假设为研究提供了方向。早期的基督教领袖发现，借用现成的习俗赢得奉行这些习俗之人的信任，实乃明智之举。此举深得教会父老的首肯和古物研究者们的认可，维尔吉利以此为出发点得出若干结论，有些颇为激进。一些比较将基督教体制与之前的异教体制联系起来，认为这些体制源于异教。他由此推

120

断，基督教修女是从异教的维斯塔贞女演变而来：这让读者震惊，也让审查者恐慌。[63] 另一些比较则指向别的方向："但正如不少实践由犹太人确立，还有很多习俗是由其他民族确立或者从他们那里借用而来，抑或是机缘凑巧，抑或是刻意为之，而我们逐渐对这些习俗司空见惯，以至于认为这就是我们自己的习俗。"[64]

与古物研究者不同，但与伯姆类似，维尔吉利从探寻基督教仪轨的源头之初便对犹太人和异教徒的仪式和惯例给予同等关注。他细致地解释道，天主教圣职的品级和圣衣在很大程度上出自其犹太教前身："我按照犹太人所确立的等级——解释每一项习俗，从而以最适当的方式揭示每一项习俗的起源，这正是我的目标。鉴于所有这些都只是后来者的影子，现在我将对后来者加以详述。"[65]

细致的比较清楚地表明，天主教圣职的服饰装备带有浓厚的犹太教烙印。

> 我们的圣职身穿的圣衣曾经也披在犹太人的身上……能证明这一点的事实便是，我们的主教和司铎都穿着部分相同的服装，比如明亮的饰带、腰带、我们称为长白衣的束腰长外衣，还有风信子蓝的祭袍和主教冠冕。[66]

在提出这一论点时，维尔吉利始终恪守最严格的教会正统。天主教传统认为，天主教圣职的圣衣和活动是对公元 1 世纪犹太教祭司的重现。在这一案例中，维氏只是在杜兰提出的标准论述的基础上增添了一点修饰。杜兰的阐述与维尔吉利相似。

　　《旧约》中出现过两种外衣，细亚麻衣和蓝色外衣。*
而今天，某些主教也使用两种外衣，以表明他们以掌握《旧
约》和《新约》的智慧为己任，因而他们或许懂得如何从上
帝的宝藏中得出新知与旧智；或者是为了表明他们既是助祭
又是司铎……第二种外衣理应是蓝色，就像昔日风信子的
色彩一样，代表着天空的静谧。因此，蓝色外衣象征着思
想和生活均神圣的圣徒，象征着对天主的思考以及与天主
的对话。[67]

类似的，维尔吉利遵循现有传统并作了某些发展。他认为，教
宗们按品级任命圣职，赋予其看门人、读经师、驱魔人等职务，
这正是接受"犹太教习俗"的体现；教宗波尼法爵一世（Pope
Boniface I）在颁布法令规定"30 岁以下者不得晋铎"时，所做
的也与此相同。[68]

　　维氏的比较并不总是恪守常规，有些在审查者眼中太过
离经叛道。他们不能接受他将异教的献祭礼和基督教的圣餐礼
（祭礼）相提并论："司铎在圣坛前转身对信众说的'上帝与你们
同在（Dominus vobiscum）'，也是取自希伯来人的仪式。在希
伯来人的献祭礼中，他们的祭司需转过身来泼洒被宰牲动物的
鲜血。"[69] 在上述案例中，启发维尔吉利将早期教会回归到时代

---

* 　《圣经·出埃及记》39:22："他用织工作以弗得的外袍，颜色全是蓝的。"《利未
　　记》6:10："祭司要穿上细麻布衣服，又要把细麻布裤子穿在身上，把坛上所烧
　　的燔祭灰收起来，倒在坛的旁边。"

背景下的不仅是古物研究，还有人文主义新方法与中世纪经院学习的强强结合。

有时，维氏也追随贝洛奥尔多的脚步，在古埃及或毕达哥拉斯学派中探寻犹太教习俗的源流。[70] 他从古物研究者那里学到了很多，但得出的成果却与古物研究者们迥然不同。他利用此前为历史学家所忽略的教会传统来修正早期基督教历史的标准叙事。尤西比乌斯见犹太人在基督降临后失去了独立地位和他们的圣城，因此不承认他们在基督教历史上享有除见证人以外的任何位置。然而，在随后的数个世纪里，教会却想起自己的服制和体制都借用自神庙和犹太教会堂。通过系统地收集这些传统，维尔吉利改变了讲述基督教故事的方式：基督教叙事无法再将犹太人的角色排除在外——尽管有些犹太传统传承自更早的异教实践——这样的起源故事将令 17 世纪的学者心醉神迷。[71] 伯姆和维尔吉利都已证明，编辑纂集远不只是中立的信息收集工作。他们二人都将摘录变成了一种认知工具。对伯姆而言，摘录让他得以追踪基督教与其他宗教之间的关联脉络。这一过程可能让人怀疑，基督教或许不像其追随者所相信的那样与众不同。对于维尔吉利而言，摘录显示基督教本身就是历史进程中人类努力的产物，也许与其他众多人类努力的产物一样，基督教也会随着时间的流逝而衰落。

维尔吉利的材料收集不仅具有较为广泛的历史意义，也颇具争议色彩。诚然，要定义维氏本人对宗教的看法——或者说，要追踪他的看法在新教改革运动爆发后的转变——并非易事。1517 年 12 月，维尔吉利写信向兄弟解释自己的事业，彼时关于路德著述的消息尚未广泛流传。他用来描述自身意图的语言反映了他的复杂处境，也许还体现着他自保的渴望，但与此同时他依然在论证许多天主教体制并非起源于使徒时代。

> 我为完成这项任务费尽心血。在探究我们宗教和其他民族的所有体制并审视它们的起源——无论它们在哪里被发现——之后，我将研究成果当作之前一个版本的补充。鉴于这一部分的课题更加严肃，它所耗费的时间也更长。宗教使我们甘于顺从上帝并与之建立解不开的羁绊，现在，如你所愿，每一位关心宗教的人都可以更轻松地发现，众多仪式仪轨的浩瀚江河究竟来自何方，随后又会流经哪些溪流——得知一切事物的起源总是令人愉快——最终让所有凡人都可在其中濯洗己身，从而在世间过上宁静愉悦的生活，并对彼世的天堂生活抱有不渝的希望。[72]

当维尔吉利提出"众多仪式仪轨的浩瀚江河"这一意象时，他听起来就像一位伊拉斯谟派或路德宗的批评家，用多彩的语言展现崇拜形式的聚集如何恰好与基督教的衰落同时发生。但紧随其后的却是一个截然不同的意象：凡人沉浸在这条江河中，变得纯净而神圣。对于他所侍奉的基督教，维尔吉利是否在许多方面都感到愤怒却无法公然进行谴责，从而陷入进退两难的境地？又或许，他是一位谨慎行事的批判性学者，每前进两步便要后退一步？

123 　　在后来几版内容有所扩充的《论发明家与发现者》中，维氏对写给兄弟的信作了修改。他明确地指出，耶稣虽将犹太教的仪式保留下来，却彻底改变了它们的意义。

> 我们的救世主基督，他降临到我们凡人之中不是为了废除律法，相反，他恰恰是要确认律法，他本人即是见证。从一开始，他便遵循律法的荫蔽，将被犹太人玷污、污染、掺入杂质的一切变得纯净、赤裸、透明。对于被他们贬损的一切，对于他们加入更多仪式却减少了虔诚之心的一切，基督都使之恢复原样，他希望世间能多一些虔诚，少一些仪式。[73]

他省去了自己列出的被基督教吸纳的重要活动的清单，还删除了第一版中与清单相伴的仪式之河的比喻。另外，尽管他在书信结尾保留了最初的日期，却补充了另外一段话，似乎是为了让自己证明基督徒的宗教实践借自他人的论证过程显得不那么尖锐："我已说明，教会父老们行事虔诚且理性。他们热切希望引领万民乃至蛮族生出真正的虔诚之心，因此他们认为，与这些民族打交道时最好辅以人性的佐料。他们没有被蛮族的习俗吓倒，因此也没有废除它们，而是对其加以改善，以免给宗教带来危险。"[74] 这段话与其他文字一样，维尔吉利是在按"前进两步、后退一步"的节奏起舞。他认为仍然有必要留心的是，在耶稣的时代之后，"这片犹太仪式的森林逐渐侵占了上帝的疆土"。[75] 正如这些委婉措辞所暗示的，维氏本人或许没有——

或者没有展现出——一个确定的目标。审查者一再要求从《论发明家与发现者》中删除个别段落，但他们无法抹灭这本书所蕴含的论辩能量：它显然证明基督教从犹太教那里学来了大量东西。

从仪式的发明到基督教的历史化

维尔吉利为尔后的所有教会历史学家奠定了全新的研究方向。第一位伟大的路德宗教会历史学家、克罗地亚人马蒂亚·弗拉契奇·伊利里克翻译了《论发明家与发现者》中的两章并加以评注。他解释道，此举意在用"教宗至上主义者"的证词证明弥撒其实是后期才添加的基督教仪式，是对最初纯粹信仰的腐蚀。[76] 但是，与维尔吉利当年相比，弗拉契奇·伊利里克及其同道有更多直接接触犹太教传统的机会。1544~1549 年，弗拉契奇本人便在维滕堡（Wittenberg）教授希伯来语。当他结束在维滕堡的生涯后，他的学术圈成员仍在讨论令各地信奉基督教的犹太教研究者所思考的问题。举例来说，他们曾对方济会修士皮耶罗·加拉蒂诺（Pietro Galatino）创作的简明扼要、看似富有启迪的《天主教真理奥义》（*De arcanis catholicae veritatis*, 1518）的价值展开讨论——如果这本书确有价值的话。此书长篇引用《塔木德》中的段落，力求确定犹太教与基督教的确切关系，因而在一个多世纪的时间里都在学者案头长盛不衰。戈采克·普雷托里乌斯（Gottshalk Praetorius）是 1550年代马格德堡文理中学（Magdeburg Gymnasium）的校长，也是创作《马格德堡世纪史》（*Magdeburg Centuries*）的组织者之

124

一。他曾对马格德堡学术圈的另一名成员点评道："加拉蒂诺从波尔切图斯［14世纪加尔都西会（Carthusian Order）修士，著有《波尔切图斯抵制希伯来渎神者的胜利》（*Victoria Porcheti adversus impios Hebraeos*）］那里借鉴了大量内容，有时甚至是整页引用。但他几乎从没有提过被引用者的名字。"[77] 约瑟夫·斯卡利杰对加拉蒂诺剽窃的指控十分出名，而普雷托里乌斯比斯卡利杰还要早半个世纪。

弗拉契奇在维滕堡的一位同事展现了将关于犹太教的专业知识与基督教历史研究相结合的方式。天文学家暨历史学家保罗·埃贝尔（Paul Eber）以其创制的日历而闻名，该日历用圣经史、古代史和近代史上的重要会战和人物的生卒日期取代了"教会年历（liturgical year）"中每一天的主保圣人。[78] 1547年，他出版了另一部开创性的小书：讲述了从巴比伦之囚至耶路撒冷沦陷的犹太人历史。他赠了一册给同事弗拉契奇。[79]

埃贝尔的历史详述了犹太教第二圣殿的某些细节。他对各教派的描述——首先探讨法利赛派和撒都该派，之后才是艾赛尼派——清楚地表明，耶稣所接触的犹太教并不统一。[80] 虽然在提及法利赛派和撒都该派时难掩鄙夷之情，但埃贝尔对艾赛尼派的描述却是完全不同的论调。他追随菲利普·梅兰希通（Philipp Melanchthon），认为艾赛尼派为自己选择的这个名字足以体现他们对宗教生活的独特追求。

> 他们自称为"艾赛尼"，意为"工人"。该称谓既反映了他们对其他教派的批判，也体现了他们希望以何种方式

超越别的教派。他们避开撒都该派对渎神的放任，也不赞成法利赛派过分的矫揉造作。但他们愿意从事符合神明意旨的实用工作。[81]

身为一名热忱的自然主义者，埃贝尔欣赏艾赛尼派对自然研究的密切关注以及他们在治疗病患时所倾注的关怀，哪怕是那些身受恶心疾病折磨的患者。[82] 他赞赏他们对学习的热情和追求美德的禁欲主义。他认为，艾赛尼派的行事作风或许也能成为基督徒的行事作风，这不是他最后一次提出类似的观点。

> 这个集体相当严苛，如果有人欺骗他人、撒谎或冲动自渎，他们会经全体一致同意立即将此人从社群中彻底驱逐。他们恪守《马可福音》*第 18 章（18:15-18）中探讨的犹太教会堂的古老习俗。他们没有制定新的规则；相反，从最初的父老开始，旧时习俗便被人铭记并代代传承，在教会中一直有迹可循。[83]

埃贝尔坦言，就连艾赛尼派也辜负了他们最主要的使命："严格训练值得称赞，但也应对上帝之子给予真正的认可。"[84] 不过，对于他们的学识、自律以及在反抗罗马人的战争中彰显的勇气，

---

* 已与作者确认，此处原文有误，应为《马太福音》而非《马可福音》，《马可福音》没有第 18 章。

他只有赞誉。

当被弗拉契奇聚集起来并予以启迪的一群学者写出他们的第1卷教会史时，他们强调，研究基督教的历史学家必须纵览耶稣当初所了解的犹太教信仰和体制："基督降临在一个犹太宗教从某种意义上说仍然完好无损的时代。因此，他对某些仪式，尤其是上帝通过摩西确立的仪式予以采用，对其他仪式则弃之不用，比如具有迷信成分的长老传统。相应的，在细致重温基督所确立的新颖而杰出的仪式之前，我们先要介绍被犹太民族视为标准的约定俗成的典仪。"[85] 他们追随埃贝尔的脚步，将法利赛派、撒都该派和艾赛尼派等敌对团体的存在视为公元前1世纪关于犹太教的基本事实。《马格德堡世纪史》以汇编形式制作而成，年轻人在事先准备好的笔记本中填满摘抄，再据此撰写出最终文本。他们从埃贝尔的书中选取了一些段落——其中有的用优雅的改写稍加修饰，在成书的第1卷中占有一席之地。[86]

"世纪史学家（Centuriators）"* 并不全盘接受埃贝尔的所有理论，比如他将法利赛派和撒都该派描述为新的教派。与埃贝尔相反，他们秉承约瑟夫斯的观点，即这三个教派都非常古老。埃贝尔将艾赛尼派采用的开除教籍之举视为基督教破门绝罚的起源，在此处，世纪史学家们记录了此举的可怕后果："他们将那些负罪之人从会众中驱逐。受到此等惩罚的人通常死得很惨。

---

* 指按世纪区分时间、编纂历史的历史学家，尤指《马格德堡世纪史》的编撰者们。

他们仍然受圣事和仪式的束缚，因此不能接受他人提供的任何食物。他们便像牲口一样啃草吃，被饥饿折磨，四肢尽毁。"[87] 虽然他们在重要事实上不认同埃贝尔的观点，但在整体上却基本遵循他所使用的普遍方法。尽管他们鄙视维滕堡的神学家菲利普·梅兰希通，却追随埃贝尔接受了梅兰希通的一个观点，即艾赛尼派这个名字衍生于希伯来文中的动词"עשׂה / asah"，意思是"做"或"制造"。[88] 而且，世纪史学家们完全认同埃贝尔对艾赛尼派创建的虔诚"集体"的激赏。突然间，犹太人在早期基督教的历史剧中扮演起了一个清晰可见且在一定程度上甚至值得褒扬的角色。

后世的教会历史学家并没有都追随这条道路。不过，不遵循此道之人必须解释他们的决定。路德宗学者卢卡斯·奥西安德（Lucas Osiander）于 1592~1599 年发表了一篇被他称为《世纪史摘要》的文章，他认为，世纪史学家们在犹太教派上浪费了太多时间。他写道："在那些时日里，上帝的教会面貌哀伤。"在非常简洁地介绍完法利赛派、撒都该派和艾赛尼派之后，他迅速过渡到耶稣的生平上。[89] 但是，每篇文章及至每行文字都与世纪史学家针锋相对，并且以击败他们为己任的切萨雷·巴罗尼奥（Cesare Baronio）在这个问题上却效仿他们，就像在很多方面一样。巴罗尼奥对犹太人的生活和体制进行了极为细致严谨的审视。他同样对几大主要教派和一系列次要教派进行了深入的研究，包括撒玛利亚人（Samaritans）、斋沐派（Hemerobaptists）和希律派（Herodians）。世纪史学家曾用约瑟夫斯来补充埃贝尔的叙事，有时也用他来限定埃贝尔的叙事，同理，巴罗尼奥也大量援引犹太人的原始资料来确立自己对犹太传统的掌控。他的书页空白处充斥着出自《阿尔法西》（Alfasi）——一本《塔木德》的概要——《迈蒙尼德法典》（Code of Maimonides）和《塔木德》（他经常引用原文）的引用。换言之，早在基督教的希伯来学术研究在伟大的 17 世纪萌发之前，比较原则便在教会学术界得以确立。应用这一原则的人广泛撒网，取得了新的收获。

　　早期的比较学者对大量的原始资料提出了广泛的问题。他们从发现资料的地方汲取灵感，既包括传统但可能具有爆炸性的教会学术界的原始资料，也包括古物研究的前沿成果。正如史密斯极力论证的那样，比较有时会限制历史学家的同理心和神学家的想象力。然而有时，它又可能为二者打开全新的大门。渐渐的，在对早期基督教的研究以及对世界各民族起源的研究中，比较法的精准性和鉴别力都得到了充分的发展，足以催生出强有力的全新历史学。[90]

第 5 章
马修·帕克创建档案馆

帕克的收藏：图书馆与档案馆

文艺复兴时期的欧洲大收藏家既奉行热情待客之道，也推进学术发展。罗伯特·考顿的图书馆敞开大门欢迎来访者，允许许多人借阅书籍。在英女王伊丽莎白一世（Queen Elizabath I）统治的末期，古物学会（Society of Antiquaries）在他府上集会，成员们都很了解考氏所拥有的写本。[1]托马斯·博德利（Thomas Bodley）在牛津创办的公共图书馆也是如此。这座图书馆也成了饱学之士切磋会谈的中心。伊萨克·卡索邦指出，博德利不允许书籍流通的政策意味着牛津所有严谨治学的学者都在他的图书馆里流连，来访者可以在图书馆里轻松找到他们。[2]马修·帕克没有这些堪称图书馆传奇的同事那么殷勤好客，但他也有选择地向少数学者展示自己的珍藏。他让与自己有密切合作的古物研究者威廉·兰巴德（William Lambarde）阅览过一份荷马的写本，还有数份他认为曾属于他的前辈、17

世纪坎特伯雷大主教塔尔苏斯的西奥多（Theodore of Tarsus）的文本。兰巴德在其著作《肯特郡志》（*Perambulation of Kent*）的初稿中记录了这段轶事。

> 　　可敬的神父、尊贵的教长、现任坎特伯雷大主教马修（关于他对学术遗迹保护倾注的心血，怎样盛赞都不为过）在不久前向我展示了希腊文的圣约和数份精心写在厚纸上的荷马作品，第 1 页上写有西奥多的名字。他认为（想必是因为它们看起来年代相当久远）这些书册曾是西奥多图书馆里的藏书。[3]

这段记载并不完全准确。在兰巴德交给帕克以征求其修改意见的第二版文本中，相关的标题均被划去。帕克或帕克的某一位秘书在空白处将这些标题改为："希腊文的大卫《诗篇》和数篇布道文，以及荷马与其他希腊作者的作品。"[4] 兰巴德的文本在付印之前又作了一次修订。[5]

　　即便经过修改，这段记载也还是不够完整。兰巴德只字未提帕克认为与塔尔苏斯的西奥多一同来到英格兰的大部分写本。更糟糕的是，为他提供信息的国教徒将他引入歧途。在帕克之前拥有荷马作品的西奥多并非中世纪早期的教长塔尔苏斯的西奥多，而是 15 世纪的人文主义者西奥多·加扎（Theodore Gaza），写本本身也是于 15 世纪写成的。[6] 当时，至少有一个人看得比帕克更清楚。博德利的第一位图书管理员托马斯·詹姆斯（Thomas James）在来到剑桥时已经查验过许多抄本。他在牛津和剑桥写本的联合目录中重申帕克的主张:"这本书以纸制成,曾属于西奥多大主教。"然而,他对此透露出明显的怀疑:"让读者自行判断。"[7] 17 世纪晚期,才华横溢的古文字学家汉弗莱·万利取笑这位大主教称,这位收集早期抄本的伟大收藏家"盛名之下,其实难副",因为他竟未意识到一份"近期纸本"不可能是来自西奥多时代的写本。[8]

尽管如此,兰巴德还是充分利用机会,在他的诸多发现中有一样很有启发性。在《肯特郡志》的后半部分,兰巴德探讨了肯特郡由"古老的骑士义务履行者"从坎特伯雷大主教手中获得的土地的状况。他主张这些土地是"可分的"(可分离或可分割),并将该状态的源头追溯到英王约翰一世(John I)赐予中书大臣休伯特·沃尔特大主教(Archbishop Hubert Walter)的一份授权书,"相关期限(以一份古老卷本为范本确立,该卷本后存于可敬的神父马修大主教手中)自此生效"。兰巴德印制的拉丁文特许状确为真迹:1202 年 5 月 4 日,一份致主教的通告宣布,他有权将土地均分继承制下的财产转化为骑士的采邑。略显古怪的地方在于,这份特许状没有出现在构成中书院(Court of Chancery)官方记录的特许令卷中,而休伯特身为国王的中书大臣的工作就包括改革档案馆,很可能还包括编集第一批特许令卷。[9] 然而在该案例中,就像在其他诸多案例中一样,现存的特许令卷并没有保留这份文书。反倒是兰贝斯宫图书馆(Lambeth Palace Library)的一份写本中保存着两份中世纪时期的抄本。[10]

兰巴德对这份文书的描述非常不清楚。他称其"以- 份古老卷本为范本确立"——这通常是对官方复本的描述。[11] 兰贝斯宫图书馆两份复本中较新的一份写于 13 世纪末，其中有一条同时代的注释写道"此乃复写本（h [ec] est duplicata）"，兰巴德有可能据此认为这就是他要找的原始资料。[12] 然而，兰巴德的完整句子却是："以一份古老卷本为范本确立，该卷本后存于可敬的神父马修大主教手中。"这可能意味着，兰巴德本人或者缮写者根据一份现已佚失的卷本抄录下这份特许状，而该卷本当时正是帕克藏书的一部分。简而言之，我们无法确定帕克向兰巴德展示的究竟是什么——同样也无法确定大主教对其持有财产的描述是否准确。但是，我们可以确定其他事情：当帕克与合作者和来访者讨论自己的藏书时，他们眼前既有官方文书也有写本手稿，用我们的术语来说，帕克的藏书对他们而言既是档案馆，也是图书馆。[13]

帕克的藏书不仅包括他捐赠给基督圣体学院（Corpus Christi College）的数百本书籍和写本：他还在 1574 年向大学图书馆捐赠了 25 份写本和 75 本印刷书籍。而他图书馆中的其他写本如今不但可以在牛津和伦敦找到，从阿伯里斯特威斯（Aberystwyth）到普林斯顿（Princeton）都有它们的身影。帕克的藏书内容不仅包括他最着迷的历史、神学和祭典学写本，还有特许状与其他文书。我们不知道帕克本人究竟如何看待自己的收藏。他将其视为图书馆还是档案馆呢？他认为这些藏书是半私有财产还是公共资源呢？R. I. 佩奇（R. I. Page）和米尔德丽德·布德尼（Mildred Budny）、蒂莫西·格雷厄姆（Timothy Graham）和珍妮弗·萨密特（Jennifer Summit）以及许多学者引经据典地研究解释了帕克收集和使用幸存写本的方式。[14] 笔者希望在帕克研究丰富的学术基础之上更进一步，比此前更近距离地去理解帕克究竟认为自己在做什么，以及他为什么又是在何时建立起自己的收藏的。

收藏家帕克

1504 年出生于诺威奇（Norwich）的帕克自幼聪慧，他先是顺着谄媚的晋升之道在剑桥一路攀登，接着走向外面的世界。伊丽莎白女王和威廉·塞西尔（William Cecil）掌权后不顾帕克本人的意愿，将他任命为坎特伯雷大主教，让他担负起建设新教会的任务，却没有赋予他完成这项任务所需要的权柄。长老会（Presbyterian Church）教徒让他的人生饱受煎熬，从 1559 年到 1575 年去世，帕克无法解决的争议消耗了他任职期间的大部分光阴。[15]

但是，身为学术掌门人，帕克成就颇丰。他组建起一支学者团队，以他的名义迅速搜罗书籍[16]。该团队的一名成员斯蒂芬·巴特曼（Stephen Batman）回忆，他"在四年里，凭一人之力收集了……6700 本书"。[17] 很快，兰贝斯宫的地板上便堆满书册。而且，这些资源得到了充分的利用。帕克奋斗的核心产物之一是 1572 年以他的名义出版的巨著《论不列颠古代教会》（*De antiquitate Britannicae ecclesiae*）。这是一部以历代坎特伯雷大主教集体传记形式呈现的英格兰教会史。但它同时也是帕克收藏活动的果实。恰如格雷厄姆的巧妙形容，它是一幅由许多出自一手文献的片段组成的用以讲述一段特定故事的巨幅拼贴画或马赛克镶嵌画。[18] 与文艺复兴时期用汇编法创制的诸多内容丰富的产品一样，这本书也为汇编的进一步发展奠定了基础。[19]《论不列颠古代教会》记录了帕克的儿子约翰（John）、他的首席秘书约翰·乔斯林（John Joscelyn）和其他人所付出的努力，其丰富和复杂程度令人瞠目，这册书现存于兰贝斯宫图书馆，编号MS 959。他们补充相关材料，既包括打有火漆封的原本，也包括他们自己的作为档案信息的版本；他们在页边空白处写下注释；他们还澄清了有关这本书的一部分历史。[20] 在印刷文本的扉页上，乔斯林标榜自己是帕克聘用的"古物研究者"之一。他还表示，自己其实是这本书的主要作者。[21] 乔斯林所言不虚。大英图书馆保存着许多乔斯林的手稿和摘抄本，其中可见他为这项伟大事业所作的前期准备。帕克圈子里的收集工作需要主动进行比较和分析，也需要积累和储存，一切都是为了满足创作的需要。[22]

132

由此可见，帕克和他的团队成员尽最大努力将收集的素材转变为工具。他们添加标题和页码，评估年代和质量，[23] 还插入了一些标示出特定文本的性质和用途的眉批。在一份马姆斯伯里的威廉（William of Malmesbury）创作的《英格兰列王纪》（*History of the Kings of England*）写本中，与其他许多写本一样，帕克亲自用红粉笔添加了页码。乔斯林则注意到有些段落缺失了，他将补缺的文字整整齐齐地写在纸上——唯有一处例外——再将纸张插入书中，这样便不会有人将填充段落误认为原本的一部分。[24]

这些活动的目的十分明确。帕克意图表明安立甘教会

（Anglican C   h，也译"圣公会"）已恢复早期教会的惯例，特别是盎   – 撒克逊教会（Anglo-Saxon Church）。这一目标大大   了帕克及其团队成员的干劲，他们细细筛查每一份文本   -行文字，以搜寻引用早前文本的地方。帕克大力捍卫   婚的权利。对此，在帕克的《坎特伯雷主教仪典汇编》（   rbury Pontifical）中关于圣职授任的部分值得注意的要点   明确："祈祷文、教义讲授和祝福文均未提及独身主义。"[25] 每一份早期写本都在为帕克希望构建的教会添砖加瓦。

在帕克的带领下，兰贝斯宫的学术活动如火如荼地开展，那忙碌的场面让旁观者不禁联想到饱学之士荟萃的学院。[26] 他的团队成员将那些随修道院图书馆一同消失的技术知识收集起来——或者说重新建构起来。中世纪的修士是老式字体的行家——尤其是在他们不得不伪造老旧文书以证明其社群的特权之时。[27] 帕克的古物研究者也同样技艺娴熟。他们制作摹本书叶，将它们插入帕克收集到的某些最华美、最具历史价值的写本中——比如 11 世纪的《坎特伯雷主教仪典汇编》，这份史料可能曾在兰弗朗克（Lanfranc）就职时派上用场，此人对帕克影响深远。[28] 帕克还有一件更引人注目的收藏：一份关于 13 世纪作家蒂尔伯里的杰维斯（Gervase of Tilbury）的 14 世纪抄本，其中大量使用缩写。帕克团队的一位成员从对开本的第一张奇数页开始，将缩略文字誊抄为正常的文本，并在天头写道："为方便那些没有用过这些古人常用缩写的读者。"[29] 原文和誊写文字左右相对，就像马比雍 1681 年《古文献学论》中整体概括近代档案学的某张图表，又像现代的古文字学手册。[30] 在该案例中，关于古代文

133

字的知识只为纯粹的学术目标服务。帕克及其同事追求的不仅是汇总整理古代写本，还要提升它们的价值。

帕克的范例和实践：有目的的收集

有些人生来就是收藏家，有些则被动承担起收藏的任务。根据传统记载，帕克属于后者。在 1561 年成为大主教时，帕克发现自己面临两个迫在眉睫的问题。他必须构建，或者说重建一个新教教会。该教会必须尽可能忠于耶稣、圣保罗和教会父老们的教诲和实践，忠于英格兰基督教的早期传统，同时也不能摒弃当代实践，除非必要。另外，他还不得不塑造这个教会的历史，从而为该教会的独立状态和独特实践提供依据。[31] 从一开始，帕克便发觉自己的竞争者们摩拳擦掌，竞争态势激烈，同时还要担心基础资料不足的问题。争强好胜、精力十足的马蒂亚·弗拉契奇·伊利里克正在德意志奋发工作，组织编写多卷本的基督教历史，即今天我们所知的《马格德堡世纪史》。为了支持他关于教会堕落的论断，他大力收集中世纪的历史记录、书信和其他文献。[32] 1560 年，弗拉契奇致信英格兰宫廷，并在 1561 年致信帕克本人。他请求帕克提供支持，帕克欣然应允；他还请求借阅巴黎的马修（Matthew Paris）的手稿，帕克的答复则是他也没有。弗拉契奇列出了自己需要的各类材料：未出版的教会历史记录；教宗生平和会议纪事；教宗、主教、著名导师和统治者的书信；格拉提安（Gratian）时代之前的正典法律文本；旧弥撒书；宗教裁判书；还有其他诸多内容。[33] 这份清单很有用。帕克以此为模板，开始系统地搜寻资料。[34]

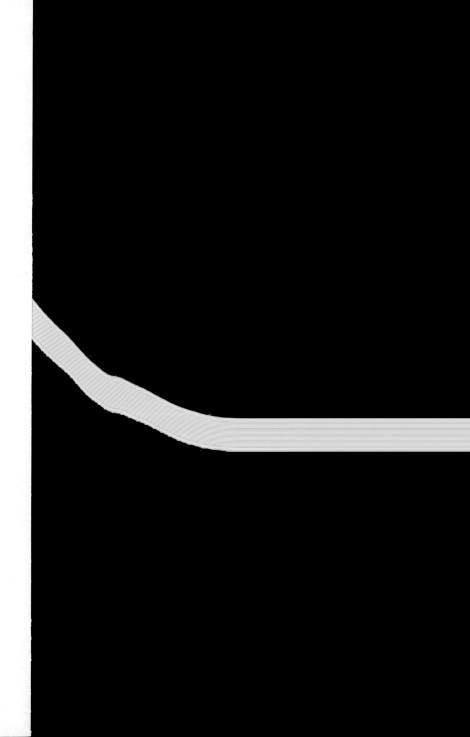

　　为寻求进一步的指导，帕克求助于一位伟大但固执己见的
书志学家：曾是加尔默罗会（圣衣会）修士、现为激进新教徒
的约翰·贝尔（John Bale）。此人控制着英格兰和其他地方的
教会史写作，几乎无人能与之比肩。贝尔细细梳理藏书和文献，
在字里行间细心寻找引用其他文本的痕迹，并确定引用文本的
所在地，如果可能的话。在玛丽一世女王（Queen Mary I）执
政期间，贝尔流亡欧陆，他正是在那时与世纪史学家们有所接
触，对他们为收集资料所作的全面努力十分欣赏。同时，他发
现重新找回文献是个复杂的问题。英格兰修士的图书馆内储存
着帕克需要的核心文本和文书，但修士们"更关注他们的肚腹，
而非书本和信札"。他们任由蠹虫啃食理应由他们照料的书籍——
至少，他们对书本缺页放任不管，而遗失的前几页恰恰是确认
书本信息的关键。[35] 另外，在亨利八世（Henry VIII）和克伦威
尔（Cromwell）关闭修道院以后，大部分修士费心保存下来的
书籍抑或在国内遭到销毁，抑或被运往国外，从此命运不明。[36]
中世纪英格兰基督教的遗产，无论良莠，都在最需要它们的时
刻流散四方，甚至被毁。贝尔本人失去了他位于爱尔兰的图书
馆，在生命的最后几年里，他转而致力于汇编英格兰教士的信
息以及他们撰写的文本和文书。在他出版的关于英格兰作家的
传记汇编中，他收录了其中的一部分材料，在伊丽莎白女王登基
后，他在写给帕克的一封长信中又汇总了另外一部分。大主教
他的助手们按贝尔的指导，利用他的书目提要和信件，一　　　
教堂、学院以及其他所需资源最可能出现的藏书之所。

　　换言之，帕克的藏书过程十分仓促，靠代理人　　购买和

借用，也靠朋友和同事寄来手稿和写本。直至他人生的尽头，帕克的事业始终萦绕着一丝即兴发挥的气息。为确保自己的写本不再重蹈旧日修道院藏书的覆辙，帕克想出了一个绝妙的办法。他充分利用学者最强烈的情感，即嫉妒心和幸灾乐祸之心来保存自己的藏书，使之免受后世反宗教改革一代的攻击，更可使之免遭管理人员或查阅者的荼毒。帕克将其收藏的核心部分留给基督圣体学院，那是他的母校，也是他教书育人的地方。

135　他规定，每年剑桥大学冈维尔与凯斯学院（Gonville and Caius College）和三一学院（Trinity Hall）的图书管理员都必须来检查帕克的藏书。如果丢失书本超过 12 册，那么冈维尔与凯斯学院便将接管剩余的藏书；如果该学院遗失的藏书超过 12 册，那么三一学院将为帕克的藏书提供栖身之所，基督圣体学院则在一旁随时恭候，等待三一学院丢失藏书。这套规定听起来十分精密，实是深思熟虑后的选择。[38]

然而，帕克的些藏书的存世之本本身　书册中的门却讲述了另一个迥然不同的故事。

　　这本西奥多藏书是在坎特伯雷的圣奥古斯丁修道院被拆除后，在内部被发现的。可以这么说：当时这本书被丢弃在一大堆撕毁的修道院特许状中。有一位曾在修道院工作的面包师在翻查那堆特许状时发现了这本书。鉴于该修道院的修士和其他居民要么已遭驱逐，要么准备离开修道院，他便将书带回了家。但可喜的是，这本书最终来到坎特伯雷大主教马修的手中。他如获至宝，将其精心珍藏，并有意将其赠与剑桥大学的公共图书馆，或者交由我们学院的教师妥善保管［学院当时的名称是"基督圣体与荣福贞女玛利亚学院（College of Corpus Christi and the Blessed Virgin Mary）"］。[39]

这条略记与贝尔对书籍遗失的悲叹一样充斥着哀伤之情，随后笔锋一转，流露出几分愉悦之色，它所透露的信息是：或许帕克自己得到西奥多的荷马作品的经过对他有所启发，促使他想出了安置藏书的官方办法。这条注释也透露出，他对该问题的思考并不比他将藏书的一部分划给基督圣体学院，将另一部分划给其他机构的实际做法更具系统性。他从一本鉴定有误的书出发，在薄弱的基础上，而且想必是在很短的时间里构建出全面的计划，并最终付诸实践。

尽管如此，正如格雷厄姆所指出的那样，帕克设计的标准版本未必是故事的全貌。看起来，他起初并未大规模地收集写本，直到他能够调动自己身为大主教的资源和权力。但是，早在成为大主教之前，帕克便购买和阅读过数十本印刷书籍并加以注解，通过自我教育成为　名学者。一个著名的例子是，他有一本精彩的女巫猎人手册：约翰内斯·尼德（Johannes Nider）所著的《蚁丘》（*Formicarius*）。帕克在其中写下了一句精准的评价："精彩绝伦的故事。（egregius fabrator.）"[40]

帕克与过去

帕克所做的不只是收集资料。他还确立了两个基本习惯：

其一，对于早期教会的实践和神学理论，以尽可能丰富的原始资料为基础进行最为详尽的研究；其二，与秘书或助手合作。1530 年代晚期，随着巴塞尔和其他地方的印社不断制作出教会父老箴言的新版本，马丁·布塞尔（Martin Bucer）开始汇编一本选集：这是一部按主题组织的系统性汇编，涵盖教会父老对圣餐礼的本质、礼拜仪式、圣职的独身主义、祈祷文和圣像等关键主题的看法。[41] 在布塞尔生命的最后两年里，他和帕克的关系变得十分密切，那时布塞尔在剑桥大学担任王家神学教授。帕克曾在布塞尔的葬礼上致悼辞。显然，他也继承了布塞尔未完成的研究材料的收藏工作。在玛丽成为女王后，被褫夺圣俸和职位的帕克从公务中解脱出来，全身心投入到这项任务中。[42] 在编制这本书时，他似乎补上了一条此前缺失的来自安波罗修的引文，该引文探讨的是应当举行弥撒的频率，他还吩咐一位秘书补上另一条引文，该引文出自熙笃会修士伊尼的盖里克（Guerric d'Igny）的布道文。[43] 令人毫不意外的是，帕克让同一位秘书在布塞尔关于独身主义和圣职婚姻所收集的内容上增加了许多长篇段落。[44] 另外，他不仅添加了摘选的片段，还标出了它们在原本作品中出现的章节和页码，引用之精确令人瞩目。简而言之，帕克早在伊丽莎白成为女王之前便是一位经验丰富的文献探索者。

更重要的是，帕克在惴惴不安地登上坎特伯雷圣座之前便已知道，有关教会历史的学术研究将对定义或颠覆现有的实践发挥核心作用。在 1550 年代及之后，于教会宗规方面，没有任何问题比圣职的着装更有争议。在这种情况下，最新的学术研究有助于打破教会生活的稳定。如前所述，在 1521 年问世的比第一版更长的第二版《论发明家与发现者》中，意大利人文主义者波利多罗·维尔吉利精心刻画的正是第一部近代基督教历史。他按主题探讨教会和弥撒、等级制度、圣餐礼，以及圣衣的起源。[45] 对宗教习俗和服装进行系统的比较，这是他从弗拉维奥·比翁多等早期古物研究者那里学到的方法，这让他得以证明基督教圣职的长白衣和苏袍都是从犹太教先辈那里借用而来的，与他们从异教徒那里借用其他装饰物如出一辙。[46]

1550 年，约翰·胡珀（John Hooper）拒绝在格洛斯特座堂（Gloucester Cathedral）接受圣职，因为那样一来他就不得不穿上"罗马天主教"或"传承自亚伦"的圣衣。他从波利多罗·维尔吉利的著作以及维氏参考的原始资料中获知，标准的圣衣从亚伦那里沿用而来。因此，这些服饰不适合耶稣的圣职，因为耶稣是赤裸身体死在十字架上的。[47] 雷德利（Ridley）在书信中对此回应道，他接受维尔吉利的天主教圣衣史论，但不同意胡珀据此得出的结论。[48] 争论仍在继续，对传统圣衣的挑战在 1560 年代，即玛丽一世的时代结束后再度兴起。在 1566 年印发的一本小册子中，克里波门圣吉尔斯教堂（St Giles Cripplegate Church）的教区牧师罗伯特·克劳利（Robert Crowley）公然反对身着圣衣，并拒绝穿圣衣的牧师在他的教堂内举行仪式。与胡珀类似，他也用维尔吉利的历史学论证支持自己的立场："所有人都能看出，天主教会的教士服一部分来自犹太人，一部分来自其他外邦人。正如波利多罗·维尔吉利在其著作《论发明家与发现者》第 4 卷中所述，它们是希伯来人从埃及人那里沿用下来的。"[49] 帕克对上述主张却大不以为然，他反对仅仅因为传统圣衣来源于异教或犹太教就将其摒弃的做法："使徒们在基督升天很久之后仍在使用摩西和圣殿的典仪，好让固执的犹太人皈依基督。"[50]

此外，帕克还指出，不列颠教会最优良的传统站在自己的这一边："教会在历史上积累了多样化的经验，我们的教会父老通过虔敬上帝的政策大大扩充了基督教教会的规模。因此，他们没有将所有犹太教会堂和异教神庙尽数拆毁，而是加以改造，使之为上帝服务。"一条页边注揭示了帕克心中所想的是哪一段教会历史："注意比德《英吉利教会史》（*Ecclesiastical History of the English Nation*）第 1 卷第 30 章，见其理由。"[51] 可敬的比德（Bede the Venerable）著作的这一章收录了一封公元 601 年教宗额我略一世写给梅里图斯（Mellitus）的信，后者当时正在去英格兰的路上。信中指示他不要破坏异教徒的神庙，反而要改造和转化它们。[52] 帕克在写本和文献中搜寻教义和礼拜仪式方面的先例，这是他早期兴趣和信仰的自然延伸，也为他身为大主教的实践工作提供了至关重要的支持。

有时，有些学术问题对帕克有着迫在眉睫的意义。他很受伊丽莎白女王赏识，但女王坚决反对圣职结婚——包括帕克本人的幸福婚姻。在玛丽一世统治时期，帕克为这场婚姻牺牲了很多。一次，女王亲临大主教府上拜访，临走时向他道谢，"然后看了看他的妻子，（对她说）还有您，我或许不该称您为女士，但我也羞于称您为夫人，所以我不知道该如何称呼您，但我确实要向您表示感谢"。[53] 天主教论辩家一直都持同样的论调。弗里德里希·斯塔菲卢斯（Friedrich Staphylus）设法说明，路德等人认为两份捍卫圣职应当独身的书信出自 10 世纪奥格斯堡主教乌尔里希（Ulrich，Bishop of Augsburg）之手，但这是不可能的，因为收信人是 9 世纪的教宗尼各老一世（Pope Nicholas I）。可想而知，帕克认为斯塔菲卢斯此举是针对他本人的攻讦。帕克抄录的相关复本现存于冈维尔与凯斯学院，其中还有他和一位秘书留下的详细注释。他们认为这份写本来自坎特伯雷的圣奥古斯丁修道院，写信人是沃卢西亚努斯（Volusianus）——他们的看法很可能是正确的。[54]

用本韦努托·切利尼（Benvenuto Cellini）的话说，帕克就像饿坏了的人扑向面包一样，紧紧抓住这个关于写信人身份的新观点，尽管他并不太清楚作者的确切身份。未经篡改的写本正是他所需要的证词。在他于 1569 年复制的文本中，他主张有人故意用"乌尔里希"替换了真正作者的名字，他手中的写本就是证据。在该案例中，就像在其他案例中一样，兴奋之情让帕克作出了大大超出证据允许范围的判断。他对这份写本的描述是"极其古老"，"写于威廉一世统治这个国家之前"。[55] 不仅如此，他也让最密切的盟友相信自己是对的。约翰·福克斯（John Foxe）写道：

> 此前提到的书信确为古物。我曾见过这封书信，尊敬的坎特伯雷大主教马修向我展示过。其书写看上去非常老旧且年代悠久，既可从字体形式，也可从皮纸的磨损程度看出来它已很有年头。[56]

约翰·朱厄尔（John Jewel）回忆道："我见过同样一封写给教宗

尼各老的书信，和它在一起的还有另一封类似目的的信件，写在旧犊皮纸上，看起来非常古老，署名是迦太基主教沃卢西亚努斯。"[57] 此外，另一系列一度失传的对话重现世间——在这些热切的对话中，这位骄傲的收藏家和朋友们一叶一叶地检查这份不起眼的写本，但他们全都没有意识到，它实际上是于 12 世纪晚期或 13 世纪写成的。

"让我创造证据，我就能自证观点"：
帕克与写本

虽然帕克对历史和史料充满热情，但是对于他和团队成员收集的许多一手文献，他们的处理方式却随意得让人震惊：他们在其中插入不合时宜的装饰。帕克的兰贝斯宫里有一批图书装饰艺术家，他们是书写、插图和装订领域的专家。有时，他们严格遵守纪律，一丝不苟地完成工作，恰如前文所述。有时，帕克却放任他们恣意妄为。帕克在致威廉·塞西尔的一封信中表示，他曾想让自己手下的一位一位名叫莱利（Lylye）的插画师为塞西尔的古英语《诗篇》创作一幅"仿古"插图。假如他真这么做，那可就是在这份华美的 8 世纪泥金装饰手抄本上画蛇添足了。这份写本就是《韦帕芗诗篇》（Vespasian Psalter）*，诺曼征服前不列颠的瑰宝之一。[58] 他的团队还从一份 13 世纪的《诗篇》中截取了两幅插图，分别插入到一份 11 世纪用本国语言写成的布道文写本和一份 12 世纪的拉丁文历史写本中作为卷

---

* 《韦帕芗诗篇》是一本成书于 8 世纪中前期至中晚期的部分带有"岛国风格（Insular style）"的泥金装饰本《诗篇》，是现存最古老的《圣经》英文翻译。

139

首的装饰图，似乎毫不担心此举是否会破坏其可靠性。[59]

某些时候，帕克的团队成员似乎不顾他们明明知道的特定字体所使用的历史背景。举例来说，帕克用"盎格鲁－撒克逊体"印刷阿塞尔创作的用拉丁文写成的《阿尔弗雷德大帝传》。他在前言中透露，此举意在模仿原本："尽管文本以拉丁文写成，但我特意用'盎格鲁－撒克逊体'印刷，盖因我对手稿原本怀有崇高的敬意。"[60] 帕克解释道，他知道这份抄本很老旧，而且可能与阿尔弗雷德一世处于同一时代，因为他曾将其与阿尔弗雷德一世所拥有的数册教宗额我略一世的专著《教牧关怀》（*Pastoral Care*）相对比，称"这几册书在同一时代写成并保存至今，同样以这种字体抄写而成"。[61] 然而，他在此处误导了读者。帕克当初所参考的手稿"Cotton Otho A XII"已于 1731 年在考顿图书馆的大火中被焚毁。但是，一份 18 世纪的摹本让我们看到，除了不时出现的盎格鲁－撒克逊语单词和名称，原文采用的其实是"罗马体"。[62]

在其他情况下，帕克还故意改动他认为重要的文献证据。为证明中世纪早期的盎格鲁－撒克逊教会与他自己的新教教会在一些关键教义上观念一致，他在 1566 年印刷出版了博学的 10 世纪教士阿尔弗里克（Aelfric）的复活节布道文，采用原本的盎格鲁－撒克逊语，旁边辅以英语译文。帕克希望证明阿尔弗里克不承认"圣餐变体论（Transubstantiation）"*，并且认可圣职

140

---

*　也译"化体说"或"变质说"，系天主教神学圣事论学说之一。该学说认为举行弥撒时，圣餐礼所用饼酒经过主礼司铎祝圣后即发生质变，其实质旋即变成基督的身体与血液。这种说法为罗马天主教所认同，并在 1215 年第四次拉特朗公会议上得到正式确认，后于 1563 年于特兰托公会议上正式成为教徒的必遵信条，却遭到宗教改革家的挑战，为后世的新教各派所普遍摒弃。

的婚姻：这样一来便可为安立甘宗的一大主要教义和实践提供依据。精心选择的注释充实了这份读物的内容。能对原文和译文加以评判的学术专家寥寥无几，其中几位还在帕克手下工作。为确保准确，帕克与他的主教们召开过一次会议。他们从头到尾读完了这部著作，证明这些文本"如实付印，没有任何添加，也无任何舍弃，只为尽可能忠实地反映文本"。他们一一签名作证，帕克将他们的签名也印了出来。[63] 帕克对其出版物准确性的重视非常令人动容。在该书的一册印刷版中，这份认可帕克对阿尔弗里克布道文翻译的主教签名的名单原本也得以保存下来，名单本身也因此成了某种类型的档案公文。[64] 通过比较可以看出，印刷版中的名单——作为签名原件的替代品——悄悄删去了两个名字。

在今天批评帕克及其团队成员的这些做法，是否像某些人主张的那样不符合时代背景呢？未必。耐人寻味的是，帕克对某些文本的处理方式与新教学者怀疑耶稣会修士和其他天主教编辑所实施的欺骗行为颇为相似。托马斯·詹姆斯在博德利图书馆（Bodleian Library）组建起数个校验团队，希望证明天主教徒对他们出版的教会父老的文本存有系统的篡改行为（博德利明智地要求他冷静下来）。1612 年，詹姆斯生动地描述了天主教学术中心所进行的实践，认为那是帕克活动的镜像。他的话并非褒扬。

在梵蒂冈图书馆，有专人负责誊抄会议决议或父老著述。这些奉命从事该任务的人的确（根据我获得的可靠信息）会在誊抄书本时模仿原本的字体，尽可能与原文字迹一致。让人忧惧的是，在抄写书本的过程中，他们会根据教宗大人的喜好增删、修改和改动字句。如此一来，这些誊本或许会在数年之后被确证为极其古老的写本（盖因他们伪造古人手笔的高超技艺），用假冒的古本欺瞒世人。此举弊大于利，因为不仅印刷书本有禁书目录，写本或许也会有一份禁书目录（至于究竟有没有，我们尚不清楚）。[65]

关于天主教的欺骗之举，知名学者和《圣经》释经人弗朗索瓦·迪·约恩也讲述过类似的故事。[66]

帕克及其团队成员对天主教缮写者和学者也提出了类似的怀疑，尤其是那些生活和工作在更晚近、更堕落时代的天主教徒。1570 年代，他们印刷了一部最初在圣奥尔本斯（St Albans）编集而成，后经许多作家扩写的编年史：《历史百花集》（*Flores historiarum*）。他们的序言称该作品以一份"极为古老的历史写本"为基础，与目前为人所知的文本完全不同。毕竟，在坚决压制不利于自己的真相的天主教徒手中，许多文本都在积年累月中经历了根本性的改变。贝尔曾批判过修士遗失或藏匿书籍的行为。帕克和他的团队成员则强调古文字学因此遭受的风险："这就是那些岁月里发生的恶行，掩盖真相的狂热完全不受控制，为了蒙蔽人们的思想，他们毫不犹豫地在古代作家的文字中插入、抹去或改变整个句子，对于个别单词则更是肆无忌惮。"[67]加洛林王朝的神学家拉巴努斯 莫鲁斯（Hrabanus Maurus）在其专著《论基督教会圣职》（*De ecclesiasticis officiis*）中讨论了圣事的本质。帕克拥有一份该专著的写本。在相关段落的页边空白处，一条近代注释指责道："此处有一遗漏，似是缮写者故意为之。"[68] 在页面上方的空白处，遗漏的段落被补入其中。帕克在《历史百花集》的序言中介绍过这个写本，并以该案例突显旧日教会为"蒙蔽人们的思想"所作的广泛努力。他解释道，幸运的是，"在征服者威廉（William the Conqueror）的时代之前流通的每一册中"都可以找到完整的原文。[69] 显然，帕克钟爱的盎格鲁－撒克逊基督徒如实抄录了这些文本。但是，继他们之后的盎格鲁－诺曼缮写者就未必同样那么忠实了。

此外，帕克——准确地说是以帕克名义写作的乔斯林——在一处尤为突出的地方明确指出，对原始文献的复制必须准确无误。在《论不列颠古代教会》的序言中，乔斯林承认，该书大量援引出自堕落修士和无知神学家之手的文本，他们的传统已被改革者们不无道理地摒弃。借用今天的话说，他以批判的眼光阅读这本书，在描述和赞美宗教实践与信仰的字里行间寻找证明其错误的证据。乔斯林的主张是，要想令人信服地利用敌人的证词，历史学家必须格外注意引用的准确性。

> 我们通常使用旧日作家本人会用的词语来刻画其所处时代的习俗和事件。我们这样做乃是刻意为之，意在防止有人质疑，那些修士和古代作家对教宗至上主义者的记载和描述明明如此清晰，是我们捏造或篡改了他们的罪行，同时也意在避免有人怀疑我们可能曲解了古人的本意。[70]

帕克和他的追随者们相信，任何对篡改文本的怀疑都会彻底破坏他们的可信度。他们将任意改动文本视为天主教徒特有的行径，并对此公然表示反对。然而，如果有机会，他们自己也会大改特改。

帕克与档案馆

帕克收集的文献都是可以收入档案馆的那一类——而且不只是大主教的档案馆。他丰富的档案管理经验始于学院生涯。作为基督圣体学院的教师，他设计出一套有序管理学院各类文档的全新系统，为学院修订章程，还汇总出一部"黑皮书（Black Book）"，至今仍保存在该学院用于存放学院和大学事务文书的档案馆内。[71] 经帕克修订的学院章程官方写本也称"黑皮书"，从中可以看出，帕克特意一一提及参与修订者和在修订版上签名者的名字（以及未签名者的名字）。[72] 在 1560 年代早期，他与英格兰殉教史学者约翰·福克斯密切合作。正如伊丽莎白·埃文登（Elizabeth Evenden）和托马斯·弗里曼（Thomas Freeman）所展现的那样，福克斯在他那部影响深远的伟大作品《行传与见证》（*Acts and Monuments*）中塞满了一手文献：审讯新教异端的官方报告，关于其英勇殉教行为的一手记载，还有私人书信。[73] 帕克的早期宗教生涯在很大程度上受到托马斯·比尔尼（Thomas Bilney）的启迪，这位最具人格魅力的早期新教殉教者之一在 1531 年 8 月被施以火刑。帕克将比尔尼的书信保存下来，促使福克斯得以将其收入自己的书中。[74] 帕克对《行传与见证》确实非常重视。在他于 1571 年出版的关于圣职生活

143

和举止的《正典》(*Canons*)中，他规定"每一位大主教和主教家中都必须备有最近在伦敦刊印的最大开本的《圣经》，以及那部题为《殉教者名录》(*Monumentes of Martyrs*)的完备而完美的史书，还要有其他适合宣扬宗教的相似书籍"。[75] 帕克收集的其他同时代资料包括手稿、笔记本以及前辈托马斯·克兰麦(Thomas Crammer)的记录。[76] 他从全不列颠的主教座堂图书馆和其他藏书之所四处恳求借阅写本，当关于某一特定制度的文献出现在多部内容大相径庭的写本中时，他会严谨地花费许多功夫，确保它们都被汇总到相应制度的主题之下——哪怕为此要拆开其他文献作为封面和衬页也在所不惜。[77]

帕克仔细记录下自己职业生涯的各个转折点。基督圣体学院藏有一份雅致的手抄本，是他就任大主教圣职的记录，还有两名公证人作证。[78] 吉尔伯特·伯内特(Gilbert Burnet)在那里找到了它，并将这份有公证人证明的文书作为精确的复本，用以驳斥帕克是在一家名叫"老马头(Nag's Head)"的酒馆里领受圣职的坊间传闻。[79] 第二份复本则被收入帕克的大主教档案中。[80] 基督圣体学院的历史学家罗伯特·马斯特斯(Robert Masters)意识到所有这一切正是处于最佳状态且发挥实际效用的档案管理活动，旨在展现实践中所使用的仪式仪轨的"朴素和简洁"，"与此前使用的那些空洞而迷信的仪式截然相反"。[81] 帕克的收藏意在——也确实做到了——为作者提供最初的文献原本，从而为他们撰写"完备而完美"的教会历史提供养分。

更引人注目的是，帕克了解，并且使用了标准的归档操作，比如确认复本确实可以代表原本的流程。1419 年，大圣玛利亚堂（Great Saint Mary's Church）展出了亚瑟王为剑桥大学颁发的特许状，以及教宗色尔爵（Pope Sergius）和教宗洪诺留（Pope Honorius）赞成该特许状的训谕——这些都是中世纪的伪造文书，用以填补大学早期历史的空白。宗座书记托马斯·德·莱哈尔（Thomas de Ryhale，Apostolic Notary）主持对这些文献进行了正式的复刻。他在见证人在场的情况下抄录文献内容，进而一一列出见证人的姓名，并在复本上签署自己的名字。帕克将他的一份复本 [现存于帕克图书馆（Parker Library）] 与现存于基督圣体学院档案馆的原本作了对比核验，给出了自己的官方认证："二者匹配。坎特伯雷的马修作证。"[82] 换言之，帕克对档案馆的认识在一个关键方面十分传统：他没有将其视为保存文本、使文本尽可能接近其原始状态的地方，而是一个根据实际需求对文本进行"更新"或"复刻"的地方。在他编辑出版的阿尔弗里克著作中，他将同样的流程应用于新的目的：列举享有盛誉的见证人名单，不是为了证实手写复本的准确性，而是为了证实原文和译文的准确性。这样一来，他让一本普通的印刷书册摇身一变，成了原始文献的更新版本：在这里，我们能看到旧有的归档流程在新媒介影响下的转变。不过，我们也能看到，归档流程用以实现的目标与我们在错误的时代背景下所预期的效果恰好相反：它让伪造的证据看似真实。

　　帕克及其团队对基本原则的阐述十分明确，但是他们自己的实践却不那么符合原则。虽然帕克的文献编辑标准存在某些矛盾之处，但这套标准依然能帮助他更有的放矢地实现其作为历史学家和其他历史学家的管理者的终极目标。帕克工作室的主要成果是一系列历史著作，既包括作为他本人作品问世的《论不列颠古代教会》，也包括数部中世纪编年史，如《历史百花集》、巴黎的马修的著作、化名"威斯敏斯特的马修（Matthew of Westminster）"的著作和托马斯·沃尔辛厄姆（Thomas Walsingham）的著作。至少，帕克和他的团队成员以他们自己的方式将这些著作视为无可驳斥的英格兰历史，尤其是教会史的官方档案。

的确，帕克及其团队成员提到"档案馆"一词时往往使用的是其近代意义上的内涵：伦敦塔和其他地方的档案仓库。在为阿塞尔著作撰写的序言中，帕克提出"现存的许多来自古老年代的文书和记录，包括诺曼人抵达英格兰之前和之后的，还有王家特许状，都被保存在档案馆中"。[83] 在《论不列颠古代教会》的一份校样版中，乔斯林印制了一份重要文件：1072 年约克教区和坎特伯雷教区达成的《温莎协定》（Accord of Windsor）的全文，含有所有签字者的姓名。[84] 后来他改变主意，在最终版本里对这份名单进行了大幅删减。一条页边注释告诉读者，其余信息可在"档案馆中"找到。[85] 这类引用给人的印象简洁明了：帕克及其同事提到"档案馆"一词时，指的是世俗的和教会的权力机构和统治机构的仓库——这些仓库的历史最近成了历史学家所关注和研究的焦点。[86]

然而，大量证据表明，近代早期的写本和文献收藏家与读者对档案馆的认识更加宽泛。博洛尼亚主教巴尔达萨雷·波尼法西奥（Baldassare Bonifacio，Bishop of Bolognese）在 1632 年创作的短篇专著对该主题进行了调查，结果发现不同形式的收藏很难被划清界限，档案馆、记忆力出色的人、安第斯山脉居民使用的结绳记事、古巴比伦使用的泥板、塞特（Seth）用以保存大洪水以前长老们智慧的砖柱和石柱，都可能成为图书馆。从后几样事物出发，波尼法西奥主张档案馆的历史可以上溯创世之初——尽管埃及人和迦勒底人早就凭借难以置信的故事声明，他们的档案馆覆盖着数万年甚至数十万年的历史。[87] 在近代早期的欧洲，学者和自然哲学家埋首于故纸堆中，普通市民记录自己人生的编年史，"时装图样（fasion plate）"* 则记录下每一次服饰的改变。就连印刷书籍中的旁注也能——在加布里埃尔·哈维（Gabriel Harvey）这样的专业读者眼中——成为某种形式的历史记录。在决定哪种记录形式刻有官方来源的印记、带有官方来源的分量时，我们或许不该太快作出决定——就像兰克之后的历史编纂学界的档案记录一样。[88]

一本书能成为档案馆吗？来自 1572 年的观点

如前所述，《论不列颠古代教会》中充满了对一手文献的引用。乔斯林在序言中夸口称，读者会发现他这部坎特伯雷大主教历史"是从一系列古代作者那里摘选辑录而来，（各家之言）如此恰如其分、如此协调地融合在一起，使得出自百家的权威言论和引用更像是一位作家浑然一体的作品"。[89] 同时，他也准确无误地强调自己的引用与原文一字不差。他还提到作

146

---

* 指 18~19 世纪开始在欧洲流行的用蚀刻手法将人物服装线条雕刻在石板上，然后进行印刷，再经手工上色的时尚样板画，是现今时装插画的原形。

为榜样的早期教会历史学家：尤西比乌斯、苏格拉底和索佐门（Sozomen），他们的作品中都有大量来自书信、教令和其他作家叙事的引用。[90]

档案馆与这类教会历史之间的联系同样十分传统。基督教教会史的创造者尤西比乌斯从埃德萨城（Edessa）的"公共记录"中引用文献［尤西比乌斯《教会史》（*Historia Ecclesiastica*），简称 *HE* 1.13.5］。诚然，埃德萨的阿布加尔王（King Abgar）与耶稣之间的这些书信往来是极其蹩脚的伪造，但他还是引用了许多别的文献。举例来说，在恶语中伤一位名叫亚历山大的异端时，尤西比乌斯写道："我不必说这些：后室里自有记载。"（*HE* 5.18.6）此处"后室"一词为"ὀπισθόδομος"，即雅典卫城的档案馆。尤西比乌斯的拉丁文译者鲁菲努斯（Rufinus）将这个词译为"公共纪事（acta publica）"。更进一步的证据是，尤西比乌斯描述了一处"关于亚洲的公共档案馆"（*HE* 5.18.9）。他还提到塞拉皮翁（Serapion）的一封驳斥某种特定异端的书信，信中有数位主教的"签字证明"——鲁菲努斯将其翻译为"底部签名（subscriptiones）"——尤西比乌斯将这些签名一一列出，此举为后世撰史者收录类似的文书和签名名单首开先河，一直传承至巴黎的马修和马修·帕克本人那里（*HE* 5.19.3-4）。尤西比乌斯也在他本人位于滨海凯撒利亚（Caesarea Maritima）的图书馆中汇编文献——尤其是关于殉教的事无巨细的记录——还拜访过耶路撒冷［当时更名为"埃利亚卡皮托利纳（Aelia Capitolina）"］和其他地区的多处基督教档案馆。[91]

　　中世纪的传统继承者纷纷效仿尤西比乌斯。举例来说，可敬的比德在 8 世纪最初的几十年里完成了那部出类拔萃的汇编作品《英吉利教会史》。他从未离开过位于雅罗（Jarrow）的修道院。但是阿尔比努斯（Albinus）通过后来成为坎特伯雷大主教的诺瑟姆（Nothelm）从坎特伯雷为他寄送来一手文献。后来，诺瑟姆以比德的名义在梵蒂冈的"轴筒室"开展档案研究。比德在其著作序言里对诺瑟姆的帮助表示感谢，这是有史以来作者对馆长和研究助手致谢的第一例。[92] 司掌历史的缪斯女神克利俄真是讽刺的好手：上文所涉及的文本并非全是真迹。

147

　　然而，教会历史学家几乎从不说清他们是在哪里找到所引文献的（如果能说清出处，那往往是他们自己伪造的文本）。[93] 由此可以理解，对于最可靠的档案馆究竟是存储文献的实际地点还是他们自己的文本，这些历史学家的态度往往模棱两可。尤西比乌斯——他在自己的作品《君士坦丁传》中塞满了官方文书的誊本，如今我们知道，它们都是准确的——写道：他引用其中一篇文本，"是为了让它保存下来，以便历史研究、以供后世之用，也是为了通过引用这则敕令来证实本人此刻叙述的真实性。文本引自我拥有的一份经鉴定属实的皇家法规，文末有君士坦丁大帝亲笔写下的签名，就像火漆印一样证明我的话语切实可信"。[94] 很明显，尤西比乌斯相信其作品的流传时间或将远远超过存放皇家法规官方复本的皇家档案馆。当然，他是对的。

帕克及其榜样：过去和现在的文献历史学家

帕克似乎自视为尤西比乌斯的效仿者。在 1560 年代，帕克与约翰·福克斯合作密切。当福克斯的《行传与见证》首版在 1564 年问世时，其序言明确提出，他认为自己这部充满一手文献、题献给近代基督教信徒伊丽莎白女王的著作与尤西比乌斯那部形式类似、题献给古代基督教拯救者君士坦丁大帝的《教会史》非常相像。令人瞩目的是，福克斯对尤西比乌斯的描述更符合帕克，而不是福克斯本人或历史上的尤西比乌斯。福克斯写道，君士坦丁曾对尤西比乌斯说，对于任何可能对教会有用的东西，尤西比乌斯可以尽管开口索要。尤西比乌斯一向对荣誉和财产不以为然，这一次：

> （他）只提出了一项请求，希望得到这位君主亲笔手书并打上火漆的诏命，昭告罗马疆土内所有城池和国度的所有执政官、代执政官、保民官和其他官员，授权他搜集迄今为止所有殉教者的姓名和殉教行为，作为信仰基督耶稣的见证。[95]

148

没有现存文献记载尤西比乌斯曾提出过这番请求。圣哲罗姆或某位假托圣哲罗姆之名的作者的一封书信为福克斯这段公开搜集资料的故事提供了灵感，该书信后被 16 世纪早期的人文主义者和百科全书派的拉法埃莱·马费伊（Raffaele Maffei）——他更为人所知的名字是沃尔泰拉努斯（Volaterranus）——引用：

> 君士坦丁大帝来到凯撒利亚，当他询问尤西比乌斯有
> 何所求时，后者答道："别无所求，因为您的慷慨已满足我
> 的一切需求。但我仍有一桩心愿：请昭告天下，命各地收
> 集关于殉教者事迹和基督徒所作所为的官方和民间记载，
> 将它们送到我这里。"正因如此，后来他才创作出一部内容
> 涵盖如此广泛的史书。[96]

但是帕克——就像福克斯笔下的尤西比乌斯——试图采取比文
中更直接的行动。他没有请求国家和统治者为他收集原始资料，
而是在 1561 年要求枢密院（Privy Council）为收集资料提供官
方支持（七年后，枢密院终于授予他搜集文本的权力）。鉴于尤
西比乌斯的著作有诸多援引官方资料之处，帕克很有可能以尤
西比乌斯请求君士坦丁大帝的事例为榜样，为自己寻找援手。

帕克酷爱研究中世纪的编年史作家，也更倾向于以他们为
榜样。这些编年史作家对文献的引用也十分自由，甚至有随意
之嫌。如前所述，乔斯林将《温莎协定》收入《论不列颠古代
教会》时就对签名者的名单作了改动。此举是效法 12 世纪那位
具备独特批判眼光的文献学家和历史学家：马姆斯伯里的威廉。
威廉有个与乔斯林类似的习惯，对一手文献不仅仅是引用，也
会加以编辑和删节。乔斯林非常清楚，威廉曾将这份协定——
以及完整的签名者名单——收入他的《英格兰列王纪》中。[97] 但
正如乔斯林在一条页边注中所述，他在另一部著作《英格兰教
长史》（History of the Prelates of England）中又以另一种形式引

149　　用过它——与介绍该协定所处的历史背景，即兰弗朗克权力之争的文献放在一处。[98] 在中世纪的英格兰，文献素材在档案保管册、登记簿和编年史之间自由流动——所有这些载体往往由同一批人创制（有如帕克及其团队成员将巴黎的马修所创作的不同版本视为彼此独立的编年史）。举例来说，《克罗兰编年史》(*The Croyland Chronicle*) 不吝溢美之词地介绍了一批"极尽精美的特许状，以官方字体（litera publica）书写，饰以金色十字架、美丽的图案和贵重之物"，这批特许状一直与众多文献文本一同保存在修道院的档案馆中，直到档案馆被大火焚毁。[99] 这段描述和所谓的文献皆为虚构，但是帕克无从知晓。[100]

　　大量证据显示，帕克将盎格鲁－诺曼编年史视为独当一面的官方档案。历史文献与以文献为基础的历史叙事之间的区别是现代（相对于后现代）历史学术界的核心区别。十分重视档案的帕克却经常忽略这种区别——就像他忽略或试图忽略档案馆的文献与印刷复制品之间的区别一样。对于尤西比乌斯及其后许多教会历史学家罗织出的关于档案的叙事，帕克将某些特定的叙事解读为档案本身。他尤其主张，盎格鲁－诺曼时期的英格兰修道院曾是官方记忆的储藏室，它们将这些记忆以官方编年史的形式保存下来。在 1570~1571 年版的 13 世纪本笃会编年史作家巴黎的马修的著作中，帕克明确表达了对这位勇敢的中世纪天主教会批判者的喜爱和欣赏之情。更令人瞩目的是，他暗示马修的编年史是受英格兰国王之命撰写的历史悠久得多的官方历史的一部分，这些历史均由圣奥尔本斯修道院创制，并被保存在那里。[101]

为支持这一主张，帕克援引贝卢诺（Belluno）人文主义者卢多维科·达·蓬特［Ludovico Da Ponte，拉丁文名称为"庞提库斯·韦鲁尼乌斯（Ponticus Virunius）"］所著不列颠历史的序言。[102]帕克称，博识的历史学家对与自己同时代的历史先是记录，然后才是归档。

> 我们的法律规定，修道院和教会学院，尤其是圣奥尔本斯学院，应当成为一种共同的宝藏，将这个王国里所有值得记忆的历史事件都记录在那里。庞提库斯·韦鲁尼乌斯在他的不列颠历史中也提到过这一点，他在该著作中证明，西方统治者历来有让学者陪伴左右，以便精准记忆其杰出语录和事迹的惯例。但是，他们不想在自己或儿子们在世时将这些辉煌事迹公之于众。[103]

改写蒙茅斯的杰弗里（Geoffrey of Monmouth）著作的达·蓬特为了增强其叙事的可信度，提到"……西方国王历来有让人跟随他们左右、无比精准地记录其事迹的惯例，却不会在自己或儿子们在世时披露这些记载，因为这会揭示权势无比显赫的他们未能完成的事业，这无疑是一种羞耻。他们将记录保存在王家档案馆中，留给后世"。[104]

在此之前，帕克的朋友约翰·凯斯（John Caius）在 1568 年出版的一部关于剑桥大学古代研究的小书里曾提出过一系列与帕克惊人相似的论断。首先，凯斯提起了圣奥尔本斯的编年史，将它们作为某种官方或国家档案呈现在读者面前："爱德华一世（Edward I）命令位于罗切斯特（Rochester）的修道院如实记录他统治时期的事件，他选中这一座以及其他许多座修道院，尤其是圣奥尔本斯修道院，似乎将它们视为储存值得记忆之物的宝库，恰如威斯敏斯特的马修和《罗切斯特编年史》的作者所写的那样。"[105] 接着，他援引达·蓬特所言，将这种特殊的历史写作形式推广到更广泛的背景之下。

> 因为这曾经是西方各地区国王的惯例，让人陪伴他们左右，以便准确如实地记录每一年发生的事件。他们虽然这样做，却不会在国王及其儿子们在世时将记录公开，而是将其汇入构成王家档案馆的史书之中，保存在那里留给后世，正如庞提库斯·韦鲁尼乌斯在他的不列颠历史中所解释的那样。[106]

凯斯对达·蓬特的书评价极高。而且，他比帕克尖锐得多，为蒙茅斯的杰弗里创作、经达·蓬特概括的早期不列颠历史辩护。[107] 帕克对档案馆的看法似乎是在与凯斯的对话过程中逐渐成形的：在某种程度上，他将自己关于剑桥的著作视为可信赖的一手文献资源库。

凯斯全面阐述这一理念的论文或许有助于解释，为什么该理念最早于 1568 年出现在与帕克有关的文章里，那是凯斯在完成《论剑桥大学的古老历史》（De antiquitate Cantebrigiensis academiae）之后。枢密院那一年的印刷信函表彰了帕克对历史记载和记录的"特别关注和看管"，并命令所有持有此类资料的人为帕克提供便利。[108] 这封信清楚无误地声明，修道院曾充当英格兰档案的官方保管者——包括世俗的和宗教的："古代记载和记录……在此之前都奉其先祖之命保存并归档在多家修道院里，修道院就像宝库，守护着它们所处时代里发生的事件，使之在记忆中流传。"[109] 在某些案例中，以帕克之名出现的关于中世纪历史学家的论断实为他人捏造。大英图书馆馆藏的一册《历史百花集》的内容目录称，序言作者不是乔斯林而是"罗芬希斯（Roffensis）"（该词即"罗切斯特"的拉丁文写法），即罗切斯特主教、帕克的专职教士埃德蒙·加梅利尔·吉斯特 [Edmund Gamaliel Gheast，或写作"格斯特（Guest）"]。[110] 1570 年 4 月，凯斯告诉我们，他在兰贝斯宫的桌旁与两个男人进行了一场关于文献的讨论。[111] 帕克将编年史——包括修道院的与他本人的——视为一种连续的、权威的档案，这种理念很可能就是在类似的交谈和讨论中逐渐确立的。[112] 以帕克藏书为基础的会话内涵并不仅仅在于向他信任的友人展示自己的珍宝，也有助于大主教本人评估其所收集内容的本质。

第 6 章

弗朗西斯·丹尼尔·帕斯托里乌斯
制作笔记本

新世界里的传统之士

弗朗西斯·丹尼尔·帕斯托里乌斯（Francis Daniel Pastorius）酷爱开玩笑。[1] 每当他开玩笑时，他都试图将这些玩笑保存下来——哪怕冒着污损他图书馆里心爱的书本的风险。莱顿大学的历史学家格奥尔格·霍恩（Georg Horn，1620~1670）是他最喜爱的作家之一。此人凭借其关于美洲各民族起源的论辩著作以及对欧洲历史和政治的调查在 1650 年代和 1660 年代引发了关注。[2] 1666 年，霍恩推出了一本篇幅极短的课本，主题却极为宏大：自然的历史及其与上帝的关系。他为这本书起了一个令人耳目一新的标题：《摩西的方舟或世界的历史》（*Arca Mosis, sive Historia mundi*）。扉页版画描绘了法老的女儿发现襁褓中摩西的情形。在女仆们的注视下，她面朝一位裸露肚皮的同伴，怀抱着睡篮中的婴儿——英国人至今还将睡篮称为"摩西篮"。帕斯托里乌斯拥有一册 1669 年印行的此书，与他的许多藏书一样，这本书现在也存于费城图书馆公司。³帕斯托里乌斯从画面突出部分即法老之女的双腿处开始，写下了一行蜿蜒的拉丁文，一直延伸至尼罗河的水面处："Est mihi namque domi pater, est crocodilus in illo / et ipse"——这句话的意思可被解作"我家中有父亲，还有一条鳄鱼"，亦可被解作"我家中有父亲，他还是条鳄鱼"。

这句话看起来十分神秘。但这份晦涩实属故意为之：这是一处影射，是意在挑战读者的刻意设计。在维吉尔的伟大田园诗集《牧歌》（Eclogues）的第三首诗中，牧羊人麦纳尔喀斯（Menalcas）拒绝用自己的一头羊与吹笛手达摩埃塔（Damoetas）打赌。他解释道：

> 我家里有老爹，还有一位黑心的后母。
> 他们每日两次清点羊群的数目，有一位连羊羔也要计算在内。*⁴

显而易见，书中插图的某些方面令这位身在宾夕法尼亚的德意志人联想到了那位古罗马史诗作者。或许，身为一名虔信基督教的人文主义者，帕斯托里乌斯想要暗示的是，法老的女儿就像维吉尔想象中的牧羊人一样，身受家庭问题的困扰。他们都有一位严酷的父亲，其中一位清点羊群和羊羔的数目，另一位

---

* 原文为："est mihi namque domi pater, est iniusta noverca, bisque die numerant ambo pecus, alter et haedos."（引文采用党晟翻译的广西师范大学出版社 2011 年译本。）

则虐待犹太人。麦纳尔喀斯不得不面对恶毒的继母，而法老的女儿则要面对一只露出利齿的爬行动物。很难想象还有比这更缺乏说服力的笑料。或许我们必须身临其境才能体会个中趣味。

然而，帕斯托里乌斯的这个糟糕玩笑并不仅仅是一次不起眼的卖弄学识的智力游戏。正如罗伯特·达恩顿（Robert Darnton）在许久之前提出的，当历史舞台上的演员言行古怪、所说或所做之事看似矛盾之时，也恰恰正是需要我们付出最艰苦的努力去解读他们的言行之刻。[5] 我们的困惑或许意味着我们遇到的是某种确实古怪的信仰或实践，或许也是一条有助于我们体验真正意义上的"过去之异质性（foreignness of the past）"的线索。帕斯托里乌斯是个极其务实的人。他创立了日耳曼敦（Germantown），为这处定居点制定法典、编制土地登记册，并以若干法律和政治身份为其效力。那么，他又为什么会青睐上文所述的饱学之士的拉丁文文字游戏呢？这些游戏对于他和其他人来说究竟意味着什么？

帕斯托里乌斯相信，他以读者身份开展的拉丁文学术研究将在他的宾夕法尼亚生活中持续发挥作用和价值。事实上，他从欧洲带去的学术经验在自己的日常工作中始终居于中心地位，帮助他处理在新世界面临的人际和智识的挑战——从决定基督徒能否拥有奴隶，到思考如何描述莱纳佩印第安人（Lenape Indians，帕氏成年后的大部分人生都在他们近旁度过），不一而足——也让他有能力建立社区。而且，这并没有表面看起来那么出人意料。毕竟，博学在 17 世纪晚期依然十分重要。尤其是阅读和写作，这些需要高超技巧的本领密切关系到一个人能否获得进入那个无形但强大的社群即"文人共和国"的资格，这个社群已经像从前在欧洲跨越政治与宗教的边界一样，延伸到了大西洋彼岸。

在帕斯托里乌斯开始美洲的生活之初，关于拉丁文文献的知识便巩固了一些对他影响深远的关系。在驶向新世界的航船上，他结识了威廉·佩恩（William Penn）和托马斯·劳埃德（Thomas Lloyd）。他与劳埃德的友谊持续了一生——帕斯托里乌斯后来成了劳埃德的儿女以及孙辈的导师——他们二人都讲拉丁语（帕斯托里乌斯与佩恩则用法语沟通）。不过，真正让佩恩欣赏帕斯托里乌斯的是这位德意志人在他位于宾夕法尼亚的第一座小屋门上放置的略显浮夸的拉丁文题铭。这间小屋只有"13 步长、15 步宽，油纸糊窗，没有玻璃"。帕斯托里乌斯的题铭写道："Parva domus sed amica bonis, procul este prophani"，意思是："虽为陋室，但欢迎良善之人；亵渎之人请远离。"[6] 这段题铭的第二部分引自维吉尔的《埃涅阿斯纪》。在这部史诗的第 6 卷中，埃涅阿斯与特洛伊人来到库迈（Cumae）。在那里，西比尔（Sibyl）向他透露了可能进入冥界的方法。当祭司们向冥府之神普鲁托（Pluto）和普洛塞庇娜（Proserpine）献祭时，西比尔高喊道："你们这些凡俗人，离远些，从这片树林里走光。[procul, o procul este, profani ... totoque absistite luco.（《埃涅阿斯纪》6.238–239）]"显然，高雅诗句悬在简朴住宅的低矮门扉之上，这种反差引起了佩恩的兴趣。根据传闻，他初见这句话时甚至哈哈大笑，这是他一生中仅有的两次大笑之一。[7]

帕斯托里乌斯以一种今天看来颇有奇趣的方式炫耀自己关于维吉尔的学识，此举与他的其他许多行为一样，是在宣示他对富有书生传统的世界的忠诚，那是曾经塑造他的世界，也是他在整个宾夕法尼亚生活中始终依赖和利用的世界。正如佩恩的反应所体现的那样，此举既是脑力活动，也有实践意义。很快，他与帕斯托里乌斯一同踏上步行和骑行的旅程，在旅途中发现彼此对诸多问题都拥有共同兴趣，比如与印第安人和平相处，比如建设一个崇信上帝的社会。不过，我们将在下文中看到，帕斯托里乌斯所了解的博学实践既非全然一致，也非一成不变。在很大程度上，德意志启蒙运动也兴起于那个造就了帕斯托里乌斯的学究世界。而他阅读文本的方式无论看上去有多奇特，实际上恰恰彰显了他是一个特殊文化背景下的标志性人物，甚至是一代独特的知识分子中的标志性成员。

帕斯托里乌斯出身于弗兰肯的索默豪森小镇（Town of Sommerhausen）的一个富庶之家，身为路德宗教徒的他曾在阿尔特多夫（Altdorf）、斯特拉斯堡（Strasbourg）和耶拿（Jena）学习法律。受虔信派教徒菲利普·雅各·斯彭内尔（Philipp Jakob Spener）的启发，帕斯托里乌斯于 1683 年 6 月来到美洲，追求更加简朴而虔诚的生活。但事实证明，简朴不易得。帕斯托里乌斯在后来成为宾夕法尼亚州的地方度过一生，他辛勤工作，从事过各种职业，同时也试图在信息的洪流中探出水面呼吸。他担任过法兰克福公司（Frankfurt Company）的代理人，以及日耳曼敦的执法官、委员会代表、文书和镇长，这些法律和政治工作都要求他熟练掌握宾夕法尼亚的法律。[8] 他激情洋溢的宗教信念促使他搜寻并研读所能找到的每一份贵格会文本——尤其是在他初到美洲的那些年，那时以英文书写的贵格会著作比其他书本更易获得。[9] 帕斯托里乌斯的许多笔记和文章都是为了满足紧迫的实践目的。他的《青年乡村书吏文集》（*Young Country Clerk's Collection*）汇集了他在亲自参与宾夕法尼亚法律实践的过程中了解到的第一手详细资料，而他的启蒙读本则反映了他担任日耳曼敦和费城教师的经验。

然而，帕斯托里乌斯的阅读范围远远超过其实际职责的要求。随着费城的书籍供应逐渐丰富，难以遏制的好奇心推动他不断地探索，从文艺复兴时期关于世界历史和自然哲学的著作，到他所处时代关于新世界主要疾病以及可能有效的治疗方法的讨论——更不用说还有炼金术。他对炼金术的痴迷毫不亚于康涅狄格总督小约翰·温思罗普（John Winthrop Jr.），后者是殖民地上少数几位博学程度与帕斯托里乌斯不相上下的早期居民之一。[10]

关于许多笔记本的制作

156

帕斯托里乌斯的思想——至少是他的书籍——充斥着诗歌与散文、谚语和《圣经》中的韵文、对可食豆类的认识和调查的规则，以及作者们的书目和轶事。他将所有这些素材储存起来，以供自己及子孙使用，储存之处包括他图书馆藏书的页边空白，也包括壮观的信息检索设备，其中规模最大的是他的《蜂巢》（*Bee-Hive*）。这本篇幅庞大的摘录集如今是宾夕法尼亚大学范佩尔特图书馆（Van Pelt Library）引以为荣的珍藏之一。[11] 帕斯托里乌斯的书本体现了复杂的阅读和社交模式，如果说这种模式在电子书的时代显得陌生，那他的摘录集就更是让人摸不着头脑。阅读其中一本，就像走进狂欢节的奇幻屋，屋里不是哈哈镜，而是各种各样的文本——摘抄和故事、玩笑和反思、历史和炼金术、关于马匹和犬只的趣闻。各种主题和语言在不间断的变化过程中彼此交融，混为一体。联想之于帕斯托里乌斯，就像网页链接之于我们，既充满诱惑，又让他在不同文本或主题间来回跳跃。每一个从宏大文本中摘取的小标签都能引发他的联想，刺激他想起其他文本中的段落并将其一一写下。

帕斯托里乌斯倾注大量时间与精力的页边注和手稿汇编对近代学科的分野提出了挑战。我们该如何为这片不同寻常又知之甚少的疆域绘制地图呢？近些年来，学者们采取了两条道路，每条道路的尽头都收获颇丰。历史学家、法学家、德意志学家和其他人从阅读开始走进帕斯托里乌斯的手稿汇编，最后以书写结束，对汇编的诸多原始资料予以标记，明确其身份，并还原出帕氏曾经生活、工作和阅读的更广范围的社会和文化世界。阿尔弗雷德·布罗菲（Alfred Brophy）、帕特里克·厄尔本（Patrick Erben）、马戈·兰伯特（Margo Lambert）和其他人均以这种方式阐明帕斯托里乌斯的思想，得益于他们，我们才得以知晓帕氏如何探索贵格会思想和灵性的华丽迷宫，他对语言和其他核心主题的看法是如何发展变化的，以及他如何以律师的身份工作，为他的社区服务并教书育人。[12]

另外，研究书本的历史学家也开始认真审视帕斯托里乌斯的书籍，以及他用来储存和检索文本的极尽壮观又古怪的设备。埃德温·沃尔夫（Edwin Wolf）所收集的帕氏本人图书馆的证据表明，它很可能是在詹姆斯·洛根（James Logan）开始收集书

157

本之前全费城最大的图书馆。[13] 在更近一些的时期，布鲁克·帕尔米耶里（Brooke Palmieri）通过生动详实的细节具体阐述了帕斯托里乌斯制作并扩充笔记本，进而对所摘抄内容进行分类和编制索引的具体方式。她让我们看到，帕斯托里乌斯如何在工作过程中不断更新摘录的方法，使之更具个人色彩，而且伊拉斯谟等文艺复兴时期的人文主义者早就在受众广泛的教科书中介绍过这套方法。[14] 如今，人们可以在宾夕法尼亚大学图书馆的网站上访问《蜂巢》的数字版本，这将让更多学者有机会亲自走进这片歧路难行的知识之乡，一探究竟。[15]

　　要做的还有许多。其中一大重要任务是描述帕斯托里乌斯的阅读方式，并将这些方式与其在学术传统中的渊源联系起来。许多世代以来，欧洲那些博学的人文主义者们都将手中书本的扉页写得满满当当，内容包括宣示所有权的签名和用学术语言写成的座右铭，等等——更不用说，还有对书本内容的影射评论。学识极其渊博的希腊语言文化研究者、胡格诺派教徒伊萨克·卡索邦拥有一本研究罗马的希腊历史学家波利比乌斯的著作，书中满是他手写的注释，以至于博德利图书馆竟将这本书归类为手稿。[16] 卡索邦也常在扉页开玩笑，只不过，他的玩笑往往反映了对作者的严肃思考。卡索邦将这位希腊历史学家频繁跑题，转而阐述其历史学方法的做法视为其个人风格的一种缺陷，而不是特色："注：关于这位作者我们无法喜欢的一点是，他重复说明其计划、目标和目的的次数实在太多。何必如此？难道他以为只有浑身羊膻味的希腊士兵和百夫长才会去读他的文章？"[17]

加布里埃尔·哈维是剑桥大学的希腊语教授，还曾为菲利普·锡德尼（Philip Sidney）和其他重要人物担任顾问，他对待自己拥有的书本的方式可不只是古怪：他以读者的身份在扉页签名，在李维（Livy）、圭契尔迪尼（Guicciardini）等人的著作里写满令人联想到帕斯托里乌斯的注释，二人在对细节的执着、卖弄学问的幽默感、对多种语言的掌握以及优美易读的字迹方面都颇为相似。[18] 他是在延续深深根植于手写本书籍世界的评注传统。这种传统的不同表现形式曾先后为弗兰齐斯科·彼得拉克、安杰洛·波利齐亚诺和尼科洛·马基雅维利所用，让他们得以各自操纵文本，使其染上个人色彩。[19]

笔记本也属传统。在书本为主要知识来源的时代，即使是宽大的页边空白也不足以容纳评注者想要记录的一切。另外，正如专业人文主义者所指出的，页边注的性质使其难以回顾和检索。[20] 安·布莱尔和其他信息管理历史学家都已说明，许多想要认真调查书籍世界某一领域的人抑或选择"记事杂录（adversaria）"——在阅读时随意摘抄的散乱笔记本——抑或选择"摘录集（commonplace books）"——按主题编排摘抄内容的系统笔记本。[21] 有些人二者皆有，比如卡索邦。当年轻的朱利叶斯·凯撒爵士（Sir Julius Caesar）——他与帕斯托里乌斯一样，是一位人文主义者和律师——在16世纪晚期开始研习人文学科和法律时，他购买了一本现成的摘录集——由空白页组成，页面上已经印好分类，还有一套事先编好的索引，由殉教史学者约翰·福克斯在1572年印行。凯撒很有耐心，他用与帕斯托里乌斯不相上下的清晰笔迹写满了长达1200页的大开本。[22] 与帕氏类似，凯撒从多种语言和传统中摘选段落，将所收集的素材汇集起来以供不列颠律师和政治家实践之用。这样一来，借用威廉·谢尔曼（William Sherman）的话说，他创造了"一件强大的工具，相当于如今人人都能在电脑上通过谷歌和相关链接访问的索引化档案的前身"：一种类似于《蜂巢》的用词语联想作为链接的信息捕获机。[23]

页边注中的生活：作为手艺和天职的阅读

这些人中的每一位都将阅读变成了一门有条理的手艺，并以条分缕析的自我意识从事这门手艺；他们中的每一个人都事先根据自己的认知制定了解读和做笔记的游戏规则；他们中的每一个人都极尽细致地用极其清晰易读的形式记录下与书本打交道的人生档案，凭坚定的意志为个人与物欲方面的自律付出巨大的努力。因为他们中的每一个人都将阅读视为一项高深而严肃的事业：对于日常生活中的具体事务、对于构建宗教身份、对于积累某一类型的文化资本、对于与其他热切的读者建立联系，这项活动都至关重要。他们中的每一个人都深知并且宣称自己所做的不只是记下表面上稍纵即逝的体验，而是在依照人文主义传统为自己雕琢一座神龛。这些人将阅读上升为一项必须倾注心血才能进行的活动，阅读之前必须有相应的仪式，阅读期间还需要复杂的设备。卡索邦每天早晨在上楼去书房与古人对话前必须先梳头，从这一做法便可见一斑；雅克·屈雅斯有一台回转式书车（book wheel）和一把理发师的旋转椅，以便他在书本之间自如切换。[24] 而且，他们对自己的

159

读物和记录阅读内容的笔记本十分重视。耶稣会修士耶雷米亚斯·德雷克塞尔（Jeremias Drexel）的《金矿》（Aurifodina）是近代早期阅读者笔记本的标杆之一，其扉页展示了两类采矿活动。一边是三位字面意义上的矿工在洞穴里开采实体黄金；另一边，一位学者孤身一人仔细做着笔记，在书本中发掘"黄金"。至于哪一种采矿活动产出的财富更伟大、更持久，德雷克塞尔并没有给读者留下犹疑的空间。[25]

帕斯托里乌斯最珍视的几本格奥尔格·霍恩的书现存于费城图书馆公司，它们体现了帕氏与上述传统的关系十分密切。诚然，这几本书不像哈维的书本那样满纸注释，但它们同样具备深度阅读传统的所有特征：将页边注与摘抄辑录结合起来，形成一套单独而复杂的信息储存和检索系统。帕斯托里乌斯时常在扉页上写下拉丁文座右铭——这很符合对自身学识感到自豪的研究型读者的作风。《命令》（Orbis imperans）一书的扉页绘有船只扬帆起航的画面，帕斯托里乌斯在旁边写道："无论命运将我裹挟至何地，终将带我返回此处。（Quo me Fata trahunt: retrahuntque.）"这很可能是他在更早之前的某部藏书中发现的句子。[26] 此外，他也提供了关于书本内容的指引——比如，他在霍恩《摩西的方舟》中用一条附注概括出此书的基本内容，即在上帝授意下发展的自然历史。[27]

最重要的是，帕斯托里乌斯总是在与自己的书本进行活跃的对话。有时，他的评论以枯燥的拉丁文笑话和双关语的形式低调呈现。霍恩在论及查理五世（Charles V）对神圣罗马帝国法院的改革时提到，他将法院迁至施派尔城（Speyer / Spira），帕斯托里乌斯对此评注道:"此地常有官司上演,但从无官司于此终结。(in qua plurimae lites spirant, sed non exspirant.)"*28 有时,他也对文本作出直接回应:比如在《政治》(Orbis Politicus) 一书中,霍恩称贵格会、震颤派和第五王国派在本质上是属于同一种类型的教派。帕斯托里乌斯将这句话划掉,并在结尾处评论道:"最后一点并不属实。(haec ultima falsa.)"29 在这里,他所遵循的传统可一路追溯至彼得拉克。彼得拉克时常与自己阅读的古代作者们交流讨论,甚至向西塞罗和维吉尔寄出正式的书信。他在信中责备前者不该干预政事,惋惜后者生得太早,没赶上耶稣的救赎。30 不过,对于这些书,帕斯托里乌斯并不止于标出阅读体会。他将其中一些列入专门的最爱清单,并将从中撷取的选段抄录进《蜂巢》里。举例来说,霍恩曾注意到"阿比西尼亚人的皮肤柔软又透气,因为阳光已晒光其中的粗质"。31 帕斯托里乌斯在这段文字旁画了一条线,后来将其誊抄到《蜂巢》中的"黑人(Negro)"词条下。32 帕斯托里乌斯使用书本的方式突显出自己的独特之处,他生活在一个我们已经失去的世界:一个文字相对稀少的世界,在那里,每一本书都是一份必须发挥多项功用的珍贵财富——在那里,生活在奴隶制社会中的有机会直接观察黑人男女的人仍然能从写于数十年前的拉丁文概要中发现有用的信息。

160

---

* 　此处乃双关语:施派尔城的拉丁文名"Spira"与动词"打官司(spiro)"("spirant"的动词原形)的拼写很相似。

　　遗憾的是，我们没有帕斯托里乌斯图书馆的详细书单。但他保存至今的藏书足以清楚地表明他热衷于开发印刷品的多样用途。一本耶稣会百科全书的标题激发他在书中写下多如漫天烟花的拉丁文笑话和引文，还有他自己的花哨签名。[33] 空想家约翰·瓦伦丁·安德烈埃（Johann Valentin Andreae）在一首关于学者及其行为的讽刺诗中辛辣地指出，在一个诸如望远镜等新发明层出不穷且令观念和知识遭受质疑的时代，信念和谎言均在迅速扩散。[34] 还有一条歪歪扭扭的评注提到，在竞争对手的刺激下，医师们开出与之针锋相对的药方，却不考虑其对患者的实用性，这种矛盾的做法引人深思："这么多人在帮我，我都快受不了了。"[35] 帕斯托里乌斯在阅读一本又一本书的过程中，将它们转化为自己身为阅读者的自传中的微小章节，它们各自独立，每一部分都具备潜在的价值——至少对于了解并欣赏他个人及其学问的人来说就是如此。[36]

　　上述考虑并不只有理论意义。詹姆斯·洛根是帕斯托里乌斯的一位友人，这位刚毅的贸易商和充满奇想的博学学者直面实践中的巨大阻碍，建起了英国殖民地上最大的图书馆。[37] 洛根酷爱收集珍本书籍，比如，一位德意志友人曾赠与他一本早期印刷的托勒密著作，作为回馈，他为恩人送去了一件水牛皮长袍。[38] 他有一些书直接或间接来自帕斯托里乌斯，他以这个事实为乐，并详细记录了来龙去脉。洛根在其中一本的封底空白页上写道："我从菲利普·蒙克顿（Phillip Monckton）那里买下此书，而他则是从我了不起的朋友弗朗西斯·丹尼尔·帕斯托里乌斯的儿子处购得。1720 年 11 月 15 日。"[39] 从帕斯托里乌斯的角度来看，他似乎很喜欢从洛根那里借书——至少从他题献给洛根的拉丁文和英文短诗来看确是如此，这首短诗是他在将迭戈·德·萨韦德拉·法哈多（Diego de Saavedra Fajardo）的政治讽喻画集归还给洛根时所写，这部画集塑造的基督教君主形象令人印象深刻。[40] 看起来，帕斯托里乌斯完全可能欣喜地考虑过，在他去世后的一段时间里，他的友人和后世学者将收藏并仔细阅读他的书籍，也将记得他和这些友人间借赠书籍的互动。

这些交换并不全是商业往来。赠与、出借以及借阅书本，意味着承认对方同为"文人共和国"的一分子。帕斯托里乌斯谨慎地选择交友范围，只有有资格成为其密友的人才能这样做。[41]这并不意味着他只同男性结交甚笃。与好些同时代人一样，他认为女性同样可以成为"文人共和国"里的杰出成员。[42] 在写给一位名叫劳埃德·扎卡里（Lloyd Zachary）的年轻友人的拉丁文书信中，他清楚地表达了这个观点。他在信中写道，自己从一位女性朋友那里借阅《旁观者》（Spectator）第四册久未归还，对此感到十分抱歉："我真心恳求此书的所有者原谅，她当然有权利生气。另外，我希望您能为我说情，好让她继续借给我第五册。"[43] 显而易见，帕斯托里乌斯、与他通信的人以及书籍的主人属于同一个博学而多疑的阅读者世界，他们互相帮助，让彼此紧跟来自伦敦的最新潮流。

如果说帕斯托里乌斯对他定制的印刷书本十分关心，那么他对待自己的摘录集则是无比珍视。作为一位书写狂人，他将能抄录的一切都抄了下来，包括友人的日记（当他觉得日记内容包含太多无趣而重复的细节且让他快要失去耐心时，他还会责备对方）："如今，大部分读者都痛恨一切形式的冗文，肩负抄录誊写文章任务的人更是如此。"44 当一位朋友病倒时，他的第一反应就是去他多年积累的笔记中寻找可能有价值的药方，抄一份出来："我对您的病痛深表同情，我从数位颇有经验的作者那里收集了许多治疗温病疾疫的良方，因此，如果您乐意的话，请告诉我您究竟身患何疾，我很愿意为您抄录我在书里找到的内容。"45 帕斯托里乌斯真心相信，他辛苦得来的结果都是无价之宝。他告诫儿子们不要丢弃他最了不起的笔记本成果《蜂巢》，"哪怕用世上的任何黄金或珍宝也不换"。46

帕斯托里乌斯与老普林尼：案例研究

对于帕斯托里乌斯积极而多样化的阅读方式所得出的成果，我们不太容易确认该如何称呼它们：当然不是任何简单意义上的文本解读——更不是早期贵格会教徒认为比饱学之士的细致入微高出一等的那种简单直接的文本阅读。47 通过对下面这个句子的分析，我们可以感受到当帕斯托里乌斯埋首于书本和摘抄之间时，阅读与写作、传统与个人才华是如何相互作用的，在此过程中，他不仅积累了一堆笔记，还塑造出一种古典的身份。当帕斯托里乌斯开始誊抄《青年乡村书吏文集》时，他以其典型的、巧妙融于一体的拉丁文和英文提出思考，"根据普林尼的观点，承认您从中获得帮助的文献来源是件荣幸的事（Ingenuum est fateri per quos profeceris according to Plinius）"。48 在此，他引用的是古典文学领域规模最大、范围最广的汇编之一——老普林尼《博物志》的序言。这位罗马律师、官员和军事指挥官在公元 79 年观测维苏威火山（Mount Vesuvius）爆发时身亡，在去世前不久，他刚刚完成了这部多达 37 卷、囊括古代知识界五花八门学识的巨著。近代早期的印刷商常常将这本书称为《世界志》（*History of the World*），从这一标题便可见其涵盖范围之广。[49] 作者的侄子也叫普林尼，他将叔叔的杰作描述为"一部庞大而博学的作品，与大自然本身一样充满偶然"。[50]实际上，它就好比是古典版的《蜂巢》：二者都是覆盖面广泛的汇编作品。小普林尼（Pliny the Younger）解释道，老普林尼通过苦修般的系统阅读奠定了自己学识的基础。他在午夜或刚过午夜不久时起床，在黎明前拜见皇帝韦帕芗，完成其在帝国行政体系和法律方面的本职工作——然后便躺在阳光下，一边用餐，一边让人读书给他听。"他从读到的一切内容中做摘录，还常说没有哪本书糟糕到完全一无是处。"[51] 他在维苏威火山爆发中丧生后，留给了侄子"160 本精心摘抄的笔记本，纸张两面都写满小字，因此实际数量比看上去还要多得多。他曾经说起自己在西班牙担任代理总督时，原本可以用 400000 赛斯特斯（sesterce，古罗马币种）的价格将这些笔记本卖给拉奇乌斯·利奇努斯（Larcius Licinus），而当时笔记本的数量还远没有这么多"。[52] 在阅读书籍和摘录笔记的语境下，提到两位普林尼中的任何一位都会让人想起这段往事。难怪帕斯托里乌斯很早便在《蜂巢》中写道，他希望"两个儿子不要丢弃这本笔记……而是借助下表继续完成它。因为智慧的价值高于红宝石"。[53]18 世纪较晚时期，美国人在撰写政治专著时会将自己想象成罗马共和国的公民。帕斯托里乌斯将自己描绘成美国的普林尼，

163

而他的摘录集便是老普林尼精彩纷呈的摘抄笔记本在美国的翻版。

过去数十年来，现代学者批评普林尼过于依赖书籍，而不是亚里士多德和泰奥弗拉斯托斯（Theophrastus）经常汲取的来自实践经验的信息。[54] 其实，对于其著作主要由摘抄各类文本的选段构成的事实，普林尼本人毫不介意。他坚持认为这类信息具有价值，并指出前人的阅读和摘抄并不具备他那种一丝不苟的完整性。[55] 正如他在序言中所指出的：

> 我在开头便附上作者们的姓名，您可据此来判断我的品味。因为我认为，承认我从哪些文献中受益，不试图去超越我读到的大部分作者是一件愉快的事，体现了一种光荣的谦逊。请注意，当我对作者们进行比较时，我发现近期作家中最严肃的一位逐字誊抄古人所言却未提及他们的名字。[56]

关于普林尼的当代学术研究相当欣赏普林尼收集素材的丰富性，认为他与同时代人的品味十分相宜。帕斯托里乌斯想必会认同这种看法。

164   在实践中，帕斯托里乌斯以两种方式效仿普林尼：他不仅像普林尼一样标明所使用的一手文献，还援引普林尼为例来证明此举的合理性。与此同时，他又在引述普林尼所言时加以改动，将"因为我认为，承认我从哪些文献中受益是一件愉快的事，体现了一种光荣的谦逊（est enim benignum, ut arbitror, et

plenum ingenui pudoris fateri per quos profeceris）" 删改成 "根据普林尼的观点，承认您从中获得帮助的文献来源是件荣幸的事（Ingenuum est fateri per quos profeceris according to Plinius）"。在《青年乡村书吏文集》稍后部分关于书信写作的章节中，帕斯托里乌斯再次引用普林尼的这一想法，在逐字翻译其拉丁文原文开头的同时，为后半部分的优美改写作了进一步的铺垫："承认您从中获得帮助的文献来源，这体现了一种光荣的谦逊。此乃普林尼所言。还有您摘抄的原文。"[57] 在这种故意为之的改写实践中，帕斯托里乌斯恪守着古典修辞学的一条标准训诫。受过良好教育的人在引用早前文本来卖弄学识时，应当小心对引文稍作改动，进行一些优美但显然无伤大雅的改写。这样一来即可表明，他是凭记忆引用这句话——这才是饱学之士引经据典的正确方法——哪怕他承认自己在实践中做了大量的书面笔记。[58]

摘录实践及其意义

帕斯托里乌斯甚至在编集一部极为实用的书——换言之，一部综合收录法律文书范本和书信选段的义集——时，也在有意识地进行这场精心设计的人文主义游戏，甚至饶有兴味地捏造出一个古典的假想人格。他对正确的借鉴方式的描述恰恰借鉴自古人，他从古人做笔记的高超技巧中获得启迪，随即改变形式，将其转化为自己的成果。他在《蜂巢》中采取同样的策略，甚至更加巧妙，将关于借鉴和笔记的百家之言集合在　起，宛如一件百衲衣。

> 我承认，借用马克罗比乌斯的话说：在这本书里，一切都属于我，但又什么都不属于我（Omne meum, nihil meum）。尽管辛奈西斯说：盗取逝者的劳动成果比偷窃他们的衣服更不可饶恕（Magis impium Mortuorum lucubrationes, quam vestes, furari）。但最睿智的人也曾断言：太阳底下无新事（Nihil novi sub Sole）；而另一位智者则称：除了已有人说过的，再没什么可说（Nihil dicitur quod non dictum prius）。塞涅卡写信给卢基里乌斯说，他每天都要写些东西，或者阅读并概括优秀作者的文章，没有一天例外。[59]

165

这一整段关于承认借鉴他人的文字本身便由一系列借鉴构成，十分应景。在本案例中，帕斯托里乌斯认为所谓马克罗比乌斯（Marcobius）和辛奈西斯（Synesius）的话并非来自他们本人的文章，而是来自罗伯特·伯顿（Robert Burton）《忧郁的解剖》（*Anatomy of Melancholy*）中的一篇致读者辞，作者署名小德谟克利特（Democritus Junior），而《忧郁的解剖》本身便是17世纪汇编作品的一大杰作。[60]

帕斯托里乌斯认为最后一句话出自塞涅卡，这句话的出处尤其能揭示问题。这段文字的主体用英文写成，但结尾处出现了一句拉丁文"Vide omnino Spectator num. 316"（如需确认，请见《旁观者》第316期）。帕斯托里乌斯在此处引用的是诗人、音乐家和歌剧词作者约翰·休斯（John Hughes）在约瑟夫·阿狄生（Joseph Addison）的期刊上发表的一篇文章。休斯公然抨击同时代人的游手好闲，将摘录集视为消除懒惰的良方。

> 塞涅卡在写给卢基里乌斯的信中向他确认，他每天都要写些东西，或者阅读并概括优秀作者的文章，没有一天例外；而我记得，普林尼在他的一封信中讲述了自己用来充实每一段空闲时间的各种方法。在列举出自己的若干项职务后，他说：有时我会去打猎；但即便是去打猎，我也会随身携带一本袖珍书，如此，在仆人们忙于布网等事务时，我就可以去看看那些或许能在我研究中派上用场的东西；如此，就算我错过了猎物，至少也可以带着自己的思考回家，不必为一整天一无所获而懊恼。[61]

这段话透露出不止一方面的信息。它表明帕斯托里乌斯同时从中间媒介和原本中引用文字——与大多数摘录者一样。它说明，摘录不仅可被视为一种人造的记忆——这是帕斯托里乌斯本人对这种活动的描述——也可被视为一门苦修般的学科，一种磨练高尚而刻苦的品格的方式。另外，它提醒我们，在17世纪晚期和18世纪早期，摘录的方法和意义依然处于演变之中，而前沿的知识分子正在其中发挥着作用。富有现代思想的约翰·洛克也曾为摘录活动开创新方法。[62]实际上，这些活动因为太过时髦而遭到了以传统主义者自居且扬言完全不需要靠这些手段来学习之人的抨击。在1711年《木桶的故事》(Tale of a Tub)的序言中，乔纳森·斯威夫特(Jonathan Swift)开玩笑说，他原

166

本打算为自己的讽刺作品增添一篇赞美当下的颂词并为乌合之
众作一番辩护，"但眼看我的摘录集充实的速度远远落后于我的
合理期待，我只好选择将它们暂且搁置，以待来日"。[63] 帕斯托
里乌斯用塞涅卡的话来支持自己认为阅读和写作、摘抄和创作
密切联系的观点，他在这样做时并不是在回顾伊拉斯谟关于塞
涅卡的拉丁文著作，更不是其最初的古典文献出处，相反，他
是在引用一部同时代期刊。

《青年乡村书吏文集》和《蜂巢》都为实际应用中的目标而
服务：前者是宾夕法尼亚法律实践的指南，后者意在帮助读者
完全掌握体量巨大的英文词汇。然而，这两部作品都为帕斯托
里乌斯充分提供了开展人文主义游戏的机会，与他在自己的拉
丁文书籍扉页上的文字游戏如出一辙。从某种程度上说，正如
前文所述，在饱读英文文献的同时代人看来，他的游戏方式想
必十分眼熟。

尽管如此，在 1700 年前后的英语世界中，凭借不拘一格的
多语言知识和肆意联想的思维习惯，帕斯托里乌斯以编辑者的
身份脱颖而出。《花园乐事》（*Deliciae hortenses*）* 又名《养蜂人
的乐趣》（*Voluptates Apianae*），是帕斯托里乌斯晚年编集的一
部谚语和诗歌集，翻开这本书的读者会被帕斯托里乌斯的精湛
技艺折服。他不仅善于搜集、寻找和收藏其他人的语句，同时
也善于对它们进行多种多样的更改。他可以用不同语言将一句
名言改成押韵或有节奏的句子，而且能在所有这些语句中发现

---

* 　此处系作者笔误，应为"deliciae"，而不是"deliciae"。

养分，引发关于上帝在大自然中存在的思考。帕斯托里乌斯在研究有关"上帝的话比蜂蜜更甜美"的格言时，可以将一个简单的想法——"只有蜜蜂储存蜂蜜"——用七种语言表达出来。

Μόνη ἡ μέλισσα τιθαιβώσσει

Sola Apis mellificat. Die Bien allein trägt Honig ein.

Het honigh komt alleen Van Biekens by een,

Solamente le Pecchie fanno Mele. Seulement les Abeilles font du miel.

The Bees alone bring home　Honey and honey-Comb.

The Bee is little among such as flie, but her Fruit is the Chief of sweet things. Syrac. 11:3.

Qu. What is sweeter than Honey? Judg. 14:18.

Answ: God's Word. Psal. 119:103. etc.[64]

167

马克·谢尔（Marc Shell）和沃纳·索勒斯（Werner Sollors）将帕斯托里乌斯奉为美国的第一批多语言作家之一，这样说并非夸大其词。[65] 他的作品集充满复杂的改写游戏，追求象征符号和启示，因此，这类作品集就像他引用的诸多文本一样，让人有外来的陌生感。

帕斯托里乌斯的遗产：德意志学界的晚期人文主义

帕斯托里乌斯的实践与他一起从欧洲来到宾夕法尼亚。要想更准确地理解他希望通过广泛积累文本和观点得到怎样的结果，最好的办法便是追随他的足迹，回到其思想成形的知识领域：让他长大成人、成为饱学之士并发展出独特兴趣的德意志学校和大学的世界。帕斯托里乌斯在文茨海姆（Windsheim）长大，就读于当地的文理中学。从 1668 年起，他先后在德意志的数座大学里研习，后于 1676 年在阿尔特多夫获得法学学位。同许多出身于城市贵族阶层的德意志男性一样，他加入了"学者会（Gelehrtenstand）"，即饱学之士的社会团体。博学之人在学术习作和出版物中将拉丁文作为主要语言，而加入该团体意味着要熟练掌握另一种外国语言和文化。[66]帕斯托里乌斯在《蜂巢》的自传叙事中回忆："在文茨海姆，我接受了良好的学校教育，差不多有 20 位或更多年轻的伯爵、从男爵和其他贵族子弟与我同窗，当时文理中学有一位出色的校长，名叫托比亚斯·舒姆贝格（Tobias Schumberg），他是匈牙利裔，几乎不会说荷兰语，因此学校里不允许使用拉丁文之外的任何语言。"[67]尽管他在斯特拉斯堡学习了法语，或许还有其他近代语言，但他不得不用拉丁文为自己的毕业论文及随附的论文集进行公开答辩。

168　　　　流利掌握拉丁文并非易事。从理论上说，按照伊拉斯谟那本广受欢迎的教科书《论丰裕》（On Copiousness）的建议，年轻学生应当做的就是阅读所有拉丁文和希腊文作者的著作，在摘录集中一一摘抄，直到积累起属于个人的且能够灵活运用的丰富词汇和典故储备。然而在实践中，伊拉斯谟自己也很清楚，大多数学生连试试这样做的心思都不会有。在专门阐述如何做笔记的《论丰裕》中，他列举出内容涵盖广泛的清单，供读者自由采撷。举例来说，用优美的拉丁文表达"感谢来信"的方法便有数百种，表达"只要我还活着，我就会记得您"的方式也多有数十种。伊拉斯谟 1508 年推出的《箴言集》囊括了关于数千个主题的精简随笔，每一篇都典出某一句精辟且有出处的古老俗语。

这些书本在泛欧洲范围内十分畅销。在欧洲各地，有学识的男男女女们用伊拉斯谟的话语彼此肯定，他们希望彼此间建立的友情永远持续下去，也相信友情一定会在这个战乱频仍的世界上借助不稳定的邮政服务跨越遥远的距离持续下去。有些雄心勃勃的作家效仿伊拉斯谟，倾尽才华调度丰富的词汇储备，用词语、神话和典故编织出富有教益的文字游戏——就像伊拉斯谟本人所做的那样。[68] 但大多数人只怀有较为朴素的文学目标，他们采用伊拉斯谟式的善用典故的语言，就像近代个人主义者身穿黑衣一样，只是彰显自己是文学世界一员的一种直截了当的方式。[69] 帕斯托里乌斯所引用的经过创造性改动的普林尼语录，很可能出自伊拉斯谟或其他受人欢迎的编集者之手，因为一个与该句相似但更简化的版本也出现在考顿·马瑟（Cotton Mather）的《基督教哲学家》（*The Christian Philosopher*）以及 1744 年 7 月 25 日荷兰学者 J. F. 赫罗诺维厄斯（J. F. Gronovius）写给约翰·巴特拉姆（John Bartram）的信中。[70]

结合这一背景审视帕斯托里乌斯的编集工作，我们可以看得更加透彻。他着手去做的，实际上正是伊拉斯谟当年所推崇的后为中欧学者所践行的事：广泛阅读用各种语言写成的文献，同时根据伊拉斯谟的中肯建议，按自己的方式对摘抄内容归类整理，使之成为自己的文献储备。不过，帕斯托里乌斯秉承一贯的做法，对借自他人的内容进行更新和改造。帕斯托里乌斯青年时便熟悉的德意志巴洛克风格诗人能同时熟练运用多种语言，以拉丁语、意大利语、法语和其他语言创作固定格式的韵文。他们在青年时尤其精于此道，因为诗作是让他们进入学院或宫廷的入场券。[71] 帕斯托里乌斯尤其关注英语——这是他的新社区、他的孩子们将要生活的地方的语言——并将他掌握的其他语言融入其中。明确体现这一点的是，他将体量庞大、用多种语言写成的《蜂巢》称为他的"英语蜂群，也是我在成熟岁月中从最优秀的作者那里收集来的最大最出色的手稿"，并将它当作珍宝传给了儿子。[72] 思路清晰的晚期人文主义学究从伊拉斯谟那里汲取灵感和教诲，但没有那么远大的抱负；与他们类似，帕斯托里乌斯为新世界的年轻律师所提供的，并不是他当年在德意志享受的丰富的人文主义和法律教育的直接复制品，而是为这个新世界量身定做的更实用的东西：适合复制和改编的信函与合同范本，大量英语格言、轶事、食谱和药方，从而满足他们在实践中的需求以及任何可能遇到的文学需求。不过，他从未放弃对多语言文字游戏的热爱。这份热爱为我们提供了探究帕斯托里乌斯所效仿的学者身份的第一条线索，就像他的文学搜集、寻找和收藏活动一样。

帕斯托里乌斯亲身了解的神圣罗马帝国知识世界中的主导人物——他们在所生活的时代被称为"博学家（polyhistor）"——在今人看来活像学术界的恐龙，尤其是考虑到他们与勒内·笛卡尔（René Descartes）等才思敏捷的学者生活在同一时代。身在后世的我们知道，笛卡尔之辈的理念才符合时代潮流。这些博学家将一切知识都视为自己的专业领域：过去与未来，自然与文化，历史学与天文学。举例来说，耶稣会修士阿塔纳修斯·基歇尔（Athanasius Kircher）曾追溯世界各民族从大洪水之前一直到他本人所处时代的历史，破译埃及象形文字，爬上维苏威火山口去研究火山喷发的原理，在天主教徒禁止宣扬哥白尼学说的时代坚持日心说，与多明我会修士开展足球比赛，还打算设计一台"猫琴（cat piano）"*。此外，他不仅用一系列庄重的拉丁文对开本展示自己的发现，还将位于耶稣会罗马学院（Collegio Ramano）的数间房屋改造为博物馆，展示自己所发现的壮观的实物。[73]

博学家常常制定超出自身能力范围的目标。举例来说，汉堡学者彼得·兰贝克（Peter Lambeck）打算编集一部"文学史"，根据他的提纲和规划，该作品将有 38 卷之多，无怪乎他最终也没能完成。这部巨著原本打算汇集从创世之初直到他所处时代的所有重要作家的生平和作品，以及包括古希腊诗人的竞赛、中世纪的大学以及他所处时代的学院在内的所有智识生活组织方式的信息。[74] 但是，兰贝克的失败完全不妨碍其他人尝试同样的事业：直到1730年代，尼古劳斯·贡德林（Nicolaus Gündling）还出版了一部厚达 7700 页的四开本博学史，仅索引就超过 900 页。[75]

可以想见，这些人对汇编方法非常感兴趣。汉堡的修辞学

170

---

* 一种由活猫组成的乐器，先挑选音色纯正的猫，再将它们按音调高低的顺序放在笼子内，然后把尾巴固定在琴的键盘下，当演奏者敲击琴键时，机械装置会将锐利的长钉打进猫尾，使它们发出悲惨的哀鸣。

教授文森特·普拉奇乌斯（Vincentius Placcius，1642~1699）在
1689 年出版了一部内容广泛的关于制作笔记的教本。该书首次
收录了"笔记橱（scrinium litteratum）"的设计图：这是一件用
于研究的家具，上面配有许多挂钩，读者可将数千张写有摘抄
的纸张固定在上面并进行整理。虽然这张图的实际绘制者是塞
缪尔·哈特利布（Samuel Hartlib）的圈内成员英格兰人托马斯·
哈里森（Thomas Harrison），但它却是德意志学界的代表：据
帕斯托里乌斯所知，这张图是在德意志出版的；戈特弗里德·
莱布尼茨（Gottfried Leibniz）曾拥有并使用过一台这样的笔记
橱，"尽管这显然对他论文的混乱程度影响甚微"。[76]

　　另一些德意志学者则专精于书志学而不是直接从事编集活
动。但他们收集、处理和展示素材的方式与帕斯托里乌斯的方
法明显存在亲缘关系。在三十年战争过后，德意志一贫如洗，
能买得起很多书的学者寥寥无几。[正是在这样的世界里，作家
让·保罗·里希特（Jean Paul Richter）想象出一位贫穷的校长
玛利亚·伍茨（Maria Wutz），每当他在法兰克福书展的图书目
录上读到买不起的图书标题时，便会让这位想象中的校长来创
作这些书本。] 教授们提供正式的"文学史"课程。他们会复
印某一座大型图书馆的书目或者印制一张作家名单，将其分发
给学生，然后针对其进行评析。这些课程就像巴洛克时代的皮
埃尔·巴亚尔（Pierre Bayard）的著作《如何谈论您还没读过的
书》（*How to Talk about Books You Haven't Read*），将基本的书
目信息、批判性评论和文学界传闻——其中很多都不可靠——
融为一体，内容十分丰富。例如，有影响力的维滕堡教授康拉

德·塞缪尔·舒尔茨弗莱施（Conrad Samuel Schurzfleisch）告诉学生一则谣言：伟大的文献学家约瑟夫·斯卡利杰被父亲阉割，以确保他不会因婚姻让显赫的家族蒙羞。没有任何来自其他地方的证据能证明这个故事的真实性。[77]

学生则抄录下老师讲述的内容。有时，教师会将学生的笔记制作成印刷教材重复利用，其他教师又将它们作为自己的授课内容。汇编与摘抄、二次汇编与评论彼此跟随，构成了一个似乎永无止境的循环。[78] 这些汇编文本像冰川一般缓慢却势不可挡地生长，文字构成薄而光滑的表层冰面，覆盖在冰面下的是脚注构成的深邃暗沉的岩体。哥廷根（Göttingen）的克里斯托夫·奥古斯特·霍伊曼（Christoph August Heumann）在一部题为《概要》（Conspectus）的书中对一切有价值的知识进行了调查，多达 500 页的拉丁文足够惊人抑或足够实用，以至于该书前后一共出了七八版。[79] 耶拿的戈特利布·施托勒（Gottlieb Stolle）在自己的课程中将霍伊曼的书当作教科书来使用，并对它作了评论。后来，他出版了自己的讲义。有些学生读者将施托勒讲义的摘抄夹在霍伊曼的书中，以便自行补充更多的信息。

传记证据可让人确定帕斯托里乌斯可能遇到这些方法的两条途径，以及可能帮助他掌握这些方法的一位老师。帕氏的父亲、法理学家梅尔基奥尔·亚当·帕斯托里乌斯（Melchior Adam Pastorius）是一位涉猎广泛的编集者，也是一位几乎和儿子一样的痴迷于韵文诗的作者。1657 年，他发表了一篇体量可观的研究文章，主题是神圣罗马帝国皇帝的选举和加冕。文中，他不仅收集了大量关于 1653 年即最近一次选举的筹备和仪式方

面的信息，还收集了从古罗马到其所处时代的由列位帝王亲自
讲述的帝国历史，以及关于选民的补充材料。[80] 1702 年，已至
人生暮年的梅尔基奥尔·亚当担当起《弗兰肯新编》（*Franconia
rediviva*）的出版商兼作者，这是一部严肃的文选，收录了神圣
罗马帝国弗兰肯管区关于贵族和修道院、城市和体制惯例的清
单和文书。[81] 文选的每一本书想必都建立在系统汇编的基础
上——就像梅尔基奥尔·亚当涉猎广泛、文字间穿插着奇特插
图的韵文手稿集一样，这部文稿现也藏于费城。[82]

  弗朗西斯·丹尼尔·帕斯托里乌斯在《蜂巢》中回忆，他
曾从"斯特拉斯堡知名的伯克勒尔博士那里"学到一些公法的
基本原则。[83] 帕斯托里乌斯的确可能从年长的法理学家约翰·海
因里希·伯克勒尔（Johann Heinrich Boecker，1611~1672）那
里学到法律知识，但他更有可能向伯氏学习了大量关于汇编和
处理信息的技巧。伯克勒尔不仅是名气响亮的律师，也是研习
文学史的大师和操纵洛可时代信息机器的专家，他吸收的是
姓名和标题、轶事和格言，输出的却是教科书和课程。应莱
布尼茨的赞助人约翰·克里斯蒂安·冯·博伊内伯格（Johann
Christian von Boineburg）的要求，伯克勒尔为青年学子编写了
一本简明扼要的文字史手册，从创世之初一直写到他生活的时
代。此书有一个"谦逊"的标题：《简析每位作家优缺点的趣味
历史学—政治学—书志学书目》（*A Curious Historical-Political-
Philological Bibliography That Reveals the Merits and Defects of
Each Writer*）。[84] 伯克勒尔撰写的另一本书《一切学问与科学的
评论性书目》（*Critical Bibliography of All the Arts and Sciences*）

172

比它长得多，但也不到 1000 页，在他去世之后还被多次重印。[85]
约翰·戈特利布·克劳泽（Johann Gottlieb Krause）在伯克勒尔
于 1715 年去世后负责编辑这部作品，他翻遍伯克勒尔的其他
著作，搜罗关联段落并添加到这部书里，使之更具深度和分量，
在他认为可通过编辑提高文字质量的地方，他便肆意干预，将
最初的框架性作品改造成一部内容较为丰富的学术世界指南。[86]
在最初创作的文学史梗概中，伯克勒尔对希腊历史学家希罗多
德的评价是"他不是骗子"，对修昔底德的评价则是"他很高
尚"。[87] 在克劳泽精心编辑的版本中，读者将看到伯克勒尔称，
近代旅行记载证实了希罗多德笔下蚂蚁体大如狼和善掘金矿的
故事；还会看到他指出，修昔底德关于征战不休的希腊诸城邦
的记载为一盘散沙、穷兵黩武的神圣罗马帝国提供了强有力的
启示。[88] 当帕斯托里乌斯罗列主题、收录摘抄、草拟索引，将编
集作为学术工作极其重要的核心部分来对待时，他正是在将青
年时代初遇和积年的大学训练中娴熟掌握的技能付诸实践。

　　物质证据证实，帕斯托里乌斯在学生时期便开始掌握这些
技能。他拥有一套相互关联的教科书，现存于费城图书馆公司。
它们包括不伦瑞克（Braunschweig）神学家克里斯托夫·施拉
德尔（Christoph Schrader）创作的从创世到当时世界的历史年
表，从古代到近代的历史编纂学传统简介，以及从古罗马到当
时的统治者谱系简介，还有一本文理中学教授海因里希·舍维
乌斯（Heinrich Schaevius）撰写的简短的地理教科书。帕斯托
里乌斯对这些书中最晚一本的签名和日期标记是 1674 年。[89] 这
些书中的注疏不多却自成体系，展现了他如何通过阅读来熟练

掌握学术方法和文献资料。施拉德尔的年表以当时惯常的框架形式展现世界历史，并按传统方式从创世开始向后顺延；帕斯托里乌斯则采用 17 世纪开始广泛传播的做法，加入公元前的纪年法，将道成肉身作为世界历史的原点，之前的历史便由此倒推。舍维乌斯创作、帕斯托里乌斯读过的那本简明地理学手册提到，普林尼的《博物志》是宇宙志汇编的典范，帕斯托里乌斯在这句话旁写有一条页边注，引用了文艺复兴时期该领域的经典，即塞巴斯蒂安·明斯特（Sebastian Münster）的作品。[90] 在舍维乌斯探讨世界陆地划分系统的地方，帕斯托里乌斯用与时俱进的术语指出："世界上的全部陆地也可以分为三部分，或者说三大岛群，海洋便在其中流动：第一部分包括欧洲、亚洲和非洲，第二部分是美洲，第三部分是麦哲伦大陆，即又名南方大陆的未知地带。"[91] 不过，最具启示性的还要数早期教会的作家名单，这份名单从诸使徒开始，将异教徒和基督徒都收录其中。帕斯托里乌斯从与自己意见相左的虔信派历史学家戈特弗里德·阿诺尔德（Gottfried Arnold）创作的关于基督教历史的书中抄录出这份名单，将其收入自己的书中。[92] 每一本书都邀请读者参与汇编参考文献；每一位古代权威都邀请读者将其与近代同行进行对比。

帕斯托里乌斯不仅运用博学家的技术，还与他们品味相投。帕斯托里乌斯拥有一本耶稣会修士迈克尔·佩克森费尔德（Michael Pexenfelder）创作的独辟蹊径的小型艺术与科学百科全书，与基歇尔一样，佩克森费尔德也对密码和其他专为隐藏真意、免遭好奇读者窥探而设计的书写形式深感兴趣。[93] 他将

"隐写术（Steganography）"描述为"一种使用少数人之间约定的秘密标识的隐秘书写形式"。这些标识可以是相互替代的字母，可以是数字，也可以是"新字符"。[94] 帕斯托里乌斯在此处写道："见下一页，靠近底部。"[95] 在介绍印刷中金属活字使用的下一页里，他夹了许多种叶片的精美拓印。他在底部页边写道，字符可以是"纯天然的、花园和田野的后裔，其中一些见于页边空白处；也可以是人造的。在前一类中，苦艾（absinth）代表字母 A，甜菜（beta）代表字母 B，番红花（crocus）代表字母 C，蕨类植物（ferns）代表字母 F，以此类推。植物学家对此非常了解"。[96] 在此我们可以看出，帕斯托里乌斯对语言及其质地、丰富性和多样性的迷恋都根植于古老的神圣罗马帝国文化——那是一个密码学能够使人秘密传递信息的世界，在那个世界里，每一个办事处和每一名驻外大使都时常这样做。此举通过类似于数学组合的方式为丰富的诗歌创作提供了启发——与近代语言中的诗歌倒是很类似。帕斯托里乌斯对于语言颇具神秘色彩的认知实际上根源于极为独特的环境和时机。

巴洛克风格的神秘密码和象征符号是基歇尔等博学家曾经身处其中、时时相伴、赖以依存的元素，而上述并非帕斯托里乌斯援引此类元素的唯一案例。[97] 在《蜂巢》中的一处，他对世事循环提出了思考："当今世界的革命或者不断变化反复的进程，包括所有帝国、王国、行省及其所有居民的进程，（都可以）概括为一个有七条轮辐的车轮，也就是说，'一切皆变数（Omnium Rerum Vicissitudo）'。"帕斯托里乌斯解释道，"贫穷"导致"谦顺"，由此带来"和平"。有了和平，"交易"（或"贸易")才得以增长，从而创造"财富"。但是"财富"却会滋生"骄傲"，由此引发"战争"，然后便又归于"贫穷"。[98] 在此，帕斯托里乌斯是在对天主教徒、卡巴拉主义者、历史学家迈克尔·冯·艾琴格（Michael von Aitzinger）在一个多世纪前创造的意象加以改造。作为一位对证据的视觉呈现颇有眼光的作家，艾琴格开创性地将低地诸国描绘为一头雄狮，这个广为流传的形象在荷兰与西班牙爆发战争期间对荷兰的形象宣传发挥过重要作用。也正是艾琴格在其关于尼德兰起义史的著作扉页上绘制出社会从"贫穷"到"富裕"再到"贫穷"的循环，借此为理解书中的叙事提供了一种思路。[99] 诚然，他的循环只有六个阶段，而不是七个：这或许是又一处体现帕斯托里乌斯渴望对自己收集的宝藏加以改造的例证。不过，从整体上看，帕斯托里乌斯是从巴洛克传统中学到了应对近代社会快速变革的方法。

175

　　就连表面上似乎是帕斯托里乌斯最具特色和独创性的文章，实际上也深深根植于传统的学术实践并从中汲取养分。举例来说，他寄回德意志的书信就是明证，这些书信记述了他在宾夕法尼亚所发现的新世界。这些文字构成了后来他最负盛名的著作《宾夕法尼亚的详细地理描述》（*Umständige Geographische Beschreibung Pensylvaniæ*）的基础，此书于 1700 年在莱比锡出版。在这些奠定基础的书信中，有一封用拉丁文写成，日期为 1688 年 12 月 1 日，收信人是格奥尔格·莱昂哈德·莫德里乌斯（Georg Leonhard Modelius）。莫德里乌斯是帕斯托里乌斯的朋友，当时还待在阿尔特多夫大学，后来则成了帕斯托里乌斯曾经就读的文茨海姆文理中学的校长。在一封如今已佚失的信中，他曾请帕斯托里乌斯为自己及同事约翰·克里斯托夫·瓦根赛尔（Johann Christoph Wagenseil）介绍宾夕法尼亚，后者是阿尔特多夫的东方语言——那个时代对希伯来语和阿拉伯语的称呼——教授，瓦氏当时还因关于纽伦堡名歌手和犹太人亵渎耶稣的出版物而声名远播。帕斯托里乌斯的回信内容令收信者无比满意，以至于他将这封信交给一份当时新创办的期刊发表，这份刊物所针对的正是受过教育且有觉悟的群体。[100] 1691 年 4 月，它出现在威廉·恩斯特·滕策尔（Wilhelm Ernst Tentzel）的《关于群书与趣事的好友月谈》（*Monatliche Unterredungen einiger guten Freunde von allerhand Büchern und andern annehmlichen Geschichten*）上。[101]

这是一篇引人入胜的文章。帕斯托里乌斯向读者们娓娓道来，先请他们在地图上找到特拉华（Delaware），进而将目光聚焦至费城一带，然后想象自己身临其境，一边从晕船的不适中逐渐恢复，一边接受帕斯托里乌斯的热烈欢迎。他邀请他们走进自己的小屋，指给他们看那彰显殷勤之意的题铭，并带他们参观人口迅速增长的日耳曼敦：1683 年只有 13 位居民，现已超过 50 位。帕斯托里乌斯向他们展示新社区居民建造的欣欣向荣的房屋和农场，同时强调：这里的居民尚不需要围墙；他建议客人们随他走到镇外，去看看印第安人。[102] 帕斯托里乌斯显然认同威廉·佩恩对莱纳佩印第安人的同情，正是这份同情让白人定居者与印第安原住民得以在早期实现"长期和平"。他以赞赏的笔调详细介绍印第安人，一一指出他们的智慧、他们对独木舟和烟草的使用、男性和女性的性格特征与行为、他们求爱与缔结婚姻的方式、他们的宗教仪式，以及他们照料病人和安葬死者的方式。最后，这封信以一系列印第安语短句和译文作为结尾。帕斯托里乌斯评论道："如果您能从这为数不多的证据中，或者从他们将母亲称为'ana'、妻子称为'squáa'、老年妇女称为'hexis'，恶魔称为'menitto'、房子称为'wicco'、土地称为'hockihóckon'、奶牛称为'muss'、猪称为'Kuschkusch'的事实中推测出这些印第安人的起源，那我就承认您着实是一位出色的文献学家。"[103] 这封信隐约可见帕斯托里乌斯之后作为文化桥梁和民粹主义者的成就，除此之外，在更广泛的意义上，还可初见拉菲托（Lafitau）和拉翁唐（Lahontan）等人及其后辈的民族志写作的雏形。[104] 确实，从这封信对观察者的智识资源近乎偏执的强调和视角来看，它似乎属于 18 世纪和 19 世纪早期新生的旅行写作。而这封信开头部分的一段文字更强化了这种印象。在信中，帕斯托里乌斯一边带领莫德里乌斯于想象中漫步，一边说道："为免我们像绵羊一样无声地行走，让我们来谈谈尼罗河的起源——或者同样不清楚的印第安人的起源吧。有些人认为他们是希伯来人的后裔，而且并非没有看似可信的线索。但他们的母语表明，在这些远离本镇居住的人当中，有一部分最终可被追溯到威尔士。您在阿尔特多夫的博学家（瓦根赛尔）可以告诉您他们航行跨越大西洋的日期和细节。但是至于我，鉴于我几乎连一本书都没有，所以我本人就不参与这场充满疑窦的论战了。"[105] 从此处看来，帕斯托里乌斯似乎语带讥刺，刻意对饱学之士在大学中积累的学识敬而远之。至少，他在隐晦地强调：当下获得的直接经验比从书本中学到的关于过去的知识更为优越。

解读昔日写作者的笑话和讽刺总是很难。格奥尔格·霍恩一生中的大部分时间都在钻研如何将中国和新世界的历史融入以地中海和西欧为中心的传统世界史的叙事中。为此，他不仅撰写新颖的教科书，还与同事们就印第安人的起源以及他们在大洪水后抵达新世界的路线展开了漫长的辩论。[106] 近年来，桑贾伊·苏布拉马尼亚姆（Sanjay Subrahmanyam）和丹尼尔·斯梅尔（Daniel Smail）让历史学的去中心化获得了长足的进展，他们摒弃了我们对以美索不达米亚、地中海和西欧为中心进行叙事的偏执，而是将科学证据与历史证据结合起来。[107] 霍恩便是他们在 17 世纪的改良主义翻版。不过，帕斯托里乌斯虽然欣赏霍恩的著作，却对充斥其中的复杂谱系和路线大不以为然，将其视为一种过时的执迷于书本的知识形式。

在以一手经验为基础介绍当地的印第安社会时，与在阅读霍恩对制度和国家历史的概述时一样，帕斯托里乌斯并不是在反抗他在德意志所了解的学术世界。恰恰相反，他继承了这个世界最为核心的传统之一。毕竟，帕斯托里乌斯在《蜂巢》中对儿子们说，他们应该记录"听到和读到的所有精彩单词、短语、句子或时事"——这是将经验和目击者叙述与阅读结合起来的明确指示。[108] 从 16 世纪开始，人文主义者们认为，旅行以及旅行所提供的关于其他国家和风俗的直接经验，对任何希望在学术或政治领域有所成就的人都至关重要。但是，与阅读一样，旅行必须遵循严格的规程，才能让从事这项活动的人从中获益。正如我们所看到的，特奥多尔·茨温格、托马

斯·蒂尔勒（Thomas Turler）以及很多人都撰写过他们所称
的"旅行方法论（methodus apodemica）"或者说"旅行的正
统技艺"手册。[109] 数十位作家和数百位年轻人将这些指南牢记
于心（也将承载这些指南的书本装在随身携带的小袋里），帮
助他们创作关于欧洲各国的指南、自己的旅行回忆录或者纯属
虚构的文学作品［例如乔治·巴克利的《萨蒂尔的欢欣故事》
（Euphormionis Satyricon）］，这些创作都需要了解欧洲不同民族
的国民特征。

帕斯托里乌斯与这一传统的联系深厚且鲜活——甚至让他
身为旅行作家的职业划分显得有些武断。旅行写作是他早期的
追求。帕斯托里乌斯回忆道，他"在八次旅行中写下了一本奇
特的手写日记"，一直写到 1682 年他抵达法兰克福。[110] 这也是
家族的承袭。他的父亲梅尔基奥尔·亚当·帕斯托里乌斯曾撰写
过一部详细的日记，囊括了早年在罗马的日耳曼学院（Collegio
Teutonico）的教育经历、后来的旅行以及身为新教徒在巴黎
发现自我的经历。[111] 他引人入胜的日记将散文和韵文巧妙地
融为一体，充满了生动的回忆。开篇诗便大胆地用奥德修斯
（Odysseus）暗指自己。梅尔基奥尔·亚当生动描述了独自一人
留在费拉拉（Ferrara）这座大城市，除了上教堂以外无事可做
的忧伤，还写到意大利修女对他不讲她们的语言感到惊讶，而
他则觉得这种惊讶本身十分古怪。身为一名优秀的博学家，梅
尔基奥尔·亚当在旅行中对饱学之士格外感兴趣，他们令所居的
城市熠熠生辉：比如佛兰德的塔西佗学者和古代历史学家尤斯
图斯·利普修斯，梅尔基奥尔·亚当曾去拜访过利普修斯在鲁汶

（Louvain）的居所。

　　长大成人后，弗朗西斯·丹尼尔继承了父亲的兴趣——尽管他也拿这些兴趣开过一些无伤大雅的玩笑。他在《蜂巢》里写道："在此，我们应怀念尤斯图斯·利普修斯（人如其名啊！我们只能期盼达到他的高度），如果不将他最心爱的三条狗的题铭和描述收入我们的书中，那实在不妥。直到今天，在布拉班特（Brabant）的鲁汶城里还能看到这三条狗的形象，就在那位具备超凡学识之人曾经住过的那栋房子里……他给它们起名为萨菲鲁斯（Sapphirus）、莫索鲁斯（Mopsulus）和莫普索斯（Mopsus）。"[112]

　　他也和父亲一样尊重承袭旅行文学学术传统的书本，比如巴克利的《萨蒂尔的欢欣故事》。1717 年，他还热情地将此书推荐给劳埃德·扎卡里。[113]再一次，物质证据格外能说明问题。保存在费城图书馆公司的帕斯托里乌斯藏书中有一本关于意大利景点和古物的详细指南，按地区介绍，还配有主要城市的简要风景图。该书的作者是安特卫普律师弗朗茨·肖特（Franz Schott），在其去世后由他的弟弟、耶稣会学者安德烈负责编辑，这本书在很长时间里都是饱学之士前往意大利旅行的指南。[114]书本开篇就写有给旅行者的建议，以图表形式整齐罗列出值得观察之处。随后设定的主题则包括地理区域、各景点名称及其创建者、河流和山脉等地理特点、公共和私人建筑、政治机构以及学校，随后是"普通居民的习俗：包括他们的谋生手段、着装习惯和手艺"。[115]帕斯托里乌斯关于宾夕法尼亚的拉丁文记述也以令人瞩目的准确性遵循这条主线。

对传统的批判：帕斯托里乌斯与他的德意志同行

在为利用和更新人文主义学术传统而付出的系统性努力中，帕斯托里乌斯展现了自己与某个仍留在旧欧洲的同时代群体的亲近关联。在他具有自传性质的笔记中，帕斯托里乌斯对曾就读的各家大学没有太多溢美之词。所有他访问过的学院——他未在其中任何一所学院久留——都有一个共同点：酷爱等级和典仪。莱比锡期刊《广雅学刊》（*Acta eruditorum*）的编辑约翰·布克哈德·门克（Johann Burkhard Mencke）在 1713 年和 1715 年的两篇讽刺演说中以辛辣的智慧描述了博学人士的繁文缛节——这两篇演说后被收入《饱学之士的欺骗》（*The Charlatanry of the Learned*）中。他对学者们对敬称的迷恋进行了绝妙的嘲讽："您会看到，许多要求被冠以'大名鼎鼎（Clarissimus）'称号的人在他们生活的城市之外完全不为人所知；自号'雍容华贵（Magnificus）'的人其实贫困潦倒；自号'足智多谋（Consultissimus）'的人几乎给不出什么忠告。"对于学者们为了让乏味的书本给人留下深刻印象而精心编排的拉丁文书名，他也予以无情的嘲弄，比如"公法，或关于头痛的医学论文"。另外，他用寥寥数笔便为沉浸在自己世界中的学者们［比如维滕堡的约翰·塞格（Johann Seger）］勾勒出一幅令人过目难忘且尖酸辛辣的速写。

他有一幅刻在铜板上的雕版画，画中描绘的是十字架上的基督和他本人。他唇边的话语是："我主耶稣，您爱我吗？"而耶稣唇边的回答极尽褒奖之词："是的，无比杰出、无比优秀、无比博学的帝国诗人暨维滕堡大学的校长，我爱你。"[116]

回首在阿尔特多夫作为初阶研究者所经历的"无礼的典仪"，帕斯托里乌斯没有一点好感。[117] 现存于费城图书馆公司的藏书表明，对传统学习形式之乏味的抱怨以及对饱学之士的讽刺很是吸引他的关注。[118] 在教育自己的儿子时，他始终坚持将英语放在最核心的重要位置。尽管他的儿子们继承了《蜂巢》，但他们都是手工业者，没有走上追求学问的道路。在他出版的介绍费城的作品序言中，他正式宣布自己摒弃欧洲的学术体制。尽管对自己在宾夕法尼亚所见的邪恶之事感到痛心，但他仍旧写道："纵然如此，我还是希望这里的事态永远不会走上像欧洲大学里那样令人讨厌的方向，按那种方向发展，一个人必须学习的大部分知识都是注定要遗忘的内容。许多教授将时间浪费在无用的问题和琐碎花哨的技巧上，他们在学习者脑中填满关于空洞问题的细节，而此举却是在阻止他们将心思花在更切实的事物上。"他谴责有学之士们偏爱古希腊神话胜过基督，他们利用亚里士多德的话来阐释《圣经》经典，将时间浪费在"全无用处的问题和花招"上，比如"在希腊文变格中寻找离格"（拉丁文才有离格，希腊文根本没有）。[119]

　　这番对追求博学的控诉和摒弃听起来与门克一样毫不留情。而这正是关键所在。门克谴责这些大学是因为他希望对其加以改进——无论是身为莱比锡大学的教授，还是后来身为该校的校

180

长，抑或是身为其父创办的重要期刊《广雅学刊》的编辑，他一直在尝试这样做。很多证据表明，帕斯托里乌斯也会批判学术世界——在他不宣扬宾夕法尼亚丰饶生活的种种优点时——不是为了摧毁它，而是为了拯救它。在他用生命最后几十年编辑的《蜂巢》中，他对教会历史学家戈特弗里德·阿诺尔德一直很感兴趣，此人曾出版过一部教会与异端的历史，其中用过去的记载来挑战其所处时代在他眼中贫瘠枯燥的正统信仰。早在出版这部著作之前，他便辞去了吉森（Giessen）的教授职位。至于那些提及哈雷（Halle）的新大学、那里的虔信派孤儿院和向犹太人传教活动的书本，帕斯托里乌斯也时常拿来做笔记。这些都是刻意背离往日传统，创造新的学习和教学形式的新知识基础。[120]

帕斯托里乌斯对拉丁文和繁文缛节的不耐烦并未让他与讲究典仪、使用拉丁文的学术世界反目。与戈特弗里德·阿诺尔德一样，他想要的不是放弃渊博的学识，而是改造它。在这方面，他与一位过从甚密的同时代人，即法理学家克里斯蒂安·托马西乌斯（Christian Thomasius，1655~1728）相似得无以复加。诚然，发型精致、号召德意志教授同行学习如何像真正的朝臣那样举手投足的托马西乌斯，在许多方面似乎都与帕斯托里乌斯截然不同，他受贵格会的启发而信仰平等，并且热爱钓鱼和园艺。然而，这两个人在经历和品格上又颇有共通之处。两人接受的都是法理学家的教育，都属于一个广泛的致力于改革法律和法律体制的博学律师群体。[121] 两人都受到过菲利普·雅各·斯彭内尔的影响，都摒弃了成长于其下的路德宗正统思想，且都沉浸在博学的传统中耳濡目染。另外，尽管托马西乌斯对这些传统的批判十分犀利，但他也经常赋予它们新的用途。托马西乌斯抨击大学对学习活动的垄断，积极推动近代研究。他与传统决裂，在莱比锡公开用德语演讲；他推崇法兰西人风雅的生活方式，认为那比德意志人学究气十足的生活方式更加优越；他为受过教育的城市读者创办了一份月刊。但他做这一切都是因为他想让贫瘠的学术土壤再次变得肥沃。[122]

路德宗的神学家自称有权决定大学可以教授和学习哪些内容。他们以其所谓的"不可动摇的正统真理"为标杆，对每一份教学提案加以检验。[123] 托马西乌斯却反其道而行，主张有知识的文明人应当抱持温和而理性的怀疑态度，去接纳所有的哲学体系，对待任何哲学体系都应当持有这种态度。这种做法能让人在亚里士多德学派的专制愚蠢与笛卡尔主义的强烈偏见间找到一条折中之道。了解自人类历史之初出现的所有哲学流派，在了解的基础上对其基本原理作出兼收并蓄的选择，这才是通向智慧的唯一坦途。[124] 鉴于人类的思维根本无法创造一个单一却普适的体系，所以，正如托马西乌斯所思考的那样，拥有一艘经过修整重建、能够航行的船，远胜于一艘从未修理过却满身裂缝、摇摇欲坠的船。[125]

托马西乌斯对理性折中主义的呼吁让博学家们对知识，尤其是对"文献史"的追求有了新的意义。[126] 弗朗西斯·培根（Francis Bacon）曾提出，改革当前学习的关键方式之一是创作一个关于昔日学识变迁的"合理故事"。他相信，对哲学和科学的分析史观将证明，哪些基本原理和哪些体制最有成效且能

182　够经得起时间的考验。培根提出这一观点的文字在很长一段
时间里都是兰贝克等编集者的灵感源泉。[127] 托马西乌斯——
还有他的门徒，比如后来成为当时最负盛名的编集者的贡德
林和施托勒——将这些文字视为创造文献世界的关键，在这个
世界里，每一种新论点都要在恰当且完整的背景下被追根溯源，
得到全面的审视和公正的评判。正如马丁·吉尔（Martin Gierl）
所展现的那样，外表看来没有确定形式、散落在数千页文献史
书间的博学知识，实际上蕴含着为引领读者走出令人迷惑的观
点迷宫而付出的持续不懈的努力。在托马西乌斯看来，博学和
折中主义是营造一个具备批判精神的公共空间的关键：在这个
空间里，对基督教真正的精神上的理解将自然而然地实现。[128]

博学与批判主义

　　这二者的对比可以让我们穿过由多种语言网罗成的繁杂
表面，深入挖掘《蜂巢》的内容，探究为其创作奠定基础的
某些更深层次的动机。帕斯托里乌斯本人将他的摘录集形容
为一座记忆剧院，这当然不错：它们是随时可投入使用的文
化资产。但是，伊萨克·卡索邦也将他的摘录集称为辅助记
忆的工具。[129] 另外，正如乔安娜·温贝格（Joanna Weinberg）
和笔者试图说明的那样，它们还是分析的工具，他在其中展
示了如何从历史学和文献学角度分析文本。正是在这本摘录
集中，他记录下从犹太友人雅各布·巴尼特（Jacob Barnet）
处收到的令人印象深刻的《塔木德》教诲。巴尼特让他看到
该如何浏览最复杂、最乏味且浩如烟海的文本，从文本读到

页边，确定评注者的身份，记录不同版本间的差别。[130] 当帕斯托里乌斯对读者致辞时，他建议读者不仅要将他的收藏熟记于心，更要加以修订。

请做我的校对者和读者，删去繁冗之处，补充此间所缺失的、未及收录的事实。

读书时不可存心诘难作者，不可尽信书上所言，亦不可只为寻章摘句，而应推敲细思。

——弗朗西斯·培根 [131]

与之类似，托马西乌斯敦促读者批判性地阅读其著作《温文尔雅的哲学概论》(*Introduction to Courtly Philosophy*)，希望读者的指正能让他在之后版本中的论辩更加严谨。[132] 两人都没有将博学视为等待撷取的素材储备，也未将其视为文化银行的账户，而是将其视为对读者才智的挑战：一种培养审慎精神和鉴别能力的挑战。事实证明，两人都具备审视并摒弃确立已久的信念和实践的卓越能力。托马西乌斯拒绝迫害女巫和使用酷刑，他用对比论证说明，接受以酷刑取得的证据的惯例虽然古老，但既不具备普遍性，也没有理性的基础。[133]

1688 年 2 月 12 日，帕斯托里乌斯和三位友人对许多贵格会教徒接受并践行的蓄奴惯例进行了审视。我们不知道他们当中的谁撰写了（请愿书）文书的哪一部分。但是，对基督教奴隶主予以批判，并称他们就像当初奴役基督徒的土耳其人的文字很有可能出自见多识广、读过格奥尔格·霍恩著作且对世界范围内的法律体系和战争都颇有研究的帕斯托里乌斯之手。声称蓄奴会让殖民地在德意志和荷兰声名狼藉的也可能是帕斯托里乌斯，他很关心宾夕法尼亚在欧洲的声誉。也许，他还是那位暗示既然贵格会教徒用剑对付奴隶，那么奴隶也完全"有权为自由而战"的人。[134] 在各种事件中，帕斯托里乌斯都表明他不仅希望读者成为，并且自己就是那种具有批判精神且能够独立思考的人。他从未停止对这个问题的担忧，从他在《蜂巢》"黑人（Negroes）"词条下所做的笔记便可清楚地看出这一点。

结合这一背景便很容易理解为什么直到人生的最后几年，帕斯托里乌斯都没有放弃用拉丁文为家常小事题词庆贺，比如为他的葡萄藤支起木桩。因为，与托马西乌斯和其他欧洲改革家一样，他相信传统依然有其价值；他相信，经过适当更新的传统便是现代性的最佳形态。帕斯托里乌斯和托马西乌斯都十分敬重的一位学者是弗拉讷克的法理学家乌尔里希·胡贝尔（Ulrich Huber），托马西乌斯将他精彩纷呈的校长讲话《论迂腐》（*On Pedantry*）刊印了两次。托马西乌斯公然批评那些"自命不凡"的学者，他们"引用韵文和谚语，拉丁文、希腊文和希伯来文单词，学院内的专业术语，法律和医学原则，还有其他展现其学问的知识，而这些引用并没有任何实际作用"。[135] 与托马西乌斯类似，胡贝尔也讽刺那些坚持说拉丁语、全然不顾对方并不懂这种语言或没有自信用这种语言回应的人。但他坚持认为，拉丁文作为"将信仰基督教的民族联系在一起的纽带"仍然有其用途，它拥有"统治其他一切民族的语言"的独特地位，而且胡氏也敦促有学问的人继续使用这种语言。[136] 流利掌握拉丁文的人既可以与其他国家的学者切磋，也可以与过去的饱学之士交流。对胡贝尔而言，拉丁文依然象征着一种值得尊重和保护的智识世界主义。恰如帕特里克·厄尔本所言，帕斯托里乌斯那部高度实用的法律、法律文本和契约书系用德语、荷兰语和英语作序，又在扉页写有醒目而犀利的拉丁文格言，进而赋予它们更宽泛的哲学背景，这种做法与胡贝尔异曲同工。[137] 而笔者认为，帕斯托里乌斯使用拉丁文和其他饱学之士的元素亦是出于同样的理由：为了与欧洲学识渊博的友人们保持联系；为了与威廉·佩恩、伊萨克·劳埃德（Isaac Lloyd）和詹姆斯·洛根交朋友；也为了带领年轻的朋友（比如扬的孙子劳埃德·扎卡里）走进这个帕氏依然为之心醉的在上千年对话中形成的世界。

　　帕斯托里乌斯的方法源于宽广的文化渊源，对天主教和新教兼容并蓄。他向自己不喜欢的耶稣会修士学习，也向他崇拜的新教智者学习。另外，他无疑也从自己作为读者和摘抄者的实践中汲取养分——比如他相信论点无论好坏都值得书写，留待读者自行决断——其中一部分养分来自他无比钦佩且在美国投身其中的贵格会，另一部分则来自他所出身的学院派传统。[138] 不过，与他最具共通之处的还要数一个特定的晚期人文主义群体，他们于帕斯托里乌斯与托马西乌斯的壮年时期在哈雷和北德的其他地方繁荣发展。托马西乌斯及其门徒编集的文学史，帕斯托里乌斯努力为儿子们积累的贵格会灵性主义、欧洲学术、近代医学和炼金术知识瑰宝，这二者的相似之处清晰可见。无论在德意志还是费城，博学的文化都面临着无处不在的对现存

惯例和体制的不满，既为其所困，也受其启发。无论在德意志
还是费城，强烈的宗教动机与庞大的学术武器库的结合都展现
了强大的力量。无论在费城还是哈雷，启蒙运动真正的"圣城"
都建立在博学和宗教王国的基础上——当然，是根据特定的历
史学方法所确立的博学和宗教。[139]

　　假如帕斯托里乌斯留在欧洲，他完全可能成为一位主张改
革的罗马律学家，就像托马西乌斯一样。然而事实是他发现了
美洲，为那里的新世界建设贡献了自己的力量。不过，他在美
国的生活虽然充满地方独特性，却在两个更宏大的故事中"充当
着"一个引人入胜的章节，而这两个故事直到今天才刚刚开始被
讲述：近代早期博学实践鼎盛之时的故事，以及启蒙运动如何从
早前的欧洲学术和基督教信仰的土壤中生根发芽的故事。[140] 约
翰内斯·伯姆和波利多罗·维尔吉利并非最后一批发现并证明从
正统来源中摘抄可能得出非正统思想的学者。帕斯托里乌斯评
注的书本和笔记本或许可以被视为启蒙思想的隐秘化身。只要
确立适当的背景，它们便能反映启蒙运动，至少是宾夕法尼亚
的启蒙运动从众多形式和传统中汲取灵感，并且比我们在历史
哲学领域所认为的要多得多。

第 7 章
维泰博的安尼奥对犹太人的研究

伪书王子

他都知道些什么？又是什么时候知道的？每每有丑闻曝光时，我们总会对曝光者产生这样的疑问。不过，我们通常得不到答案，至少没有确切的答案。六个世纪以来，丑闻始终围绕在乔瓦尼·南尼（Giovanni Nanni），即维泰博的安尼奥身边。许多学者都想细细探究清楚，这位极为狡黠又极富创造性的文艺复兴历史学家对过去究竟知道些什么：他们想追溯他获取古代和中世纪文献的途径，对于这些文献，他在抄录和责难时都怀有同等的狂热。可是，目前我们无从知晓。受到学术研究规则的掣肘，我们只能像地狱里的阴魂一般，在他早期版本著作如迷宫般的纸页间游荡，没完没了地抱怨自己受到无知的诅咒。本章对安尼奥思想和实践上的一小方面所进行的调查，想必能揭开不止一个藏匿于黑暗中的领域。或许还能间接推测出某些需要对其研究方式进行精确的语境研究才能产生的裨益。

学者们已经还原出许多关于安尼奥生平的事实。举例来说，除了确实记载于《使徒行传》中的奇迹之外，另一个奇迹或许足以让安尼奥成为伪书作者的主保圣人。出生于1430年代的安氏在多明我会中过着四处游走的生活，一边教书，一边提供不太成功的占星咨询服务。[1]当他于1490年前后在故乡维泰博安顿下来时，他手里的精彩铭刻和其他伊特鲁里亚古物让同乡和前来拜访的杰出人士都赞叹不已——他声称，其中一些古物是一位农夫在穷追不舍打野兔时意外发现的。他为这些题铭——事实上都是他伪造的——撰写的作品是文艺复兴时期创作的第一部成熟的金石学研究专著。它标志着一段短暂却璀璨的职业生涯的开始，这段生涯让安尼奥登上了多明我会修士所能盼望的最高职位：宗座宫总管（Magister sacri palatii），即宗座王室神学家（Theologian of the Pontifical Household）。直到1502年被切萨雷·波吉亚（Cesare Borgia）毒害之前，他一直保有这个职位。1498年，在西班牙人的资金支持下，安尼奥最出色的作品，即体量庞大的《古事论》（Antiquitates）在罗马出版。[2]

这部带有浓郁波吉亚家族色彩的著作以古代历史学家的篇章片段为灵感，他们的完整作品早已佚失。这些片段文本穿插在约瑟夫斯和尤西比乌斯的长篇作品中——而这些长篇作品中的一部分也是在15世纪才刚刚被译为拉丁文。安尼奥称，一位多明我会修士发现了一系列彼此密切关联的叙事文本并将它们赠送给他，其中大部分据说皆出自形象模糊但影响深远的古人之手，比如迦勒底人贝若苏、埃及人曼涅托（Manetho）以及波斯人麦塔斯梯尼［Metasthenes，最后这位是他以研究波斯的古希腊历史学家麦加斯梯尼（Megasthenes）为原型而捏造的人物〕。这些文本共同讲述了一个如迷宫般曲折的关于意大利古文明起源的传说，在这个故事里，挪亚（Noah）——又称"雅努斯（Janus）"——在大洪水之后来到这片土地。这些文本都很短，而安尼奥将它们拆解为更细小的片段，分散在以较小字体印刷的大段评注中，就像漂在茫茫大海上的一座座小岛。俗话说得好，魔鬼总是潜伏在小字里。* 沃尔特·斯蒂芬斯（Walter Stephens）和其他无畏的探索者在勇闯这片晦暗的文字之海时发现，安尼奥的评注和世系图谱甚至比它们包围的伪造古代文本更具匠心。这种自我引用机制复杂且极具迷惑性，它明确指出伪造的作者文献来源，让各种言论协调一致，随后呈现在读者面前。而读者又出于各种目的对它们加以利用。

与所有优秀的多明我会神学家一样，安尼奥知道该如何展开议论。他在评注中再三强调，唯有以官方记录——比如他那个时代存放在意大利公证人手里的契据登记簿——为基础写作的历史学家才值得"信任（fides）"。[3] 在古代，巴比伦、埃及和波斯等强盛古国的祭司们——贝若苏及其同行——的编年史均取材于官方记载。在安尼奥反复引用的篇章里，他们也明确指出自己正是这样做的。举例来说，安尼奥所呈现的麦塔斯梯尼作品的开篇便强调，诸如贝若苏等古代祭司是唯一具有权威性

188

---

* 中世纪的欧洲流传着人与魔鬼签订契约以换取利益的说法。魔鬼的契约看似公平，但以狡猾著称的魔鬼往往在条款细节处设置漏洞，让签约人为得到利益付出意想不到的代价。故有"魔鬼藏在细节中（The devil is in the details）"的典故，"The devil lurked in the small print"在此处正是对这个典故的化用。

的历史学家，因为只有他们的编年史能在档案馆中找到出处。⁴ 这些人的叙事清晰地互相印证，确认彼此的真实性和权威性。另外，他们批驳"满口谎言的希腊人（Graecia mendax）"罗织的花哨故事：像希罗多德那样的个人主义者，他们的故事纯属彻头彻尾的编造，不以档案记载为基础，而他们原本应该这样做。⁵ 印刷商为安尼奥的书作炮制出一个又一个印刷精美的版本，配以详细的索引及其他印刷工场常用的时兴花样。

安尼奥的收集所暴露的最明显的问题是，尽管他笔下的历史学家理应来自不同古国，使用不同的语言，但无论是所谓出自他们之手的文本还是评注，都可以明显看出是由同一位作者以一以贯之的拉丁文风格创作而成——这部作品问世后没几年，文献学家们便注意到了这个问题。对此，伟大的比亚图斯·雷纳努斯（Beatus Rhenanus）的评论十分中肯，他恰如其分地引用友人伊拉斯谟的箴言："他们中一人给公山羊挤奶，另一人举着滤网。"⁶ 与伊拉斯谟相似，雷纳努斯大概也不愿想起他本人曾在某个失策的时刻将安尼奥的作品当作权威文本来引用。⁷ 当人们对细节加以更细致的审视，安尼奥的文本与其他历史记载的诸多矛盾便愈发涌现出来。安尼奥对取自真实文献的信息加以修改和彻底改造，似乎从中感受到一种极为典型的病态乐趣。约瑟夫斯和尤西比乌斯是保存了贝若苏大部分残篇的犹太教和基督教作者，他们指出，贝若苏的《巴比伦尼亚志》（History of Babylonia）共有三卷。安尼奥笔下的贝若苏却创作出五卷。到 16 世纪中叶，诸多文献学家和历史学家就这些差异罗列出清单，以此为切实证据指出安尼奥的文本可能（或者说一定）是伪造的。[8]

纵然如此，安尼奥设计精良的"鲁布德堡机械装置（Rube Goldberg contraption）"*还是像重型机器一样轰隆隆地碾过整个 16 世纪，并且继续向前滚动。诸多版本和改写让他华而不实的史论在超过一个世纪的时间里占据着世界和诸国编年史早期章节的核心位置，他关于迎驾仪式的盛况、王室和贵族盾形纹章的早期阶段的介绍影响了从伊比利亚到斯堪的纳维亚的广泛地区。尽管历史学家和图书管理员逐渐认识到不管伪装得多么巧妙，安尼奥的作品都是伪书，他们也对其予以谴责，但它们从不缺少德高望重或至少值得些许尊敬的捍卫者。直到 1920 年代，哈佛大学还有一位学识渊博的斯拉夫语教授利奥·威纳（Leo Wiener）在自己精彩的四卷本著作《阿拉伯—西哥特文化史论》（*Contributions to the History of Arabo-Visigothic Culture*）中辩称，安尼奥与他在伪作领域的好兄弟、本笃会修士约翰内斯·特里特米乌斯类似，只是出版了这些文本，并没有捏造它们；他还主张，这些文本其实伪造于 8 或 9 世纪。威纳思考道："安尼奥的作品所展现的学识即使在那个饱学之士随处可见的时代也令人叹为观止……指控这样一个人蓄意伪造，那才是绝对的疯狂。"[9]关于安尼奥残存多少可信度的问题，威纳或许不算是多么严谨的见证者。毕竟他还指责塔西佗的《日耳曼尼亚志》（*Germania*）是伪书——至少他相信自己成功揭示了这一点。就

189

---

*　一种被设计得过度复杂的机械组合，以迂回曲折的方法完成极其简单的工作，例如倒一杯茶或打一枚蛋。这个装置运作繁复费时，且以简陋的零件组合而成，因此运作过程往往给人以荒谬、滑稽之感。

连他亲爱的儿子，那位远比他声名显赫的诺伯特·斯图尔特·威纳（Norbert Stuart Wiener）也在自传《昔日神童》（*Ex-Prodigy*）中坦言，文献学与历史学并非父亲的强项。[10]

安尼奥与犹太人

不过，威纳的论点仍值得稍加关注，因为他让人注意到安尼奥作品中此前未得到充分研究的若干方面。威纳指出，安尼奥不仅使用希腊文和拉丁文文献，也使用闪米特语文献。他的评注中经常出现希伯来语和阿拉姆语的单词与短语，而且他通常会对其加以解释。正如威纳所解释的，这些材料不仅来自一位以这些语言为母语的信息提供者，"他的朋友、《塔木德》研究者塞缪尔拉比，显然就是教宗亚历山大六世（Pope Alexander VI）的宫廷内科医师塞缪尔·扎尔法蒂（Samuel Zarfati），一位极为博学的西班牙犹太人"，也来自另外两位姓名不详的《塔木德》研究者。[11]威纳在欧洲的犹太教神学院，即耶希瓦（yeshiva，也译"授业座"）学习时便熟练掌握希伯来语和阿拉姆语，后来在哈佛大学任教时则教授意第绪语和俄语。他十分自信地宣称，受过教育的犹太人曾为安尼奥提供帮助，那些犹太人所接受的教育就像是他本人所经历的犹太教育在15世纪的翻版：对《塔木德》研究的系统训练，对犹太律法、习俗、历史和传统的大规模汇编。他指出，另一位见多识广、严谨认真的学者很早之前便提出过这种观点，并以此为他自己的结论背书。16世纪中叶，杰出的巴塞尔希伯来语学者、地理学家塞巴斯蒂安·明斯特曾在他那部流传甚广的著作《宇宙志》

（*Cosmographia*）中为安尼奥辩护："无论如何，有一点我非常清楚：就这些残篇中大量出现的希伯来语单词而言，看不出任何欺骗的迹象。这让我不得不相信这本书和这位作者，因为在某位修士出版贝若苏作品的时代，基督徒中没有一人算得上希伯来语方面的专家。"[12] 明斯特和威纳的观点有道理吗？安尼奥是不是在向基督徒传达一位博学的伊比利亚拉比渊博的闪米特语知识呢？

并不是。威纳和明斯特的论点均建立在一个我们如今已知有误的基本前提上。新教学者，尤其是归正宗学者坚称，他们是自古代世界以来第一批研究希伯来语，或者说是第一批将《旧约武加大译本》（Vulgate Old Testament，也称《拉丁通俗译本》）与《希伯来圣经》（Hebrew Bible）*加以比对的基督徒。约瑟夫·斯卡利杰对 1603~1606 年会聚在他位于莱顿家中的法国学生说："两百年前，任何教授或了解希伯来语的人都会被视为异端。"[13] 最近的学术研究表明，中世纪的修道院和托钵会是活跃的希伯来语学者圈子的活动场所。他们学习这种语言，然后广泛为他人提供帮助，从双语文本和语法到塞满希伯来语知识

---

* 也称《希伯来经卷》，是《圣经》学者指代《塔纳赫》的术语。其既是犹太人的正典，也是《旧约》的教义来源。除阿拉姆语外，其大部分由希伯来语写成，而且不同的信仰对《希伯来圣经》的理解也并不相同：在犹太教信仰中，其指的是 24 卷正典，即《塔纳赫》，包括《妥拉》（5 卷）、《先知书》（8 卷）和《圣录》（11 卷）；在新教信仰中，其指的是《旧约》39 卷正典（等同于《塔纳赫》24 卷，但编排不同）；在天主教信仰中，其指的是《旧约》46 卷正典（含"续经"）；在东正教信仰中，其指的是《旧约》50 卷正典（含"次经"）。[本书中的《希伯来圣经》并不指于 1906 年首次出版的希伯来文版"Biblia Hebraica"，且希伯来文《圣经》（Rabbinic Bible / Mikraot Gedolot）是《希伯来圣经》（Hebrew Bible / Tanakh）的版本之一。]

的字典和评论，不一而足。里拉的尼古拉（Nicholas of Lyra）身边的希伯来语学者便是如此。在 16 世纪早期，英格兰技艺最高超的希伯来语学者罗伯特·韦克菲尔德（Robert Wakefield）遍寻用希伯来语写成的《圣经》文本，只为寻找支持王室申请离婚的依据。他对希伯来语的掌握部分依赖于两三百年前打下的基础。[14]有许多修士都有能力正确地解释明斯特所引用的单词，包括非常基础的用语，比如"Maia"，意为"水"，"Ruah"则意为"灵性"。

但安尼奥所做的可不仅仅是引用几个希伯来语单词。名称是安尼奥文献学工作的重点。正如克里斯托夫·利戈塔（Christopher Ligota）很久之前阐明的那样，给他一个城市或民族的名字，他只需要一点时间便能上演偷梁换柱的魔术：捏造出一个拥有相似名字的开创者。[15]正是通过这种方式，他根据伦巴第人的拉丁文名"隆戈巴尔迪（Longobardi）"编造了该民族始祖的名字：两位分别名叫"隆戈（Longo）"和"巴尔杜斯（Bardus）"的绅士。在准备创作《古事论》的那些年里，安尼奥逐渐明确了自己关于挪亚本人抵达意大利，创建当地古文明的论点，在此期间，他对其所谓希伯来语和"亚拉腊忒语（Araratheic）"词源的利用也愈发频繁。在他看来，对这些专有名词的研究确信无疑地证明自己的古代世界史论是真实可信的。

安尼奥与圣哲罗姆：词源学、编集与修正主义历史学

然而，恰如沃尔特·斯蒂芬斯在论文中所证明的，安尼奥

为地名捏造希伯来语起源所依据的知识既不准确，亦非原创。[16]
在对他声称由莱斯沃斯的密尔希路斯（Myrsilus of Lesbos）所
作的史论加以评注时，安尼奥不得不探讨文本中一个名叫
"prisci Umbri"的居住在台伯河一带的民族。他解释道，他在罗
马皇帝安东尼·庇护（Antoninus Pius）的《行纪》（Itinerary）
中发现了一份清单，记录着从罗马城经台伯河前往高卢所行经
的驿站。这份清单里有一座名叫"萨伦布洛纳（Saleumbrona）"
的城市。安尼奥写道："此即当今阿拉姆语中的'Sale'，意为
'某人的出生地和出发地'。"他称这则信息来自塞缪尔拉比，稍
后我们还将谈及此人。但他还引用了一份拉丁文文献来佐证自
己的犹太信息提供者所告知的内容："与之类似的是，圣哲罗姆
在他那本探讨名称内涵的书中也提到，'Sale'的意思是'离
开'。"据此，安尼奥利落地得出结论："'Saleumbrona'就是希
罗多德等人提到的翁布里亚人（Umbri）最初栖居的发源地，他
们从此地出发，足迹遍布托斯卡纳，然后直抵海边，也跨越台
伯河进入翁布里亚的山地。"[17]

　　与其惯常的做法一样，此处安尼奥利用主动向读者交代出
处的伎俩隐瞒了真正的文献来源和研究方法，这倒很像爱伦·
坡（Allan Poe）小说《失窃的信》（Purloined Letter）中勒索者
的手段：将信件放在一眼就能看见的地方，反而瞒天过海。在
安尼奥之前一千多年，斯特黎敦的哲罗姆（Jerome of Stridon，
即圣哲罗姆）在运用他的希伯来语知识翻译并评注《圣经·旧
约》时，遇到一篇解释《圣经》中希伯来语名称和单词含义的
希腊文文本。这份文献题为《论希伯来语名称释义》（A Book on

the Interpretation of Hebrew Names），单看标题便知此书益处良多，据说作者是亚历山大港的"犹太人斐洛（Jew Philo）"。起初，圣哲罗姆认为它很有帮助，并将其翻译成拉丁文。后来，他认为其中某些材料不可信，并对其加以修订。[18] 正是这份大名鼎鼎的文本记载"'Salec'意为'离开'"。[19] 遗憾的是，安尼奥并未意识到圣哲罗姆文中的拉丁文名"Salec"——并非安尼奥笔下的"Sale"——实际上是对希伯来文人名"Tselek"（洗勒）的音译，受过教育的犹太人理应注意到这一点。《撒母耳记下》23:37和《历代志上》11:39中均提到过"亚扪人洗勒（Tselek the Ammonite）"。无论哪种形式，希伯来语还是拉丁语，这个名字都无法作为"Saleumbrona"这个许是虚构的悦耳地名的可信起源。

圣哲罗姆的书似乎对安尼奥有所启发，令他相信闪米特语辞书学不仅是理解《圣经》的钥匙，也是理解犹太人在大洪水之后的岁月里流落四海时为城市和其他地方定名的关键。更重要的是，圣哲罗姆为安尼奥提供的不仅是工具，还有大量的原材料——尽管他秉承一贯的作风，尽己所能地掩饰这一点。再举一个例子：在关于佛罗伦萨早期历史的讨论中，安尼奥再度上演了佛罗伦萨当地有关城市起源的漫长讨论。他称这座城市相对较新，还提到它征服了一座更古老的城市法伊苏拉伊[Phesulae，即菲耶索莱（Fiesole）]，吞并了后者的大部分土地。在此，安尼奥再一次用两个希伯来语名来定义一个古老的意大利地名。

> 正如我的友人塞缪尔所解释的，"phese" 意为 "跨越"，"ulai" 意为 "沼泽"，圣哲罗姆在其关于名称释义的书中也认同这一点。因此，阿拉姆语中的 "Phesulai"，即罗马字母形式的 "Phesulae"，意为 "跨越沼泽"。因为低洼的平原上沼泽广布。[20]

上文中，安尼奥的两个解释均出自圣哲罗姆那部内容丰富的著作。

> "fase" 意为 "越过" 或 "穿过"，我们将其读作 "Pascha"*。"ulai" 意为 "沼泽"。[21]

以上两条评注分别针对《路加福音》2:41 和《但以理书》8:2，前者中出现了希腊文单词 "逾越节（πάσχα）"，后者则提到了 "乌莱河（River of Ulai）"：两处文本彼此之间毫无关联，也均与菲耶索莱无关。再一次，安尼奥大概是靠自己敏捷的文献想象力补足了缺失的链条。再一次，我们很难，甚至无法想象一位真正的犹太人会根据希伯来文单词 "פסח"（"pasah" 意为 "越过"，是 "pesah" 的动词原型）派生出 "菲耶索莱（Fiesole）" 这个名字。

安尼奥关于名称的历史溯源并非都能在圣哲罗姆的小书中找到出处。但目前发现的例子已足够印证斯蒂芬斯的论点：这位多明我会修士即便对希伯来语一知半解也能凭空捏造。安尼奥撷取

193

---

* 逾越节即源于此。

圣哲罗姆的解读，断章取义地混为一谈，再与他想要解释的地名相匹配。事实上，安尼奥早在《古事论》出版之前便坦然承认过这一点。1494 年前后，安尼奥将一些伪造的伊特鲁里亚文本和精心仿制的希腊文题铭与自己的评注一并题献给教宗亚历山大六世。[22] 他几近开诚布公地介绍了自己解释文本中神秘词语的方式："我与《塔木德》研究者和语言专家过从甚密，这让我对原始的伊特鲁里亚混合语多少有一些了解。如果仍有疑问，我手边还有一本圣哲罗姆的《论希伯来语名称释义》。"[23] 只需对安尼奥这句话的语序稍作调整——设想他先查阅了圣哲罗姆的书，而后才投身于真正困难的探索之中——即可得到对其研究方法的精准描述。

安尼奥的犹太友人？

然而，故事没有这么简单。威纳、斯蒂芬斯和其他人均指出，安尼奥在此处和其他许多场合都着力宣传他与《塔木德》研究者的密切联系，其中一位的名字是塞缪尔。我们该如何理解这些联系呢？在同一时期，大部分多明我会修士并不以亲犹太人而闻名。安尼奥去世短短几年后，科隆的多明我会修士便与一位皈依基督教的犹太人约翰内斯·普费弗科恩（Johannes Pfefferkorn）合作，着手查封并销毁神圣罗马帝国境内所有犹太聚居区的书籍。[24] 相比于多明我会，方济会倒是更经常站在亲犹立场上，比如托马斯·穆尔讷（Thomas Murner）出版了第一部印刷版逾越节《哈加达》（Haggadah）*，意在表明其中不

---

* 一种用来传述逾越节规定的犹太文本，其中大量引用了《希伯来圣经》经文，以及"拉比时期"针对出埃及往事所流传下来的传说、解释和典故。

含支持血祭诽谤的内容；又比如皮耶罗·加拉蒂诺是卡巴拉学
说*的捍卫者。利奥·威纳信心十足地确定，为安尼奥提供信
息的人就是教宗的内科医师塞缪尔·扎尔法蒂。然而，扎尔法
蒂直到 1498 年才来到罗马——而塞缪尔和其他未提及名字的
《塔木德》研究者早在数年前便开始为安尼奥的学术工作提供
帮助。

罗伯托·韦斯（Roberto Weiss）和阿曼达·柯林斯（Amanda
Collins）在数篇经典文章中确定了安尼奥开始提到自己与塞缪
尔拉比相熟的日期。在关于伪造题铭的小文章中，安尼奥称
是塞缪尔拉比"当着副总管普罗斯佩罗·卡法雷利大人（lord
Prospero Caffarrelli）的面"翻译了其中的"亚拉腊忒语"单
词。韦斯分析称，卡法雷利曾出任图西亚（Tuscia）"圣彼得
教产（Patrimony of Saint Peter）"的副使（或称"副总管"），
"第一次是在 1485 年，第二次是在 1492~1494 年，而图西亚
的首府便是维泰博"。此外，在《古事论》中，安尼奥描述了
题铭重见天日后"凯旋雕像"在库柏勒（Cybele）的土地（即
维泰博）上、在亚历山大六世和教廷的见证下出土的情形。[25]
1493 年 10~12 月，亚历山大六世在维泰博打野兔。如果安尼奥
所言不虚，那么他结识塞缪尔并请他帮忙破译晦涩的"亚拉腊
忒语"题铭应该就在这一时期。

事实上，安尼奥在《古事论》的许多段落中都借用了《塔

---

* "卡巴拉（Kabbalah）"是与犹太教哲学观点有关的思想，用来解释永恒的造物
  主与有限的宇宙之间的关系。

木德》研究专家的权威论述，而他引用专家言论的形式则引发了有关其信息提供者身份和数量的诸多疑问。有时，他引用的是"一位《塔木德》研究者"或"某位《塔木德》研究者"的话，有时是"数位《塔木德》研究者"，有时则是"希伯来《塔木德》研究者"。[26] 而威纳注意到，有时出现在他笔下的是一位更具个人色彩的"塞缪尔"、"《塔木德》研究者塞缪尔"、"塞缪尔拉比"甚至"我们的《塔木德》研究者塞缪尔"。[27] 在这些情况下，"《塔木德》研究者（Talmudist）"一词显然是指与其同时代的在《塔木德》研究方面堪称专家的犹太人。但在其他情况下，安尼奥却用该词称呼古代的《塔木德》创作者，而非近代的《塔木德》诠释者。[28] 他在很多案例中都同时引用圣哲罗姆和《塔木德》研究者的言论，似乎认为二者之间存在联系。[29] 他曾至少一次提出过一个据说来自"圣哲罗姆的《论希伯来语名称释义》和其他《塔木德》研究者（Hieronymo de interpretatione nominum Hebraeorum et aliis Talmudistis）"的观点，这种表达提示我们：对于安尼奥而言，"《塔木德》研究者"既可以是古代或近代的犹太人，也完全可能是古代的基督徒。[30] 那么，塞缪尔是安尼奥唯一的专家顾问吗？

塞缪尔提供的究竟是哪一类专业意见？他的意见可靠吗？在大多数情况下，安尼奥都将自己所引用的《塔木德》研究者视为权威。有时，他甚至将对方誉为"一位博学的《塔木德》研究者"，以及"技艺娴熟的"或"博学的《塔木德》研究者们"。[31] 不过，在另一些情况下，他却选择了更为传统的相反之

道。他谴责"《塔木德》研究者的虚构和谬误"以及"法利赛派
《塔木德》研究者的虚荣"——正如保罗的证言所展现的，后者
玷污了早期的基督教教会（安尼奥没有解释与保罗同时代的基
督徒何以知晓《塔木德》，根据他的观点，此书是在公元 2 世纪
编集完成的）。[32] 他还将《塔木德》研究者称为"玷污圣训之人"，
根据安氏的记载，他们的观点与约瑟夫斯的观点在年代学研究
领域都遭人摒弃。[33] 简而言之，无论是对《塔木德》研究者的真
实身份还是对他们学术成果的价值，安尼奥的态度看起来都相
当矛盾。[34]

　　对于他们可能提供哪一类知识，他的态度同样敷衍塞责、
反复无常。在有关于维泰博出土题铭的简短文章里，安尼奥声
称他需要塞缪尔帮自己解读几个"亚拉腊忒语"单词。这个术
语透露出他使用模棱两可的表达显然是经过谋算的蓄意之举，
与他将伪书的所谓作者称为波斯祭司麦塔斯梯尼而非麦加斯梯
尼的做法如出一辙。"亚拉腊忒语（Araratheic）"这个不知所云
的名词看起来似乎是从"阿拉姆语（Aramaic）"派生而来，或
许意在让人联想到传说中挪亚方舟最后停泊的亚拉腊山（Mt.
Ararat，也译"阿勒山"）以及阿拉姆语。至于塞缪尔协助安
尼奥破译的题铭，经安尼奥本人承认，是用希腊字母而非希伯
来字母写成，他将其称为希腊语和亚拉腊忒语的混合体。实际
上，即便是最博学的犹太学者，面对这些铭文也只会一头雾水，
因为其中除希腊字母以外的文字完全是乱码。但是几年后，在
《古事论》中，安尼奥却再度引用"博学的《塔木德》研究者
们"的观点，这一次不是关于希伯来语，甚至不是关于亚拉腊

195

忒语的问题，而是关于"因格海冯（Inghaevon）"这个名字的起源：很明显，它衍生自塔西佗在《日耳曼尼亚志》第 2 章中提及的伊斯特沃内人（Istaevones）。[35] 历史上确有一些《塔木德》研究者阅读过塔西佗拉丁文著作中的记载，既有 16 和 17 世纪的基督徒，也有 19 世纪及尔后的犹太教徒。但我们可以比较肯定地推断，《塔木德》研究者塞缪尔，还有他那些在 15 世纪对亚拉腊忒语题铭和塔西佗都颇有研究的犹太同袍纯粹是安尼奥天马行空的杜撰。

最令人瞩目的是《古事论》的另外两段，安尼奥在其中生动记录了自己与信息提供者的真实讨论。在《安尼奥问答录》（*Quaestiones Anniae*）中，他回忆了五年前曾与"塞缪尔拉比和另外两位《塔木德》研究者"展开的深入讨论，于"过去五年的复活节八日庆期间"切磋：这可能是指从复活节星期日到复活节后的第一个星期日期间的八天，即 1493 年 4 月 7~15 日（如果他记载的日期是可信的），也可能指的是复活节后的第一个星期日当天。[36] 复活节通常是犹太人与基督徒关系紧张的时刻。[37] 1475 年复活节前夕，特伦托出现了一具被匕首刺死的男孩尸体，名叫"西蒙尼诺（Simonino）"。这个可怕的发现激发了针对特伦托犹太人的血祭谋杀指控，有的犹太人在酷刑之下屈打成招，一些人因此遭到处决。[38] 可安尼奥却声称自己在复活节的那几周里与《塔木德》研究者相谈甚欢。他在另一段文字中写道，"在阿拉姆语及希腊语之前的希伯来语中"，"fanum"一词意为"预言出现的地方"。他解释道，塞缪尔"引用《创世记》第 32 章中的文字来证明这一点，在雅各预言即将到来的胜利和宿命以及天使为他改名时，雅各用希伯来语将那个地方称为'法努伊勒（Fanuel）'，意为'上帝预言之地（the *fanum* of God）'*。雅各说：'我面对面见了神。'"[39]事实上，在《创世记》32:31 的希伯来文文本中，雅各对这个地点的称呼是"毗努伊勒（Peniel）"，他说的是"我面对面（panim el-panim）见了神，我的性命仍得保全"。显而易见，与安尼奥年复一年争论名词内涵的博学的《塔木德》研究者并不了解《希伯来圣经》文本对毗努伊勒一词起源的解释，恰如安尼奥显然对此一无所知的那样。前述第一个例子从社会角度来看不合情理，第二个例子从语言学角度来看更不值得信任。我们似乎可以推断，塞缪尔及其同事是安尼奥虚构出的众多友人中的几位——抑或是他重度多重人格障碍演化出的几个化身。[40]

安尼奥的犹太文献来源

然而，摆脱安尼奥关于《塔木德》研究者的记载并不能消除所有的谜团。利奥·威纳注意到《古事论》中有些内容比安尼奥精心粉饰的单个名称更引人注目。安尼奥参考的不止一处犹太文献表明，他对一些不可能来自圣哲罗姆的素材有着直接的了解，原因很简单：那些素材在圣哲罗姆的时代尚不存在。安尼奥不仅引用了所谓的《塔木德》研究者的词源学说，也直接从《塔木德》中援引段落，根据传统观点，这些段落的

---

*　即所谓的"应许之地（Promised Land）"。

年代最早也出自圣哲罗姆之后的一个世纪（很可能还要更晚一些）。

这些参考文献有些非常严谨专业。安尼奥的一部伪书系假托斐洛之名创作的犹太人历史，其中涉及犹太人的大事年表及第二圣殿时代的历史等问题。对于这一时代，《旧约》中的相关叙事史几乎没有透露多少信息。在安尼奥的评注中，他引用《塔木德》中的"异教书（Avodah Zarah）"（意即"异教崇拜"，比如"偶像崇拜"）来确定哈斯蒙尼王朝（Hasmonean Dynasty）持续的时间：在公元前 142~ 前 63 年统治犹地亚的高级祭司和国王家系，他们都是犹大·马加比（Judah Maccabee）的父亲玛他提亚（Matthias）的后裔。伪作者斐洛称这个家族统治了129 年。安尼奥在评注中写道："约瑟夫斯称哈斯蒙尼家族统治了 127 年。但在'异教书'中，《塔木德》编集者在以'节庆之前（Lipfne Idiem）'开头的那一章写道：约瑟夫拉比称哈斯蒙尼家族的王国持续了 103 年。"[41] 安尼奥的这处引用具体且准确。"异教书"中的相关部分写道："身为拉比之子的约瑟拉比教导我们：波斯人的统治在第一圣殿建成后又持续了 34 年，希腊人在圣殿存续期间统治了 180 年，哈斯蒙尼家族的统治在圣殿时期持续了 103 年，希律家族（House of Herod）则统治了 103 年。"（8b-9a）安尼奥甚至从 12 世纪学者拉希（Rashi）对该段的评论中引用了更多信息。[42]

在《古事论》的同一章节，安尼奥记录了《塔木德》中一则关于古犹太最高评议会兼最高法院（Sanhedrin，也称"犹太公议会"）长老惨遭屠戮的故事。

希伯来人在《塔木德·末门书》以"伙伴们（Assufatin）"开头的一章中写到了犹太公议会的覆灭。据说，亚实基伦的希律（Herod the Ascalonite）*曾是哈斯蒙尼家族的仆人。武力夺权后，他立刻将犹太公议会的 70 名法官斩尽杀绝。他只留了博塔之子巴布（Bab the son of Bota）一条活口，但挖去了他的双眼。[43]

安尼奥在此处的引用同样具体且准确。原文写道："希律原是哈斯蒙尼家族的仆人。他觊觎（家族的）一名年轻女佣。在某一天，他听到'巴示科尔（Bath kol）'（即来自天堂的声音）说：'此刻造反的仆人必将出人头地。'于是他便起义反抗自己的主人，将他们全部杀光……希律问道，谁能解释'必从你弟兄中立一人，不可立你弟兄以外的人为王'（《申命记》17:15）这句话？拉比们（作了解释）。他站起身，杀死了所有的拉比，只留下了巴巴·本·布塔（Baba Ben Buta）为他出谋划策。"（《巴比伦塔木德·末门书》3b）

　　在上述案例和其他一些案例中，安尼奥或塞缪尔用拉丁文引述的文献绝不普通。当然，《巴比伦塔木德》（Babylonian Talmud）是一部内容多、密度大、难度高的作品。它的核心是《密释纳》：用希伯来文写成的犹太律法集成，传统认为由犹大·哈-纳西（Judah haNasi）在公元 200 年前后编集而成。在《塔

₁₉₈

---

*　即大希律王（Herod the Great），又称"希律大帝"。

木德》中，《密释纳》分为许多小节，每节后面都是与之相关的《革马拉》段落，即拉比们对此展开的长篇讨论，主要采用阿拉姆语，也夹杂着来自波斯语甚至希腊语的词汇，讲述者的身份不明。即使在近代的全文印刷版中，经文的这两个部分也以没有元音的形式呈现。我们很容易想象安尼奥从圣哲罗姆那里收集注释，再将它们归属于一位虚构的《塔木德》研究者的情形；但我们很难想象他读过《塔木德》原文，哪怕是近代的印刷版。

更何况，那样的印刷版在 15 世纪尚不存在。信奉基督教的伟大印刷商丹尼尔·邦贝格（Daniel Bomberg）将《巴比伦塔木德》的全部语料整理到一起，在 1520 年代作为一部单独的作品出版。在那之前，写本或印刷本《塔木德》的不同部分通常各自流传。[44] 对这些文本有直观了解的基督徒寥寥无几。德意志的希腊语言文化研究者和神圣罗马帝国的律师约翰内斯·罗伊希林（Johannes Reuchlin）在 16 世纪最初的二十年里同任何基督徒一样，刻苦研习希伯来语和阿拉姆语。1512 年，他得到了一本《耶路撒冷塔木德》（Jerusalem Talmud）中的"大议会书（Sanhedrin）"（这显然颇费了一番周折），该版本诞生于巴勒斯坦的犹太教学院，略早于《巴比伦塔木德》。[45] 但是，当他在 1516 年发表文章大力捍卫犹太人保留他们手中的《塔木德》的权利时，他却明确表示自己没有此书的全文，也不曾直接接触过这部作品。在一段生动的文字中，他更加清楚地写道，此书中各种语言的混杂在他看来是多么陌生和晦涩。

据我所知，全德意志境内没有一位真正研究过《塔木德》的基督徒。另外，自我有生以来，德意志民族神圣罗马帝国统治范围内也从未有哪怕一个受过洗礼的犹太人能理解或阅读它……因为，尽管《塔木德》用希伯来字母写成，但它的语言并不像我们在《圣经》中看到的那样是纯粹的希伯来语，相反，我们在此书的措辞中发现了吸收多种其他东方语言的痕迹，包括巴比伦语、波斯语、阿拉伯语和希腊语。其中还有数不清的缩写，需要读者付出巨大的努力，进行深入的研究，因此，没有多少犹太人能读懂《塔木德》，更别提基督徒了。[46]

在 16 世纪的大部分时间里，即使是非常了解希伯来语和阿拉姆语的基督徒往往也坦言自己无法解读《塔木德》。举例来说，纪尧姆·波斯特尔（Guillaume Postel）曾将卡巴拉学说的关键文本《光明篇》（Zohar）从阿拉姆语翻译成拉丁语。但他却向苏黎世的希伯来语教授康拉德·佩利坎（Conrad Pellikan）坦白自己完全读不懂《塔木德》，还请求借用佩利坎的版本。[47] 对许多基督教学者来说，这本书中有多处诽谤耶稣的表述——这导致《塔木德》在 13 世纪、1553 年及尔后的岁月里多次遭到焚毁——单是这一广为流传的说法便足以彻底打消他们的兴趣。

安尼奥所处世界中的《塔木德》及其读者

但也有例外。佩利坎和皈依基督教的保罗·里茨［Paul

Ritz，也称"保卢斯·里奇乌斯（Paulus Riccius）"] 等专家为
基督徒读者翻译了一部分《塔木德》。⁴⁸ 更关系到本书研究的
是，罗马和教廷内有学者宣称，他们在《塔木德》里找到的素
材经适当研究后能为基督教学术研究带来至关重要的益处。举例
来说，在 1487 年前后，一位皈依基督教的犹太人保卢斯·德·埃
雷迪亚（Paulus de Heredia）发表了一封据说由哈卡那之子努米
亚（Neumia, son of Haccana）所写的信。奈胡尼亚·本·哈 - 卡
纳拉比（Rabbi Nehuniah ben haKanah）是公元 1 世纪的历史
人物。这封据说出自于他的信包括一系列来自"罗马城执政官
安东尼努斯"的询问，还有"拉比努斯·哈卡多斯（Rabbenus
hacchados）"的回答——"拉比努斯·哈卡多斯"是犹大·哈 - 纳
西的传统称号"我们神圣的拉比"经部分拉丁化转写后的形式。
这位生活在道成肉身之前的拉比预言耶稣将作为弥赛亚降临世
间，更令人震惊的是，他还预言君士坦丁大帝的母亲圣海伦纳
（St Helena）将在巴勒斯坦发现真十字架（True Cross）。在加拉
蒂诺将这封信的选段收入他在 1518 年出版的关于基督教秘辛的
著作中后，该信产生了极大的影响——它也体现了对《塔木德》
的真正理解。"大议会书"中有一段拉比与安东尼努斯的对话，
想必其便是保卢斯参照的模板。⁴⁹

　　另一位改信基督教的犹太人，即学识极尽渊博的西西里
人古列尔莫·蒙卡多（Guglielmo Moncado）看上去倒更像是
安尼奥虚构的塞缪尔。为了标榜自己掌握许多种语言，还为
皮科·德拉·米兰多拉（Pico della Mirandola）翻译过无比艰
涩的卡巴拉文献，他更名为弗拉维奥·米特里达梯（Flavio

Mithridates）。1481 年，米特里达梯为罗马教廷进行了耶稣受
难日的布道演说。在持续两个小时的布道中，他优美的希伯来
语和阿拉姆语发音令教长们惊艳。米氏引述的内容包括据他所
称的出自《旧塔木德》（vetus Talmud）的段落：真正用希伯
来语和阿拉姆语表述的承认耶稣的弥赛亚身份和三位一体学说
的引文。米特里达梯解释道，犹太人阻止真正的《塔木德》流
传，用他们自己的《巴比伦塔木德》和《耶路撒冷塔木德》取
而代之，从而掩盖了一个至关重要的事实：耶稣时代最优秀的
拉比都承认耶稣即是弥赛亚，并且接受基督教的核心教旨。与
安尼奥（或塞缪尔）类似，米氏也注意指明所依据文本的来
源。[50] 显然，当安尼奥在罗马出版一本得到教宗支持的书本并
在其中引用《塔木德》时，他很清楚这不会得罪任何人。当时
的罗马教廷已经警觉地意识到秘传犹太文本或许值得研究。弗
拉维奥·米特里达梯为皮科·德拉·米兰多拉和其他基督教学者
充当顾问和诠释者的角色：与安尼奥笔下的塞缪尔所扮演的角
色如出一辙。[51] 二者的相似之处值得关注。

　　弗拉维奥·米特里达梯这个历史人物甚至可能是安尼奥虚构
的朋友塞缪尔背后的原型。米氏不仅是公认的希伯来语和阿拉
姆语专家，在其他东方语言方面也是公认的专家，包括阿拉伯
语，以及人为设计的由他教给皮科·德拉·米兰多拉的"迦勒底
语"（用阿比西尼亚语字母写成的希伯来语和阿拉姆语单词）。[52]
安尼奥对塞缪尔的描述是"我们的语言翻译家、《塔木德》研究
者塞缪尔（nostro linguarum interprete Talmudista Samuelle）"。[53]
米特里达梯是一位向基督教妇女兜售魔法护身符的拉比的儿子，

200

而他本人则是精通卡巴拉学说的专家，对词语的魔法力量拥有浓厚的兴趣。作为魔咒符文的示例，安尼奥曾介绍过他与塞缪尔翻译的一条铭文。从一个角度看它，看不到任何字迹；换个角度，从某个特定的方向看，字母似乎是石头上的阴刻文字；然而从另一个方向看，它们又似乎是阳刻。安尼奥指出：“这些变化依次显现出来，宛如变色龙身上的色彩。”[54]

《塞姆普罗尼乌斯》(Sempronius) 是一篇伪造的文献，罗马城的星象是其中探讨的诸多话题之一。在对这篇伪书的评注中，安尼奥介绍了传说中罗马城名称所经历的变迁。[55]他解释道，伊特鲁里亚人有一种特别的办法来掩藏城市守护神的名字。

> 伊特鲁里亚人掩藏此事的办法是在神祇本名的基础上添加几个字母和一段神秘传说，编造出另一个神秘晦涩的名字。现在只有《塔木德》研究者和卡巴拉研究者还在使用这种仪式和神秘做法。这就是现在被称为卡巴拉的学说。[56]

此处，当安尼奥将他的《塔木德》研究者与卡巴拉研究联系起来时，他所勾勒的简直就是弗拉维奥·米特里达梯的肖像——尽管就目前所知，米氏从未宣称卡巴拉学说起源于伊特鲁里亚。

不过，安尼奥的做法在一个关键的技术方法上与保卢斯·德·埃雷迪亚和弗拉维奥·米特里达梯有所不同。保卢斯和弗拉维奥所引用的段落是他们捏造的，恰如安尼奥“创作”贝若苏及其同行的作品一般。但是，安尼奥也引用真正出自《巴比伦塔木德》的段落。如前所述，这一点在安尼奥的时代对任何基督徒来说都绝非易事。那么，他是怎么做到的？ 1494 年，安尼奥在向教宗亚历山大六世呈献亚拉腊忒语题铭时，亲自解释了个中原因。他用伪书作者表达信息的标准诀窍之———虚伪的谦逊——坦言："我对阿拉姆语和希伯来语的了解非常粗浅，因为我只是幼时在维泰博的希伯来人学校里和他们相处过几个月。"[57]换言之，安尼奥此言表明，如果不是二者兼有的话，他曾就读于犹太儿童语言宗教学校或耶希瓦。无怪乎他了解《塔木德》。在那些年头，只有想象力登峰造极且关注教廷的基督教学者吹嘘自己曾在意大利故乡小城就读于犹太人学校才能使人信服。然而，他对闪米特语的无知揭示了这段轶事——就像他笔下的塞缪尔一样——并非亲身经历的记载，而是他本人才智的产物。

基督教汇编作品与犹太人的学问

笔者在这里要感谢沃尔特·斯蒂芬斯和卡洛塔·迪奥尼索蒂（Carlotta Dionisotti），他们虽没有为我的疑问给出确切的答案，却提供了去何处寻找答案的关键建议。他们两人都曾强调，安尼奥是中世纪晚期的托钵僧，当时多明我会的博学和编集文化对他影响很深。[58] 他在文献的世界里走向成熟，也在这个世界里发现了真正的《塔木德》文献。犹太人与基督徒的论战在 13世纪愈演愈烈，不仅导致正式的争执，也致使《塔木德》遭到焚毁。西班牙的多明我会修士拉蒙·马蒂［Ramon Martí，又称"马丁尼（Martini）"］决定对犹太人如此坚决捍卫的传统一探究竟。他学习希伯来语和阿拉姆语，一段一段地研读《塔木德》、《塔古姆》（Targum，也译《他尔根》）*以及其他犹太著作的一手文本：很可能不是完整的篇章，而是选集。接着，他将自己的成果编集到《信仰的匕首》（Pugio fidei）中，这部庞杂且系统的著作力图证明《塔木德》及其相关文本都是塞满糟粕的臭水沟——但基督徒依然有必要探索它们。同臭水沟一样，这些文本里也蕴藏着等待打捞和珍藏的珠宝。[59] 马蒂这部长篇大论且要求颇高的书直到 17 世纪中叶才得以印刷。不过，加拉蒂诺根据这本书改写而成的《天主教真理奥义》早在 1518 年后便向数百名读者呈现了其中的大部分内容。另外，安尼奥一定设法得到了一份《信仰的匕首》的写本。早在两百年前，安尼奥引自《巴比伦塔木德》的段落在马蒂的著作里便已载有拉丁文译本。[60]

足智多谋的安尼奥总是在寻找新材料，并在新近的著作和古旧的作品里发掘宝藏。至少有一次，安氏在比马蒂更接近他自己所处时代作家的文章中发现了有关《塔木德》的关键证据，而且很可能是印刷本。安尼奥在评注他伪造的假托斐洛之名创作的《日课经》（Breviarium）时指出，在必要时，非犹太人不仅可以皈依犹太教，还可以成为犹太律法的教师。事实上，他指出，在希律王杀害犹太公议会的成员后，《塔木德》便是以这种方式诞生的。

---

* 系《希伯来圣经》的阿拉姆语意译本，成书时间不详，但同《希伯来圣经》一样，也分《妥拉》《先知书》《圣录》三部分，今古抄本共存近十种。

由于希律王在屠戮律法教师和犹太公议会后，组建起一个由新信徒和改宗者构成的新公会，这些人被称为法利赛派和文士。因此，《塔木德》全部教义的作者迈尔就是改信犹太教的以土买人，分散在《塔木德》全书中的许多段落均对此有所记载，迈蒙尼德在他关于《塔木德》的权威性综述的序言中也讲述了这一点。[61]

《塔木德》的确明言，生活在公元2世纪的成就令人惊叹的迈尔拉比（Rabbi Mayer）是一位改信犹太教者的儿子或后人。[62] 正如安尼奥所言，迈蒙尼德在他的犹太口传法典汇编《律法新诠》（Mishneh Torah，音译《密释纳妥拉》）的序言中充分肯定了迈尔在犹太律法传承中的卓越作用。

> 伊什梅尔拉比和明智改宗者的儿子迈尔拉比从亚齐瓦拉比那里得到它。迈尔拉比和他的同行也从伊什梅尔拉比那里得到它。迈尔拉比的同行有耶胡达拉比、尤西拉比、希姆恩拉比、乃赫米雅拉比、沙姆亚之子以利亚撒拉比、制鞋者约哈南拉比、阿扎伊之子希姆恩，以及泰拉狄昂之子哈南亚拉比。[*63]

---

* Ribbi Yishmael and Ribbi Meir, the son of a righteous convert, received it from Ribbi Aqivah. Ribbi Meir and his colleagues also received it from Ribbi Yishmael. Ribbi Meir's colleagues were Ribbi Yehudah, Ribbi Yose, Ribbi Shim'on, Ribbi Nehemyah, Ribbi El'azar son of Shammua, Ribbi Yohanan the sandal maker, Shim'on son of Azzai, and Ribbi Hananya son of Teradyon.

然而，迈蒙尼德并未确定迈尔是以土买人（Idumean），也不曾称其为《塔木德》的主要作者。此外，与他用阿拉伯语创作的《迷途指津》（*Guide for the Perplexed*）不同的是，用希伯来文写成的《律法新诠》直到 17 世纪才被译为拉丁文，到那时它才成为研究犹太律法及传统的基督教学者的最爱。64

在这里，安尼奥同样借鉴了拉丁文文献。布尔戈斯的保罗（Paul of Burgos，亡于 1435 年）是一位对《塔木德》颇有研究的拉比，在皈依基督教后成了布尔戈斯总主教和声名远扬的《圣经》释经人。他为里拉的尼古拉创作的《圣经集注》（*Postillae*）撰写了一系列《补释》（*Additions*），其中频繁引用了原本不对基督徒外传的犹太文献和经外传说。在对《以赛亚书》34:1 的补释中，他不仅使用了迈蒙尼德关于迈尔的陈述，还说得十分详细——这足以证明安尼奥使用过他的成果。

犹太人不断讲述并且坚信，他们邪恶的《塔木德》教义是上帝在西奈山上口头传授给摩西的。但是，这一错误的法利赛派教义其实是由一位他们称为犹大·哈－纳西拉比的人以书面文字写下的。他从一位名叫迈尔拉比的人那里得到了整套教义，这一整套教义都建立在此人的权威之上。但是，根据他们的证言，身为主要作者的迈尔拉比按民族来看，是一名以土买人，他在基督受难后才接受犹太人的信仰和仪式。因此，他们称他为以土买改宗者，所有这些都散见于《塔木德》的不同段落中，迈蒙尼德的综述

也以系统的方式对此有所阐述，就在他探讨《塔木德》教　204
义权威性的序言中。[65]

　　同安尼奥类似，与迈蒙尼德不同，保罗将迈尔拼写为"Meir"
或"Mayr"，并将他视作《塔木德》的主要编集者，进而确定
他的父亲是一位"改变信仰的以土买人"：这在保罗笔下是个贬
义词。于是，我们基本可以肯定，安尼奥在保罗的《补释》中
找到了他需要的信息。再一次，由于安尼奥对拉丁文著作的了
解，原本能证明他对犹太文献有一手了解的证据不再成立：在
本案例中，这部拉丁文著作是一部 15 世纪晚期在欧洲知名度高、
流传甚广的作品。

　　在探究安尼奥对《塔木德》的博学从何而来的过程中，让
人相信曾有一位或多位犹太学者为他提供信息的最后一丝理由
也消隐无踪。在安尼奥的一生中，与犹太人的私交就像他与那
些信息提供者的往来一样稍纵即逝，比如在他的回忆中曾为他
提供文本的亚美尼亚修士格奥尔格和曼托瓦的威廉（William of
Mantua）。不过，关于安尼奥与犹太人在学术方面的关系还不
止存有一个谜团。我将以其中之一作结。

作为原始资料的《塔木德》：安尼奥等人
如何对比古代制度

　　在他对斐洛的评注中，安尼奥对犹太人的最高法院作了详
细探讨。他首先对其加以定义。

但是，经常出现的"犹太公议会（Sanhedrin）"一词被《塔木德》研究者解释为保管权杖、掌握全王国公共权力的集体。权杖属于来自犹大支派和其他支派杰出成员的 70 名长老，在他们之上还有一位首领主持……但《塔木德》研究者在"大议会书"中说，那就是《民数记》（Numbers）第 11 章中所记载的上帝兴于荒漠的杖。[66]

接着，与惯常一样，他对这个名词和其他术语作了更为详尽的分析。

（犹太公议会的成员）被称为"长老"，这是一个约定俗成的传统术语。但在罗马帝国的语言中，他们被称为"元老（Senators）"，在阿拉姆语和伊特鲁里亚语中被称为"长者（Lucii）"，重音在最后一个音节，在希腊语中则被称为"老者（Palei）"。另外，他们一定都是大师，也就是见多识广、说话令人敬服的人。罗马人因他们说话独断专横而称他们为"独裁者（Dictatores）"，还用一个更常见的统称即"官员（Magistrates）"来指称他们。因此，在古希伯来人中，掌握公共权力的机构被称为"大师院（Senate of masters）"；在罗马人中便是执政的"元老院（Senate）"；在伊特鲁里亚人中是"长者院（Lucumonium）"；在希腊人中便是"长老会议（Paleologum）"。由此可以发现，在古代人的语言中，与公共权力有关的名称都由两个词根构成，其中一个表示年长和古老，另一个则表示语言和权威。
对希伯来人而言，这个词便是"犹太公议会（Sanhedrin）"；
对罗马人而言便是依法成立的"元老院（Senate）"；在希
腊人中便是"长老会议（Paleologus）"，这个词由表示古老
的"paleo"与表示理性和言语的"logos"组成；在伊特鲁
里亚人中便是"长者院（Lucumonium）"，其中"lucu"意
为"古老"，"moni"则意为"理性和言语"。[67]

即便对于安尼奥，这段文字跳跃性的联想也显得太过反常。当
然，他对"犹太公议会"的词源解释是错误的：这个词其实源自
希腊文"συνέδριον"（synedrion），意为"议事会"。更奇怪的是
他用来表示希腊人——据推测应是雅典人——议事会的词语："长
老会议（Paleologus）"。当然，这是拜占庭帝国末代王朝的名谓
"巴列奥略"。不知为何，安尼奥将其与古代雅典由贵族组成的法
院，即"亚略巴古议事会（Areopagus）"混为一谈。

　　不过，尽管安尼奥的错误信息层出不穷，但他还是有更深
层次的考量。比较可能的情况是，他希望表明古代世界所有伟
大的政治机构都和那些古代民族一样源自犹太人，并且，他想
要重点突出生活在古意大利的伊特鲁里亚人和罗马人。但是，
对于警醒的读者而言，他所揭示的是一种更具普遍性也更激进
的现象：犹太人的体制与希腊人和罗马人的一样古老且一样值
得研究，而受轻视的《塔木德》和其他犹太文本便是研究犹太
体制的唯一直接途径。

　　一位学者对安尼奥著作的反馈为这种解读提供了支持。1566

年，法国法理学家让·博丹出版了《轻松理解历史的方法》。这是一部古代和近代历史学家研究的指南，旨在帮助读者获得关于他们所描述机构的可靠信息。[68] 有时，博丹在重构过去时所展现

206

的想象力火花不亚于安尼奥本人。更重要的是，他不仅使用了安尼奥的伪作，还将安尼奥为确定哪些历史学家值得相信而制定的规则奉为权威来引用。[69] 博丹所做的还不止这些。他在《轻松理解历史的方法》的序言中明确指出，了解组织和体制运作方式的唯一途径就是对所有机构和体制加以研究：犹太人的、希腊人的、罗马人的和法国人的。博丹承诺，他将从其所谓的"犹太人的学说汇纂"中撷取一切必要的信息来阐明犹太公议会的情况：换言之，《巴比伦塔木德》就像构成古罗马《民法大全》一部分的《学说汇纂》一样，是由法理学家的断言和裁定判决集合而成的汇编。另外，与安尼奥类似，他列举出了帮助他开展这种比较研究的学者的名字：在他的案例中，这些学者不是犹太人，而是法国基督教希伯来语学者中的两位领军人物，让·麦西（Jean Mercier）和让·森卡阿布尔（Jean Cinquarbres）。[70]

显而易见，这些人的确有过合作。博丹这本书的第二版在 1569 年出版，其中包含对于犹太公议会及其权力的详细探讨。在讨论中，博丹将其与罗马元老院加以对比。在 1576 年首次出版的《共和国六论》（*Six Books of the Republic*）中，博丹延续了这条线索。[71] 正如埃里克·纳尔逊（Eric Nelson）在其近期的重要研究成果《希伯来共和国》（*The Hebrew Republic*）中所展现的，一系列 16 和 17 世纪的政治思想家同样如此，比如皮特鲁斯·库那乌斯（Petrus Cunaeus）、胡果·格劳秀斯（Hugo

Grotius）和约翰·塞尔登（John Selden）。[72] 这些人尽管存在诸多分歧，但他们都认同采取比较研究的做法，一致同意将古代犹太体制视为有价值的政治模式，也都坚持认为记录这些体制的犹太文本是至关重要的文献来源。虽说安尼奥在《圣经》和《塔木德》的跨文化合作研究领域并不像他自称的那样发挥了先驱作用，但他在比较研究领域确实是一位先驱，这类比较研究将在尔后的几个世纪里逐渐成为政治写作、历史写作和论证的核心形式。[73]

　　安尼奥给同时代和后世的学者带来了无尽的麻烦，但也给他们带来了无尽的鼓舞。有些时候——比如在本案例中——比他更出名、更受尊敬的思想者安于固守原地且默默耕耘的知识疆域，他却能成为第一个开疆拓土的人。关于安尼奥和他或真或假的犹太友人——更重要的是，关于让他编织出引文之网的阅读与想象力的复杂融合，还有太多等待我们去探索。要充分了解他都知道些什么，又是在何时得知的，并非易事。我们缺乏也因此需要安尼奥的文本和评注的评述版，以及对安尼奥信息来源的全面评论。[74] 一旦在这些内容上有所突破，它们将一次又一次地揭示安尼奥有多么狡黠，就有多么才华横溢和富有远见卓识，并且在发掘文献资料时就有多么孜孜不倦。这位伪书作者通过编集，通过中间媒介和捏造来掌握犹太学术研究，在此过程中，他也对基督教学术圈关注犹太律法、历史和宗教的热潮发挥了推波助澜的作用。这样看来，即使是最了不起的伪书作者也不能向他忠实却迷惑的读者提出再多的要求了。

第 8 章
约翰·凯斯关于历史的争论

医者兼学者

　　1568 年，约翰·凯斯的事业如日中天。他不仅是英格兰最知名的医者，还是这个国家寥寥无几的在欧洲享有声誉的文献学家。[1] 他充分利用每一日的光阴，将自己的学院改造成一台能够塑造品格的人文主义机器，这台机器设计精妙，旨在向入学者灌输良好的道德与知识。在校生必须从"谦敬门（Gate of Humility）"入院；在学院的每一天都要经过"尚德门（Gate of Virtue）"；最终，他们将通过"光耀门（Gate of Honour）"走向考试院。每当有学生或同事公然反抗凯斯时，他的处理方法十分简单：给他们戴上脚枷责打一顿。[2] 现在，他又投身于历史领域，出版了一本引发争议的小书《论剑桥大学的古老历史》。此书在当时多少算是败笔，而在数个世纪后，就连无比崇拜凯斯的现代读者也认为它乏善可陈。与凯斯同一学院、对其极为欣赏的历史学家称此书是"编造与妄信的大杂烩"。[3] 实话实说，这确是一部非常古怪的小书。[4]

凯斯（1510~1573）在 1529 年从诺威奇来到冈维尔学堂（Conville Hall）。在 1530 年代，这座小型建筑既是修道院社区也是学院。显而易见，这位新成员起初并未给人留下深刻的印象，至少从财务主管在账本里将他的名字拼写成各种形式来看确是如此。但他的聪慧以及对希腊语和希伯来语的熟练掌握很快让他崭露头角，先是在剑桥大学的 1532~1533 学年，他以文学学士第一名的成绩毕业；之后是在帕多瓦，他于 1539 年与维萨里共处一室，研习医学，学成后还留在当地教书。凯斯以盖伦医说学者和学院派内科医师的身份在欧洲赢得声誉。他监制出品了数部令人印象深刻的评述版书籍，随后在返回英格兰的路上逐一拜访了沿途的图书馆，一边赶路一边审核手稿。凯斯与医学界的一位同行，即人文主义者和书志学家康拉德·格斯纳（Conrad Gessner）结下了亲密的友谊。1565 年格斯纳去世时凯斯曾为其致哀；格斯纳在世时，凯斯为友人寄去了大量关于动物的描述和图画。[5] 自 1547 年起，凯斯在伦敦从医，他曾多次出任王家内科医师学会主席，恢复了该学会的声誉。他还在理发师 外科医师学堂举办过解剖演示，用威廉·布莱纳（William Bulleine）的话说，他的解剖演示"向该行会揭示了被埋藏的珍宝，以及克劳狄乌斯·盖伦（Cl. Galenus）的宝贵财富"。[6]

恰如布莱纳的描述所反映的，凯斯并不是对维萨里亦步亦趋的革新者，而是托马斯·利纳克尔（Thomas Linacre）所践行的人文主义医学的虔诚信徒，他还修缮了利纳克尔位于圣保罗座堂（St Paul's Cathedral）的纪念碑。[7] 他相信，维萨里和其他主张变革的先驱与其说是在盖伦学说里发现谬误，倒不如说是误读了这一学说：相较于提高解剖技术，他们更需要提高文献学素养。[8] 经过十年左右，他在从医过程中积累了财富，1557年，他主动提出对自己的学院进行重建。学院接受了这个提议，凯斯本人也被选为教师。他致力于为学院制定新章程、购置新地产、修建新设施和大楼，这便形成了冈维尔与凯斯学院。[9] 凯斯直到晚年都是一位恪守传统的读书人。曾是他学生的托马斯·马费特（Thomas Muffett）写道：

> 应当更加注意为我们提供乳汁者的健康。原因在于，不洁净、得过水痘的乳母会感染最健全活泼的孩子（不幸的经历每天都在证明这一点）；同理，一位洁净、健全且健康的乳母也能让体弱多病的孩子恢复健康……当年迈病重的凯斯博士饮用一位性情顽劣、饮食不健康的女人（在此且不指名道姓）的乳汁时，是什么让身在剑桥的他脾气变得那么坏，那么烦躁；相反，当他饮用另一位性情相反的女人的乳汁时，又是什么让他变得那么安静，那么舒适？正是因为两个女人的身体状况完全不同，产出的乳汁也不同，从而在饮用乳汁的凯斯身上发挥了截然相反的效用。[10]

马尔西利奥·费奇诺曾在自己的著作《生命三书》（De triplici vita）中推荐老年学者饮用年轻男性的鲜血或年轻女性的乳汁。[11] 这种做法看起来完全符合凯斯的特点：到最后关头还想让那本关于学者该如何保持健康的书发挥实际作用——人人皆知这本书博学深奥甚至晦涩难懂，它本身便是从浩繁的古代文献和医学资料中摘录汇编而成的产物。

凯斯创作的剑桥史或许比他靠乳母挽救生命的尝试更令人称奇。对于这项事业，他同样极其认真严谨。阿尔弗雷德·希亚特（Alfred Hiatt）、艾德·帕特（Ad Putter）和詹姆斯·卡利（James Carley）都对中世纪晚期剑桥虚构历史的背景有过精彩的阐述。[12] 剑桥需要一段漫长且不曾中断的历史来证明它是一座真正的大学，证明它的研究传承自过去的正统学院，并且在今天值得拥有独立于外界管辖的地位。牛津大学声称自己更加古老，但这种说法应予以驳斥。外界的权威——尤其是伊利主教（Bishop of Ely）——声称他们有权对大学成员进行考查，并且有权确认名誉校长选举结果的有效性，该结果必须得到罗马教廷的认可。他们需要证据，却又缺乏证据。此外，剑桥的档案在 1381 年 6 月的农民起义中遭受重创，当时"大学所有的特许状、其余的皮纸卷和法令以及大学章程"都在大圣玛利亚堂外遭到焚毁。马修·帕克生动地讲述了这个故事："最后，一切都被火焰吞噬，烧成灰烬，一个名叫玛格丽特 斯塔斯（Margaret Stars）的疯老太婆一边说着疯话，一边将灰烬抛撒到空中，让它们在风中飘荡。她高喊道'教士的花招都吹散'，'教士的花招都吹散'。"[13] 尽管如此，一些在 13 世纪晚期或 14 世纪早期诞生的古怪又精彩的文献还是在 15 世纪重现于世：恰逢需要对它们加以展示、归档和利用的时机。研究这些文献的现代学者已为我们证明，它们都是伪书。但是，它们也代表着为了创造必要的传统所付出的严肃努力——尽管创造它们的人在工作中表现出兴高采烈的情绪和富有创意的手艺。秉承这种容易引起共鸣的精神，笔者希望能为关于凯斯的研究增添一分新意。

大学之间的战争

《论剑桥大学的古老历史》缘起于一场古怪但熟悉的学术派系之争。[14] 伊丽莎白女王酷爱盛大的庆典，于是两座大学的庆典活动都极尽华丽铺张。1564年，一位剑桥演说家向女王报告称，他的大学比另一座古老得多。然而在1566年，女王却驾临牛津大学，令牛津倍感光荣。出于某种古怪的巧合，约翰·凯斯在牛津大学有一位同姓托马斯·凯斯（Thomas Caius），此人是万灵学院（All Souls College）的院长和牛津大学的教务长，他将自己创作的《关于牛津学院古老历史的主张》（*Assertion of the Antiquity of Academy of Oxford*）呈献给了女王陛下。

托马斯·凯斯原本没打算让这部作品广泛流传。但伊丽莎白的宫廷就像一个消息人士会聚的蜂巢，其中消息最灵通的便是威廉·塞西尔。塞西尔是剑桥学子，而且是马修·帕克的好友和同盟，后者同样是剑桥学子，还是约翰·凯斯最亲密的朋友。传递信息的网络沸腾起来，各种消息不胫而走。恰如古物研究者约翰·斯特赖普在18世纪早期所讲述的那样，"这份手稿似乎通过秘书（一位剑桥学子）传到了大主教（又一位剑桥学子）手里，他将其誊抄后又介绍给了另一位凯斯，后者是学识渊博的剑桥古物研究者；大主教劝他好好研究这本书，并让他为自己的大学据理力争"。[15] 当初流传的复本中有一本留存至今，现存于帕克图书馆。[16] 正如南希·斯莱希（Nancy Siraisi）所证明的，约翰·凯斯是近代早期诸多对历史有系统研究的医学界人士之一。[17] 但此处是一个特例。当历史学家凯斯在伦敦将他那本小书与另一位凯斯的作品一同付梓时，他参与的是一场更加广泛的冲突，一场大学与大学之间的冲突。后者的书中还附有一则据说摘自《牛津学监手册》的实为虚构的《牛津历史简述》作为序言，这篇序言就像是学究版的划船比赛。凯斯虚伪地自称"伦敦人"，试图彰显不偏不倚的立场，但这种做作之举显得很无力，他也很快承认大家都看穿了这一点。站在约翰·凯斯一边的人似乎不多。古物研究者威廉·兰巴德是坎特伯雷大主教马修·帕克信任的挚友和助手，而马修·帕克又是凯斯的亲密友人。然而，兰巴德想出的说辞只是他将争议点留给"剑桥大学的凯斯博士和牛津大学的基伊教师辩论，再由中立的读者作出决断"。[18]

　　这场论战还将持续五十年。一代代学者将精力耗费在相互攻讦的学术活动上，而他们原本可以为更有意义的事业付出努力。双方的争议内容倒相对简单。牛津明显是两座大学中更古老的那一座。毕竟，这座城市由贤王孟普利修斯（Good King Mempricius）创建，就在特洛伊人布鲁图斯初抵不列颠之后的一个世纪，并因当地环境优美而得名"博蒙特（Beaumont）"，意为"美丽的小山丘"。后来，陪同布鲁图斯来到英格兰并在克里克莱德（Cricklade，派生于"Greeklade"，意为"希腊人聚集地"）落脚的希腊学者迁移至博蒙特。这次移民就发生在撒克逊人定居英格兰之前不久。他们的国王阿尔弗雷德在公元 873

年正式宣布这座大学成立，同时对牛津附近长期繁荣发展的学校加以修缮，还任命圣格林鲍尔德（St Grimbald）为首任名誉校长。这就是牛津《历史》（*Historiola*）中所概括的托马斯·凯斯从官方学监手册中摘抄的关于学校起源的传说。

剑桥也明显是两座大学中更古老的那一座。它的创立者是西班牙人坎塔贝勒（Cantaber the Spaniard）。他是国王古尔根提乌斯·布拉博特鲁克（King Gurguntius Brabtruc）遇到的驶入苏格兰海域的那批西班牙流亡者中的一位。坎塔贝勒娶国王之女为妻，后在以其命名的坎特河（River Cant）河畔建立起一座城市。他的儿子格兰提努斯（Grantinus）在河上架起一座桥，"格兰切斯特（Grantchester）"与"坎特桥（Cantbridge / Cambridge）"*这两个地名均源自"格兰提努斯"。坎塔贝勒招贤纳士，身边聚集了许多学者。在历史的长河中，阿那克西曼德（Anaximander）和阿那克萨哥拉（Anaxagoras）都曾造访过这座城市。在公元 2 世纪，当地学者帮助贤明的不列颠国王卢修斯皈依基督教。这是加尔默罗会修士尼古拉斯·坎蒂卢普（Nicholas Cantilupe）在 4 世纪撰写的剑桥《历史》（*Historiola*）所讲述的内容。

本案例中的文献

读到这里，读者或许觉得，真是愚蠢：现在该来点完全不

---

*　关于剑桥的名称，"Cambridge"由"Cantbridge"演化而来，在中文里有"剑桥"和"康桥"两种译法。"Cambridge"的前半部分"cam"的发音接近于普通话中的"康"和粤语中的"剑"，后半部分"bridge"则指"桥梁"。故"剑桥"与"康桥"皆为音译与意译的结合，而尤以"剑桥"为今日之通译。

同的内容了。说来就来。当争吵不休的历史学家涉及中世纪早期时，详细的文献开始不断积累：正是我们此前已经见识过的伪造文献。这些或许对凯斯很有吸引力，因为它们看起来与他从比德《英吉利教会史》中得知的文献十分相似，尽管后者也并不全是真本。531 年，亚瑟王为剑桥大学颁发了一份特许状。624 年 2 月 7 日，教宗洪诺留一世为这座大学签发了一份教宗训谕，他在其中回忆道，自己年轻时也曾在剑桥度过一段时光。699 年 5 月 3 日，教宗色尔爵一世颁发的另一份训谕同样提及他本人在剑桥度过的愉快青春岁月。更多的文献进一步表明，在更近一些的时代，15 世纪的两位教宗玛尔定五世（Pope Martin V）和安日纳四世（Pope Eugenius IV）都对这些文献的有效性表示认可——尽管两人都指出，这座大学不可能提供脆弱的原本，只有复本。

换言之，在与托马斯·凯斯针锋相对时，约翰·凯斯将这些文献用作武器。他详细地引用它们，并注意说明自己是在何处找到的"本大学的黑皮书"——即那本黑色皮纸封面的文献集册，现以 Collect. Admin. 9（2）的签号存于剑桥大学档案馆中。[19]

依然还是存有两点瑕疵。凯斯比任何人都清楚，他所参考的文献材料并不古老。它们是由"那位至今为人铭记的可敬老者、剑桥大学冈维尔与凯斯学院的教师威廉·布克恩汉姆（William Buckenham）在担任校长期间（1508~1510）"添加到黑皮书中的。[20]布克恩汉姆离开剑桥后去了诺威奇，或许他正是在那里发现了年轻又才华横溢的凯斯，进而将他送往自己的母校（他或许也注意到了年轻的马修·帕克的才华）。布氏为黑皮书列出的目录包括教宗训谕和《历史》，但他并未声明它们是原本。[21] 较晚加入黑皮书的一份文献，即玛尔定五世的训谕中有一段详细却令人生疑的解释：文献原本因年岁太久而脆弱不堪，已经散佚不见了。

更糟糕的是，不列颠早期研究领域最重量级的权威将剑桥的早期历史斥为一连串的幻想。约翰·利兰（John Leland）关于不列颠大学的书在他去世时消失了。但他在 1544 年出版的以泰晤士河（River Thames）为主题的诗歌《天鹅颂》（*Cygnea Cantio*）中提到了剑桥及它的建立过程。利兰对《历史》做了笔记，他称此书为一部"古老但虚构的著作，作者不明"。在他印发的关于自己诗歌的评注中，他明确吐露了自己对剑桥早期历史标准记载的看法："在剑桥大学的档案馆里，有一本短小且作者不明的历史著作，可信度很不确定……说实话，我从未读过比它更空洞、更愚昧或更蠢笨的书了。"[22] 托马斯·凯斯则对文献原本非常了解。他在大学学院的档案馆中潜心研究，为自己还原的牛津大学的过去提供支撑。[23] 因此，他不仅引用利兰对坎塔贝勒和前苏格拉底派*学者的故事的谴责，还幸灾乐祸地指出，剑桥"用他们的黑皮书的权威"为这些显然失实的故事辩护。[24] 站在现代的角度看，他当然是对的。

凯斯采取了最有力的——也可能是唯一的——辩护，他对

---

* 指西方哲学中，在苏格拉底之前的或者和苏格拉底同时期的并未受到苏格拉底影响的哲学流派。

那些明显可能用于批判自己所引文献的言论发起了先发制人的猛烈抨击。

> 如果书的颜色冒犯了您，如果您认为它之所以愚蠢就因为它是黑色的，那我们可以再出一本白皮书……如果浆纸显得文本太新，那我们可以换成皮纸再呈献给您，哪怕用阿玛耳忒娅*的山羊皮也无妨。如果墨水让它看起来是近期所写，那我们可以为您呈现一部用红色和金色墨水精心打造，并由技艺高超的古体字好手写成的版本。[25]

在此，凯斯意在明确两点：其一，他提供的文书是可信的，尽管它们仅以黑皮书中所见的朴素的近代形式被保存下来；其二，事实上，这些文献合乎传统的新复本很快就将被制作出来。1590 年，一位与凯斯出自同一学院的古物研究者罗伯特·黑尔（Robert Hare）正式向大学呈献了一部全新的"登记簿（Register）"——这是黑尔对它的称呼——其中收录了所有支持剑桥拥有各项许可与特权的文书。他让技艺娴熟的缮写者和插画师复制了亚瑟王的特许状、洪诺留和色尔爵的训谕，并在每一份复本中添加了一条小小的边注"来自大学档案馆（ex archivis universitatis）"，从而向读者确保文献的真实性——某种意义上的真实性。这些文字已经足够多彩，但黑尔还用光彩夺目

---

*　"阿玛耳忒娅（Amalthea）"的希腊文拼写为"Ἀμάλθεια"，系希腊神话中在宙斯儿时为其哺乳的母山羊，她的羊角即传说中的"丰饶之角（Cornucopia）"。

的细密画加以装饰——想必是为了让它们显得更加古色古香、更具权威性，他徒劳地希望它们能成为古老而权威的文献。[26] 伊丽莎白·利德汉姆－格林（Elisabeth Leedham-Green）认为，黑尔开始这项修复工作差不多与凯斯编集他的著作处于同一时期。[27] 如果真是这样的话，我们就有充分的理由认为他的所作所为意在兑现凯斯的诺言。

215

证据的标准

根据那个时代的标准，凯斯将这些材料作为论据是否合理呢？他的同时代人对此产生了分歧。来自赫里福德郡（Heredfordshire）的苏格瓦斯的理查德·威利森（Richard Willison of Sugwas）在诺威奇出生长大，他与凯斯一起上过学堂，也是同一所大学的校友。他对《论剑桥大学的古老历史》中展现的博学只有赞不绝口的崇敬。

> 我感谢您关于剑桥古老历史的著作。在我看来，这所大学给您多少荣誉都不过分。我在阅读过程中时常惊叹，您如何能在肩负诸多重任的同时，将一系列奇异的古代遗存汇到一处。不过您一向求书若渴，全世界想必都很理解您。[28]

毫不意外的是，托马斯·凯斯在他那本《论剑桥大学的古老历史》里写满了尖锐的评论。在于 1572 年去世之前，他还写了一份篇幅很长的回复，后由托马斯·赫恩（Thomas Hearne）誊抄下来，并与赫氏的旁注一同出版。[29] 托马斯·凯斯犀利地看穿了约翰·凯斯那缺乏基础的假设和软弱无力的论证。约翰写道："我说剑桥的《历史》古老，因为它不是刚刚诞生的事物，也不是剑桥人为了美化自己而捏造的产物。"[30] 托马斯回应道："如果坎蒂卢普是作者的话，那它并不古老……这本史书有多新或多古老亦无关紧要，关键在于它有多真实，以及在多大程度上符合古人的作品。"[31]

约翰·凯斯的书还有一本现存于耶鲁大学拜内克图书馆（Beinecke Library），其中发人深省的旁注比这一本中的还要多。在第一次提及黑皮书的地方，这本书的读者——明显是一位牛津人——酣畅淋漓地痛骂了一番。

> 为何称其为黑皮书？因为它是黑色的吗？想要吓住牛津人？因为作者的道德黑暗吗？还是因为凯斯既没有美德，也不会坦白？因为它几乎就是空洞的谎言吗？还是因为它沾染了从一开始就满口谎言的魔鬼的臭气，近墨者黑？[32]

这位读者还有更具体、更有力的批判，他对约翰·凯斯的文献以及从中得出的推论加以批评，宛如一柄柄投出的标枪。教宗洪诺留在训谕中不仅追忆了自己身为剑桥学子的时光，还提到一位更早的教宗义禄（Pope Eleutherius）对这座大学青睐有加。正如费利希蒂·希尔（Felicity Heal）所阐释的，教宗义禄在公元 2 世纪晚期让卢修斯国王皈依基督教。[33] 在此，约翰·凯斯向读者断言，这是"这座大学在洪诺留时代，以及比他早得多的义禄时代便已存在"的明确证据。[34] 这位牛津读者对此在注释中评论道："荒唐且莽撞的捏造。"[35] 每当书中洪诺留禁止"任何一位总主教或主教，或者其他教会或世俗人士"做某事时，这位评注者都会立刻指出，不符合时代特点的用词表明这份文献是伪造的："这就不是那个世纪的教宗所使用的语言风格。"[36] 当凯斯反复宣称训谕的原本已经"被漫长的岁月摧毁"，因而无迹可寻时，这位读者便大加讥讽，以此展现他对伪造者惯用说辞的了解："剑桥真要感谢这些飞蛾和蠹虫（吃掉了伪作的原本）。"[37]

凯斯与帕克：研究中的合作

从这些同时代读者的立场上看，约翰·凯斯的错误不是无伤大雅的毫厘之差，而是千里之谬。他们的看法对吗？对于中世纪文本和传统，凯斯可谓熟稔于心。这本专著中充满一类他的其他作品所不具备的信息：对剑桥大学的档案馆和伦敦塔所藏文献的引用，以及大量来自中世纪历史文本的拉丁文和其他引文。这些都来自欧洲能找到的最丰富的中世纪文献储藏地之一。一份密密麻麻的书目列出了凯斯的文献来源。[38] 这些著作中的大部分在 1568 年尚未出版——到了 1574 年，书目编排更合理的第二版在凯斯去世后出版时，其中的大部分著作仍未出版。这些著作中有许多——正如 M. R. 詹姆斯（M. R. James）在一个世纪前所指出的——可以在同一处藏书地找到：马修·帕克与秘书们在伦敦兰贝斯宫打造的庞大的写本图书馆，其中的很多藏书如今都保存在剑桥大学基督圣体学院的帕克图书馆里。凯斯和帕克都来自诺威奇，二人在之后的人生里始终是挚友。恰如托马斯·博德利允许友人亨利·萨维尔（Henry Savile）在他位于牛津的图书馆中享受种种特权——包括借阅书籍的权利——帕克显然也允许凯斯翻阅自己的资料。帕克图书馆当时的规模比如今的更大：那时它还藏有许多随后流入考顿图书馆的写本，这些也曾为凯斯所用。[39]

　　斯特赖普的结论优雅而精确："大主教的影响和协助贯穿这部奇妙作品的始终。"[40] 事实的确如此：大主教的指纹一次次出现在这位医生的书中。在凯斯离世后，帕克亲自印制《论剑桥大学的古老历史》的第二版，并分发给有影响力的社会名流。[41] 他的儿子约翰·帕克（John Parker）在父亲去世很久之后还在做着同样的事。他有一本扉页以特殊图案装饰的特装本，专为国王詹姆斯一世（King James I）打造，而国王的评价却是："我要此书有何用？还不如给我凯斯的《论不列颠犬种》（De Canibus）。"[42] 兰贝斯宫图书馆的一份写本收录了帕克有关剑桥大学的著作的印刷复本，其中列出了这座大学里与其同时代的资深成员，并介绍了他在大学的建筑项目。页边注则补充了摘自凯斯著作的内容。[43]

　　最引人遐想的是，帕克的印刷商在凯斯著作第二版的一些印刷本中增加了一条提示性注释，就在扉页的反面。这条注释解释道，比起继续与牛津那位同姓者展开论战，凯斯更感兴趣的是广泛利用各种"古老遗迹"来确立剑桥的特权。这是一种有望实现和平的姿态——是带有典型的帕克行事风格的努力，意在消弭分歧，突出一手文献研究的重要性；正如尼古拉斯·

217

波珀（Nicholas Popper）所言，当时有许多类似的事业正渐渐初具雏形。[44] 另外，凯斯不必只仰仗日理万机的大主教为其提供技术协助。如前所述，帕克身边围绕着一整支相对年轻的学者团队。这些人与帕克一样，将凯斯视为同事；在他们眼里，凯斯的项目与他们的努力存在自然而然的联系。

写本证据更细致地体现了凯斯与帕克及帕氏秘书们的合作方式。在著作正文中，凯斯几乎没有提及帕克的藏书，我们将在下文再谈及这一点。但是，在基督圣体学院的编号 MS 10 写本中，帕克的一位秘书的注释揭示了一种兼具友谊、合作与善举的模式。

> 请注意，冈维尔与凯斯学院有一份写在皮纸上的卷轴或纸卷，由罗伯特·黑尔爵士于 1568 年赠与。该卷专门写到了温切斯特教堂……它还列出了不列颠人、撒克逊人和诺曼人的国王年表，一直到亨利五世统治之初。它还记载有剑桥大学的起源，即坎塔贝勒等人的故事。这正是凯斯博士在其《论剑桥大学的古老历史》中所提到的卷轴。[45]

此处提到的这份颇有分量的文献是一本精美多彩的 15 世纪卷本编年史，现为冈维尔与凯斯学院图书馆 717 / 717 号藏书。典雅的题词明确表示黑尔是捐赠者。凯斯的注释表明他细致入微地查看过这份文献，他认为托马斯·霍克利夫（Thomas Hoccleve）对其进行了翻译和增补。[46]

该写本收录的剑桥起源故事是正史的一个版本："剑桥由

坎塔贝勒公爵于创世纪元（year of the world）*4095 年创立——公元前 394 年常有哲学家聚居于此——距离布鲁图斯的到来有 2425 年，距伦敦的建立有 2430 年。"[47] 作者还声称，在他写下这些文字的那一年，剑桥作为一所大学已有 1825 年的历史，这是一个"既定事实（constat）"。[48] 凯斯在《论剑桥大学的古老历史》中详尽引用了这份卷本。他还以不同寻常的细致对它加以介绍，称其为"一位名不见经传但极具权威的作者于 1447 年所著，用红色和黑色的墨水写在皮纸上"。[49] 他对该文本的用词尤为重视，呼吁读者注意这位作者称剑桥为"大学"并称其年代已"得到证实"（"这正是他本人所用的动词"，凯斯得意地说）。[50] 帕克秘书的注释表明，他知道是何人将这份写本赠给了剑桥的哪座图书馆（凯斯本人略过了这个细节），而且对写本中的内容了如指掌（凯斯却未详述其中的内容）。这段短短的文字生动地展现了凯斯和帕克的助手们间时常上演的对文本细致入微的讨论。

在《论剑桥大学的古老历史》的后半部分，凯斯以阿尔弗雷德大帝的证言为据，辩称牛津在这位国王统治时期不可能存在。他的文献来源是教宗额我略一世《教牧关怀》的盎格鲁－撒克逊译本前所附的一封书信。他指出，阿尔弗雷德在信中介绍了他向其王国内每个教区都寄送一本书的打算。考虑到这项

---

*　其拉丁文表述为"Anno Mundi"，也译"创世纪年"或"世界纪元"，系一种根据《旧约》对于世界创造与随后历史记载的描述而确立的纪年方式。希伯来历与拜占庭历都使用该纪年法，但具体计算方式各不相同且十分混乱。因此，这句话中的数字无法与公元纪年一一对应。

工作有限的规模，凯斯认为可据此合理地推断出"在阿尔弗雷德的时代，整个西部王国内没有一所语法学校"。[51] 在该案例中，凯斯引用了一份帕克最瞩意的文献。帕克在 1574 年出版的阿塞尔著作中声明，他拥有"在阿尔弗雷德本人的时代写成"的阿尔弗雷德著作的"古代写本"。[52] 剑桥大学三一学院的编号 MS 5 22 写本中有一条出自帕克秘书之手的注释，其中明确指出该写本中的一段文字出自阿尔弗雷德作为赠书赐予舍伯恩（Sherborne）的那本额我略一世的《教牧关怀》。[53] 在其出版的那部由阿塞尔所著的《阿尔弗雷德大帝传》中，帕克从这份写本里摘取了阿尔弗雷德所作序言中的一段文本和译文——他再一次确认，这是与全书作者同一时代的文本。在此处和其他许多案例中，帕克和他的团队似乎都在为凯斯提供素材，还对他们的发现加以解释。同古代写本的校订类似，中世纪的学术研究是一个高度社会化的过程，也是一个凯斯了如指掌的过程。制作他那本小书需要一大群人的通力合作。[54]

遗憾的是，凯斯在引用文献时并不总是尽可能做到完整且准确。举例来说，在《论剑桥大学的古老历史》中，凯斯引用他所谓的"极其古老的伯顿年鉴"，其中记载着剑桥大学的九名学者和博士在公元 141 年受洗的事件。[55] 他根据这份文本推断出两点结论，一是基督教抵达英格兰的时间甚至早于贤王卢修斯在位的年代，二是"那个时代便已有博士"。[56] 在此提及的这份文本现在是剑桥大学基督圣体学院的写本，编号 MS 281，是北安普敦（Northampton）圣安德鲁修道院（St Andrew's Priory）的一部 14 世纪编年史。贴在第一叶上的标签标识了此书的归属："本书属于伯顿社：移除此签者将被咒逐。阿门。"[57] 显而易见，凯斯本人的阅读不够深入，因此没发现自己对其出处的归属有误。接下来，他又夸大了它的年代。更让人惊讶的是，他没有提出自己在关于剑桥改宗事件的部分所引用的注释根本不是出自14世纪的原本，而是后人潦草添加的内容。[58]（当然，这可能说明他采信了帕克某位秘书的话——这又是一种他在其他古典学术领域中会提出质疑的做法。）与其同时代的其他古物研究者，比如同样经常拜访和使用帕克图书馆的兰巴德，对于如此重要的细节就不那么吝啬笔墨。[59] 当凯斯聚精会神时，他对细节的观察明明相当敏锐。在给格斯纳的一封信中，他绘声绘色地描述了一只宠物海鹦的举止。

> 没有东西吃的时候，它就会乞食，用一种低声下气的语调不断重复一个生来就会的词：噗嘭，噗嘭。我家就有一只，养了八个月。它会热情地啄任何给它食物或抚摸它的人，但是动作轻柔、天真无辜。一点点食物就能满足它的需要。[60]

在关于动物的故事中，凯斯是犀利的观察者，记录着看似微不足道的事物并将其保存下来。可是，在引用历史文献和承载这些文献的写本时，他却完全没有表现同样的即时性和敏感性。[61]

文献学家凯斯

凯斯对他在《论剑桥大学的古老历史》中所引用的帕克收

藏的写本的具体出处保持着彻头彻尾的沉默，对它们的介绍抑或惜字如金，抑或略过不表，这与他本人从写本或古典文本中引用阅读内容的做法形成了惊人的反差。凯斯是一位技艺高超的文献学家。维维安·纳顿（Vivian Nutton）便揭示了对于在意大利和其他地方查到的盖伦写本，凯斯进行了细致入微的校订与核验，将结果收录在他那本无与伦比的《盖伦抄本集》中，这本书现收藏于伊顿公学（Eton College）。[62] 诚然，凯斯的实践并不总是那么富有创意或与众不同。当他指出更古老的盖伦写本保存的文字比后来的写本更加完整无缺时，他只是在附和同时代批评家约定俗成的正确判断。

不过，有时他却表现出不同凡响的精准：在他所拥有的 1544 年版盖伦著作中，他在页边空白处写下校订意见，标出特定写本的缩写。[63] 在伊顿公学收藏的那本凯斯在研究中所使用的盖伦著作里，他提到自己曾查阅过爱德华·沃顿（Edward Wotton）手里的那本盖伦著作，并且标出了查阅的日期。他的这些技巧可能并不是从老师那里学来的，而是来自他与意大利人文主义学派的接触，该学派在 15 世纪晚期和 16 世纪早期强调，正确的编辑活动必须建立在对经过鉴定的写本进行充分校订和整理的基础之上。该学派的创始人安杰洛·波利齐亚诺在他拥有的一份盖伦写本（现被称为 Laur. 75, 8 写本）中留下了极为典型的注释："此书属于安杰洛·波利齐亚诺。从医者保罗的继承人手中购得。1487 年 6 月 14 日，我，安杰洛·波利齐亚诺，在我位于菲耶索莱的乡下小屋里读毕此书。"[64] 在为自己撰写的书——以盖伦同类作品为范本的书目体自传——所作的研究中，凯斯记录下这则信息，同时敦促潜在的编辑者去搜集和利用这份公开的资源。他解释道，老楞佐图书馆（Biblioteca Laurenziana）中藏有：

> 两本（关于制药的）书，由教宗利奥的导师安杰洛·波利齐亚诺于 1497 年 6 月 24 日在他位于菲耶索莱的乡村小宅里购得——因此，如果有人想抄写并出版这两本书，或者想用它们来校对盖伦的希腊文著作，可以去那里查阅它们。[65]

诚然，凯斯抄错了波利齐亚诺写下注释的日期，但他对这位佛罗伦萨学者的做法表现出的兴趣是毋庸置疑的。更值得一提的是，当凯斯介绍自己心目中最值得称道的各项成就时，其中便有"为未来彻底修订盖伦的希腊文著作（因为它们实在是错误百出）奠定基础的评注机制或者说评论——如果命运允许的话；这项彻底修订一部分基于我们在不列颠拥有的旧书，一部分基于我为了解当地民俗、城市和图书馆而游历意大利时所见过的意大利古籍"。[66] 当凯斯坚持强调他的注释和校订具有独特价值时——他相信这是制作评述版的原材料——他使用的是波利齐亚诺那位自学成才的门徒皮耶罗·维托里的语言，他旅居意大利时，维托里正在佛罗伦萨教书；他也使用了安东尼奥·阿古斯丁的语言，凯斯在佛罗伦萨的那一年，阿氏也在那里，对欧洲最著名的写本之一，即 6 世纪的《佛罗伦萨学说汇纂》展开细致深入的研究。[67]

　　凯斯对校勘的兴趣不仅在于文本。他试图为只有零散篇章保存下来的盖伦和希波克拉底作品整理出标题和顺序。而在探寻历史背景和文献语境时，他也懂得广泛撒网。举例来说，在 1557 年，他向自己学院的图书馆提供了一份希伯来文写本，其中收录了除《摩西五经》(Pentateuch，即《妥拉》) 之外的全部《希伯来圣经》各卷，还附有 13 世纪的注释，凯斯认为该写本价值极高。[68]在开头部分，他对各卷的数量和顺序进行了细致而深入的讨论。在其中，凯斯仔细记录下《希伯来圣经》与基督教正典之间的差异，并对仅有希腊文文本经外书的作者身份作了探讨。

> 如今，教会对《智慧篇》的使用予以认可。有人怀疑其作者是犹太人斐洛。[69]

他还指出，犹太人对基督教经外书根本一无所知。凯斯的注释反映了他阅读的广度。圣哲罗姆在为所罗门三书——《箴言》(Proverbs)、《传道书》(Ecclesiastes) 和《雅歌》(Song of Songs)——撰写的序言里称，《智慧篇》(Book of Wisdom，也称《所罗门智训》) 是一部伪经："希伯来文中从未见过此书，其风格显露出希腊式的雄辩；某些更早之前的学者确定，它出自犹太人斐洛之手。"[70] 关于犹太人对经外书的无知，凯斯却提到了一个例外，并在此过程中援引了他最新的知识来源："不过他们的史书中有一些关于马加比家族，即他们所称的哈斯蒙尼家族的记载，塞巴斯蒂安·明斯特最近在他编辑出版的人称《约瑟史记》(Josippon) 的小书里收录了它们。"[71] 最后一条回顾性注释以第三人称回忆道："青年时代的凯斯在剑桥学习希伯来语时写下了这些文字。"[72] 明斯特编辑和翻译的《约瑟史记》在序言部分对文本进行了详细的探讨，但此书其实是于 1541 年在巴塞尔问世的。凯斯的记忆或许不甚准确（加布里埃尔·哈维经常记下自己研读书本的年份，却没有意识到这些记录与他后来的旁注自相矛盾）。[73] 不过，凯斯的注释还是令人印象深刻地反映了他广博的知识面和对书目工具的娴熟掌握。

凯斯对图书馆与研究的态度

作为流连于图书馆的书痴，凯斯喜欢吹嘘自己徜徉书海的经历。他在 1570 年的《自书》（De libris propriis）中向读者讲述了老楞佐图书馆和乌尔比诺的图书馆对待学者截然不同的态度，前者得益于科西莫·德·美第奇的慷慨而对所有人敞开大门，后者则对来访者很不友好，他的讲述明显流露了自豪之情。[74] 他不仅谈到自己为今后盖伦作品的研究创造了一套评注机制，还对他校订写本的一系列意大利图书馆作了调研。[75] 更重要的是，身为文献学家的凯斯深知文献所在位置和出处对于写本专家的重要意义。在他对盖伦写本的校订中，他提到了一些自己研究过的写本的所有者，甚至记录了他与其中几位切磋的日期：就对后来的编辑者而言，这是至关重要的信息，那个时代极少有学者提供这方面的内容（帕克和他的秘书似乎从不曾这样做）。[76]

凯斯认为，英格兰很有必要发展研究型图书馆。在他身后才出版的《剑桥历史》（History of Cambridge）中，他大力谴责牛津居民忽视汉弗莱公爵图书馆（Duke Humfrey's Library）的行为:"只需这么一点时间,疏忽便摧毁了感恩之心,让善举沉入忘川。"(他是一位经验丰富的学院管理者。)[77] 后来,他为剑桥大学图书馆中的书本列出了详细的目录:正如大卫·麦基特里克(David McKitterick)等人所指出的,这是第一部印刷版的英格兰图书馆书目。[78] 在与托马斯·凯斯的论战中,约翰·凯斯反复强调自己的论证值得相信,因为他几乎没有使用近期的文本:"盖因我几乎没有使用印刷文本,而是将写本作为纯净而可敬的古老历史的典范,使用写本是我的一大乐事。"[79] 然而,在他为剑桥辩护的作品中,没有一处提及帕克的藏书——更不曾提及他是在帕克图书馆完成了自己的绝大部分研究。[80]

凯斯与历史

更让人震惊的是凯斯与他的批评者所展现的关于历史敏感性的差异。既是古物研究者又是医者的凯斯曾编集过一部有关不列颠古代城市的作品,现已佚失。[81] 1543 年在罗马时,他专心研究皇帝们的纪念柱,甚至在近三十年后还记得其中某一处的山羊雕刻。[82] 与大多数受过良好教育的古代遗迹和制度研究者一样,凯斯无比清楚时光能改变人类生活中从制度到习俗的一切事物。他时常指出这一点,而且往往是在抱怨学生再也不像自己当年那样之时。他在 1567 年写给帕克的信中说:"如今的年轻人实在太散漫,甚至对一切都不以为意。"[83] 在晚年创作的《剑桥大学历史》(History of Cambridge University)中,凯斯插入了很长篇幅来哀悼他年轻时那个质朴的剑桥:"辩论时没人戴花哨的帽子,没有看不出身份的服饰,没有拉夫领衬衫,没有圆帽，没有轻浮的发型，没有招摇的胡须，没有寻欢作乐，没有纹章，没有骰子，没有舞会，这一切在当时都被大学明令禁止。也没有目中无人的穿着和举止，那种穿着和举止所焕发的光彩只是借来的光，就像月亮一样。"[84] 在这样的背景下，凯斯对自己收集的文献的评注几乎没有随时间发生变化的迹象，这就更加令人瞩目了。

托马斯·凯斯认为，剑桥《历史》中的故事显然属于传说历史的范畴。约翰·凯斯为其辩护的方式之一是引用文艺复兴时期最伟大的传说历史制造者暨才华横溢的伪书作者维泰博的安尼奥的言论，然而安尼奥的多才多艺并不包括对时代的敏感性。拜内克图书馆收藏的那本凯斯著作的评注者一眼就看出，书中"2 世纪的大学"或"7 世纪的英国教长"等引述在地点和时间上都不符合实际，可是凯斯却信心十足地引用了这些说法。

有时，凯斯也懂得采用最新形式的历史批判。在攻击同姓氏的对手时，他便用上了尖锐的批判工具。托马斯·凯斯经常引用几位被他称为近代作家的作品，包括利兰、贝尔和利利，他们都不认同剑桥的传说历史。约翰·凯斯一针见血地指出，托马斯·凯斯真正引用的证人其实只有一位，因为"他们的话语都出自波利多罗·维尔吉利"。[85] 他还表示，他的对手所引用的文本形式并不完整，具有欺骗性。[86] 然而，凯斯本人也从五花八门的来源中堆砌出无穷无尽的引文。他鲜少考虑文献来源之间的谱系关联，比如他提出是霍克利夫翻译了罗伯特·黑尔的宗谱和卷本编年史。

文献的权威性

我们似乎可以解释，至少从某种程度上解释凯斯对某一类文本的信心，即他印制并捍卫的所谓特许状和训谕。他为何对这些连他自己都承认是近期抄录的文本如此充满信心？实际上，这部分缘于它们被抄录的方式。布克恩汉姆和黑尔在更新打算用作历史和司法证据的文献时，他们会遵循标准化的档案和公证惯例。恰如彼得拉·舒尔特（Petra Schulte）所言，原始文献在理论上拥有独一无二的权威：它能"产生"复本，而复本只能"被生产出来"。只有"能有所出"的范本——而不是"被产出"的范本——才具有"公信力（publica fides）"，即权威。另外，众所周知，复本往往不如原本，墨水和皮纸的质量都较差，不如原本那么适合充当证据。

为此，公证人们精心设计出一套复制与核验程序，旨在制作出能有效替代原件的复本。公证人必须在尺寸适当的皮纸上逐字誊抄文献。接着，他必须在一名政府代表和五名公证人面前大声朗读文本，其中两名公证人跟随他的朗读查看原本，另外三名则随之查看复本。只有经过这番程序，见证人才能以规定的形式写下自己的证明。[87]

凯斯所仰赖的文献正是经由这样的程序制作的，他本人也很清楚这一点。1419 年，亚瑟王的特许状和教宗训谕在大圣玛利亚堂展出。教廷的宗座书记托马斯·德·莱哈尔为它们制作了一份官方复本。他采取一切防范措施来保障复本的权威性：——列举见证人的姓名，还用自己的正式署名为这份文献作证。这份文献的原本现存于基督圣体学院的档案馆中。复本的一部分——包括托马斯的见证人名单和他本人的签名——则存于帕克图书馆内。一条旁注显示,帕克本人曾将这份复本与原本进行比对核实。[88] 凯斯著作的第二版收录了这份档案公文的完整复本,包括公证人签名和其他所有内容。[89]

此外,约翰·凯斯还是文献修复领域的专家。无论在内科医师学会还是自己的学院里,他都在从事档案更新工作。在这两所机构中,他都要求特许状和其他重要文献必须统统收录进他所称的《汇纂》大杂烩中。[90] 凯斯将他能找到的所有文献都收集起来,还抱怨许多"证据"都散落在冈维尔与凯斯学院各位同事的房间里。这些都必须被抄录到适当的材料,也就是犊皮纸上,然后储存起来。[91] 换言之,凯斯信任的是——根据现代标准,是过分信任——文献更新的正规操作。近年来,理查德·萨金特森(Richard Serjeantson)等人教会我们的是,对证言的评估取决于见证人的地位和信誉。[92] 类似的,凯斯的评估并不取决于文献的内容或物质形式,而是取决于文献诞生的过程。凯斯绝对不是他所处世界里唯一认为历史学家也可以是,甚至也应该是公证人的学者。[93]

凯斯能从周遭的一切事物中看出时光的力量,无论是岩石还是文献,都被它缓慢却无情地摧毁。毕竟,这幅可怕的景象就是古物研究者必须承受的负担。但他也是一位独树一帜的历史学家,一位专精于制度的历史学家。在他的两所学院里,凯斯都亲自编纂年鉴:年复一年地记述制度的历史。他将自己能找到的最重要的法律文献都誊抄在这些年鉴里。原本则平行地

226

保存在被他称为《汇纂》的卷册中——这些原本在某种意义上成了学院运作及其历史的旁注，尽管它们本身即具备独一无二的权威。

凯斯创作《论剑桥大学的古老历史》的方式与他为两所学院编制年鉴的过程差不多。他抄录文献并将其完整收录到自己的著作里。他的逻辑是，如果它们的来源可信，那它们本身就是可信的。同时，他站在制度编年史创造者的立场上审视过去：扁平化、连续不停、没有中断的历史，除了系统的某方面偶尔运作不良。在谷歌盛行的当下，我们很难充分体会汇编或编集在那个信息匮乏的世界里的价值。

重新从这一特定的视角审视问题，有助于解释凯斯为何只将文献堆砌在一起，而不担心编辑上的细节。他将托马斯·凯斯的《关于牛津古老历史的主张》(*Assertion of the Antiquity of Oxford*)印刷出来，其文本却让作者勃然大怒，因为约翰甚至不愿意更正托马斯已经发现的明显错误。举例来说，托马斯·凯斯将阿尔琴（Alcuin）描述为阿尔弗雷德的伙伴，后来又在他的手稿中删去这个名字。而凯斯却将文本原封不动地印刷出来，将修正放在页边空白处，全然不顾作者凯斯画出的虚线。[94] 托马斯·凯斯和托马斯·赫恩都对约翰·凯斯的编辑做法抱有怨言。[95] 当凯斯用编年史作家的眼光审视文献时，他可以从一份早期教宗训谕或一部中世纪晚期编年史中挑出尤其能为其论证提供有力支持的细节。但他却看不出这些文献本身就不符合他所认为的它们所属的时期。也许对他而言，保存本身就比批判更加重要。

古物研究者与对过去的感知

故事到此还没有完结，凯斯对历史和变化的感知也在其中发挥了一定的作用。凯斯深爱古代传统。剑桥大学的其他人也是如此。正如沃伦·布彻（Warren Boutcher）所示，古物研究者克里斯托夫·沃森（Christopher Watson）曾回忆他在 1560 年代常去的地方。

227

> 圣约翰学院（S. Johns College）后面有一座古老的建筑，作为新生和初学者，我常与伙伴兼同窗亨利·梅德福德先生（Mr. Henrie Medforde）去那里放松休息（不顾学业），这令人十分快乐（现在想起他依然让我舒心）。在那里，我们一起畅想了不起的教授和学者（从前）是怎样在这里读书、论辩的；那时这幢房屋叫作毕达哥拉斯学院；这不仅是我们的猜测，因为我们在公共集会上和从前的小册子里也听闻过同样的说法。[96]

这种与古老剑桥的直接接触，让他对"勤奋的史料编纂者"尼古拉斯·坎蒂卢普所述的故事愈发深信不疑。

剑桥的每一位好男儿都喜爱毕达哥拉斯学院的这幢房屋。但凯斯更进一步，他对在那个时代已被视为陈腐且相当危险的天主教传统以及承载这些传统的物品有着浓厚的兴趣。正如玛格丽特·阿斯顿（Margaret Aston）和亚历山德拉·沃尔沙姆（Alexandra Walsham）在其经典研究中生动塑造的 17 世纪古物研究者一样，对于更狂热的新教徒——比如马修·帕克——希望销毁而非收藏的文字和物质遗存，帕克有着无穷的兴趣和好感。[97] 凯斯学院内与其意见相左的成员向伦敦主教报告称，这位教师"在他的学院里存放天主教的斗篷式长袍、长白衣、苏袍、十字架和祭礼蜡烛，还有记录着可憎弥撒仪式的各种弥撒经书，他将其称为学院的宝藏"。[98] 大学校长，三一学院的教师和国王学院的教务长要求该学院为这份"宝藏"出具一份详细的清单。1572 年 12 月 13 日，所有能找到的物品都被没收焚毁。[99] 凯斯和继他之后担任院长的莱格（Legge）均未在学院年鉴中记载这一事件。偶像崇拜的反对者辛辛苦苦花了三个小时才烧尽所有东西——还用锤子将无法点燃的东西都砸碎。凯斯或莱格曾用 M. R. 詹姆斯的话写道，上帝已经用死亡惩罚了那些煽动暴民反对大师的人，或者"以其他方式消灭了他们"。[100]

从凯斯的时代开始，消息灵通的观察者便不无理由地怀疑他私下里是一名天主教徒。[101] 然而晚至 1570 年，他还与对"不遵奉国教者（recusant）"*全无好感的马修·帕克在兰贝斯宫共进晚餐，在那之后他也仍与帕克保持密切的书信往来。帕克对凯斯葬礼开销的记录无疑能表明他从未中断的友情和诚挚的哀悼。[102] 无论如何，老凯斯都是一位与时代格格不入的人。年轻时，他不仅经历过修道院的解体，还经历过修道院传统及所属图书馆的毁灭。到老年成为大学教师时，他又见证自己的大学经历了另一系列迅速且彻底的变化。新思想汹涌如潮，冲击着传统的

---

* 指英格兰宗教改革后，那些不认可国教的最高权威且拒绝参加国教礼拜仪式的人。

方式。举例来说,解剖学和天文学活动开始出现。同时涌入学校的还有全新的青年:士绅阶层的年轻人推杯换盏、昂首阔步、打架闹事、无心读书,将那些有才干的可怜男孩排挤得毫无容身之地,而学院原本是为后者开立的。

凯斯本人对这些革新很是排斥,包括伊拉斯谟式的希腊语发音。对于同时代的很多作者为扬名立万而采取的做作矛盾行为,他大加批驳道:

> 尽管如此,没有哪位新事物的发起者会因为愚蠢而缺少赞助者和支持者,无论他多么愚昧、粗鲁、毫无品味:那些半大小子或愚昧的下里巴人会追随他们,但没有一个真正有判断力的正经人会这么做。除非他们想要炫耀自己的才智,就像伊索克拉底赞美布西里斯、李巴尼乌斯赞美忒耳西忒斯、琉善赞美苍蝇、法沃里努斯赞美四日热、昔兰尼的辛奈西斯赞美秃顶、金嘴狄翁赞美头发,还有我们这个时代的哥白尼创作的那部关于地球运动、群星静止的书,以及伊拉斯谟撰写的关于热病和法拉里斯主义* 的短文,都是出于这一目的。** 因为雄辩家常以探讨有失休面的

---

* 该主义得名于古希腊的暴君法拉里斯(Phalaris),此人以残忍著称。传说他曾将敌人置于空心的青铜牛中活活烤死。最终,民众起义推翻了统治,也将他推入青铜牛中烧死。

** Unless they are perhaps doing this in order to show off their wit, as Isocrates did when he praised Busyris, Libanius Thersites, Lucian a fly, Favorinus the quartan fever, Synesius of Cyrene baldness, Dio Chrysostom hair, and in our own time, Copernicus when he wrote a work on the movement of the earth and the immobility of the heavens, and Erasmus when he wrote short texts on fever and Phalarism.

话题为乐，也会将证明某个拙劣的假设作为练习的手段。[103]

作为一名优秀的人文主义者，凯斯回想起罗马人树立的榜样，他们"觉得，任何被引入的事物一旦与先辈的习俗和传统相违背，那就是不可接受也不得体的"。[104] 作为一名优秀的学院人，他赞扬大学生活的古老传统，不管它们看起来是多么缺乏理性。

> 教授英格兰公法的学院无论如何都不能让步，不能丢弃他们的八日庆；大学的其他学院也不能摒弃要求候选人领受文学硕士学位时穿长袜、获得神学博士学位后穿绑腿以区分其身份的传统，还有新文学学士在用餐时以不同方式烹饪鸡蛋，并以此向前辈表达尊敬的传统。另外，他们也不能经人劝说就作出让步，在辩论中当参与者就座后，不再让旁听者在厚厚的灯心草垫上席地而坐。另外，博洛尼亚大学的西班牙人也不该放弃他们的兜帽和被他们称为"staminea"的肩衣，这是只有博洛尼亚大学西班牙学院的成员才会穿的服装。我赞同上述的所有传统，因为驱动它们的并非反复无常及微不足道的琐事。它们并没有脱离古老的习俗，也没有轻易放弃它；不像在某些大学，幼稚和肤浅的风尚轻率地舍大取小、换方成圆，将一种形式换成另外一种，不留一丝秩序、惯例和尊严。[105]

此外，他始终对那些略有家产的年轻人大加斥责，态度尤为刻毒。这些年轻人将剑桥视为一所人文主义进修学校，身穿时髦的衣服，而非规定的学院着装。

> 我们的年轻人……在美德的殿堂里拥抱恶习。这就是
> 掀翻宫廷的暴民们的行为方式。为了时髦，他们穿上带有
> 拉夫领的衬衫和软木鞋。而这些起初是为遮掩患病的小腿
> 和脖子而设计的日常穿着。想当初，在不久之前的记忆中，
> 当健康的习惯还盛行时，没人穿高跟长靴，大家都从脖子
> 露到胸口，胸口部分［用普劳图斯（Plautus）的话说］则
> 敞开到胸膛，毫无遮掩地露出乳头，哪怕冬天也是如此。[106]

凯斯的最后几句话一语中的。他写下这段文字后没过几年，大
学便对这些学院提出了批评。

> 杂七杂八涌入大学的年轻人让学院苦不堪言，他们出
> 身于士绅阶层和富庶之家，与古老而庄重的惯例背道而驰。
> 他们的衣装造价不菲、华而不实，穿着打扮不像任何一类
> 研习人文知识的学生，倒像是纵情享乐、奢侈轻浮之人。[107]

身穿"有夸张拉夫领的衬衫"以及佩挂长剑或刺剑的学生都受
到了特别的批评。[108] 对昔日简朴和学术氛围的怀念令凯斯心痛，
他热切地秉承大学"古老而庄重的惯例"，所受的教育让他相信
学校机构的档案馆拥有真实有效的文献，在如此种种因素的作
用下，凯斯无法不相信他出版的文献资料。即使他未在现实中
找到它们，所处环境的逻辑也会迫使他将其发明出来。面对变

230

革，这位历史研究者开始发明传统——从而让自己与过去曾这样做的学者站到同一阵营。这位超前的人文主义者在研究剑桥历史时对文献来源的偏爱以及对这些文献的反应自有其逻辑。凯斯相信，在档案馆和建立在其上的历史中，他可以为饱受时光和无知摧残的自己及所钟爱的机构报一箭之仇。这有助于解释为什么最直截了当的历史体裁——某座机构的简短年鉴——在他的手中却变成了如今看来如此古怪的论战。

谜团依然存在。如果说凯斯对自己年轻时剑桥的美德有所夸大，他却相当准确地判断出那个时代正在经历的社会和文化变革。在这一过程中，他展现了强大的观察力以及对历史变迁的敏锐感知。他与当时的社会和文化历史学家一样清楚，服装如何能够反映穿着者的地位。与他们一样，他知道时尚的变化绝非微不足道的琐事，而是社会变化的体现。[109] 与此形成反差的是，当他为佐证剑桥的古老而收集文献时，却没有费心确定它们所处的时代，也没有对它们的可靠性加以评估。他违背的是一条他自己的人文主义文献学模型所阐明的原则，没有权衡文献的来源，反而直接依赖它们。[110] 在凯斯的时代，为一份写本断代并非易事。但是，证实作者的身份、确定日期乃至评估字体，这些工作恰恰构成了历史学术研究的核心，帕克和他的秘书们就是这样做的。在这些方面，凯斯与他的友人和同盟完全不同。[111]

凯斯缺乏的是距离感：不是历史的距离，而是情感的距离。凯斯显然觉得，拖延对盖伦的写本作出结论比拖延从 14 和 15 世纪的编年史中得出结论要容易得多。证明英格兰拥有根植于古代的独立的学术传统，此举意义重大，而凯斯的热情削弱了他进行批判性阅读的能力。取而代之的是信任：他对缮写者和公证人能力的信任过于强烈，相信他们能在不改变或增加内容的情况下复制档案。而且，如伦道夫·黑德（Randolph Head）所示，凯斯绝非唯一认为经过公证标准确定的文献有效性优于文献学鉴定的近代早期专家。[112] 尽管如此，作为一位天赋和经验都不亚于同时代人的古代物质遗存研究者，凯斯竟然对其文献来源的物质载体和年代都不甚在意，这实在令人值得注意。证实性偏见像帘幕一样挡在他与文献来源之间，当他用一项对论证没什么用处的证据来支撑自己的论点时，他为收集这项证据所付出的所有技艺娴熟的努力都是白费功夫。

纽约医学会（New York Academy of Medicine）图书馆如今藏有一本 1568 年的《论剑桥大学的古老历史》，这本书当年的主人对凯斯很有好感——至少从页边空白处的几个三叶草标记来看就是这样。扉页顶部有一句字迹潦草的简短评价："古老值得最崇高的敬意。（Antiquitati maxima debetur veneratio.）"[113] 这句话用作凯斯的墓志铭将再合适不过。

第 9 章
巴鲁赫 · 斯宾诺莎读《圣经》

对斯宾诺莎的不同认识

对斯宾诺莎的认识——他是哪种人，过着怎样的生活，又如何工作——往往在对其作品的诠释中占据主导地位。斯宾诺莎在交友方面颇具天赋。不过，将其视为一位相对孤立的人物，一位为他所捍卫的宗教宽容而失去数位最亲近挚友的英勇的个人主义者，这似乎是一种自然而然且绝非完全错误的看法。同样看起来顺理成章的，是将他解读为一个相对孤立的知识分子，与笛卡尔一样，独辟蹊径，鲜少拾人牙慧，这从他数量极其有限的引用便可见一斑。对《神学政治论》（*Tractatus theologico-politicus*）或其中一部分予以阐释的书籍和文章为数不少。相形之下，却几乎没有书籍和文章将这本书与早前阐述《圣经》解读原则的成果系统地联系起来，而少数这样做的书籍和文章往往也只关注个别或多或少被公认与之存在联系的著作。1666年，斯宾诺莎的友人洛德韦克·迈耶（Lodewijk Meijer）出版了

《〈圣经〉诠释者的哲学》（*Philosophia S. Scripturae Interpres*）。
这本书对《圣经》的合理化解释推动斯宾诺莎提出了关于如
何阅读文本的截然不同的观点。另一位友人阿德里安·科尔巴
格（Adriaan Koerbagh）在入狱之前于自己的著作《暗地之光》
（*Ligt schijnende in duystere plaatsen*）中记录了两人关于《圣
经》和其他诸多话题的讨论。[1]《神学政治论》的阐释者大多
会对这些文本加以探讨。唯有近年来的少数学者——尤以 J. 塞
缪尔·普罗伊斯（J. Samuel Preus）、诺埃尔·马尔科姆（Noel
Malcolm）和苏珊·詹姆斯（Susan James）为代表——为此类探
讨引入了更深入的材料。[2]

1930 年代，天资聪颖且精力旺盛的耶稣会修士斯坦尼斯
劳斯·格拉夫·冯·杜宁－博尔科夫斯基（Stanislaus Graf von
Dunin-Borkowski）在攀登这座高山时选择了一条截然不同的道
路。他的假设是，斯宾诺莎关于《圣经》批评和阐释的文章是
一场更广泛的人文主义哲学运动的组成部分，该运动兴起于文
艺复兴时期的意大利，在法兰西、尼德兰、神圣罗马帝国和不
列颠进一步发展。他处理过大量一手文献——不同版本的文本
和相关评注，关于古物和年代学的专著，还有在没有学术期刊
的年代充当小型新成果发表媒介的文献学杂集。他不仅提供了
内容丰富的近代早期学术全景图，还介绍了斯宾诺莎所处的独
特背景。他将《神学政治论》的作者描绘成一位符合时代风格
的人物，而非大步迈向山巅的孤独英雄。冯·杜宁－博尔科夫
斯基对最主要的方法问题几乎未予关注：最重要的是，是否有
任何证据能确认斯宾诺莎曾读过积压在数世纪灰尘之下的大量

233

文献学资料，进而有所回应。³ 但他那本充满生机和学识的书提供了另一种阅读斯宾诺莎的方式，本章将尝试引导并规范其中的精神，所提出的问题是，如果我们想象斯宾诺莎曾与一系列多样化的犹太人和基督徒——包括想象中的古人和令人不安的近代人——进行对话，那会有什么不同。如果他确实从身处其中的学术传统中汲取了某些内容，那他汲取的究竟是什么？而他拒绝汲取或没能汲取的又是什么？

学术批判：传统与转型

1650 年前后，亨利·德·瓦卢瓦（Henri de Valois）开始撰写一部关于古代世界及之后的批评之学的专著。瓦卢瓦是受过训练的律师，也是博学的人文主义者，他热爱细腻且复杂的文本论证，曾以教会史编辑者的身份创造出开创性的成果。他在《论批评》（*De critica*）中专门收录了一段简短的宣言，这在某种程度上听起来很像是出自斯宾诺莎之口。瓦卢瓦强调，批评者在研读文本时应摒弃所有预设前提——包括"著名或古老的作者，其文字必定深刻或珍贵"的臆测："最重要的是，我们必须小心，不要怀着出于敬重而屈服的思想去阅读，这样才能避免被作家的权威或古老所愚弄和戏耍。"⁴ 但他也为批判性思维的运动画定了边界，他的限制十分清晰，而且恰恰画在斯宾诺莎不接受任何限制的领域："唯独圣典有权要求我们怀着被奴役的心态进行阅读，放弃评判的自由。而在阅读其他一切书本时，我们都必须养成对其加以评判的习惯。"⁵

大约九十年后，一位大不相同的学者，即忙碌的荷兰历史学家和印刷经理人彼得·布尔曼（Pieter Burman）编辑并出版了瓦卢瓦的文章。他对这位天主教学者的态度十分尊敬，将他与新教徒中学富五车的偶像们相提并论，比如伊萨克·卡索邦和约瑟夫·斯卡利杰。但是，在涉及瓦卢瓦不愿对《圣经》进行批判性阅读的问题时——正如贝内代托·布拉沃（Benedetto Bravo）在一篇重要文章中所指出的——他表现出了些许怀疑。

> 我不确定瓦卢瓦在这一段中是否充分表达了自己的想法。诚然，所有尊重正派思想的人都应当对神圣书本的内涵和内容表示敬意和尊崇，我想没有任何有理智的人会挑战这一原则。但此处争议的焦点在于批评的价值，因此不会有人主张批评——即便是适度和适当的批评——永远不应适用于诸圣典。原因在于，通过抄写将它们传给后世的人有可能犯错，恰如其他作者的缮写者曾经犯的错误一样，而出类拔萃的学者也曾利用真正的批评来纠正这些差错。[6]

显然，布尔曼看待批评活动的角度与瓦卢瓦大相径庭，以至于他无法想象这位前辈说的是真心话。原始文本和编辑注释之间的对比表明，1650~1740 年发生了许多变化。一连串的知识风暴——八十年前保罗·哈泽德（Paul Hazard）的一部伟大作品精彩地勾勒了这些风暴的大致样貌，而乔纳森·伊斯雷尔（Jonathan Israel）的近期研究又提供了激动人心的细节——席卷了各部正典，包括《圣经》和其他的古典作品。这些风暴将原本看似权威的文本贬为残破的片段，剥夺了它们的文化权威。[7]

斯宾诺莎对《希伯来圣经》的批评

在这一连串风暴中，没有任何一场比斯宾诺莎的《神学政治论》掀起的更为猛烈，也更让人争论不休。看起来，斯宾诺莎的著作比其他任何一本书都更让前沿知识分子——哪怕是沉迷于晚期人文主义智识传统的布尔曼——无法想象该如何忍受那种对瓦卢瓦来说无比自然的精神上的保守。毕竟，斯宾诺莎有力地提出——有力到足以启迪激进派，也足以引发保守派的担心——以斯拉（Ezra）而非摩西才是《旧约》核心部分的真正作者，更重要的是，斯宾诺莎指出，以斯拉粗糙而未经润色的汇编显然无法像许多思想家所认为的那样，为形而上学或自然哲学的奥秘提供指导。《圣经》不是对宇宙的百科全书式的权威描述，倒更像一部仓促成书以满足先民需求的粗略的道德指南。[8]

斯宾诺莎针对《旧约》的连贯性和权威性提出了清晰而激进的陈述，任何研究该时期的学者都无法忽略这番陈述的解放作用，也无法忽略推动他与科尔巴格等友人探索这些危险领域的勇气。没有任何赞扬能充分彰显他们的功绩。这不失为一桩幸事，因为历史学家本不应撰写极度赞誉之词。作为替代，笔者提议将斯宾诺莎当初提议对整部《圣经》各卷所做的工作也应用到斯宾诺莎的著作上，只是其规模极小，也甚不全面：勾勒出一种书写新"历史"的方式，并不针对他的全部文本，而只针对其中涉及阐释学和《圣经》的核心章节：第7~10章。笔者将像他探究《以斯拉记》那样，尝试构建出其思想形成的大环境与所据文献的来源，甚至将斯氏没有依据的文献来源也包括在内；进而希望通过此举表明，斯宾诺莎并不完全是许多画像中所描绘的那个茕茕孑立的形象。

斯宾诺莎与早期批判传统

《神学政治论》不仅提供了关于如何阅读《圣经》的论证，还提出了关于其文本起源的全面理论。就像用多语种版本的《圣经》、解读《圣经》的专著以及对其中各卷的大量评注压弯图书馆书架的神学家和人文主义者一样，斯宾诺莎所做的远不止思考《圣经》本身。他从诸多不同的来源收集了小片小片的证据，进而将它们拼凑进他那部马赛克般的作品中。更有甚者，有时他采取的做法非常与众不同且出人意料。对斯宾诺莎而言，没有任何一位早期《圣经》读者比 12 世纪的评注者伊本·以斯拉（ibn Ezra）更至关重要——对于此人，斯宾诺莎以稍显夸张的笔调写道："其实，写出《摩西五经》的并非摩西，而是另一位年代晚得多的人，摩西所写的其实是另一部作品。"[9]

在这一基础上，斯宾诺莎对伊本·以斯拉关于《申命记》1:2 评论的解读显得尤为怪异。在这段文字中，伊本·以斯拉对读者说，倘若他能参透"十二之秘"和《申命记》中的另一些语句，他就能"领悟真理"。我们几乎可以肯定，此话中的"十二之秘"是指《申命记》的最后一章，即用十二行韵文描写摩西之死及其葬礼的第 34 章，这恐怕不可能出自摩西本人之手。而斯宾诺莎的观点则略欠缺说服力，他认为伊本·以斯拉指的是摩西最初写下律法之书的石台（《申命记》27:8）。根据拉比们的说法，这尊石台由 12 块石头搭成。[10]沃伦·泽夫·哈

236

维（Warren Zev Harvey）指出，在本案例和其他若干案例中，斯宾诺莎都可能从其他未指名道姓的犹太评注者的文字中汲取灵感。[11]这并非易事，即想明确斯宾诺莎究竟阅读过哪些学术著作，以及如果他确实有所借鉴的话，他又从这些著作所承载的学术批判传统中汲取了哪些养分。

为了佐证将理性批判应用于《圣经》的可能性，布尔曼援引了两位来自不同年代的前辈学者。伊萨克·福修斯（Isaac Vossius）在其 1684 年版的《卡图鲁斯诗集》中曾借用"那些相互交换书本并核验手稿之人"的话作为证据。在对抄写错误作出明确定义之后，他对这些在《圣经》和世俗文本中同样频繁出现的错误的权威性以及他本人的权威性予以论证："在所有地方——甚至在所有神圣文本作者的笔下——我们都会发现，当相似或相同的单词出现时，缮写者便会忽略二者之间的差别。没有哪位学者不知晓或否认这一点。但是，某些想以神学家自居的愚昧或无能之辈却不承认它，他们宁愿相信圣典绝无讹误。因此，他们靠想象塑造出永不犯错的神圣缮写者形象。"[12]恰如布尔曼坦言，福修斯所言对他的评述很不利（也在他对手的伤口上撒了把盐）。但他的基本观点确实有道理。

远比福修斯温和的伊萨克·卡索邦在福氏之前数十年便提出，尽管《圣经》教义的核心内容经过数世纪仍完好无损，但《圣经》文本却经历了相当多的变化："从希腊文来看十分明显，很多内容都经过细小的改变，有些还有较为严重的讹误，但这些讹误并未动摇文字的真义。从希伯来文来看更是毫无疑问：整部"马所拉文本（Masorah Text）"*（一种加入元音和重音符号以及边注的文本系统）为这一点提供了确凿的证据。"[13]
如布尔曼所知，卡索邦曾打算撰写一部全面的古代文献校勘学研究著作，在其中将巴勒斯坦的犹太"马所拉文士（Masoretic scribes）"**与亚历山大港的希腊和拉丁学者的方法加以比对，前者编写的是《希伯来圣经》文本，后者编写的是荷马等诸多作者的文本。[14] 他清楚地推定，无论拉丁文、希腊文还是希伯来文，所有写本都是人类劳动的产物，也可能是人类能力不足的牺牲品。当布尔曼将自己对文本的批判态度的根源追溯到晚期人文主义传统时，他并没有夸大其词。对于他在瓦卢瓦作品中没有看到的批判态度，他并未将其视为一种刚被创造出来的事物，而是早在斯宾诺莎撰写文章前很久便已开始的文献学传统的有机组成部分。

斯宾诺莎有哪些接触这些学术批判传统的途径？他又从中找到了哪些资源？后人在他去世后为其藏书所编制的目录可以为我们提供一些线索。[15] 马基雅维利——他也许是斯宾诺莎之前出版古代文献评论的最彻底的自然主义者——的著作位列其中，随时准备为任何不相信《圣经》中的领袖有神迹相伴的读者提

---

* 也译"马所拉经文"或"马所拉文献"，是马所拉文士设计的一种加入元音和重音符号以及边注的标音文本系统，音标有助于正确拼读过去只有辅音字母的古代闪族文字和希伯来文字，以避免误解和歧义。马所拉文士对文本完全不作任何改动，只在文字旁记下批注，力求保全文本的原貌。此外，他们也会在批注中指出文本的特殊之处，提供他们认为正确的文句解读。

** 马所拉文士中的"马所拉（מָסֹרֶת）"意为"传统"，"文士（סֹפֵר）"指"抄录律法的学者"。

供启迪。更出人意料的是，其中还有帕多瓦学者洛伦佐·皮尼奥里亚（Lorenzo Pignoria）的书，此人在 1611 年出版了一部极具煽动性的作品，内容是古埃及崇拜的对象：伊西斯青铜碑（Isiac Table）。[16] 博学多才却天马行空的巴伐利亚公国总领大臣赫尔瓦特·冯·霍恩伯格（Herwart von Hohenburg）等人从碑文设计中解读出复杂的哲学和神学隐喻。与他相反，皮尼奥里亚告诉友人马克斯·韦尔泽（Marx Welser），他"痛恨对这类物品进行往往毫不相干的过度解读，这种做法由柏拉图主义者引入，意在拼凑起支离破碎的传说，却罔顾其师长的教诲"。[17] 与斯宾诺莎类似，皮尼奥里亚力求不加任何预设地阅读一份光彩夺目且看起来应该很有深意的古代文献。如此，文献学传统为斯宾诺莎这样坚持将传统评注者抛到一边，然后用全新眼光和批判理性进行阅读的读者提供了些许帮助和慰藉。

批判性对话？斯宾诺莎世界里的人文主义批判

斯宾诺莎了解此类学术论点的来源也许不仅仅是书本，也来自他浸淫其中的环境氛围。因为 1660 年代的阿姆斯特丹，整个空气中都洋溢着关于《圣经》地位的尖锐评论，书摊上也是如此。1660 年代，斯宾诺莎及友人正在探讨他日后将在《神学政治论》中抨击的议题。洛德韦克·迈耶在 1666 年的著作中记载了一位被他称为专精于这些话题的卓越人士的评论。迈耶以斜体字印刷相关段落的方式表明，这是一段直接引用的文字。此人声称，无论用希伯来文还是希腊文书写，差不多每一份《圣经》写本都已被心思邪恶的人为干预所腐蚀。这位批判领域的专家甚至还坦言"拉比们自己也承认，《希伯来圣经》的版本太多太混乱，以致真伪难辨"。另外，他强调"如果有人整理并核对所有《新约》写本，他会发现有多少字词就有多少冲突之处"。[18] 有些学者认为，此处的这位绅士就是斯宾诺莎。

证据透露出一个更错综复杂的故事。1659 年，早在编辑《卡图鲁斯诗集》之前，伊萨克·福修斯就发起过一场关于《圣经》年代的大规模讨论。福修斯指出，当时由卫匡国（Martino Martini）译介到欧洲的中国编年史值得采信，它能追溯到无比久远的上古时期，相形之下，从创世到道成肉身尚不足四千年的《希伯来圣经》无法与之兼容。对此他解释道，幸运的是，希腊文《旧约》即普遍称为"七十士译本（Septuagint）"*的古老版本所涵盖的年代更久远，可轻松将中国的历史囊括其中。要接受他的解答，学者们必须意识到一点：希伯来文文本显然不足为信，必须以希腊文文本为准。[19] 同后来布尔曼所引用的评论类似，在这场讨论中，福修斯的论证方法与论证内容同样重要。他轻蔑地写道："要是我们有摩西的手迹，那再好不过。但真有缺乏足够判断力的人会相信，上帝永远站在希伯来缮写者的身旁，并一笔一画地指引他们吗？"[20] 显然，福修斯在之后编辑的《卡图鲁斯诗集》中加入的关于缮写者不可靠的补记并不让长期阅读其作品的读者感到意外：毕竟，数十年间他对《圣

239

---

* 也译"七十子译本"，是《新约》时代通行的《希伯来圣经》的通用希腊语译本，于公元前 3 世纪至前 2 世纪分多个阶段在亚历山大港完成。其除了今日通行的《旧约》文本外，还包括一些次经。《圣经》"七十士译本"普遍为犹太教徒和基督教徒所认同，亦是《旧约》现代中译本翻译时的重要参考。

经》文本的传播始终秉承相似的看法。福修斯认为，在巴比伦之囚以后，以斯拉在收集和编辑《圣经》时已抛弃他认为与撒玛利亚字母一模一样的古希伯来字母，转而选用阿拉姆语字母。后来，马所拉文士——7~11世纪的犹太语法学家——为《圣经》文本配置了更多符号。福修斯打趣道，假如摩西"死而复生，《希伯来圣经》里的变音符号他恐怕一个都认不出：因为这些字母吸收自迦勒底语，其中的元音和重音符号则来自马所拉文士"。[21]

这些论证体现了关于《旧约》不同版本的学术辩论的悠久传统。不过，正如亚当·萨克利夫（Adam Sutcliffe）在一段时间以前所指出的，是福修斯用直率且有力的笔调将这些论证付诸纸上，制作成短小精悍的小册子——其中一本还被译成了荷兰语。[22] 不仅如此，他还用它们攻击同时代人视为希伯来文《旧约》文本基础的内容：世界历史的年代主线。另外，福修斯与斯宾诺莎的不同之处在于，他强调《新约》写本与《旧约》写本一样错误百出。他的观点在不止一处引起纷纷议论。当迈耶的友人提及《新约》各写本中层出不穷的变体时，从某种程度上说，他其实是在逐字逐句地重复福修斯在小册子里已经论述过的内容："这些写本中的文字有太多变体，如果有人对所有写本加以核对，他会发现有多少字词，就有多少冲突。"[23] 这有三种可能的解释。也许迈耶引用了斯宾诺莎的话；若是如此，那么斯宾诺莎本人又引用了福修斯的话。更有可能的是，迈耶的话直接引自福修斯。这表明福修斯参与了迈耶以及斯宾诺莎圈子里展开的讨论。福修斯在题献给向霍弗特·范·斯林厄兰特（Govert van Slingelandt）致敬的小册子中提到，该书探讨的是起初在两人谈话中浮现的问题。[24] 还有一种可能是，迈耶和斯宾诺莎密友圈里的其他人都读过福修斯的小书。无论是哪种情况，斯宾诺莎及其伙伴了解学术批判结论的一条途径已然显露出来。

不仅如此，福修斯在 1660 年代末所做的一件事从削弱《圣经》权威的角度看，甚至比他写的那本引发争议的关于世界年代的小册子更具破坏力。他出版了《斯卡利杰谈话录二》（*Secunda Scaligerana*），即最伟大的年代学家约瑟夫·斯卡利杰从 1603~1606 年的闲谈录，那段时间，法国学生聚在他位于莱顿的家里，以法语和拉丁语的优美混合文字记下他所说的话。斯卡利杰与《圣经》编年史中的矛盾和疑难之处的斗争时日已久。其中一些并不让他太过担心。举例来说，斯卡利杰在写给莱比锡的同事泽特·卡尔维茨（Seth Kalwitz）的信中说，"任何头脑健全的人"都不会指望按单一且前后连贯的时间顺序将以色列和犹大的国王们排列清楚。[25]

但是，在撰写他关于神圣和世俗历史的最后一部伟大综述《年代学宝典》（*Thesaurus Temporum*，1606）时，斯卡利杰却敏锐地意识到有些重大矛盾既无法解决也无法忽视。恰如诺埃尔·马尔科姆在一篇内容丰富、涵盖面广的论著中所展现的那样，天主教学者在传统上一直愿意接受《旧约》文本远非完美的可能。但是，在 1600 年之前的那些年里，新教徒神学家愈发固执地坚称，《圣经》传承下来的每一个词都受到过神启。[26] 斯卡利杰在花园里、在壁炉边向寄宿在他门下的法国学生让·瓦桑（Jean Vassan）和尼古拉·瓦桑（Nicolas Vassan）袒露自己的担忧。他们将他的言论记录下来，后由福修斯整理并按字母排序后结集出版。27《马可福音》第 6 章中对希罗底（Herodias）和施洗约翰（John the Baptist）之死的记载与犹太历史学家约瑟夫斯的记载 [《犹太古史》（*Jewish Antiquities*）18.116-117] 并不一致。斯卡利杰认为约瑟夫斯一定是对的，因为他一向准确，而且声称信息是从官方文献而非福音书作者那里获取的。他对自己得出的结论大惊失色："此事实在可怕。谁会怂恿他说谎呢？……约瑟夫斯是一位讲求精准的历史学家，比任何其他作者都更精准，而且非常忠实；他称自己这段话出自希律王的《记事》（*Acta*，即日记）。"28 斯卡利杰得出的结论是有人蓄意篡改："早期基督徒向《新约》补充了很多内容。他们也可以加以改动。"29 道理很明显：凡人的手记录了《圣经》文本，凡人的手也可能意外出错或故意改变："当时与现在一样，复本可能出现错漏。写在纸上的东西总是会出错的。"30 更何况此处所涉的改变不仅仅是文字上的变动。其中一些影响到了《新约》的内容。《约翰福音》声称抹大拉的马利亚（Mary Magdalene）在"清早，天还黑的时候"来到基督的坟墓前（20:1）。与之形成对比的是，《马太福音》记载她和另一个马利亚在"天快亮的时候"前来（28:1）；《马可福音》称她、马利亚和撒罗米（Salome）在"出太阳的时候"前来（16:1-2）。《路加福音》则没有提及"她们"来到坟墓前的时间（24:1）。尽管斯卡利杰试图让自己相信这些都是缮写者的失误，但他还是表明自己的焦虑，认为其中有更为深层的因素。

至于其中一位福音书作者说那些妇女在太阳升起时早早来到坟墓前的事实，这是一处讹误，是缮写者的抄写错误。我不知该说些什么。安波罗修、奥古斯丁和金嘴狄翁都为此绞尽脑汁，却徒然无果。[31]

斯卡利杰用一种与亨利·德·瓦卢瓦截然不同的语言承认，如果他有胆量的话便会对《圣经》文本进行批判，但他觉得该话题对公众而言过于具有爆炸性："《新约》和福音书有超过 50 处添加或改动。这非常古怪，我不敢公然讲出。倘若是世俗作者的话，那我就会用另一种方式来谈论它了。"[32] 换言之，斯卡利杰不仅仅主张《新约》文本的个别见证人不够完美。私下里，他对经过传播的福音书的真实性同样深感担忧，并且坚持认为是将它们传给后世的早期基督教读者令其出现了错漏。虽然他不敢付诸纸上，但他却说出了半个世纪后的瓦卢瓦连想都不敢想的问题。而到了 1660 年代，福修斯便可将他的评论付印出版。

基督徒关于理性与《圣经》权威性冲突的尖锐评论——在斯卡利杰那里则是备受折磨的承认——是在斯宾诺莎写书之前便存在的广泛文化辩论的一部分。斯宾诺莎在将希伯来文《旧约》称为充满讹误的文本时，深知有些基督教学者会赞同他的观点——而且，他们已经不顾神学家的反对，相当直率地提出过类似的观点。

242

向对手学习：斯宾诺莎与他的文献来源

那么，斯宾诺莎在构建其形式理论框架的过程中，究竟从各方面学术传统中借鉴了哪些具体内容？同诸多极易引起争论的伟大著作一样，《神学政治论》受到多重决定因素的影响。正如马尔科姆所揭示的，斯宾诺莎将已经广泛流传数十年，有些甚至已流传数世纪的关于《旧约》作者身份的看法汇总到一起，阐明其含意，并将戏剧化的新表达赋予其中。[33] 但是，他为数不多的引用并未指明其所依据的文献来源，就连马尔科姆技艺高超的侦探工作也未能明确所有来源。恰如优素福·卡普兰（Yosef Kaplan）等人揭示的，斯宾诺莎对所研究的文本往往是间接引用，并不具体说明文本名称，而人们在他去世后罗列出的藏书目录里往往也找不到这些文本。[34] 要想还原斯氏具体知道些什么，何时得知又是如何利用这些知识的，我们需要时间、运气和想象力。

下面这个案例将在一定程度上反映这些问题的复杂性。斯宾诺莎曾引用犹太学者雅各布·本·查伊姆·伊本·阿多奈贾（Jacob ben Chajim ibn Adonijah）为丹尼尔·邦贝格在1524~1525 年出版的第二版《拉比圣经》（Rabbinic Bible）* 撰写的简介。他很可能读过约翰·布克斯托夫（Johann Buxtorf）和亚伯拉罕·不伦瑞克（Abraham Braunschweig）于 1618~1619

---

* 系最早的《希伯来圣经》之一，也被称为《大圣经》（Mikraot Gedolot）。第一版于 1516~1517 年由费利切·达·普拉托 [Felice da Prato，也称"费利克斯·普拉滕西斯（Felix Pratensis）"] 编辑，丹尼尔·邦贝格出版。第二版于 1524~1525 年由犹太学者雅各布·本·查伊姆·伊本·阿多奈贾编辑，该版是英王詹姆斯一世《钦定版圣经》（AV，1611）所依据的《希伯来圣经》版本，相信是 20 世纪前最为普遍使用的希伯来文版本。两版《拉比圣经》皆包含四个部分：《圣经》文本（反映"马所拉文本"的类型，由编辑从多份抄本编集而来，不像后期的希伯来文版本是以单一抄本为基础）、马所拉文士的批注、阿拉姆语《塔古姆》以及《圣经》注释（通常是沿袭释经传统的中世纪注释）。

年在巴塞尔印刷的《拉比圣经》文本——因为，他手里有一本《拉比圣经》。斯宾诺莎只引用了伊本·阿多奈贾的一行文字：在个别解读上，"《塔木德》（伟大的犹太法典）习惯与马所拉文士（编集《希伯来圣经》页边评注的语法学家）针锋相对"。[35] 他以此为证据，提出过去曾存在过的《圣经》版本比"马所拉文本"中得证的还要多。从《神学政治论》的文字来看，斯宾诺莎并未从伊本·阿多奈贾那里学到很多东西。斯宾诺莎轻蔑地将这位早期学者称为邦贝格《圣经》的"迷信校对者"——但未说明伊本·阿多奈贾的迷信究竟是因为他相信"马所拉文本"的古老，还是因为他皈依了基督教。[36] 他没有探讨这句引语之后的长篇论述，伊本·阿多奈贾试图通过论述表明马所拉文士通常是正确的，即《塔木德》通常有误。恰恰相反，他引用伊本·阿多奈贾的话只是为了支持自己的基本论点：古代《圣经》文本版本数不胜数，远比现代评注所记载的要多。

　　然而，这并非斯宾诺莎从伊本·阿多奈贾那里所撷取的唯一收获。[37] 他需要解释的是：倘若《圣经》真如他所言曾存在大量的不同版本，为何"马所拉文本"对于任意特定的词语往往只提供两种解读。为解释个中缘由，斯宾诺莎从一部后《塔木德》时期（公元 6~11 世纪）的专篇《文士录》（Soferim）*6.4 中引用了一段话。[38] 这段文字讲道，圣殿内殿中发现了三本内容

243

---

* 　《文士录》全称"Masekhet Soferim"，系《塔木德》中探讨神圣典籍的准备规则以及阅读《妥拉》的篇章，属于次要章卷。通常认为，《文士录》起源于公元 8 世纪的以色列地（Land of Israel，即迦南地），因成书较晚且年代不确定，目前其常作为《塔木德》的补篇刊印。

不同的《圣经》。对于它们的分歧之处，某人（显然是位权威人士）决定以占多数者为准，因而选择三者中有两者相同的版本。斯宾诺莎在提及这段话的作者时写道，"他们坚持认为"这三份写本是"在以斯拉时代发现的，还声称是以斯拉本人为其添加了注释"。[39] 斯宾诺莎推断，由于只有三份写本，那自然是其中两份彼此一致，与第三份不同——因此，每处解读只会有两个不同版本的解释。[40]

斯宾诺莎错误理解了《文士录》的文本，此书既未将上述写本的发现与以斯拉联系起来，也未声称以斯拉曾为其作注。我们很容易发现这种误解缘何而来。在斯宾诺莎的文本中，伊本·阿多奈贾引用的是《文士录》中的段落。更重要的是，伊本·阿多奈贾明确指出，他认为这个故事表明，以斯拉将所有有关的不同版本都视为"摩西从西奈半岛带来的律法"。他解释道，若非如此，以斯拉只需要决断"删去其中某一份，采用占多数的解读"即可。[41] 斯宾诺莎之所以将圣殿内殿的三份写本与以斯拉联系起来，不是因为他综合考虑过相关证据，而是因为伊本·阿多奈贾已经这样做过。因此，斯宾诺莎为撰写《圣经》文本历史所准备的基本要素很有可能是在之后才找到的，而且途径不是对大量文献资料进行广泛的研究，而是在自己的书架旁阅读深奥的《圣经》。

思想家们会向与之意见相左甚至遭其鄙视的人学习，也会向受他们影响的人学习。很久以前，米歇尔·福柯（Michel Foucault）便主张思想史学家应停止使用术语和概念"影响力（influence）"，因为它体现了占星家的古老迷信。[42] 事实上，占星家们相信凶星和吉星都在塑造人类的生活。他们自有其智慧，或许值得思想史学家深入思考。恰如艾伦·科尔斯（Alan Kors）和德米特里·列维京（Dmitri Levitin）带给我们的启示，近代早期的激进派从东正教思想家那里受益匪浅。[43] 詹姆斯·普洛伊斯（James Preuss）用条分缕析的分析表明，斯宾诺莎曾学习过洛德韦克·迈耶的阐释学以及路德维希·沃尔措根（Ludwig Wolzogen）和兰贝特·范·费尔图森（Lambert van Velthuysen）等自由派加尔文宗神学家根据迈耶的阐释学所作的解答，尽管他与他们中的任何一位的意见都不完全一致。迈耶迫使《圣经》屈从于哲学的权威，此举表明他并未将《圣经》视为绝对的权威。沃尔措根和范·费尔图森坚持认为，《圣经》与李维的《罗马史》（Roman history）一样，都是历史文本。如果脱离原始语境和特定的"心理架构"，任何《圣经》书籍都不可能得到准确的理解。不过，迈耶坚称《圣经》中的真理与理性主义哲学的真理相一致，而自由派则认为《圣经》是与当下每一代人的直接对话。斯宾诺莎接受他们所能提供的信息，借用他们的语言并使其更加犀利——还成功地让这些信息变得无比激进，甚至几乎无人能再认出它们的出处。[44]

　　同理，一部独特的新教徒《圣经》研究著作似乎也对斯宾诺莎有所启迪。从斯宾诺莎的时代至今，他的成果中没有什么比他对构建《圣经》历史"的要求更让读者激动了。[45] 他解释道，要研究自然，就必须先构建一部自然史，然后据此确定自然界中各种事物的定义。同样，要研究《圣经》，首先必须构建一部《圣经》的"纯粹历史"，然后据此来探明《圣经》作者的思想。[46] 这样的历史只能来自《圣经》本身：这是一条斯宾诺莎在实践中并未遵循的独特原则，我们将在后文再叙述这一点。[47] 这样的历史还必须描述文本的语言，收集并比较所有关于诸如上帝本质之类的主题段落，明确每部书的作者身份和创作环境，还要追溯其传播和得到接纳的过程。[48] 1685 年，让·勒克莱尔在深入钻研理查德·西蒙（Richard Simon）的《〈旧约〉的批判史学》（*Critical History of the Old Testament*）时一开始便声称，此书根本算不上一部完整的历史——尽管他没有言明，但他的意思是，它算不上斯宾诺莎所说的那种应当介绍每一本《圣经》典籍完整起源和尔后沿革的历史。[49] 近年来，学术界围绕斯宾诺莎心目中的历史究竟属于哪种类型而展开辩论：是通过收集所有证据而构筑起的培根式的历史，就像培根大法官本人的某部自然史那样；还是以笛卡尔主义原则为基础，从清晰明确的一般原则转向局部的事实和文本层面的古老历史。[50] 考虑到该问题的起源，答案可能不是二者中的任何一个。在此案例中，与近代早期欧洲常见的情况相似，为斯宾诺莎提供启迪的"历史"是一个亚里士多德式的旨在收集有关某一特定主题所有信息的项目，而斯宾诺莎获取它的途径却十分现代。

约翰·布克斯托夫是巴塞尔的希伯来语教授，斯宾诺莎有一本由他出版的《拉比圣经》。在正式介绍"马所拉文本"的著作《提比里亚》（*Tiberias*）的扉页上，布克斯托夫将这本书描述为"马所拉文士的历史"。[51] 他汇总、整理和解释了犹太教文献中能找到的关于《希伯来圣经》文本评注的发展和术语学的所有信息，包括《塔木德》、"马所拉文本"以及后世的犹太著作。布克斯托夫所追溯的文本历史在形式和名字上都属于亚里士多德学派。他将所收集的丰富素材划分为几大块，以最传统的方式揭示《圣经》评注的质料因、动力因、形式因和目的因。[52] 与其形成鲜明对比的是，斯宾诺莎将自己眼中的历史描述为对每一部《圣经》典籍逐一进行语言、起源和接受情况等多层面的实证研究。尽管如此，这两种截然不同的历史观论证之间却有着惊人的相似性。与斯宾诺莎关于《旧约》文本的历史类似，布克斯托夫关于"马所拉文本"的历史也建立在对原始证据的艰辛收集上。他坚称自己论述中的任何缺陷都是原始资料存在缺陷的体现，也是那些本该保存更多资料者失误的体现。[53] 同样与斯宾诺莎的历史相类似的是，布克斯托夫也明确指出，给出确定的结论还为时尚早，因为任何结论都必须建立在证据收集的基础上，而他并没有确凿的证明。斯宾诺莎承认，在提出以斯拉是《圣经》作者时，他并不是在提供最终的证明，只是在提出一种假设。[54] 布克斯托夫在很久之前便在私人书信中坦言，他对《圣经》文本的历史存有不确定之处，尤其是关于那些元音符号的年代；但他从未公开承认过这一点。[55] 在《提比里亚》中，他承认自己只能为以斯拉是"马所拉文本"的创作者提供力所能及的最有力论证，但"鉴于古代史书和作者的严重匮乏"，他无法证明这些论点。[56] 斯宾诺莎想必会将布克斯托夫归为与他立场相对的轻信之徒；但是就像苏珊·詹姆斯在另一语境下所暗示的，这并不是假定他不会像这位巴塞尔教授求教或受其启发的理由，就像他曾受到洛德韦克·迈耶和批评他著作的自由派乌得勒支神学家的启迪一样。[57] 当斯宾诺莎要求构建《圣经》及

246

其术语学的历史时，他所谈论的是一项他早已见别人从事过的活动。

斯宾诺莎与《圣经》的作者身份

然而，最令人瞩目的是，早前的学术著作帮助斯宾诺莎完成了其关键著作的核心部分。近几十年来，《神学政治论》的读者一直强调，斯宾诺莎的作品具备完全现代意义上的"历史性"。他们指出，斯宾诺莎坚称，要确定一本《圣经》典籍的含义，唯一的途径便是探明作者创作该书的具体环境、创作意图和所使用的文献资料。这种说法固然属实，但不免过于夸大其词。毕竟，斯宾诺莎在强调要明确每一本《圣经》典籍的作者和所处环境时，他并不是在提出一个打破传统的观点，而是在沿用"走近作者（accessus ad auctores）"的古老传统，该传统在很久以前便促使中世纪释经人尽己所能地还原《圣经》各卷所处的历史背景。[58] 当他强调要密切关注《圣经》典籍的后世论时，他倒是展现出了更多的独创性。无论如何，同许多阐释学史的研究者相类似，研究斯宾诺莎的专家对他的原则有着更浓厚的兴趣，而不是这些原则的具体应用。他们几乎不曾关注斯宾诺莎为确定以斯拉的所作所为在时间、空间和文化上的地位而付出的可观努力。斯宾诺莎究竟认为以斯拉是在何时何地完成其著作的呢？他又是何以确定出以斯拉创作的地点和时间的呢？

斯宾诺莎认为，这位"历史学家"，即他认为最有可能是以斯拉的《圣经》的真正作者从当时存世的文献中汲取养分，撰写出从《创世记》到《列王纪下》结尾的大部分内容。在这里，我们知道，巴比伦军队在占领耶路撒冷时俘虏了犹大王国的国王约雅斤（Jehoiachin，King of Judah），巴比伦国王以未米罗达（Evil-Merodach，King of Babylon）在他沦为囚徒的第 37 年将他从狱中释放。以未米罗达善待这位犹太统治者，赐予他一笔年金并对其礼敬有加（《列王纪下》25:27-30）。斯宾诺莎论证道，这位历史学家的文字到此为止，"由此可见这位历史学家不可能是以斯拉之前的任何人"。[59] 他指出，毕竟《圣经》告诉我们，在那个时代，除了以斯拉之外再无他人定志考究遵行耶和华的律法（《以斯拉记》7:10）；《圣经》还记载他是通达摩西律法书的文士（《以斯拉记》7:6）"。[60] 鉴于这两点——均以《圣经·以斯拉记》第 7 章为依据——斯宾诺莎显然认为他的论证已尽可能坚实可靠，于是他得出结论："因此，我只能揣测是以斯拉撰写了这些书，除此之外再无他人。"[61]

此处的问题十分简单。耶路撒冷的陷落和约雅斤被俘——按 16 和 17 世纪学者以及当代学者的标准测算——发生在公元前 6 世纪早期。斯宾诺莎似乎认为以斯拉生活和工作的年代距离这些事件很近。但是，《以斯拉记》的第 7 章却记载道，以斯拉生活在波斯王亚达薛西（Artaxerxes，King of Pesia）的时代，此人通常被称为"阿尔塔薛西斯一世（Artaxerxes I）"，在公元前 5 世纪中叶统治波斯。那么，斯宾诺莎认为以斯拉是在何时创作的呢？此处立刻涌现出一个疑点。犹太教的编年史大大缩减了波斯的历史，这是为了应和波斯王国只有四任统治者的说法，这种说法似乎出自但以理（Daniel）之口。一部标准的概要作品《世界的伟大秩序》(*Seder olam rabba*) 声称，波斯只存在了 34 年。[62] 在 16 世纪，马蒂厄·贝洛阿尔德 (Matthieu Béroalde) 和休·布劳顿 (Hugh Broughton) 等基督教年代学家接受了犹太人的观点，尽管它与希罗多德和其他希腊历史学家的证据相矛盾。这些人削足适履，对古代世界史强求一致，将其中的一截完全砍去。他们将居鲁士 (Cyrus)——解除犹太人的巴比伦之囚且允许他们返回耶路撒冷的波斯国王——从公元前 6 世纪中叶挪到了公元前 5 世纪中叶。[63] 斯宾诺莎是否也弄错了时间？

比起拥护犹太传统，斯宾诺莎更乐意驳斥这种传统。在该案例中同样如此。他公然反对拉比们的看法，激进地延长了波斯的历史："是第一位波斯国王居鲁士允许犹太人重建圣殿，从那时到波斯的第 14 位也是最后一位国王大流士 (Darius) 已有超过 230 年的历史。"[64] 他主张《圣经》中的《以斯拉记》甚至不是在波斯统治时期写成，而是在犹大·马加比在恢复圣殿崇拜后的希腊化时代所作。斯宾诺莎认为这一卷与《尼希米记》和《但以理书》出自同一位作者之手，这位作者希望提供"一份从第一次因虏时期开始的条理清晰的犹太人叙事"。[65] 至于历史上的以斯拉和尼希米 (Nehemiah)，斯宾诺莎则讥讽他们竟然可以活到这两部书问世的时代："我猜，没人会认为以斯拉或尼希米能长寿到见证 14 位波斯国王的更迭。"[66] 历史上的以斯拉与《以斯拉记》之间间隔的时间跨度一定很长，长到足以容纳波斯王朝的王位更迭。

那么，斯宾诺莎为什么将以斯拉与《圣经》历史的第一部分创作联系在一起，又为什么将这些历史的创作与约雅斤的失势联系在一起呢？没有来自《圣经》的原始资料能为此提供清晰的线索。但《神学政治论》中的一段文字暗示了答案。斯宾诺莎指出，《圣经·诗篇》是在第二圣殿时期收集起来结成五册的。他还援引证据来支持自己的观点——在该案例中，他援引了《圣经》之外的证据："《诗篇》是在第二圣殿时期被搜集起来分为五卷。据犹太人斐洛所说，《诗篇》第88章于国王约雅斤尚在巴比伦被囚之时发表，而《诗篇》第89章则是在这位国王重获自由之后发表的。"[67] 由此，斐洛将《圣经》中可确定年代的篇章与耶路撒冷刚刚陷落之后的约雅斤生平联系起来：《诗篇》里的每一章都反映了这位国王生命中的一个特殊时刻。斯宾诺莎是否就从这些简短而隐晦的参考文本中剥茧抽丝，织就他那张小小的数据之网？看起来确实如此。因为，斯宾诺莎在引用斐洛的话时，以一种对他而言极不寻常的方式强调了这一点证据的可信度。他评述道："假如这不是他那个时代为人所普遍接受或者不是他从可信之人处获取的观点，我想斐洛是不会这样说的。"[68] 这一论断不仅语气突出，而且引人注目：斯宾诺莎鲜少为某一具体文献来源的可信度辩护。

正如卡尔·格布哈特（Carl Gebhardt）等人很久之前所展现的，斯宾诺莎在此并未真正步斐洛的后尘——不是我们所知道的那位生活在亚历山大港、尊崇新柏拉图主义的犹太人斐洛。[69] 他引用的文章是斐洛的《论时代》（*On Times*），即维泰博的安尼奥在15世纪末制作出版的众多彼此密切联系的伪书中的一部。[70] 斯宾诺莎没有直接阅读安尼奥伪造的斐洛作品，而他所参考的二手文献的来源也颇具启发性。他在 16 世纪犹太学者阿扎赖亚·德·罗西（Azariah de'Rossi）的著作《目中之光》（Meor einayim）中发现了这篇被翻译成希伯来语的文章。[71] 这部在 1573~1575 年间出版的著作颇具争议，德·罗西在书中与犹太教传统逆向而行，主张重构第二圣殿时期的犹太人年表和历史不能仅以《圣经》为据。为了追求真相，历史学家必须将《圣经》中的叙事、以这些叙事为基础的希伯来年表与异教徒的作品及其近代评注作品整合起来，进行整理与核对。[72] 德·罗西在其著作的第 34 章里列出了来自基督教作家尤西比乌斯的波斯年表。他罗列出从居鲁士到大流士的 14 位波斯国王，还用引自其他基督教文献的素材作为补充。[73] 在对相互冲突的文献来源进行透彻的分析后，德·罗西明确驳斥了遭到拉比们删减的编年史："约瑟夫拉比所说的 34 年的时间跨度似乎太短，不足以容纳从建造圣殿到波斯灭于亚历山大大帝之间的所有国王。"[74] 德·罗西的著作引燃了争议——威尼斯和其他地方的许多拉比都抗议他的论点——而他在后续的印制过程中作了修改，吸取了摩塞斯·普罗文扎利（Moses Provenzali）等人的技术性批评。然而，这本书具有潜在危险的名声却流传下来。[75] 简而言之，《目中之光》本身就是一部激进的作品。当斯宾诺莎打趣道，由于波斯编年史比传统人士所认为的要长，因此以斯拉有可能创作了那部冠以其名的书作时，他并没有任何创新，而是在接纳德·罗西的危险观点，而且是一个与他本人的论证一样，不仅依据《圣经》，也依据《圣经》与其他文献的对照的观点。[76]

现在看来，斯宾诺莎对斐洛言论价值的论证显得怪异且主观。他为什么声称一位公元 1 世纪的亚历山大港作者——德·罗西本人曾指出斐洛不懂希伯来语——保存有数世纪前《希伯来圣经》创作的关键信息？[77] 不过，斯宾诺莎之所以认为斐洛对《诗篇》起源的论述足够重要且值得维护，或许自有其原因。当他将《圣经》文本的历史置于以色列和犹大灭国后的时期，从而重新审视这段历史时，斯宾诺莎或许将斐洛的话视为关于《圣经》编集所依据的文献来源的珍贵证词。从斯宾诺莎的角度看，《圣经》是一幅由记忆和历史的碎片拼凑而成的马赛克镶嵌画。它提供的不是真实的历史，而是"被征服者之所见"，只揭示了犹太人真正经历过的若干小事件。[78] 任何将文本的某一特定片段与真实事件联系起来的线索都弥足珍贵。如果斯宾诺莎按这样的思路思考，那么斐洛的论断想必是最为珍贵的线索，自然值得维护：不论从其内容本身来看，还是作为探究历史上的以斯拉何时完成其著作的线索来看，都是如此。

笔者在这里当然无意批判斯宾诺莎，他激进的远见和罗马式的正直不需要我的辩护。身为哲学家的他可以理性地认为其观点中最有价值的部分是他所概括的自己和其他学者对《圣经》如何以及为何出现的认识，而不是关于《圣经》在何时何地出现的细节。由此可见，斯宾诺莎描述自己著作的方式有时会蒙蔽近代读者，尽管他并非有意为之。他主张《圣经》历史和自然历史都必须遵循同样的方法。他认为这一原则性主张意味着，就像自然历史的所有证据必须来自自然一样，《圣经》历史的所

250

有证据也必须来自《圣经》。如果要在实证或历史的基础上研究《圣经》历史，那就只能以《圣经》本身为依据。不过在实际中，哪怕只是撰写一部粗略的《圣经》历史，也不可能不从各式各样的文献中旁征博引——从某种程度上说，也不可能不回到传统的学术形式中。斯宾诺莎本人以一种精心选择、有的放矢的方式，从众多早期犹太教和基督教学术成果中汲取养分，其中的一部分现已被大多数人遗忘，而他却从中发现了有助于其塑造作品的动因和蛛丝马迹。

斯宾诺莎所忽略的

　　不过，斯宾诺莎也疏忽了大量内容，我们必须比过去更准确地评估他的知识欠缺，因为它们同样有助于评估斯宾诺莎对《圣经》文本历史的创造性和批判性评估能提供与不能提供什么。幸运的是，一位学识渊博的同时代人指出了斯宾诺莎知识技能方面的若干欠缺。1670~1671 年，莱布尼茨在给自己读到的第一本《神学政治论》作注解时指出，斯宾诺莎似乎拥有大量的东方学知识，他还担忧唯有具备可与之媲美的专业知识的人才能驳斥他那些骇人的激进理论。但是，他也记录了自己对斯宾诺莎将以斯拉提升至主要作者地位的疑虑。恰如前文所述，斯宾诺莎提出了一种理论，即《圣经》的历史只能以《圣经》为依据。然而，基督教人文主义者却将《圣经》的文本历史置于更广泛的背景之下。举例来说，斯卡利杰和卡索邦呼吁学界关注他们所发现的《圣经》与《荷马史诗》命运的相似之处。在比较编写这两类文本的古代学者的成果时，他们同时使用了希腊文和希伯来文证据。[79] 莱布尼茨认为这种比较颇具启发性。他本人也将以斯拉的文本著作与最有影响力的亚历山大学派和拉丁文语法学家相提并论，但从没有人称后者是《伊利亚特》、《埃涅阿斯纪》或《宦官》(Eunuchus)的创作者："在我看来，编集者不等于作者，就像阿利斯塔克(Aristarchus)不是荷马著作的作者，图卡(Tucca)和瓦里乌斯(Varius)不是维吉尔诗歌的作者，卡利奥皮乌斯(Calliopius)不是泰伦提乌斯戏剧的作者一样。"[80] 对比较证据的审视——这是斯卡利杰等人很久以前便采取的举措，也是斯宾诺莎没有选择的道路——表明，尽管斯宾诺莎的分析论证非常有力，但他过分夸大了自己成果的精确性和力度。这样做的一部分原因在于，他并不熟悉任何一位训练有素的文献学家都熟稔于心的证据。莱布尼茨在余下的页边注中指出，斯宾诺莎经常从自己的证据中得出不必要的极端结论，这些结论并不都意味着《旧约》的主要内容是晚期创作的虚假文字。[81]

莱布尼茨不是唯一读过这本《神学政治论》的学者。这本书的所有者、莱布尼茨的赞助人约翰·克里斯蒂安·冯·博伊内伯格也反馈了自己的看法。正如亨克·内伦(Henk Nellen)所发现的，他在一封信中指出，以斯拉不可能将他的《圣经》"强加"于整个犹太民族。有很多犹太人从未经历过巴比伦之囚，而是在分布于整个地中海世界甚至更广阔地区的独立聚居区内生活，即便在从流放中返回后也是如此。[82] 仅凭一个人的努力决不可能在如此广阔的地理范围内确定人们所使用的《圣经》文本。

可以肯定，早在以斯拉的时代及其后的数个世纪，一直到我们的救世主基督现世，是《尼希米记》、《以斯拉纪》、《撒迦利亚书》、夏甲篇[*]、《马加比书》、福音书、《使徒行传》，最后还有《塔木德》让散落在整个亚洲（《使徒行传》中明确记载，亚洲甚至在圣殿第二次被毁之前就住满了犹太人）的人民坚信，这些书本是合法且神圣的。但是，要说与之同时代和接近同时代的人们却没有注意到如此明显的革新，因此没有抵触它，甚至没有对如此明显且生涩的拼凑感到怀疑，对此，谁愿意相信便相信——哪怕是我也不会设法说服我自己。[83]

莱布尼茨对这段话稍作修改，然后收入现存于埃尔福特（Erfurt）的那本《神学政治论》中。整洁的笔迹表明他是在誊抄自己的赞助人已经写好的关于斯宾诺莎的内容。[84] 埃尔福特的《神学政治论》可能不仅记载了他们各自对斯宾诺莎论点的回应，而且还记录了他们关于斯宾诺莎的早已无迹可寻的谈话的余音。无论是各自还是共同发表意见，这两位德意志杂家都含蓄但清晰地指出了斯宾诺莎存有的对同时代学术认知的诸多空白。

斯宾诺莎将犹太人塑造成一个遗世独立的孤独民族，他们的神圣正典可能是由一个人创作或塑造的。此举表明他并未考虑斯卡利杰、德鲁西乌斯（Drusius）和塞尔登等 16 和 17 世纪

---

[*]　系对《创世记》和《加拉太书》中涉及"夏甲（Hagar）"几章的俗称。

学者的修正性成果。这些晚期人文主义者利用《新约》《马加比书》和《塔木德》还原出一个古代世界，在其中，从小亚细亚到高卢，大量的犹太人与希腊人和罗马人密切往来，他们中的很多人都说希腊语。他们认为，古代犹太人的文本活动就像他们所使用的语言一样多样化。很多犹太人都用希腊语阅读《圣经》并祷告。[85] 有人疑心斯宾诺莎摒弃这种做法是否刻意为之；如果是的话，他这么做又是否受到了拒绝使用《圣经》以外证据的新教神学家的影响？如果真是这样，那么对立的两面就以一种耐人寻味的方式撞到了一起。摧毁《圣经》权威的伟人与大卫·帕雷乌斯（David Pareus）等激进的经律主义者——斯卡利杰鄙夷地将他们斥为疯子和"先知"——之间的共同点似乎多得惊人，因为双方都相信编年史只能以《圣经》为据，完全不考虑天文学数据或来自异教文本的比较证据。[86] 当然，这远非斯宾诺莎唯一借鉴基督教神学语言和概念的案例。很多加尔文宗神学家坚持认为，真正道德高尚的国度必须借鉴《圣经》来确立法度。当然，斯宾诺莎反对将这部原始的古代文献作为近代宪法框架的理念。但他或许曾经推测，如果不利用对手认为合理的论据来论证自己的激进观点，那就不可能说服对手。

《神学政治论》仍然需要一部完整的斯宾诺莎史，这部历史要追溯这位作者在近代人文主义的学术密林中行进的轨迹，这片海希尼亚森林（Hercynian Forest）*囊括了基督教和犹太教的知

253

---

* 系位于欧洲中西部的古代密林，覆盖法国东北部、德国南部，一直蔓延至喀尔巴阡山脉。此处比喻的是近代人文主义浩如烟海的学术知识。

识，他的轨迹步履蹒跚却令人流连忘返；要探明他在表达观点时如何看待自己；还要解释他如何在密林中心找到其他学界探索者忽略的金苹果——但他也忽略了前辈们依然发现的其他果实。不过，目前看来，这项刚刚起步的研究或许有助于确定斯宾诺莎在一场漫长而复杂的演化过程中的位置；通过这场演化，人文主义者和伪书作者、教会历史学家和离经叛道的批评家的批判学识促成了启蒙运动的诞生——这项研究也在提醒我们：他的构想并不比信奉基督教的同时代人和读者更完美无缺。[87]

结　语
墨渍所揭示的

　　本书所研究的学者都是具有革新精神的文献学家和历史学家，他们不遗余力、一丝不苟地收集文本，设计出剖析文本的利器。在他们当中，有些传统主义者认为，即使文献的内容明显不足为信，但只要经过程序正当的公证，也是能用于历史学论证的。有些幻想家的研究充分体现了芝加哥批评家韦恩·布思（Wayne Booth）很久以前确立的简明扼要的原则："让我创造证据，我就能自证观点。"有些学者信心十足地大胆推测写本存在讹误或之前的历史学家明显有误的地方。有些学者坚称，学术研究必须严格以证据为基准，从而拒绝对未经书面记载确证的字眼或事实妄加猜测。有些学者不情不愿地与手工业者共享工作空间。还有些学者则乐于向满手老茧的体力劳动者学习。最不同凡响的是，为了满足实践中的需要或论辩的要求，有几位学者同时扮演着好几个如今看来明显互不相干、不可兼容的角色。若要论证人文主义是一场统一而激进的近代运动，或者要阐明人文主义者与此前的中世纪学者并无本质上的不同，本书中的各个章节都无法提供有力的支持：笔者笔下的诸位主角有的热切地放眼未来，有的却忠实地回顾往昔。

不过，有一点显而易见：人文主义者的学术研究是一种需要艰苦劳作的工作形式。在本书探讨的思想家中，即便是最睿智的马尔西利奥·费奇诺和巴鲁赫·斯宾诺莎也要在复杂的文本中艰难跋涉，尽可能系统地搜集证据，然后在此基础上构建自己的论证。即便是最天马行空的幻想家维泰博的安尼奥也要博览群书，学习有关《塔木德》的知识。笔记本的制作始于求学期间，起初，使用它只是一种熟练掌握古代语言和文化的途径。但随着学者日趋成熟，笔记本的内涵也日渐丰富。专家的笔记本变成了同样术业有专攻、为学者量身打造的纸质工具，不仅是为了储存信息，也可以用来处理信息。另外，处理信息并不总是一个平和安静的过程。这个过程时常涉及古代文献中的选段与当下生活中的场景的冲突。文本和事实在摘录集的迷宫里遭遇彼此，有时不免产生爆炸性的后果。关于欧洲之外世界的全新信息削弱了"基督教和拉丁文化至高无上"的理念，让传统基督教的纯洁性和传统认知的正确性遭到了质疑。传统之士和笔记本的制作者告诉读者，最野蛮的非洲和亚洲国家并不比中欧的日耳曼地区更显陌生，他们记录并依赖于个人经验，哪怕个人经验迫使他们摒弃传统的实践。

与文艺复兴时期欧洲的其他诸多制造知识的形式类似，人文主义的具体表现形式也相当丰富。人文主义者的工作内容丰富多样，他们有的在烈日下、在暴雨中抄录铭文，有的在笔记本中抄满文本和选段，有的校验文本，有的则将古代训诫和范例与同时代的实际相对比，凡此种种，不一而足。有些人文主义者为了得到写本和年表而使尽浑身解数，有些则为了审核校样同急于赶工的排字工争执不休。不过，他们所有人都是在从事体力与脑力相结合的工作：观察同一份文本的不同写本和同一事件的不同记载，寻找细微的差别，哪怕双眼酸痛；记录他们在参考文献里发现的一切，哪怕双手抽搐。他们的大部分工作都十分乏味：纵身潜入文本的深海，沉溺其中，这些文本完全不具备新发现的卢克莱修或圣哲罗姆著作的光鲜亮丽，但当他们巧妙而细致入微地阅读文本时，却可能得到令人惊愕的收获。在许多情况下，实际生活中困难重重的现实条件都是他们的限制：主宰出版活动的截止日期和营销策略完全可能改变研究方法和编辑实践活动。

　　人文主义者既是手艺人也是思想家。他们生活在思想的世界里，但那也是由完整和零散的书卷组成的世界。为了体现理念的新颖，他们不得不采取鲁特琴匠人雕琢琴木、绷紧琴弦的技巧。无论是手写还是印刷，只有技艺最为精湛的复制粘贴，才能让他们在凝望过去时发现的全新模式呈现能够为读者所见和能够说服他人的物质形态。看着他们工作的场景，我们会发现他们不仅在阅读文本和其他对他们而言至关重要的证据形式，同时也在触摸它们；他们不仅在创作那些改变世界的书本，同时也在制作它们。人文主义者常常强调他们与体力劳动者在社会和文化上的距离，然而，他们不仅在宁静的书房里作研究，也在拥挤的商铺里劳作。文本与经验、文字与实物在他们的周围碰撞。即便是那些坚称在书中学到一切的人也同样会在仪式和家务中追求知识。即便是那些自称找到新的阅读方式、不受古人偏见和谬误影响的人，也同样会在充满学识的书本旁注里搜寻收获。学术生涯的条件、写作和印刷的技术都既制约也拓宽了人文主义者的认知边界。有意识地将人文主义者置于他们当初工作的世界里，审视他们对自身研究方法的描述，将描述与他们的实践进行对比，再将最后的成书还原到塑造它们的背景条件中，通过上述种种做法，我们就可以比过去更好地了解他们以及他们的书籍了。

致　谢

在创作本书各章的过程中，我得到了多方支持。罗马美国学院（American Academy in Rome）、莱顿的斯卡利杰研究院（Scaliger Institute，Leiden）、剑桥大学基督学院（Christ's College）和三一学院（Trinity College）、牛津大学墨顿学院（Merton College）、安德鲁梅隆基金会（Andrew W. Mellon Foundation）、纽约公共图书馆卡尔曼中心（Cullman Center，New York Public Library）、普林斯顿大学人文学科委员会（Humanities Council of Princeton University）以及普林斯顿大学历史系都慷慨地为我提供了资金和机构方面的支持。欧洲和美国的许多图书馆都允许我参阅馆藏的写本和珍本书籍：梵蒂冈宗座图书馆（Biblioteca Apostolica Vaticana）、卡萨纳特图书馆（Biblioteca Casanatense）、科西尼亚纳图书馆（Biblioteca Corsiniana）、法国国家图书馆（Bibliothèque Nationale de France）、博德利图书馆（Bodleian Library）、大英图书馆（British Library）、剑桥大学图书馆（Cambridge University

Library)、沃尔芬比特尔的奥斯特公爵图书馆(Herzog August
Bibliothek Wolfenbüttel)、宾夕法尼亚历史学会(Historical
Society of Pennsylvania)、肯特档案馆和历史与图书馆中心
(Kent Archive and History and Library Centre)、莱顿大学图
书馆(Leiden University Library)、费城图书馆公司(Library
Company of Philadelphia)、剑桥大学冈维尔与凯斯学院图书馆
(Library of Gonville and Caius College)、都柏林的马什图书馆
(Marsh's Library, Dublin),还有剑桥大学基督圣体学院的帕
克图书馆(Parker Library)以及三一学院的莱恩图书馆(Wren
Library)。另外,数字化藏书也让我受益匪浅,它们让我能够
在一天中的任何时刻于新泽西州的中部遨游一手文献的海洋,
包括:DigiVatLib、e-rara.ch、Gallica、Google Books、Munich
Digital 以及帕克图书馆网站。我还要向普林斯顿大学的燧石图
书馆(Firestone Library)和瓦尔堡研究院(Warburg Institute)
脱帽致敬,我的研究工作时常在那里开始,也在那里大功
告成。

*

我对本书的部分章节作了修订,它们的初始登载信息
如下。*

第 1 章原名《指尖染墨的人文主义者:文艺复兴时期欧

---

* 本书各章都是作者此前已发表的学术论文,在本次出版时,第 3 章和第 8 章未
作修订。

洲的校对文化》[Humanists with Inky Fingers: The Culture of Correction in Renaissance Europe, in *The Annual Balzan Lecture*, Vol.2（Florence: Olschki, 2011）]。

第 2 章原名《占卜：关于一个文献学术语的历史研究》[Divination: Towards the History of a Philological Term, in *The Marriage of Philology and Scepticism. Uncertainty and Conjecture in Early Modern Scholarship and Thought*, ed. Gian Mario Cao, Anthony Grafton, and Jill Kraye（London: Warburg Institute, 2019）, pp.47-69]。

第 4 章原名《重新发现基督教的犹太起源：比较法在近代早期教会学术研究中所扮演的角色》[Christianity's Jewish Origins Rediscovered: The Roles of Comparison in Early Modern Ecclesiastical Scholarship, in *Erudition and the Republic of Letters*, Vol.1（2016）: pp.13-42]。

第 5 章原名《马修·帕克：充当档案馆的书籍》[Matthew Parker: The Book as Archive, in *History of Humanities*, Vol.2, No. 1（2017）: pp.15-50]。

第 6 章原名《美国殖民地的"文人共和国"：弗朗西斯·丹尼尔·帕斯托里乌斯制作笔记本》[The Republic of Letters in the American Colonies: Francis Daniel Pastorius Makes a Notebook, in *American Historical Review*, Vol.117, No.1（February 2012）: pp.1-39]。

第 7 章原名《作为犹太人研究者的维泰博的安尼奥》[Annius of Viterbo as a Student of the Jews, in *Literary Forgery in Early*

Modern Europe, 1450–1800, ed. Walter Stephens and Earle Havens, assisted by Janet E. Gomez（Baltimore: Johns Hopkins University Press, 2019）, ch. 7]。

第 9 章原名《斯宾诺莎的阐释学：一些异端思考》[Spinoza's Hermeneutics: Some Heretical Thoughts, in *Scriptural Authority in the Dutch Golden Age: God's Word Questioned*, ed. Dirk van Miert, Henk Nellen, Piet Steenbakkers, and Jetze Touber（Oxford: Oxford University Press, 2017）, pp.177–196]。

*

每篇文章的尾注均已写明我对诸多友人的亏欠，他们为我提供了至关重要的信息和不可或缺的批评。在此，我很乐意向帮助我将这些文章结集成书的诸君表示感谢。两位哈佛大学出版社（Havard University Press）的审稿人给出了精准的建设性意见，阿达·帕尔梅（Ada Palmer）尤其功不可没。她无比细致的批评为我指出了一系列彼此关联、需要修订的地方，我依照她的评论进行了相应的修改，从而使文本发生了许多改变。在 2019 年 6 月那几周炎热的时光里，威廉·泰斯（William Theiss）仔细阅读了我的整部手稿，并以不知疲倦的精力、耐心和幽默感发现并纠正了其中大大小小的错误。他与安·布莱尔（Ann Blair）、玛德琳·麦克马洪（Madeline McMahon）和雅各布·索尔（Jacob Soll）阅读了我于 2019 年夏经过研究所撰写的序言。我要感谢他们的诸多纠正和建议。布鲁克·菲茨杰拉德（Brooke Fitzgerald）为终稿的准备提供了至关重要的帮助。最初，是林赛·沃特斯（Lindsay Waters）建议我出版这部文集，并帮助我促成此事。这本书题献给他既是为了纪念此事，也是为了纪念过去三十年里我们的愉快合作。这些年中，我拥有了一双墨迹斑斑的手，而这全要归功于他的帮助。

译后记

走在图书馆中,在书架间踱步,循着故纸的气味找到一本古旧的典籍:这足以令任何爱书之人兴奋到颤抖。油墨印刷的字体边缘有些模糊,书页间还有前任主人的涂鸦甚至乱涂乱画。然而,破旧的痕迹反而让手中的旧书更显珍贵,因为经过时光的沉淀,这些不完美反而让书本沾染了人情味。

在印刷时代,书页间沾染的墨渍是读书人的痕迹,是写书人的痕迹,也是做书人的痕迹。

这就是本书贯穿始终的主线:藏在书籍背后的人的故事。全书共分九章,实为九篇专题文章集结而成,加上序言部分共十篇,除第 1 章以"人文主义者"这一群体为研究对象外,其余各章均有一位线索人物;章节之间没有紧密的连锁关系,读者可凭兴趣自由展卷阅读。

从莎士比亚到斯宾诺莎,当文人与学者被写进教科书、印成画像与我们四目相对时,身为读者的我们往往会忘记一点:

他们曾是活生生的人，他们并非生而伟大，他们的写作同样建立在前人的基础上，同样逃不出时代的桎梏，同样存在犯错的可能。正如 18 世纪荷兰历史学家与印刷经理人彼得·布尔曼所言，即便是负责誊写圣典的缮写者也可能犯错，因为他们是人。

正是这种充满人文关怀的视角，让这部严谨的学术论著多了一分温暖。用"温暖"形容一部严肃专著或许有失准确，但是请不要忘记：虽然学术是理性的思辨，文献是客观的物证，但研究和书写它们的学者却是感性的个体。以本书中多次出现的法国古文献学家和神学家伊萨克·卡索邦为例，这位胡格诺派教徒在听友人讲述"神迹显现"的逸闻时，对传闻的可信度不置可否，恪守逻辑与因果的铁律，绝不妄言；可是在校订不同版本的古代著作时，他却会作出大胆的推理与推测，然后补足时光蚀刻出的阙文。

本书第 2 章重点讲述了伊萨克·卡索邦的故事，这一章的标题为"手持占卜杖的文献学家"，并别出心裁地将文献校勘与占卜活动相提并论。本书英文版用"conjecture"和"divination"这组概念来形容卡索邦所从事的古书校对和注解工作，其中"divination"又与本章探讨的占卜活动相呼应——这组概念的中文翻译让我思考许久，曾一度卡顿，止步不前——毕竟不能按字面直译为卡氏对古籍中的不明之处进行"占卜"。

在书中，卡索邦对于一处突破现有证据、大胆猜想的精彩考据曾作出评价："a splendid divination, and clearly divine."显然，"divination"在相当程度上依赖于非理性的因素，类似于语言学习中那说不清道不明却异常准确的"语感"。波焦·布拉乔利尼在使用"divinare"一词时，通常是指手抄本很不准确且难以辨认，需要猜测其中的意思。比如，他在评论一份9世纪的西塞罗《反腓利比克之辩》写本时曾表示："这份老旧写本……写得太过幼稚、错误太多，以至于我从中摘抄时需要的是卜测而不是推测（conjecture）。"由此可见，与"divination"相对的"conjecture"以严谨的证据和逻辑为基础，就像推理断案一般，抽丝剥茧地揭开历史的迷雾，探究埋藏于故纸堆中的真相。因此，我在本书的中文版中将"conjecture"对译为"推测"，"divination"对译为"卜测"。作为西塞罗的狂热追随者，波焦在使用"divino"一词时明显有一丝不以为然，这或许是因为西塞罗常用该词来形容方法上存在问题的获取知识的途径——显而易见，标准意义上的卜测常因证据和逻辑问题而为人诟病。最后，16世纪的西塞罗学者保罗·马努齐奥具体解释了"推测"与"卜测"的区别：前者的范围更窄、更严格，以种种迹象为依据，但后者不一定遵从迹象。由此可知，所有推测都可算是"卜测"，反之却不尽然。

除此之外，在初稿翻译完成后，编辑老师和我对全书进行了数次修改润色，在无数次的讨论中修正了一些翻译和概念上的疏漏。

首先，本书中"modern"的译法。在西方史观中，"modern"往往从中世纪结束开始，直至当下。但我国对历史年代的划分与西方有所不同，近代史以1640年资产阶级革命为开端，现代史以十月革命为开端。因此，英文语境中的"modern"实际上涵盖了中文语境中"近代"和"现代"两个跨度，所以需要根据具体文意选择相应的对译。故而，本书英文标题中的"Early Modern Europe"自当译为"近代早期欧洲"，但是当"modern"在书中单独出现时，则需要根据上下文所处的时代酌情译为"现代"或"近代"。值得一提的是，对于"Early Modern Europe"的具体所指，学界通常认为是从 15 世纪晚期至 18 世纪晚期，即一段起止年代不确切的时期，主要囊括了文艺复兴、宗教改革和启蒙运动等几个重大事件。而本书作者安东尼·格拉夫敦对"early modern"的划分则更为明确：自 1460 年起，至 1559 年止。

其次，本书第 5 章提到了英格兰特有的国家机构"Court of Chancery"，此处涉及较为复杂的机构历史沿革，有必要在此加以说明。从字面上来看，"Court of Chancery"有可能指代当时的"Royal Chancery"（中书院），也可能是指"High Court of Chancery"（大法官高等法庭）。在历史上，"Royal Chancery"是一个王政和司法不分的文书部门，有"中书院"、"文秘署"或"掌印院"等多种译法，该部门的领导即"chancellor"（中书大臣），并署理"High Court of Chancery"——该高等法庭在亨利八世离婚案之前一般由圣职，即坎特伯雷大主教担任。后来，"Royal Chancery"升格为"Court of Chancery"，其领导称"Lord Chancellor"，即莎士比亚译著中常见的"御前大臣"一职，其同时也会署理"大法官"职位，并主理"大法官法院"。因此，在整个 13 世纪即第 5 章所处的时代背景下，"中书院（Royal Chancery）"仅是一个在处理司法事务时执行国王命令的机构，尚无独立的司法权，而司法权扩大并开始固化是在 1305~1340 年间发生的。因此，第 5 章中的"Court of Chancery"所指的应是升格后的"Royal Chancery"，而那份"特许状"则收于由后世的御前大臣会议官方记录保管的特许令卷中。未免混淆，此处的"Court of Chancery"采用了"Royal Chancery"的译法，即"中书院"。

最后，细心的读者或许会注意到本书中文版对法语和意大利语人名的处理：伊尼的盖里克（Guerric d'Igny）采用了意译，而阿扎赖亚·德·罗西（Azariah de'Rossi）和科西莫·德·美第奇（Cosimo de'Medici）则采用了音译。"伊尼的盖里克"之所以没有将法文人名中的 d'作变音处理，音译为"盖里克·迪尼"或"盖里克·德·伊尼"，是因为此人的名字与后两位有本质的区别："Igny"并不是他的家族姓氏，而是指他的主要活动地伊尼修道院（Igny Abbey）。因此，这个人名应当类比"Columba of Iona"（爱奥那岛的高隆巴，即所谓的"圣高隆"）来翻译。

在讨论中反复修改译稿的过程不禁让我想起当代图书人大卫·莫尔达瓦（David Moldawer）关于编辑工作的奇妙比喻。

想象一下，你要在家里举办一场很重要的派对，在朋友们快要登门时，你的宠物狗却将地板弄得一团糟。此时要做的第一件事是什么？没有时间让一切都精致如常了，只能先把污物清走。等到解决了最难看的问题后，你才有可能更讲究一些，仔细擦拭地板，喷洒清洁剂、抛光剂和空气清新剂。接着，你退后一步，从不同的角度观察它，

闻一闻空气中是否还有异味。最后，你只能忍受卡在角落
和缝隙里的最后一点污物，选择视而不见，然后去处理更
为要紧的事——迎接客人。

关于这一点，近代早期欧洲的学者或许与现代的编辑出版
人深有共鸣。对一份文稿进行全面的编辑校对，所耗费的体力
不亚于一场彻底的大扫除。现代的学者和知识分子或许再无指
尖染墨之虞，但依然承受着与数百年前的人文主义者相差无几
的宿命：教育赋予其鉴赏的品位，却也让其沦为只知识文断字
的可怜鬼。与在他们身旁满头大汗、满手墨迹做苦工的劳动者
相比，他们既没有更丰厚的报酬，饭碗也没有更安全的保障。

这正是本书英文版封面所展现的场景。在这幅木刻版画
中，衣着朴素的工人打湿纸张，让其更吸墨，随后捞起来，然
后搭在天花板下方的架子上晾干。级别更高的人员身穿有拉
夫领的紧身上衣，他们争论不休，或许正在讨论等待印刷的文
本。位于场景正中的是身披精致长袍、统筹现场的印制总管。
由禁奢法规定样式的各色服装将工匠与社会地位更高的成员区
分开来。然而，他们全都在同一个嘈杂脏乱的空间中忙碌，在
这样的工场里工作的博学之人也不可能逃过双手染墨的下场。

最后，说起本书的题目《染墨的指尖》（Inky Fingers），有
些读者或许觉得它有文不对题之嫌：全书真正涉及纸张、印
刷、装订等制书工艺的似乎只有第 1 章，而其余章节大多在探
讨手稿的筹备、鉴别古代和近代的伪书以及文稿的校对和排版
等校勘学方面的内容。事实上，近代早期欧洲的校勘与印刷并

不像今日那样割裂得壁垒分明，恰恰相反，从当时的历史视角来看，从事这两类工作的人都属于手工劳动者。雅克·勒高夫（Jacques Le Goff）在《中世纪的知识分子》（*Les intellectuels au Moyen Âge*，高建红译，华东师范大学出版社，2021）一书中提出，技艺不是科学，而是一门技术。技艺是用于制造物质工具和思想工具的、理性而又合理的精神活动。因此，知识分子也是工匠，也是手工劳动者。印刷、编校、甄别纸张和字体，都是中世纪的手工劳动和智识生活的有机组成部分。

*

当您读完《染墨的指尖》，脑海中留下的将不再是纯粹且抽象的知识，而是有血有肉、为学术心力交瘁的学者们。无论是多么曲高和寡的学术，都以"学者"为载体。学者亦为人，食五谷杂粮，生七情六欲，纵然沉醉于象牙塔中，也逃不出平凡世界的藩篱。学术或许能"跳出三界外"，但学者"还在五行中"。学者需要关注现实生活，需要返回知行合一的实践，否则，我们倾尽心血守护的学术难免就会失去立足的根本。

最后，感谢各位编辑老师和学者朋友对译稿的指导和批评，感谢我的两只猫咪在翻译期间所提供的精神支持。还请诸位读者不吝赐教，就本书翻译的不足之处多提高见，也祝大家享受阅读的乐趣。

陈　阳

2022 年 3 月于合肥

注　释

序言　做书：人文主义者之道

1　关于伯姆，目前最全面的综述是 Hartmut Kugler, "Boemus, Johannes, Aubanus,"
　　in *Deutscher Humanismus 1480 – 1520: Verfasserlexic/kon,* ed. Franz Josef
　　Worstbrock (Berlin and New York: Walter de Gruyter, 2005), 1:1, 209–217。See
　　also Erich Schmidt, *Deutsche Volkskunde im Zeitalter des Humanismus und der
　　Reformation* (Berlin: Ebering, 1904)。

2　Joannes Boemus, *Omnium gentium mores leges et ritus* (Augsburg: Grimm and
　　Virsung, 1520; repr., Lyon: Gryphius, 1541).

3　Ptolemy, *Geographicae enarrationis libri octo,* ed. Willibald Pirckheimer
　　(Strasbourg: Grieninger, 1525), maps of Europe, Africa, and Asia. 与伯姆不同，皮克
　　海默的地图集收录了关于新世界的地图和论述。

4　出色的综合性论述包括：Margaret T. Hodgen, "Johann Boemus (Fl. 1500): An
　　Early Anthropologist," *American Anthropologist,* new series, 55, no. 2 (1953):
　　284–294; Klaus Vogel, "Cultural Variety in a Renaissance Perspective: Johannes
　　Boemus on 'The Manners, Laws and Customs of all People,'" in *Shifting Cultures:
　　Interaction and Discourse in the Expansion of Europe,* ed. Henriette Bugge
　　and Joan-Pau Rubiés (Münster: Lit, 1995), 17–34; Massimo Donattini, *Spazio e
　　modernità. Libri, carte, isolari nell'età delle scoperte* (Bologna: Clueb, 2000);
　　Andreas Motsch, "La collection des mœurs de Johannes Boemus ou la mise en scène
　　du savoir ethnographique," in *Le théâtre de la curiosité,* ed. Frank Lestringant (Paris:
　　Presses de l'Université Paris-Sorbonne, 2008), 51–65; and Diego Pirillo, "Relativismo
　　culturale e 'armonia del mondo': L'enciclopedia etnografica de Johannes Boemus,"

in *L'Europa divisa e i nuovi mondi: Per Adriano Prosperi*, ed. Massimo Donattini, Giuseppe Marcocci, and Stefania Pastore (Pisa: Edizioni della Normale, 2011), 2:67–77。

5   Boemus, *Omnium gentium mores leges et ritus* (1520), fol. II[v]: "Quapropter ornatissime domine Doctor scripta haec nostra, quae ex multis praeclarissimis rerum scriptoribus, iam triennio ferme non sine maximis laboribus in librum istum collegi, congessi, & quantum ingenio atque industria potui, augmentavi, a me obvijs manibus & serena fronte suscipere velis, susceptaque tanta diligentia, tanta fidelitate perlegere, perlustrare, examinare, ab omnique macula expurgare: ut nihil usquam praetermittatur, nihil praeterfluat, quod secum minutuli quippiam subripiat involvatque, quod postea a lynceis vitiligatorum obstrigilatorumque oculis inventum, sphingeis unguibus enodatum, vippereis linguis compunctum, exibilatumque, in famae & nominis nostrorum amborum dispendium, atque obfuscationem in omnibus trivijs pro fabula iactetur."

6   Ibid., fol. IIII[r]: "Memorabiliores gentium mores, ritus, leges, locorumque ubi degunt situs, quos historiae pater Herodotus, Diodorus Siculus, Berosus, Strabo, Solinus, Trogus Pompeius, Ptolemaeus, Plinius, Cornelius Tacitus, Dionysius Apher, Pomponius Mela, Caesar, Iosephus: & ex recentioribus nonnulli, Vincentius, Aeneas Sylvius, qui postea Pij secondi pontificis maximi nomen tulit: Antonius Sabellicus, Ioannes Nauclerus, Ambrosius Calepinus, Nicolaus Perottus in Cornucopijs: alijque permulti clarissimi rerum scriptores in commentarijs suis diffuse & ceu per partes celebravere: ut in uno libro conscriptos haberes, facileque quando usus deposceret invenires, historiarum lector cultorque studiosissime, per ocium succisivis horis undique conquaesivi, collegi, & in diarium hunc conscripsi, digessi."

7   Ibid., fols. II[v]–III[r]:

BOEMVS DOCTORI SVO SACRVM.

Hos hominum mores ritusque situsque locorum
Acceptos a me splendide Doctor habe:
Tris totos annos ex magnis scripsimus illos
Authorum magna sedulitate libris:
Gnaviter evolvas foliatim cuncta: sequetur
Non minus insignis lausque decusque tibi
Quam quondum erranti per mundum cessit Vlyssi
Aeneaeque pio Thyrsigeroque deo.

Note also the verses of Ioannes Hiersdorf, ibid., fol. III[r]:

nec ullo

> Tale quidem in lucem tempore venit opus:
>
> Quale vides praesens: brevibus nam plurima: sparsim
>
> Nempe alias magno lecta labore: tenet,

And Ioannes Clavus, ibid.:

> Pluribus e gravibus scriptoribus ista fateris
>
> Te sumpsisse brevi conspicienda libro
>
> Perpetuas igitur lectores dicere grates
>
> Debebunt merito docta Boeme tibi.

8　Ibid., fol. LXXXI[r]: "Quoniam vero propter impedimenta plaeraque aetate maxime nostra omnibus hoc non concedatur, ut non minus illa haec in patrio sinu quiescendo cognoscerentur elaboravit Boemus hic meus Literarum humanarum scientissimus ex innumeris classicis scriptoribus conscriptum praesens opus."

9　Ibid., fol. II[r]: "Verum quod te materia ea haud mediocriter delectari notanter ex eo cognoverim, quod anno superiori similes libellos duos, unum de septentrionalibus gentibus, cuius author Matthias de Michau, alium de meridionalibus cuiusdam Ludovici de Bononia, impresseris, meque librum praesentem in Germanicam linguam nostram transferre interpretarique adhorteris."

10　Ibid., fol. II[r-v]: "Quod ita comparatum sit, ut illis, qui extra patrios agros ad secundum vix lapidem unquam pervenerint, quique ingenuorum morum & artium in iuventute parum aut nihil perceperint, quamvis naturae suae bonitate opulenti, facundi & solertes satis superque in patriae sinu populos moderentur et urbes: tantum tamen felicitatis adiuvatur eis, ut propemodum pro despicatis quicquid dicant faciantque ab omnibus habeatur. Ædiverso alijs, qui peregre aliquando profecti, sub fidelibus & eruditis praeceptoribus in claris probeque institutis urbibus egregia multa viderint didicerintque, tantum gloriae & maiestatis adijciatur, ut nihil ab eis attentetur, nihil fiat, quod non secus, quam a divinissimo oraculo praeceptum alacriter non amplexetur: cunctisque non summe placeat."

11　Ibid., fol. II[r]: "Et hoc dignissime: quippe, qui optime diu antea haec atque alia, quae de externis nationibus memorantur, omnia cognoris, sciasque: licet non ex levibus circulatoribus, non ex vagis mendicis, qui ut vulgo admiratiores acceptioresque sint, adeo nefandissime absque omni verecundia plaerunque mentiuntur: ut non ipsis modo non fides etiam minima habeatur, verum omnibus iuxta, qui aliquid de his aut scribunt, aut recitant: Sed ex gravium fide dignissimorum authorum scriptis, quibus perdius et pernox tu quoque quandocunque a medicis curis vacari datur, operam summam impendis. Atque ex hinc homini in publica praesertim administratione constituto nihil utilius, nihil gloriosius iucundiusque magis esse, quam veraciter aut legendo aut peregrinando cognoscere, qua religione, quibus moribus, qua regiminis forma, quibus legibus institutisque aliae per orbem gentes vitam traducant."

12 Ann Blair, *Too Much to Know: Managing Scholarly Information before the Modern Age* (New Haven: Yale University Press, 2010). See also Martin Mulsow, *Prekäres Wissen: Eine andere Ideengeschichte der frühen Neuzeit* (Berlin: Suhrkamp, 2012); and Helmut Zedelmaier, *Werkstätten des Wissens zwischen Renaissance und Aufklärung* (Tübingen: Mohr Siebeck, 2015). 关于对一份在校男生笔记本的分析研究杰作，见：Jean-Claude Margolin, Jean Pendergrass, and Marc Van der Poel, *Images et lieux de mémoire d'un étudiant du XVIe siècle* (Paris: Guy Trédaniel, 1991)。

13 Roberto Weiss, *The Renaissance Discovery of Classical Antiquity* (Oxford: Blackwell, 1969; 2d ed., Oxford: Blackwell, 1988), chap. 11.

14 Rocco Di Dio, "'*Selecta colligere*': Marsilio Ficino and Renaissance Reading Practices," *History of European Ideas* 42, no. 5 (2016): 595–606.

15 Anthony Grafton and Joanna Weinberg, "Johann Buxtorf Makes a Notebook," in *Canonical Texts and Scholarly Practices: A Global Comparative Approach*, ed. Anthony Grafton and Glenn W. Most (Cambridge: Cambridge University Press, 2016), 275–298.

16 Boemus, *Omnium gentium mores leges et ritus* (1520), I.1, "De origine hominis opinio theologorum vera," fols. VI^r–VII^r.

17 Ibid., 1.2, "De origine hominis opinio ethnicorum falsa," fols. VII^r–v.

18 C. Philipp E. Nothaft, "The Early History of Man and the Uses of Diodorus in Renaissance Scholarship: From Annius of Viterbo to Johannes Boemus," in *For the Sake of Learning: Essays in Honor of Anthony Grafton*, ed. Ann Blair and Anja Goeing (Leiden and Boston: Brill, 2016), 2:711–728.

19 British Library MS Add 41,086A. See Nella Giannetto, *Bernardo Bembo: Umanista e politico veneziano* (Florence: Olschki, 1985), 359–393.

20 Klaus A. Vogel, "Schedel als Kompilator: Notizen zu einem derzeit kaum bestellten Forschungsfeld," *Pirckheimer Jahrbuch* 9 (1994): 73–97.

21 Boemus, Omnium gentium mores leges et ritus (1520), II.4, "De Iudaea & Iudaeorum vivendi ritibus, legibus ac institutis," fols. XIX^v–XXII^r, at XIXv: "Existimabat eximius ille theologus Moses nullam civitatem sine iuris & aequitatis cultu diutius consistere posse."

22 Ibid., fol. XXI^r: "De Iudaeis & Mose duce eorum Etnici scriptores ab Ecclesiasticis dissentiunt."

23 Tacitus, Histories 5.3–5.

24 F. F. Bruce, "Tacitus on Jewish History," *Journal of Semitic Studies* 29, no. 1 (1984): 33–44.

25 Tacitus, *Histories* 5.4, quoted by Boemus, *Omnium gentium mores leges et ritus* (1520), fol. XXIᶜ: "Profana illic omnia, quae apud nos sacra, rursum concessa, quae nobis incesta."

26 Ibid., fol. XXIᵛ: "Haec & multa alia Cornelius Tacitus & Trogus lib. xxxvi. scribunt." Boemus actually refers to Justin's epitome of Pompeius Trogus, 36.2–3.

27 Ibid., fols. XXIᵛ–XXIIᶜ.

28 Joannes Boemus, *Mores, leges et ritus omnium gentium* (Lyon: Gryphius, 1541), Henry Haule's copy (private collection), 75. On Henry Haule, or Halle, see Peter Clark, *English Provincial Society from the Reformation to the Revolution: Religion, Politics and Society in Kent, 1500–1640* (Hassocks: Harvester, 1977), 183, 272, 276, 287, 288, 292, 365, 385.

29 Boemus, *Mores, leges et ritus omnium gentium* (1541), Haule's copy, 73–74.

30 Di Dio, "'*Selecta colligere,*'" 597.

31 见弗朗索瓦·阿赫托戈（François Hartog）的经典研究, *Le miroir d'Hérodote: Essai sur la representation de l'autre* (Paris: Gallimard, 1980); and James Redfield, "Herodotus the Tourist," *Classical Philology* 80, no. 2 (1985): 97–118。

32 Boemus, *Omnium gentium mores leges et ritus* (1520), fol. Xᶜ: "Eorum foeminae olim negotiari, cauponari, institoriaque obire munera consueverunt. Viri intra murorum parietes texere: hi onera capitibus gestare, mulieris humeris: illae stantes micturire, hi sedentes: domi vulgo ventrem exonerare: in vijs comessari."

33 See, e.g., Vogel, "Cultural Variety"; and Joan-Pau Rubiés, *Travel and Ethnology in the Renaissance: South Asia through European Eyes, 1250–1625* (Cambridge: Cambridge University Press, 2000), chap. 4.

34 Saskia Metan, *Wissen über das östliche Europa im Transfer: Edition, Übersetzung und Rezeption des "Tractatus de duabus Sarmatiis"* (1517) (Vienna, Cologne, and Weimar: Böhlau, 2019), chap. 3.

35 See Rubiés, *Travel and Ethnology in the Renaissance*, chap. 4; Stephanie Leitch, *Mapping Ethnography in Early Modern Germany*, New Worlds in Print Culture (New York: Palgrave Macmillan, 2010).

36 See Metan, *Wissen über das östliche Europa im Transfer*, 256–258.

37 Boemus to Althamer, 1520, in Johann Arnold Ballenstedt, *Andreae Althameri vita* (Wolfenbüttel: Meisner, 1740), 61–62, at 61: "Salue, mi Palaeosphyra: Quod nomini meo adeo studiosus, adeo deditus mihi es, gratias quoque maximas tibi habeo, daboque operam omnem, ut epistola haec tua aliquando libro nostro addatur: multo

enim magis mihi placet, quam alia, quam ex Reutlinga ad me dederis, quod plus olei in ea, quam in alia absumseris, quadragesimae utpote diebus illam, hanc larvalibus insanisque scriptam. ...Falsissimus et invidentissimus hac tempestate mundus est, nusquam tuta fides: Momo omnia plena: et tu ausus eras, in faciem mihi invocare, omnia operis mei contenta in aliis contineri, cum ego tantum elaboravi, tantum meo ingenio adieci, ut nisi amicitia nostra, ex qua te hoc dixisse cogitaram, obstitisset, benigne profecto non tulissem."

38 Boemus (1520), fol. LXXXI^{r-v}: "Quoniam vero propter impedimenta plaeraque aetate maxime nostra omnibus hoc non concedatur, ut non minus illa haec in patrio sinu quiescendo cognoscerentur, elaboravit Boemus hic meus Literarum humanarum scientissimus ex innumeris classicis scriptoribus conscriptum praesens opus. In quo tres terrae partes, partium regiones, & loca, locorum homines, hominum mores & ritus memorabiliores explicantur omnes, tanta diligentia, tanta arte, quanta a nemine ante eum unquam prius pertractati dinoscuntur. ex racematione diligenti vindemiam, ex spicilegio messem foecit, succosum non minus quam Iucundum, nec Iucundum minus, quam utilem atque pernecessarium librum."

39 Ibid., fol. IIII^r: "Cognoscasque mi lector quam pulchre & feliciter hodie, quam item inculte & simpliciter olim primi mortalium, a creatione sua ad generale diluvium usque & ultra multis saeculis per terram vixerint." 关于伯姆对人类早期历史的看法，见：Nothaft, "The Early History of Man"。

40 Boemus, *Omnium gentium mores leges et ritus* (1520), fol. IX^r: "Et talis fuit ab initio, & iam ante multa saecula Aethiopiae status: hi gentis ritus & mores. Hodie vero, ut se Marcus Anthonius Sabellicus, ex quo maiorem partem eorum, quae hic, & in sequentibus a nobis dicuntur accepimus, ab ipsis locorum illorum indigenis cognovisse dicit, Aethiopiae Rex, quem nostri Pretoianem voant, ac sacerdotem Ioannem sive Ianem: illi Giam, id est potentem, tam potens est, ut duobus & sexaginta aliis regibus imperitare praedicetur."

41 Ibid., fol. XLII^v: "Efferunt autem promiscue voluntarij quique vel cives vel hospites, foeminis propinquitate coniunctis ad sepulchrum eiulantibus, conduntque in publico monumento, quod est iuxta monumentum Callisti, apud suburbana, ubi semper eos sepeliunt, qui in bello ceciderunt, praeterquam, qui in Marathone, quorum singularem fuisse virtutem existimantes, eodem in loco sepulchrum foecerunt: postea vero quam eos humaverunt, aliquis ab ipsa civitate delectus vir haud quaquam pro inconsulto habitus, & cui pro dignitate conveniat, super eos orationem habet, qualem decet de eorum laudibus: qua habita disceditur. Hoc quidem more sepeliunt, quo per omne belli tempus, quoties id accidit legitime utuntur."

42　Ibid.: "Caesos in bello Thucidide authore in hunc modum sepeliunt: facto ante triduum tabernaculo, mortuorum ossa proponuntur, & suorum quisque reliquiis, si quid lubeat, imponit: quum efferuntur singularum tribuum singulas tribus suae quanque tribus ossa continentes vehicula portant." Boemus quotes Thucydides 2.34 and 2.46.

43　瓦拉在译文手稿中对这段话进行了润色，以便呈交给梵蒂冈图书馆作为官方"典范"：Vat. lat. 1801, fols. 35v–36r。

44　Pius II, *Historia rerum Friderici tertii Imperatoris* (Memmingen: Albrecht Kunne, not after March 1491), sig. e2ᵛ: "primi quos adii ex lituanis. serpentes colebant. patresfamilias suus quisque in angulo domus serpentem habuit. cui cibum dedit. ac sacrificium fecit in feno iacenti. hos Hieronimus iussit omnes interfici. & in foro adductos publice cremari. Inter quos unus inventus est maior ceteris. quem sepe admotum ignis consummere nullo pacto valuit"; Pius II, *Europe (c. 1400–1458)*, tr. Robert Brown, ed. Nancy Bisaha (Washington, DC: Catholic University of America Press, 2013), 144.

45　Pius II, *Historia*, sig. e2ᵛ: "Post hos gentem reperit. que sacrum colebat ignem. eumque perpetuum appellabat. Sacerdotes templi materiam ne deficeret ministrabant. hos super vita egrotantium. amici consulebant. Illi noctu ad ignem accedebant. Mane vero consulentibus responsa dantes umbram egroti apud ignem sacrum se vidisse aiebant. Que cum se calefaceret signa vel mortis vel vite ostentasset. victurum egrotum facies ostensa igni. Contra. si dorsum ostentasset. moriturum portendit. Testari igit. & rebus suis consulere suadebant delusionem hanc esse Hieronimus ostendit. Et persuaso populo deleto templo ignem dissipavit Christianos mores induxit"; Pius II, *History*, tr. Brown, 144–145.

46　Pius II, *Historia*, sig. e2ᵛ: "profectus introrsus aliam gentem reperit. que solem colebat. & malleum ferreum rare magnitudinis singulari cultu venerabatur. Interrogati sacerdotes, quid ea sibi veneratio vellet. Responderunt. olim pluribus mensibus non fuisse visum solem. Quem Rex potentissimus captum reclusisset in carcere munitissime turris. Signa zodiatica deinde opem tulisse. Soli ingentique malleo perfregisse turrim. Solemque liberatum, hominibus restituisse. Dignum itaque veneratu instrumentum esse. quo mortals lucem recepissent. Risit eorum simplicitatem Hieronimus. Inanemque fabulam esse monstravit. Solem vero & Lunam et stellas creatas esse ostendit."

47　Boemus, *Omnium gentium mores leges et ritus* (1520), fol. XLVIIIʳ: "Hieronymus Pragensis, qui Eugenij quarti pontificatu in ea terra evangelium praedicavit, quique gentis illius ritus & mores ad id tempus minus notos nostris hominibus demonstravit, dicebat Lithuanorum quosdam, ad quos primum pervenisset domesticatim serpentes habuisse: quibus per se quisque ut diis penatibus sacrificabant: caeterum tenuisse se, ut praeter unum, qui cremari non potuit, a suis cultoribus interficerentur."

48　Ibid.: "alii ignem colunt, captantque ex eo auguria."

49　Ibid.: "Solem nonnulli mallei ferrei specie immani magnitudine proprium ducem habent, quem Magnum vocant."

50　Pius II, *Historia*, sig. e3ᵛ: "hec nobis Hieronimus constanti multu [read vultu] nihil hesitans. ac per iuramentum affirmavit. dignum fide. & gravitas sermonis & doctrina ostendit. & viri religio. Nos que accepimus immutata retulimus. veri periculum non assummimus. persuasi tamen & nos & comites ab eo recessimus"; Pius II, *Europe*, tr. Brown, 146–147.

51　Boemus (1520), fol. XXXVʳ: "In capite mitris utuntur velis ipsis superpositis, ita, ut decenter hac involutae, una veli extremitas a dextro aut sinistro capitis parte dependeat, qua, si domum exire, vel in domo in virorum conspectum prodire debeant, sine mora totam faciem praeter oculos velare possint. Nunquam audet foemina Sarraceni ubi virorum congregatio est apparere. Forum adire, vendere aliquid aut emere omnino foeminis illicitum. In ecclesia maiori locum a viris longe remotum habent, & adeo occlusum, ut nemo introspicere possit, nec aliquo modo intrare. ... Collocutio viri & mulieris in publico adeo rara est, adeo praeter consuetudinem, ut si inter eos per annum integrum morareris, semel vix videre posses."

52　George of Hungary, *Tractatus de moribus, condicionibus et nequicia Turcorum*, ed. and tr. Reinhard Klockow (Cologne, Weimar and Vienna: Böhlau, 1994), 250–252: "In capite utuntur mitris superpositis velis ita, ut involuta diligenter et decenter mitra, extremitas veli dependens remaneat ad dexteram faciei; quam si domum exire vel in domo coram viris apparere contingat, statim circumducere et totam faciem velare exceptis solis oculos possit. Sed hoc de omnibus etiam villanis et simplicioribus dico. In civitatibus vero magnum nephas putaretur, si uxor alicuius notabilis extra domum nisi tota facie cum subtili serico ita velata. ut ipsa alios videre. a nemine autem facies eius videri possit, exire compertum fuisset. Nunquam audet femina, ubi est congregatio virorum, comparere et forum adire; vendere aliquid vel emere feminam apud eos omnino illicitum est. In ecclesia maiori locum longe a viris habent separatum, et sic secretum, quod nemo potest introspicere vel aliquo modo intrare. ... Collocutio viri cum muliere in publico ita rara est, ut, si inter eos per annum esses, vix semel experiri posses."《论土耳其人的风俗、习惯与怪癖》(*Tractatus de moribus, condicionibus et nequicia Turcorum*）的作者身份尚不明确，不过匈牙利的格奥尔格是最有可能的人选。See Klockow's introduction, ibid., 11–29.

53　Ibid., 224–226: "Omitto multa, que de eo audivi, quomodo sit affabilis in collocutione, maturus et benignus in iuditio, largus in elemosinis et in aliis actibus suis benivolus. Unde fratres in Pera dixerunt eum intrasse ecclesiam eorum et sedisse in choro ad videndum cerimonias et modum officii. Unde etiam ipsi missam coram eo ipso sic volente celebraverunt et hostiam non consecratam in elevatione demonstraverunt, volentes eius curiositati satisfacere nec margaritas porcis prodere. Qui etiam dum cum eis de lege et ritu Christianorum colloquium habuisset et audisset, quod episcopi praeessent ecclesiis, voluit, ut ad consolationem Christianorum aliquem episcopum adducerent: cui ad omnia suo statui necessaria promisit se favorem et auxilium sine defectu praestiturum. Quis autem audiens a longe victorias, bella et exercitus multitudinem, gloriam et magnificentiam talem in eo possit simplicitatem suspicari vel auditam non admirari."

54 Boemus, *Omnium gentium mores leges et ritus* (1520), fol. XXXIV[v]: "Religionem seu sectam suam abnegare Sarraceni neminem cogunt, nec istud alicui persuadere conantur, quamvis Alcoranus praecipiat, ut adversaries prophetasque eorundem perdant & omnibus modis persequantur: unde fit ut in Turcia omnium sectarum gentes habitent, & quaeque, ut solet, suo deo sacra faciat."

55 Boemus, *Mores, leges et ritus omnium gentium* (1541), Haule's copy, 127: "Quaeque gens in Turcia suam religionem colit."

56 George of Hungary, *Tractatus*, ed. Klockow, 272: "nam in maximis frigoribus hiemis ipsi nudato toto corpore incedunt et non sentiunt, et hoc similiter in caloribus estatis."

57 Ibid., 278–280: "Vocatur autem festivitas eorum "machia" et ludus "czamach." Qui fit quadam tocius corporis regulata et bene modificata agitatione cum honestis et dignis et valde decentibus omnium membrorum motibus, secundum modulationem mensure instrumenti musici ad hoc convenienter aptate, et in fine per modum vertiginis quodam motu velocissimo circulari et rotatione vel revolutione, in quo tota vis ipsius ludi consistit. Nam ferventiores eorum in tanta velocitate revolvuntur, ut non possit utrum sit homo vel statua discerni ab intuentibus. Et ostendunt se in hoc quasi supernaturalem agilitatem corporum habere." 一部专业著作分析并纠正了匈牙利的格奥尔格记载中对其所见事物的诸多误解，见：Mark Sedgwick, *Western Sufism: From the Abbasids to the New Age* (New York: Oxford University Press, 2017), 74–78; 另见：Klockow's introduction, in George of Hungary, *Tractatus*, ed. Klockow, 30–45。更广泛的文本见：Andrei Pippidi, *Visions of the Ottoman World in Renaissance Europe* (New York: Columbia University Press, 2013), esp. chs. 2–3。

58 Boemus, *Omnium gentium mores leges et ritus* (1520), XXXIV[v]: "Sunt etiam in ea secta multi & varij religiosi, quorum quidam in nemoribus & solitudinibus vitam villatim ducentes hominum commercia effugiunt, quidam in civitatibus hospitalitatem

exercentes peregrinos pauperes ad hospitia saltem recipiunt si non habeant quo reficere possint, ex mendicitate enim & ipsi vivunt: alii per civitates vagantes, in utribus quibusdam bonam atque semper recentem aquam portant, quam cuique petenti bibendam ultro offerunt, pro quo pietatis officio, si quid ipsis porrigitur, accipiunt, cupiunt nihil."

59　George of Hungary, *Tractatus*, 282: "Sunt enim tante exemplaritatis in omnibus eorum dictis et factis, in moribus et motibus quoque tantam preferentes religionis ostensionem, ut non homines sed angeli videntur esse."

60　Ibid., 284: "Si quis enim voluerit dicta eorum et facta privatim et in particulari perscrutari, tantam inveniet in eis ambitionem proprie reputationis et tantum spiritualis superbie venenum; ut hoc, quod dicitur: angelum sathane se transformare in angelum lucis proprie de ipsis potest intelligi."

61　Boemus, *Omnium gentium mores leges et ritus* (1520), fol. XXXIV^v: "tantam religionis ostentationem in dictis & factis, in moribus & gestis prae se ferentes, ut non homines, sed angeli credi possint."

62　Boemus, *Omnium gentium mores leges et ritus* (1541), 亨利·豪勒在第 128 页批注了"157 lex Solonis",在第 157 页则与第 129 页互为参照。

63　Ibid., 111: "Incontinentissimi, Tartari. 129."

64　Ibid., 107: "220 francones. φιλαυτία Tartarorum."

65　Jean Bodin, *Methodus ad facilem historiarum cognitionem*, ed. and tr. Sara Miglietti (Pisa: Edizioni della Normale, 2013), chap. 5, 220.

66　Boemus, *Omnium gentium mores leges et ritus* (1520), fol. X^v: "Nam ut Philippus Beroaldus super Apuleianum Asinum scribit, plaeraque etiam ex Aegyptiorum religione translata in religionem nostram sunt, ut lineae vestes, derasa sacerdotum capita, vertigines in altari, pompa sacrificalis, musicae modulamina, adorationes, preces, aliaque id genus complura."

67　*Commentarii a Philippo Beroaldo conditi in Asinum Aureum Lucii Apulei* (Bologna, 1500), fol. 275^v. See Julia Gaisser, *The Fortunes of Apuleius and the Golden Ass: A Study in Transmission and Reception* (Princeton and Oxford: Princeton University Press, 2008), 210; and Konrad Krautter, *Philologische Methode und humanistische Existenz: Filippo Beroaldo und sein Kommentar zum Goldenen Esel des Apuleius* (Munich: Fink, 1971).

68　Boemus, *Omnium gentium mores leges et ritus* (1520), II.12, "De Christianis, eorumque origine & ritibus," fols. XXXV^v–XL^v.

69　Guillaume Durand, *Rationale divinorum officiorum* (Lyons, 1506), British Library C.77.d.17. 关于这一点以及克兰麦阅读此书的其他证据,见: David Selwyn, *The*

Library of Thomas Cranmer (Oxford: Oxford Bibliographical Society, 1996); and *Diarmaid MacCulloch*, Thomas Cranmer: A Life (New Haven and London: Yale University Press, 1996), esp. 26–31。

70　Durand, *Rationale*, fol. lxxxix^r, col. 1: "Ceterum in ecclesia generaliter nil canendum aut legendum est: quod a sancta romana ecclesia canonizatum et approbatum expresse aut pro patientia non sit. in primitiva tamen ecclesia diversi diversa quisque pro suo velle cantabant dummodo quod cantabant ad dei laudem pertineret. Quedam tamen officia observabantur ab omnibus ab initio constituta vel ab ipso christo: ut oratio dominica. vel ab apostolis: ut symbolus. Succedentibus vero temporibus quia ecclesia dei propter hereses scissa est. Theodosius imperator hereticorum extirpator rogavit damasum papam ut per aliquem prudentem & catholicum virum ecclesiasticum faceret officium ordinari. Unde idem papa precepit Hiero. presbytero tunc in bethleem cum paula eustochio & aliis virginibus moranti: qui prius sub septem apostolicis viris rome vixerat. quatenus officium ecclesiae ordinaret." 下划线为克兰麦的标注。

71　Ibid., fol. lxxxix^r, col. 2: "Consequenter tamen beatus Greg. & gelasius orations & cantus addiderunt et lectionibus & evangeliis responsoria coaptaverunt. gradualia vero tractus & alleluya Ambrosius Gelasius & Greg. admissam cantari instituerunt." 下划线为克兰麦的标注。

72　克兰麦写道："Orationes, cantus, Responsoria, Gradualia, Tractatus, Alleluya." 他不是一位轻信的读者。在同一页杜兰叙述米兰出现奇迹阻止"额我略弥撒（Gregorian Mass）"取代"安博礼（Ambrosian Rite）"的部分，克氏写道："ffabula de officio Gregoriano & Ambrosiano." For excerpts from Durand in the Great Commonplace Books see British Library MS Royal 7B.XI, fols. 173^v–177^r; British Library MS Royal 7B.XII, fols. 11^r, 224^v–225^v.

73　见第 4 章。

74　Boemus (1520), fol. XLVII^v: "Puellae a tergo capillum promittunt, caeterum matrimonio locatae sedulo abscondunt. Viri supra aures tondentur, datur probro huic sexui omnis capillorum cultus. Gens universa in Venerem prona, ac bibacissima."

75　Ibid., fol. LVIII^r: "Franconiae gens a caeteris Germanis & habitu & corpore nihil differt: laboris patientissima est: in vinetis colendis tam viri quam mulieres exercentur: nemini otium datur. Vinum quod inde percipit ob domesticam egestatem vulgo vendit, ipsa aquam bibit. Cervisiam contemnit, nec facile ad se deferri permittit." 下划线为亨利·豪勒在他那本书（1541 年版，格吕菲乌斯在里昂印制，私人藏书）中所画。他还在这句话的页边空白处画了一个三叶草标记。

76　Ibid., fol. LVIII^v: "Ad dei insuper cultum propensa est: duo tamen non mediocria vicia sunt, quibus plus satis hodie gens illa indulget, blasphemia videlicet & latrocinium, illud decorum, hoc honestum reputans, & sibi ex longo usu licitum." 下划线为亨利 · 豪勒在其 1541 年版的书中所画；此处他也在页边空白处画了一个三叶草标记。

77　Ibid., fols. LVIII^v–LIX^r: "In Epiphania domini singulae familiae ex melle, farinae [ed. farina] addito zinzibere & pipere, libum conficiunt, & regem sibi legunt, hoc modo: Libum materfamilias facit, cui absque consideratione inter subigendum denarium unum immittit, postea amoto igne supra calidum focum illud torret, tostum in tot partes frangit, quot homines familia habet: demum distribuit, cuique partem unam tribuens. Adsignantur etiam Christo, beataeque virgini & tribus Magis suae partes, quae loco elehemosynae elargiuntur. In cuius autem portione denarius repertus fuerit, hic Rex ab omnibus salutatus, in sedem locatur, & ter in altum cum iubilo elevatur, ipse in dextra cretam habet, qua toties signum Crucis supra in triclinij laquearijs deliniat, quae cruces quod obstare plurimis malis credantur, in multa observatione habentur." 在这句话旁，豪勒在页边空白处画了一个大大的三叶草标记。

78　Ibid., fol. LIX^r: "Duodecim illis noctibus, quae Christi natalem Epiphaniamque intercurrunt, nulla fere per Franconiam domus est quae saltem inhabitetur, quae thure aut aliqua alia redolenti materia adversus daemonum incantatricumque insidias non subfumigetur. Quo item modo tres praecedentes quadragesimale ieiunium dies peragat, dicere opus non erit, si cognoscatur, qua populari, qua spontanea insania caetera Germania, a qua & Franconia minime desciscit, tunc vivat. Comedit enim & bibit, seque ludo iocoque omnimodo adeo dedit, quasi usui nunquam veniant, quasi cras moritura hodie prius omnium rerum satietatem capere velit. Novi aliquid spectaculi quisque excogitat, quo mentes & oculos omnium delectet, admirationeque detineat. Atque ne pudor obstet, qui se ludicro illi committunt, facies larvis obducunt, sexum & aetatem mentientes, viri mulierum vestimenta, mulieres virorum induunt."

79　Ibid.: "Eodem tempore & talis mos observatur: intexitur stramine vetus una lignea rota, atque a magno iuvenum coetu in aeditiorem montem gestata, post varios lusus, quos in illius vertice illo toto die, nisi frigus impediat, celebrant, circiter vesperam incenditur, & ita flammans in subiectam vallem ab alto rotatur: stupendum certe spectaculum praebet, ut plaerique, qui prius non viderint, Solem putant aut lunam coelo decidere." 下划线为豪勒在其书中所画。

80　Ibid., fol. LIX^v: "In nocte sancti Ioannis baptistae in omnibus fere per latam Germaniam vicis & oppidis publici ignes parantur, ad quem utriusque sexus iuvenes, & senes convenientes, choreas cum cantu agunt: multas etiam superstitions observant."

81　Ibid., fol. LIX^r: "Quidam satyras aut malos daemones potius repraesentare volentes,

minio se aut atramento tingunt, habituque nefando deturpant: alii nudi discurrentes
Lupercos agunt, a quibus ego annuum istum delirandi morem ad nos defluxisse
existimo. Non enim multum diversus est a Lupercalibus sacris, quae Lycaeo Pani in
mense Februario olim a nobilissimis Rhomanorum iuvenibus celebrabantur: qui nudi,
faciesque sanguine foedati, per urbem vagantes, obvios loris, cedebant, quos nostri
saccis cinere refertis percutiunt."

82　Ibid., fol. LVIII^v: "Tunc etiam ex avita consuetudine ultro citroque munera mittuntur,
quae a Saturnalibus, quae eo tempore celebrabantur a Rhomanis Saturnalitia, a Graecis
Apophoreta dicta sunt."

83　Ibid., fol. LIX^r: "In die cinerum mirum est quod in plaerisque locis agitur, <u>virgines
quotquot per annum choream frequentaverunt, a iuvenibus congregantur, & aratro pro
equis adnectae tibicinem suum, qui super illud modulans sedet, in fluvium aut lacum
trahunt.</u> [豪勒在此处画了一个三叶草标记，写下了"virginum expiatio"（少女赎
罪）的字样。] <u>Id quare fiat, non plane video, nisi cogitem eas per hoc expiare velle,
quod festis diebus contra ecclesiae praeceptum a levitate sua non abstinuerint.</u>" 下划
线为豪勒在其书中所画。

84　Ibid., fol. LVIII^v: "Multos mirandos ritus observat quos ideo referre volo, ne quae de
externis scribantur inanes fabulae aestimentur."

85　然而，伯姆著作的这一特点却被近期的文献所忽略。当初提出这一点的是施密特
（Schmidt）。另一篇令同时代读者感到不安的文本对此也有提及，即 Richard Kohl,
"Die geistesgeschichtliche Bedeutung der Deutschlandkapitel im Repertorium des Joannes
Boemus Aubanus," *Zeitschrift für Volkskunde* 47 (1938), 191–200。

86　Boemus (1520), fol. LXI^v: "Gentis mores vivendique instituta ex legibus, quas
orthodoxa fide recens suscepta habuere, cognosci possunt: tales fuere...".

87　Ibid., fol. LXI^r: "Verum enimvero non solum apud Suevos, sed & apud omnes fere
gentes mutati sunt mores: & quod dolendum plurimum est, fere in peius."

88　Ibid., fol. LXI^r-v: "Privati Suevorum nulla alia re, nullo artificio magis occupantur, quam
lini operatione, cui adeo incumbunt, adeo dediti sunt, ut in quibusdam Sueviae locis nedum
mulieres & puellae, sed adolescentes & viri hyemis tempore colo [the distaff] admoventur.
[亨利·豪勒在此写道："adolescentes & viri in lino operantur（和年轻男子一起工作）"]
Panni genus faciunt cuius tela linea est, intextum bombycinum, Pargath illud vocantes:
faciunt & totum lineum, quod Golsch appellant. Compertum habeo, apud Vlmenses solum
quotannis utriusque generis pannos parari centum milia, ex quo quisque coniecturare
potest quam incomprehensibilis incredibilisque summa in tota regione elaboretur. Ad
remotissimas nationes isti panni transvehuntur, & maxime bis in anno ad Emporium
franconafordense: ubi quam ingens vectigal Suevicae nationi accedit."

89 Ibid., fol. LXI[r]: "quum id non minus opificibus & agricolis grave damnosumque sit, qui sua ante tempus gryphonibus istis ne potius dicam vel mercatoribus, vendunt quae postmodum necessitate cogente duplo aere redimere ab ipsis debent, quam toti provinciae: quae, quibuscunque indiget, non apud vicinas gentes, a quibus minori pretio habere possit, accipere debet (sic enim a corruptis munere principibus imperatum) sed ab illis in Stutgardia, aut alias ubi emporia habent."

90 Ibid., fol. LV[v].

91 Ibid., fol. LVI[r].

92 Cf. Boemus's remark, ibid., fol. LXI[v]: "Praeterea quoniam bonis mala commixta semper sunt: & nulla ex omni parte erecta: sunt Suevi in Venerem supra modum proni: foemineus sexus virili ad malum facile consentiens: immature uterque praevaricatur, sero resipiscit."

93 British Library MS Add 41,086A, fol. 142[v]: "Exhibuit et Palatinis ingentes dapes. extis mullorum refertas. & cerebellis phoenicopterum: & perdicum ovis: & cerebellis turdorum et capitibus psytacorum.& fasianorum & pavonum. Barbas sane mulorum tantas iubebat exiberi. ut pro nastertis, apiasteris & faselaribus: vt foeno graeco. exiberet plenis fabatariis et discis. quod precipue stupendum est. Canes iocineribus anserum pavit. Habuit leones: & leopardos exarmatos in deliciis. quos edoctos per mansuetarios. subito ad secundam et tertiam mensam iubebat accumbere. ignorantibus cunctis. quod exarmati essent. ad pavorem: & ridiculum excitandum. Misit & uvas apamenas in presepia equis suis: & psittacis atque fasianis leones pavit." Bembo identified the source of this quotation in a marginal note: "ex Aelio Lampridio de helyogabali omnium deterrima vita": that is, the pseudonymous Aelius Lampridius, *Scriptores Historiae Augustae, Antonius Heliogabalus,* 20.6–21.2.

94 British Library MS Add 41,086A, fol. 142[r]: "Veluti mihi contigit, Bernardo Bembo oratori, cum primum ad serenissimum Carolum, burgundiae ducem, prandenti assiderem. qui de improviso exarmatam leonam obviam attulit: qua re mirifice exorui: et palui ad multam chachinationem circumstantium aulicorum, anno salutis 1471. Augusti in Abbatis villa. Prouinciae Pichardiae."

95 British Library MS Add 41,086A, 190[r]. Bembo's quotation reads: "Villam mire exaedificavit, ita ut in ea et provinciarum & locorum celeberrima nomina inscriberet: velut Licium. Achademiam. Pritanium. Canopum. Picilem. Tempe vocaret. Et ut nihil pretermitteret. etiam inferos finxit, & reliqua. In fine vite hadriani, per Helium Spartianum [*Scriptores Historiae Augustae, Hadrianus,* 28.5] ." Bembo's comment reads: "Quam vidimus ipsi dum Ro. oratoria fungeremur. & structura et mollibus ac signisque impositis thalamis mire oblectaremur. anno christi 1487." See Giannetto,

Bernardo Bembo, 191–192.

96　In addition to Blair, Mulsow and Zedelmaier, see Fabian Krämer, *Ein Zentaur in London: Lektüre und Beobachtung in der frühneuzeitlichen Naturforschung* (Affalterbach: Didymos-Verlag, 2014), and "Ulisse Aldrovandi's *Pandechion Epistemonicon* and the Use of Paper Technology in Renaissance Natural History," *Early Science and Medicine* 19 (2014): 398–423.

97　Di Dio, "'*Selecta colligere*,'" 596.

98　See the fine case study by Peter Fane-Saunders, *Pliny the Elder and the Emergence of Renaissance Architecture* (Cambridge: Cambridge University Press, 2016).

99　Grafton and Weinberg, "Johann Buxtorf Makes a Notebook."

100　Peter Burke, "The Uses of Literacy in Early Modern Italy," in *The Social History of Language*, ed. Peter Burke and Roy Porter (Cambridge: Cambridge University Press, 1987), 24–25.

101　Jacob Soll, *The Accounting: Financial Accountability and the Rise and Fall of Nations* (New York: Basic Books, 2014). See also the Classic study of Iris Origo, *The Merchant of Prato: Daily Life in a Medieval Italian City* (London: Jonathan Cape, 1957; repr. London: Penguin, 2017), 257–284.

第 1 章　指尖染墨的人文主义者

1　Justin Stagl, *A History of Curiosity: The Theory of Travel, 1550–1800* (Chur: Harwood, 1995).

2　Theodor Zwinger, *Methodus apodemica* (Basel: Episcopius, 1577), 398–400.

3　Johan Gerritzen, "Printing at Froben's: An Eye-Witness Account," *Studies in Bibliography* 44 (1991): 144–163, at 149; for the original, see ibid., 162: "Quod officium docto alicui viro fere committi solet, qui cum judicio formas compositas relegat, recenseatque num recte omnes typi litteraeque sint conjunctae, syllabaeque ac orationes distinctae."

4　Ibid., 150; for the original, see ibid., 162: "Solentque in bene institutis officinis tres confici formae, ordineque singulae relegi, quo omni ex parte mendae vitiaeque expurgentur."

5　Jerome Hornschuch, *Orthotypographia*, ed. and tr. Philip Gaskell and Patricia Bradford (Cambridge: Cambridge: University Library, 1972), xvi, reproduced and analyzed a in Percy Simpson, *Proof-Reading in the Sixteenth, Seventeenth and Eighteenth Centuries* (London: Oxford University Press, 1935), 126–134。

6　Ulinka Rublack, *Dressing Up: Cultural Identity in Renaissance Europe* (Oxford: Oxford University Press, 2010).

7   Martin Sicherl, "Aldinen (1495–1516)," in Dieter Harlfinger et al., *Griechische Handschriften und Aldinen* (Wolfenbüttel: Herzog August Bibliothek 1978), 119–149.

8   Geri Della Rocca de Candal and Paolo Sachet, "*Manus Manutii*: Corrections in the Aldine Press," forthcoming in *Printing and Misprinting: Typographical Mistakes and Publishers' Corrections (1450–1650)*, ed. Geri Della Rocca de Candal, Anthony Grafton, and Paolo Sachet (Oxford: Oxford University Press).

9   George Hoffmann, "Writing without Leisure: Proofreading as Work in the Renaissance," *Journal of Medieval and Renaissance Studies* 25 (1995): 17–31.

10   Rudolf Wackernagel, ed., *Rechnungsbuch der Froben und Episcopius, Buchdrucker und Buchhändler zu Basel, 1557–1564* (Basel: Benno Schwabe, 1881), 38, 40, 56, 72, 74.

11   Ibid., 20: "Leodigarius Grymaldus lector... Leodigario Grimaldo iterum pro indice Laurentii Justiniani operum et recognitione Agricolae de re metallica gallice."

12   Ibid., 58: "Bartholomeus Varolle corrigiert 24 wochen 2 tagk. ... Eidem von dem exemplari speculi zůzůrüstenn... Eidem pro indice conscribendo in speculum iuris."

13   Note the complaints of R. B. McKerrow, Review of *Proof-Reading in the Sixteenth, Seventeenth and Eighteenth Centuries*, by Percy Simpson, *The Library*, 4th ser., 16 (1935): 347–352; repr. in Percy Simpson, *Proof-Reading in the Sixteenth, Seventeenth and Eighteenth Centuries*, repr. with an introduction by Harry Carter (Oxford: Oxford University Press, 1970), v–viii.

14   Wackernagel, ed., *Rechnungsbuch der Froben und Episcopius*; Johann Amerbach, *Correspondence*, ed. and tr. Barbara Halporn (Ann Arbor: University of Michigan Press, 2000); Edward Malone, "Learned Correctors as Technical Editors: Specialization and Collaboration in Early Modern European Printing Houses," *Journal of Business and Technical Communication* 20 (2006): 389–424.

15   *Das Chronikon des Konrad Pellikan*, ed. Bernhard Riggenbach (Basel: Bahnmaier (C. Detloff), 1877), 27: "Erat egregius praedicator et apprime doctus Minorita Franciscus Wyler, Basilensis, affinis Amorbachio, eundem obtinuit, ut brevia argumenta non libris sed capitibus praeponeret. Id egit per anni circulum, multos legendo et distinguendo in capitula, prius non distincta. sed sequenti anno loco motus, iterum solatio destituebatur impressor sanctissimus. Convenit me juvenem quidem, sed laboriosum, rogavit ut in illius remoti locum succedens, reliquos simili opera non distinctos, distinguerem in capita et distinctos argumentis praenotarem ad capita singula."

16   Ibid.: "Id invitus subivi, sed officiis et precibus expugnatus, acquievi, sicque residuos centum et quinquaginta Augustini libros ea ratione relegi, et argumentis illustrare

conatus sum, tam armatis precibus jussus, eos inquam libros omnes, in quibus invenit lector breviora argumenta: ubi autem prolixiora sunt, id factum est opera Francisci praedicti, brevitati enim studui pro virili." 阿尔努·维舍尔（Arnoud Visscher）好心告诉我，佩利坎手中的这本书现存于鲁汶的毛里茨萨贝图书馆（Maurits Sabbebibliotheek，编号 sig. P276. 567. 2 / Fo AUGU Oper 1505）。第 1 卷扉页写有如下题词："Dono assignati sunt hii Libri Fr［atr］i Conrado Pellicano Rubeaquen［si］Ordinis minorum Filio huius Conventus A m［a］g［ist］ro Iohanne Amorbachio pro immensis suis Laboribus quos pertulit in Distinctionibus Librorum per capitula argumentorumque prenotacionibus ingeniose docteque adhibitis Anno 1506." 佩利坎的姓名首字母缩写表明书中许多 " 章节注释（capitulorum annotatio）" 均出自其手。

17　Martin Germann, *Die reformierte Stiftsbibliothek am Großmünster Zürich im 16. Jahrhundert* (Wiesbaden: Harrassowitz, 1994).

18　*Das Chronikon des Konrad Pellikan*, 27: "Fuit is Amorbachius doctissimus vir et mire diligens, libros suos corrigens magnis tam sumptibus quam laboribus, adsistentibus sibi duobus vel tribus lectoribus, cum tot exemplaribus, ut nihil negligentia sua operi quomodocunque officeret, quin et ob unamquamque dictionem, perperam impressam, maluit diurnum opus cum expensis repeti, ut patet, editionem attendenti diligentius." 这段话的措辞略显晦涩，但大意是说阿默巴赫也会让人对文本进行多次审校（茨温格在后文中所描述的巴塞尔传统可能就是阿默巴赫奠定的）。

19　Madeline McMahon, "Polemic in Translation: Jerome's Fashioning of History in the *Chronicle*," in *Historiography and Identity, I: Ancient and Early Christian Narratives of Community*, ed. Walter Pohl and Veronika Wieser (Turnhout: Brepols, 2019), 219–245.

20　Mark Vessey, "The History of the Book: Augustine's *City of God* and Post-Roman Cultural Memory," in *Augustine's* City of God: *A Critical Guide*, ed. James Wetzel (Cambridge: Cambridge University Press, 2012), 14–32.

21　关于根据现存书本还原的彼得拉克笔记，见：Giuseppe Billanovich, *Un nuovo esempio delle scoperte et delle letture del Petrarca: L' "Eusebio-Girolamo-PseudoProspero"* (Krefeld: Scherpe, 1954)。

22　See generally Daniel Rosenberg and Anthony Grafton, *Cartographies of Time: A History of the Timeline* (New York: Princeton Architectural Press, 2010).

23　Peter Way, "Jehan de Mouveaux's '*Primum exemplar*': A Model Copy Made for Henri Estienne's 1512 Edition of Eusebius' *Chronicon*," *Quaerendo* 32, nos. 1–2 (2002): 60–98.

24　见：E. J. Kenney, *The Classical Text: Aspects of Editing in the Age of the Printed*

Book (Berkeley: University of California Press, 1974), 153, 156（其中指出"安特卫普可能充满试验氛围"）；更全面的内容见: Luigi Battezzato, "Renaissance Philology: Johannes Livineius (1546–1599) and the Birth of the Apparatus Criticus," in *History of Scholarship: A Selection of Papers from the Seminar on the History of Scholarship Held Annually at the Warburg Institute*, ed. Christopher Ligota and Jean-Louis Quantin (Oxford: Oxford University Press, 2006), 75–111。

25 Poelman to Paul Chimarrhaeus, Antwerp, Museum Plantin-Moretus (hereafter MPM), MS M 229, I, 218: "Mitto ad te uti petis tua poematia, quae ad me dedisti, omnia, in quibus quaedam loca sunt, # hoc signo # in margine notata, a me parum intellecta; haec, si tibi non erit molestum, a te mihi explicari vellem. Notavi orthographiam, quam ego auctoritate doctissimorum hominum sequor; eam si tibi probabitur, imitare; si minus, quod non puto, abijce. Annotationes marginales omnes tollerem tum propter marginis angustiam, tum ut cuique liberum esset ascribere, quae vellet. Ostendi typographo Plantino Typum beneficiorum Christi, et Epitaphium Reginae: sed utranque chartam minoris duobus coronatis absque imaginibus se imprimere posse negabat etiam si illi privilegium non denegaretur. Quod scribis te omnia tua poemata ad me missurum ut meam censuram, prius quam edantur, subeant,［ the page ends here ］."

26 Schottus to Poelman, n.d., MPM MS Arch. 91, fol. 501ʳ: "Tandem contigit videre partum ex me natum, doctiss. et amiciss. Pulmane, quem mihi officii gratia filius tuus Methymna Campi misit: nondum enim quae frater misit, exemplaria, reddita: forte naufragium fecerunt: cumque recensere vellem magno meo dolore statim in limine impegi: et mendum statim obelo confodi: nam pag. 4. pro *cogitanti mihi*, excudendum erat *cogitavissem*, ut tres posteriores litterae evanescant, *ihi*. Damnavi meam ipsius oscitantiam; qui praesens non adverteram: nescio quid oculos meos fascinarat. Quivis facile non omnino rudis, negligentia, non imperitia peccatum, deprehendet. Ita fere fit, ut nosti: in alienis Lyncei; in nostris Lamiae sumus: quod quae memoria tenemus, ipsique composuimus, non tam accurate relegimus. Mirabar equidem et Emendatorum doctiss. iuvenum oculos fugisse. Quare cum mea intersit plurimum in tanta exemplarium copia id corrigi, rogavi Plantinum obnixe, ut honoris mei caussa iuberet puerum aliquem horis aliquot, quae restant exemplaria, emendare: et Additamenta quaedam et Menda duabus paginis adderet: quod illum aegre facturum scio, sed honoris mei caussa tamen non detrectabit, ut confido: ego sumtus faciam: nec est necesse parentes resciscant, qui non intelligunt. Quae pagellae vendantur cum ijs quae restant, exemplaribus; mittanturque ijs qui plurima exemplaria coemerunt, et ad nundinas. Tu quoque si me amas, et litteras, huc hortare Plantinum; et me apud doctos purga, esseque operarum mendam: et corrige in illorum libris. ［ next sentence added

in margin:] ego vero nescio quo fato hic labor meus in negligentissimum operarum incidit: alioqui elegantissime excusus Victor. Posthac cunctantius edam, quae molior: Paro enim Comm. in Hesiodum, sed premam ex Flacci praecepto, in annum nonum."

27 Anne Goldgar, *Impolite Learning: Conduct and Community in the Republic of Letters, 1680–1750* (New Haven: Yale University Press, 1995).

28 这些措辞均出自这部精彩绝伦的著作, P. Gottfried Reichhart, O. S.B, "Alphabetisch geordnetes Verzechniss der Correctoren der Buchdruckereien des 15. Jahrhunderts," *Beiträge zur Inkunabelkunde* (Leipzig: Harrassowitz, 1895), 1–158, at 13。

29 Daniel Hobbins, *Authorship and Publicity before Print: Jean Gerson and the Transformation of Late Medieval Learning* (Philadelphia: University of Pennsylvania Press, 2013); Daniel Wakelin, *Scribal Correction and Literary Craft: English Manuscripts 1375–1510* (Cambridge: Cambridge University Press, 2014).

30 帕尔米耶里关于卢修斯皈依基督教的记载，见: Biblioteca Apostolica Vaticana, MS Pal. Lat. 817, fol. 94^{r}: "Lucius britanniae rex eleuterium pontificem baptisma postulavit: quod cum accepisset: brittani quoque fidem christi una susceperunt: & usque ad dioclitiani tempora inviolatam servaverunt." 关于卢修斯与义禄的故事, 见: Felicity Heal, "What Can King Lucius Do for You? The Reformation and the Early British Church," *English Historical Review* 120, no. 487 (2005): 593–619。

31 Vespasiano da Bisticci, *The Vespasiano Memoirs: Lives of Illustrious Men of the XVth Century*, tr. William George and Emily Waters (Toronto: University of Toronto Press in association with the Renaissance Society of America, 1997), 421–422.

32 英语国家的收藏家非常喜爱这部作品的华美书册。现有藏本包括: British Library Add MS 62994, Wellcome Library MS 591, Fitzwilliam Museum MS 178, Glasgow University Library MS Hunter 198 (U.1.2), and Beinecke Library Marston MS 217。

33 此后的著作又进一步延长了历史跨度: Johannes Sichardus's edition, *Habes opt. lector chronicon opus felicissime renatum* (Basel: Petrus, 1536), fols. 211^{r}–221^{v}: "Nova temporum continuatio Germani cuiusdam."

34 MPM MS Arch 118, fol. 1^{r}: "Distinctiones exacte corrector observet, et assuescat ut (in legendo) una dictione lectorem antevortat. Lector etiam tardius legat, immo paulisper subsistat, si animadvertat correctorem erratorum multitudine obrui et detineri"; previously published and discussed by Henrik Désiré L Vervliet, "Une instruction plantinienne à l'intention des correcteurs," *Gutenberg Jahrbuch* (1959): 99–103; by Martin Boghardt, "Instruktionen für Korrektoren der Officina Plantiniana," in *Trasmissione dei testi a stampa nel periodo moderno*, vol. 2: Il seminario internazionale, Roma—Viterbo, 27–29 giugno, 1985, ed. Giovanni Crapulli (Rome: Edizioni dell'Ateneo, 1987), 1–15; and by Dirk Imhof, " 'Fauten des schrijvers, ende

twee oft drij des druckers.' Proeflezen in de Plantijnse drukkerij," in *Portret van een Woordenaar. Cornelis Kiliaan en het woordenboek in de Nederlanden*, ed. Stijn van Rossem (Antwerp: Provincie Antwerpen, Departement Cultuur, 2007), 73–85. 另有探讨和情景化研究，见：Léon Voet, *The Golden Compasses: A History and Evaluation of the Printing and Publishing Activities of the Officina Plantiniana at Antwerp*, 2 vols. (Amsterdam: Van Gendt; New York: Schram, 1969–1972), 2:174–193。

35 See the great study by, Pierre Petitmengin and Bernard Flusin, "Le Livre antique et la dictée: nouvelles recherches," in *Mémorial André-Jean Festugière. Antiquité païenne et chrétienne: vingt-cinq études*, ed. E. Lucchesi and H. D. Saffrey (Geneva: P. Cramer, 1984), 247–262.

36 For these and related materials, see Anthony Grafton and Megan Williams, *Christianity and the Transformation of the Book: Origen, Eusebius and the Library of Caesarea* (Cambridge, MA: Belknap Press of Harvard University Press, 2006), 184–187.

37 Alan Cameron, *The Last Pagans of Rome* (New York: Oxford University Press, 2011).

38 Johannes Elstius to Theodore Poelman, 1576, MPM MS Arch. R.91, 537, printed in Maurits Sabbe, "Uit de humanistenkring rond Plantin," *Verslagen en mededelingen van de Koninklijke Akademie voor Taal-en Letterkunde* (1922): 253–264; repr. in Maurits Sa*bbe, Uit het Plantijnsche Huis* (Antwerp: Victor Resseller, 1924), 51–56, at 56: "Est Buseducis in conventu S. Gertrudis honesta matrona, tam bonis literis instructa, ut cum quovis grammatico audeat inire disputationes et putat sibi similem non facile reperiri posse aliam, memini me ex te Novimagi [at Nijmegen] audivisse de filiabus Plantini, eas non modo latine sed et grece et hebraice scire legere et scribere, id si verum est queso mihi perscribas si tibi satis est otij... MDLXXVI feria 4ᵃ post pentacostam."

39 Poelman to Elstius in Nijmegen, 25 August 1576; MPM MS 229, I, p. 215, printed in Sabbe, *Uit het Plantijnsche Huis*, 56: "Suavissimae tuae fuere litte, mi Elste, quod ex ijs te salvum et sanum intelligerem. quod autem matronam quandam ita bonis litteris imbutam scribis, ut cum quovis grammatico de ea arte acute disceptare possit, non miror, cum ego Clementis Angli uxorem, et etiam filiam, qui cum Antverpiae aliquot menses haererent me ob nominis mei famam salutatum venerant, eas [MS and Sabbe eos] audiverim Graece et Latine loquentes, et non nulla veterum scriptorum atque etiam poetarum utpote Cypriani et Prudentij loca quaedam a se observata et ex antiquis codicibus restituta mihi ostenderint. adhaec novi Joannem Hovium mercatorem Antverpiae qui filias duas et Graece et Latine doctas habebat. Plantini vero filia Hebraice Graece et Latine quidem expedite legebat: sed nihil intelligebat."

There is a slightly different version in MPM MS Arch. 91, 505 verso: "Plantini sane filia Hebraice, Graece, et Latine expedite legebat: verum non intelligebat."

40 MPM B.948.4(《安特卫普多语种合参本圣经·后先知书》校样），73, at Isaiah 26。

41 关于这些校对符号的整理表格，见：Hornschuch, *Orthotyographia*。

42 Quoted by Colin Clair, *Christopher Plantin* (London: Cassell, 1960; repr. 1987), 258n.16.

43 Ada Palmer, "The Recovery of Stoicism in the Renaissance," in *The Routledge Handbook of the Stoic Tradition*, ed. John Sellars (New York: Routledge, Taylor & Francis Group, 2016), 117–132.

44 This story has been well told by Winfried Trillitzsch, *Seneca im literarischen Urteil der Antike: Darstellung und Sammlung der Zeugnisse*, 2 vols. (Amsterdam: Hakkert, 1971), 1:221–250; and Lisa Jardine, *Erasmus, Man of Letters: The Construction of Charisma in Print* (Princeton: Princeton University Press, 1993), 132–136.

45 Gerritsen, "Printing at Froben's," 149; for the original see ibid., 162: "*Sigismundus Gelenius*, vir insigniter doctus, et longe meliore fortuna dignus."

46 Hornschuch, *Orthotypographia*, 27.

47 Zeltner, C. D. *Correctorum in typographiis eruditorum centuria* (Leipzig: Felscecken, 1718), 46–48.

48 Ibid., 528, 88–89.

49 Antwerp, Museum Plantin-Moretus, MS Arch 31, 84: "encores que ie luy eusse predict."

50 MPM MS Arch 786, fol. 15ʳ: "est parti malcontent et sans dire adieu etc."

51 MPM MS Arch 329, fol. 10ᵛ: "Praescripta ego Philippus Jac. Noyens saepissime audivi a Praefatis viris et venerabilis D. de Kleyn a Domino Vanderweyden quoque Audivit Hieronimus de Brauio ab eodem vanderweyden quod correctores solerent quando fuissent per duos annos augmentari in pretio quod Noyens et praefatus de Kleyn etiam saepe audivere."

52 Poelman wrote "Vale, ex nostro Musognapheo"; see *D. Magni Ausonii Burdigalensis Opera*, ed. Theodore Poelman (Antwerp: Plantin, 1568), sig. [*6] ʳ. In his copy, Bodleian Library Auct.S.5.22, Scaliger replied: "Vale, ergo, γναφεῦ."

53 Wackernagel, ed., *Rechnungsbuch der Froben und Episcopius*, 74 (March 1564).

54 许多基础原始资料在这部著作中得到了精彩展现，Giovanni Andrea Bussi, *Prefazioni alle edizioni di Sweynheym e Pannartz prototipografi romani*, ed. Massimo Miglio (Milan: Il Polifilo, 1978)。关于这段轶事的记载，见：Edwin Hall, *Sweynheym & Pannartz and the Origins of Printing in Italy: German Technology and Italian Humanism in Renaissance Rome* (McMinnville, OR: Bird & Bull Press

for Phillip J. Pirages, 1991); *Gutenberg e Roma: Le origini della stampa nella Città dei Papi* (1467–1500), ed. Massimo Miglio and Orietta Rossini (Naples: Electa Napoli, 1997); and Martin Davies, "Humanism in Script and Print in the Fifteenth Century," in *The Cambridge Companion to Renaissance Humanism*, ed. Jill Kraye (Cambridge: Cambridge University Press, 1996), 47–62。

55 Bussi, *Prefazioni,* 84.

56 Dati, note in Paris, Bibliothèque Nationale de France, Rés. C. 477, reproduced in *Gutenberg e Roma*, ed. Miglio and Rossini, fig. 19: "ab ipsis Theutonicis romae commorantibus qui huiusmodi libros non scribere, sed formare solent."

57 Leon Battista Alberti, *Dello scrivere in cifra* (Turin: Galimberti, 1994), 27–28: "Cum essem apud Dathum in hortis pontificis maximi ad Vaticanum et nostro pro more inter nos sermones haberentur de rebus quae ad studia litterarum pertinerent, incidit ut vehementer probaremus Germanum inventorem qui per haec tempora pressionibus quibusdam characterum efficeret ut diebus centum plus CCta volumina librorum opera hominum non plus trium exscripta redderentur dato ab exemplari. Unica enim pressione integram exscriptam reddit paginam maioris chartae. Hinc cum itidem aliquorum ingenia circa res varias laudaremus, vehementer admirari Dathum visus est eos qui fictis characterum inusitatissimorum significationibus litteras tantum ex composito consciis notas, quas cyfras nuncupant, suis scrutandi artibus compertum quid narrent, faciant atque explicent." On this text, see Arielle Saiber, *Measured Words: Computation and Writing in Renaissance Italy* (Toronto and Buffalo: University of Toronto Press, 2018), chap. 1.

58 Ian Maclean, "The Market for Scholarly Books and Conceptions of Genre in Northern Europe, 1570–1630," in his *Learning and the Market Place: Essays in the History of the Early Modern Book* (Leiden and Boston: Brill, 2009), 1–24, at 17.

59 Paul O. Kristeller, "De traditione operum Marsilii Ficini," in *Supplementum Ficinianum*, ed. Kristeller, 2 vols. (Florence: Olschki, 1937), 1:clxvii–clxxxi.

60 Rudolf Pfeiffer, "Küchenlatein," *Philologus* 86 (1931): 455–459.

61 See "A Biography of Gabriel Harvey," online, *The Archaeology of Reading*, https:// archaeologyofreading.org/biography/, accessed October 2, 2019; and Lorna Hutson, *Thomas Nashe in Context* (Oxford: Clarendon Press, 1989).

62 Helene Harth, "Niccolò Niccoli als literarischer Zensor. Untersuchungen zur Textgeschichte von Poggios 'De Avaritia,' " *Rinascimento 7* (1967): 29–53.

63 Silvia Rizzo, *Il lessico filologico degli umanisti* (Rome: Storia e Letteratura, 1973), esp. 249–268; see also Jardine, *Erasmus, Man of Letters*.

64 Francesco Rolandello, blurb to *Mercurius Trismegistus* (Treviso: Gerar. de Lisa,

1471): "Tu quicunque es qui haec legis, sive grammaticus sive orator seu philosophus aut theologus, scito: Mercurius Trismegistus sum, quem singulari mea doctrina et theologica, aegiptii prius et barbari, mox Christiani antiqui theologi stupore attoniti admirati sunt. Quare si me emes et leges, hoc tibi erit commodum, quod parvo aere comparatus, summa te legentem voluptate et utilitate afficiam."

65 Michele Ferno, "Campani vita," in Giovanni Antonio Campano, *Opera* (Rome: Silber, 1495), fol. [vii] ʳ: "Omnes eloquentiae parentem: oratorum poetarumque principem appellabant. Ad hunc quaeque illi condidissent tanquam ad communem censorem supremumque oraculum deferebant. Nemo litteratorum ausus eo tempore quicquam fuisset edere qui illius ante iuditium sententiamque non explorasset. Magnam is labori suo gloriam addidisse ducebatur: cui huius commendatio accessisset."

66 关于庇护二世的另一次类似请求，见此书中关于他的献辞，*Historia rerum Friderici Tertii imperatoris* (Memmingen: Albrecht Kunne, not after March 1491), ep. ded., sigs. a2ʳ⁻ᵛ: "Tu vale et si quid acerbius in quenquam scriptum offenderis, non tam mee nature quam stimulis padagre urgentis adscribe. Et quidquid inscite, inepte, absurde occurrerit, sumpto calamo dele."

67 Flavio di Bernardo, *Un vescovo umanista alla Corte pontificia: Giannantonio Campana (1429–1477)* (Rome: Università Gregoriana Editrice, 1975), 160–163.

68 Rome, Biblioteca Corsiniana, MS 147, fol. 361ᵛ: "Facta est mihi ab eo potestas eiiciendi quae supervacua, corrigendi quae intorta viderentur, etiam illustrandi quae obscuriuscule dicta. sed ea visa est omnium elegantia, is splendor ut non solum aliena non aegeant manu ad augendam dignitatem sed manifestam efferant desperationem imitari cupientibus."

69 Concetta Bianca, "La terza edizione moderna dei *Commentari* di Pio II," *Roma nel Rinascimento* 12 (1995): 5–16.

70 见：Rossella Bianchi, L' *"Eversana deiectio" di Iacopo Ammannati Piccolomini* (Rome: Storia e letteratura, 1984)。

71 Ferno, "Campani vita," fol. [vii] ʳ: "Hinc iam nemo in tota impressorum Hesperia ea tempestate opus imprimendum suscipere velle videbatur cui illius commendationis epistola non praeluxisset. Adeo clarum et celebre apud omnes sanctumque et venerabile illius nomen habebatur. Vnde cum Vdalricus quidem Gallicus tunc qui formas in Vrbem literarias nuper intulisset interquiescere illum assiduis emendationibus non permitteret."

72 这部普鲁塔克的著作由乌尔里希·哈恩于 1469 年末或 1470 年初于罗马印制。

73 Douglas Duncan, Thomas Ruddiman: *A Study in Scottish Scholarship of the Early*

Eighteenth Century (Edinburgh: Oliver & Boyd, 1965); see also Simpson, *Proof-reading*, chaps. 3–4.

74 See esp. John Monfasani, "The First Call for Press Censorship: Niccolò Perotti, Giovanni Andrea Bussi, Antonio Moreto and the Editing of Pliny's 'Natural History,'" *Renaissance Quarterly* 41 (1988): 1–31; and Ingeborg Jostock, *La censure négociée: le contrôle du livre a Genève, 1560–1625* (Geneva: Droz, 2007). On the imposition of Catholic censorship see Hannah Marcus, *Forbidden Knowledge* (forthcoming).

75 Joseph Scaliger, *Epistolae omnes quae reperiri potuerunt*, ed. Daniel Heinsius (Leiden: Elzevir, 1627).

76 该网站有保罗·博特利（Paul Botley）和迪尔克·范·米尔特（Dirk van Miert）关于其出版的《斯卡利杰书信集》的记载，*The Correspondence of Joseph Justus Scaliger*, 8 vols. (Geneva: Droz, 2012), at http://warburg.sas.ac.uk/scaliger/indexjjscaliger.htm, accessed August 26, 2010。

77 Franciscus Raphelengius to Justus Lipsius, 7 November 1595; in *Sylloges epistolarum a viris illustribus scriptarum tomus I [–V]*, ed. Peter Burman, 5 vols. (Leiden: Luchtmans, 1727), 1:208: "Laudator et contemptor vehemens ac saepe eiusdem viri aut rei. Qui hodie Maraus, Asnes, Bestes, Ignorants etc. alias iidem erunt Galant-hommes, Doctes, Sçavants etc."

78 Martin Delrio, *Peniculus Foriarum Elenchi Scaligeriani pro Societate Iesu, Maldanato, Delrio* ([Antwerp]: n.p., 1609), 160–163.

79 Scaliger to Oldenbarvelt, 20 April 1599; Leiden University Library MS BPL 885: "Ego, quod scirem hoc ordinum non decretum, sed ipsorum professorum conspirationem, qui se levare, me onerare vellent."

80 Scaliger, *Epistolae omnes quae reperiri potuerunt*, ed. Daniel Heinsius (Leiden; Elzevir, 1627), 707. I owe this example to the Scaliger project website, http://warburg.sas.ac.uk/scaliger/moreimages.htm, accessed August 26, 2010.

81 Leiden University Library 754 G 36.

82 British Library 1086.b.1.

83 Gerardus Joannes Vossius to Franciscus Gomarus, 11 May 1627; Vossius, *Epistolae selectiores* (Amsterdam: Blaeu, 1699), 56: "Recte interim ac laudabiliter quod omnibus in locis, loco Juniani nominis, asteriscum posuere, uti et cum Manilius Junii, vel Tertullianus, vel Epistolae ejus ad Atticum taxarentur. Mallem tamen totos periodos omisissent. Nunc sic quoque intelligent non pauci, quid dicatur, idque ex iis, quae vel praecedunt, vel consequuntur."

84 Paul Dibon, "Les avatars d'une édition de correspondance: Les Epistolae I. Casauboni de 1638," *Nouvelles de la République des Lettres 2* (1982): 25–63.

85 Angelo Poliziano, *Letters*, ed. Shane Butler (Cambridge, MA: I Tatti Renaissance Library, 2008–), 1:291–293.

86 在特里特米乌斯的书信全集中，Biblioteca apostolica Vaticana MS Pal. lat. 730, ep. II.31, fol. 152ʳ⁻ᵛ, 标题为 "Epistola nicolai gerbellii phorcensis gymnosophiste in academia coloniana: ad ioannem tritemium abbatem"; 这一精彩标题在此再度出现：II.36, fol. 159ᵛ: "presbyter et gymnosophista erpfordiensis." 在印刷版书信集 Trithemius, *Epistolarum familiarium libri duo* (Haguenau: Brubach, 1537) 中，这一标题从顶端部分消失，却又出现在收录所有信件标题的目录中：这一无声的证据表明，有一位校对者尝试图让全集看起来更为可信。

87 Erasmus, *Opus epistolarum Desiderii Erasmi Roterodami*, ed. P. S. Allen et al., 12 vols. (Oxford: Clarendon Press, 1906–1947), 4:409.

88 Kathy Eden, *The Renaissance Rediscovery of Intimacy* (Chicago and London: University of Chicago Press, 2012).

89 Aldo Bernardo, "Letter-Splitting in Petrarch's *Familiares*," *Speculum* 33 (1958): 236–241; Hans Baron, *From Petrarch to Leonardo Bruni* (Chicago: University of Chicago Press for the Newberry Library, 1968), 7–101.

90 Nicholas Jardine, *The Birth of the History and Philosophy of Science: Kepler's "A Defence of Tycho against Ursus" with Essays on Its Provenance and Significance* (Cambridge: Cambridge University Press. 1984; repr. 1988).

91 Owen Gingerich, *An Annotated Census of Copernicus' De Revolutionibus (Nuremberg, 1543 and Basel, 1566)* (Leiden and Boston: Brill, 2002).

第 2 章 手持占卜杖的文献学家

衷心感谢克里斯蒂安·弗洛（Christian Flow）、吉尔·克雷伊（Jill Kraye）与格伦·莫斯特（Glenn Most）的评论与批评。

1 Bodleian Library MS Casaubon 25, fol. 115ᵛ: "σὺν θεῷ Kal. Aug. Narrabat hodie mihi rem miram reverendiss. Praesul D. Ep. Eliensis: quam ille acceptam auribus suis a teste occulato et auctore credebat esse verissimam. Est vicus in urbe Londino qui dicitur vicus Longobardorum. in eo vico παροικία est et aedes paroecialis, in qua fuit presbyter homo summae fidei et notae pietatis. anno 1563. quo anno, si unquam alias pestis grassabat per hanc urbem Lond. Narravit ig. hic paroecus et passim aliis, et ipsi quoque D. Episcopo, sibi hoc accidisse. Erat illi amicus in sua paroecia insignis, vir ut omnes existimabant probus et pius. Hic peste correptus advocavit presbyterum illum suum amicum, qui et aegrotanti affuit et vidit morientem nec deseruit nisi mortuum. ita demum repetiit domum suam. Post horas satis multas a morte huius quum ipse pro mortuo esset relictus in cubiculo, uxor illius idem cubiculum est ingressa, ut ex arca

promeret lodicem sive linteamen ad ipsum ἐντολλιτεῖν ut est moris. Ingressa audit hanc vocem operi intenta. Quis hic est? terreri illa, et velle egredi. sed auditur iterum vox illa, Quis hic est? ac tandem comperto esse mariti vocem accedit ad illum, quid, ait, marite, tu ig. mortuus non es, at nos te pro mortuo compositum deserueramus. Ego vero, respondit ille, vere mortuus fui: sed ita Deo visum, ut anima mea rediret ad corpus. Sed tu, uxor, ait, si quid habes cibi parati da mihi. esurio enim. dixit illa vervecinam habere se, pullum gallinaceum, et nescio quid aliud. sed omnia incocta: quae brevi esset paratura. Ego, ait ille, moram non fero. panem habes, ait, et caseum? Quum annuisset atque ipse petiisset afferri, comedit spectante uxore. deinde advocato presbytero, et iussis exire e cubiculo omnibus qui aderant, narrat illi haec. Ego, ait, vere mortuus fui: sed iussa est anima redire ad suum corpus ut scelus aperirem ore meo manibus meis admis<sum>, de quo nulla unquam cuiquam nata est suspicio. Priorem nanque uxorem meam ipse occidi manibus meis, tanta vafritie, ut omnes res lateret. deinde modum perpetrati sceleris exposuit. nec ita multo post expiravit, ac vere tum mortuus est."

2　Bodleian Library MS Casaubon 28, fol. 125ʳ: "Σὺν Θεῷ. Rem miram mihi narrabat hodie D. Ep. Eliensis sanctae pietatis Antistes. Dicebat se accepisse a multis, sed praecipue a D. Episcopo Vellensi nuper mortuo: cui successit D. Montacutus: evenisse ante annos circiter XV. in urbe Vella, sive ea dicenda Wellas, die quadam aestiva, ut dum in Ecclesia Cathedrali populus sacris vacabat duo vel tria tonitrua inter plura audirentur supra modum horrenda. ita ut populus vnitus in genua μίᾳ ὁρμῇ procumberet ad illum sonum terribilem. Constitit, simul fulmen cecidisse, sine cuiusque damno tamen. Atque haec vulgaria: illud admirandum: quod postea est observatum a multis: repertas esse crucis imagines impressas corporibus eorum qui in aede sacra tum fuerant: Dicebat Ep .us Vellensis D. Eliensi uxorem suam (honestissima ea femina fuit) venisse ad se et ei narrasse fore grandi miraculo, sibi in corpore impressa [cross] signa extare. quod quum risu exciperet Episcopus, uxor nudato corpore ei probavit verum esse quod dixerat. Deinde ipse observavit sibi quoque eiusdem [cross] manifestiss. imaginem esse impressam in brachio opinor. aliis in humero, in pectore, in dorso, aut alia corporis parte. Hoc vir maximus D. Eliensis ita mihi narrabat, ut vetaret de veritate historiae ambigere."

3　M. Pattison, *Isaac Casaubon, 1559–1614*, 2d ed. (Oxford: Clarendon Press, 1875), 443–446, 473–474.

4　William Camden, *Epistolae*, ed. Thomas Smith (London: Chiswell, 1699), 342.

5　Ibid.

6　*A Letter of Mr. Casaubon* (London: Nicholas Okes for George Norton, 1615), bound with James Martin, *Via Regia. The Kings Way to Heaven. With a Letter of that Late Miracle of Learning, Mr. IS. CASAUBON* (London: Nicholas Okes for George Norton, 1615), sig. [A3] r; for the original, see ibid., sig. [A2] r: "Binas paucis diebus a te accepi: priores rei magnitudine quam narrabant dederunt me in stuporem: nam certissimum Miraculum quae scribis continent. Caeterum a Deone sit τὸ θαῦμα an ἀπὸ τοῦ Πονηροῦ nostrum non est pronuntiare, illorum est qui rei gestae fuerunt aut testes aut testium familiares, quique de eo quod accidit πληροφορηθέντος, peritiam habent voluntatis divinae circa miracula. Quare praestantissimis Theologis illustris Academiae vestrae hoc πρόβλημα relinquo tractandum: mihi volupe fuit cognoscere τὸ ὅτι: illi quaerant τὸ διότι. Quod si quid ab aliquo eorum fuerit super ea re sane mirabili scriptum, magnam inieris a me gratiam si id mecum communicaveris."

7　*Posterior Analytics* I.13, 78a22–24.

8　因此，弗兰克·克莫德在写到 A. E. 豪斯曼时表示："转而研究曼尼里乌斯还涉及一个难度更大也更有趣的问题：我们该如何理解对这项技艺倾尽所有心血的热情？这项技艺不仅要求对古代语言和文化掌握旁人难以企及的知识，还要求具备精妙的占卜智慧来正确运用这些知识。"("Nothing for Ever and Ever," *London Review of Books*, July 5, 2007, 7–8, http://www.lrb.co.uk/v29/n13/frank-kermode/nothing-for-ever-and-ever).

9　被引用到 Anthony Grafton, *Joseph Scaliger: A Study in the History of Classical Scholarship*, 2 vols. (Oxford: Clarendon Press, 1983–1993), 1:134。关于这篇文献及其历史沿革的介绍，见伦敦大学学院（University College London）的费斯图斯词典项目网站：https://web.archive.org/web/20130112064549/http://www.ucl.ac.uk/history2/research/festus/index.htm,accessed August 23, 2018。

10　See Damiano Acciarino, "The Renaissance Editions of Festus: Fulvio Orsini's Version," *Acta Classica* 59 (2016), 1–22, 23, and fig. 1.

11　罗伯特·伯顿在《忧郁的解剖》1.3 中引用过这句谚语，我在书中使用的即是他的翻译；见：*The Anatomy of Melancholy*, ed. Thomas Faulkner, Nicholas Kiessling, and Rhonda Blair, 6 vols. (Oxford: Oxford University Press, 1989), 1:424。

12　Verrius Flaccus, *Quae extant* (Geneva: Saint-André, 1575), Eton College Library Be.8.17., clxii; previously quoted in Grafton, *Scaliger*, vol. 1, chap. 5 (quotation on p. 149); note also Flaccus, Quae extant, cvii ("Divina Scal. coniectura").

13　Apuleius, *Apologia*, ed. Isaac Casaubon (Heidelberg: Commelin, 1594), 145: "Atque haec est nostro de hoc loco sententia: quam constanter & verecunde ideo proferimus, quia meminimus esse a te, Scaliger eruditissime, aliter pridem emendata ista & exposita. ... Enimvero non is es tu vir nobilissime, qui in hoc genere literarum, quod (ut de medicinae arte Celsus ait) coniecturale magnam partem est, tuas omnes sententias, ceu κυρίας δόξας velis haberi: quod falso nimis & improbe sycophantas quosdam, non Scaligeri nominis magis quam Musarum hostes dictitare non pudet." For medicine as a conjectural art, see Celsus *De medicina*, Prooemium, 16–17: "Neque vero infitiantur experimenta quoque esse necessaria, sed ne ad haec quidem aditum fieri potuisse nisi ab aliqua ratione contendunt: non enim quidlibet antiquiores viros aegris inculcasse, sed cogitasse quid maxime conveniret, et id usu explorasse, ad quod ante coniectura aliqua duxisset. Neque interesse, an nunc iam pleraque explorata sint."

14 Apuleius, *Apologia*, 149, on 47 (38.1–2): "LOCVS EX GRAECO) Quotiescunque in hac oratione fuisse aliquid recitatum, cum ea pronunciata est, indicatur: eius quod lectum est titulum, inserendum ex ipsius authoris verbis. Qua ratione quantum lucis orationi accedat, nemo non videt. Fuit ea oratorum praesertim Graecorum consuetudo, ut in scribendis orationibus quo quaeque loco litis instrumenta fuissent producta & recitata, titulo apposito indicarent. Nulla fere hodie extat Graeca oratio, ubi indices istiusmodi plures non reperias. Male ergo meriti sunt de hac oratione, male de nobis, qui hos titulos exemerunt: quos fuisse olim ab auctore appositos, unicus saltem qui remanserat argumento sit. hunc dico qui in ipso fere fine orationis habetur, TESTIMONIVM CASSII LONGINI, etc. [101.4 (Testimonium Cassi Longini tutoris et Coruini Clementis qR)] nam si illum Apuleius adiecit, cur solum? cur eum potissimum? cur non alios quoque omnes? ille vero omnes ἀναμφισβητητῶς. Nemo igitur factum nostrum calumnietur: quod non dubitaverim absque librorum auctoritate, aliena verba in contextum recipere. non enim ita est: sed inserta olim ab auctore, & male postea sublata, in suum locum restituimus." 在他阅读批注的那本书（大英图书馆 C.81.c.22.）中，卡索邦将 "hac oratione" 改成了 "hoc libro"。

15 Anthony Grafton and Joanna Weinberg, "*I Have Always Loved the Holy Tongue*": *Isaac Casaubon, the Jews and a Forgotten Chapter in Renaissance Scholarship* (Cambridge, MA: Harvard University Press, 2011), esp. chap.1.

16 *Scriptores historiae augustae*, ed. Isaac Casaubon (Paris: Drouart, 1603), sig. ij*ᵛ: "Atque ego non dubito Tribonianum istum cum hoc fecisset, visum sibi bellum hominem, qui erat saperda merus."

17 关于对特里波尼安的攻击，其中一例见：Martin Loughlin, "The Historical Method in Public Law," in *The Oxford Handbook of Legal History*, ed. M. D. Dubber and C. Tomlins (Oxford: Oxford University Press, 2018), 983–1000。

18 *Scriptores historiae augustae*, ed. Casaubon, sig. ij*ᵛ: "Quid fuerit consilii collectionis huius auctori, quando in istam formam hoc corpus digessit, vatibus relinquimus divinandum."

19 Giovanni Boccaccio, *De montibus* (Venice: Vindelinus de Spira, 1473), fol. 75^v: "Esto per coniecturas aliqua plura deprehendi possint: utputa quem Perusinum hodie lacum dicimus: transimenum fuisse coniecturamus: eo quod flamineum consulem Hanibalem apud Aretium expectasse legimus: et e vestigio secus trasimenum lacum conservisse. Et quia lacus alter praeter perusinum Aretio propinquus non est: Satis illum percipimus transimenum et sic de aliquibus fecisse fuerat possible. In reliquis potius divinare necesse erat: quam alicuius posse imitari vestigium: quod quidem ego non didici."

20 Silvia Rizzo, *Il lessico filologico degli umanisti* (Rome: Storia e Letteratura, 1973), 173, quoting Poggio's letter to Barbaro of 1417–1418: "Mitto ad te... Silium Italicum, libros V Statii Silvarum, item M. Manilium Astronomicum. Is qui libros transcripsit ignorantissimus omnium viventium fuit: divinare oportet, non legere. Ideoque opus est ut transcriberentur per hominem doctum. Ego legi usque ad XIII librum Silii, multa emendavi, ita ut recte scribenti facile sit similes errors deprehendere atque corrigere in reliquis libris." 里佐以其特有的精准文字表明，波焦描述的是某一份特定手写稿中的阅读困难，而非施坦格尔（Stangl）所认为的那样是在订立缮写工作的规则。

21 Poggio, Ep. 3.17, quoted in Rizzo, *Il lessico filologico*, 327: "Philippicas Ciceronis emendavi cum hoc antiquo codice, qui ita pueriliter scriptus est, ita mendose, ut in iis quae scripsi non coniectura opus fuerit, sed divinatione. Nulla est femella tam rudis, tam insulsa que non emendatius scripsisset."

22 Cicero ad Att. 8.11.3, quoted in Rizzo, *Il lessico filologico*, 290: "Προθεσπίζω igitur, noster Attice, non hariolans ut illa cui nemo credidit, sed coniectura prospiciens."

23 Cicero *ad Fam*. 1.5b.1: "Hic quae agantur quaeque acta sint, [ea] te et litteris multorum et nuntiis cognosce arbitror; quae autem posita sunt in coniectura quaeque videntur fore, ea puto tibi a me scribi oportere."

24 Paolo Manuzio, *In Epistolas M. Tullii Ciceronis quae Familiares vocantur...Commentarius* (Frankfurt: A. Wechel, 1580), 70: "*Quae autem posita sunt in coniectura*] quae coniectura licet assequi: quae possunt e signis divinari. Coniectura & divinatio non idem sunt. Nam coniectura ducitur e signis, divinatio saepe signa non sequitur. Ita fit, ut omnis coniectura divinatio sit, non contra."

25 正如皮埃尔·培尔（Pierre Bayle）所云："西塞罗了解卡涅阿德斯用以攻击占卜/预知的那些鞭辟入里的有力理由。"见：*Dictionaire historique et critique*, s.v. Carneade, note I; 5th ed., 4 vols. (Amsterdam, Leiden, the Hague, and Utrecht: Brunel, Luchtmans et al., 1740), 2:62。

26 See, for example, Elizabeth Rawson, *Intellectual Life in the Late Roman Republic* (Baltimore: Johns Hopkins University Press, 1985); Mary Beard, "Cicero and

Divination: The Formation of a Latin Discourse," *Journal of Roman Studies* 78 (1986): 33–46; and Malcolm Schofield, "Cicero for and against Divination," *Journal of Roman Studies* 78 (1986): 47–65.

27　Johannes Hartlieb, *Das Buch der verbotenen Künste: Aberglaube und Zauberei des Mittelalters*, ed. Falk Eisermann and Eckhard Graf, with Christian Rätsch (Ahlerstedt: Diederichs, 1989); 关于这一主题完整且明晰的研究，见: Frank Fürbeth, *Johannes Hartlieb: Untersuchungen zu Leben und Werk* (Tübingen: De Gruyter, 1992)。理查德·基克希弗对更广泛的背景进行了研究，见: *Forbidden Rites: A Necromancer's Manual of the Fifteenth Century* (University Park: Pennsylvania State University Press, 1998)。哈特利布的分类系统并非全新的产物: 库萨的尼古拉（Nicholas of Cusa）和许多人都沿袭了圣依西多禄关于四大占卜术的说法，即风占术、地占术、水占术和火占术。

28　Hartlieb, *Das Buch der verbotenen Künste*, 162.

29　See Darrel Rutkin, "The Use and Abuse of Ptolemy's *Tetrabiblos* in Renaissance and Early Modern Europe: Two Case Studies (Giovanni Pico della Mirandola and Filippo Fantoni)," in *Ptolemy in Perspective: Use and Criticism of His Work from Antiquity to the Nineteenth Century*, ed. Alexander Jones (Dordrecht and New York: Springer, 2010), 135–149.

30　See, for example, Richard Kieckhefer, *Magic in the Middle Ages* (Cambridge: Cambridge University Press, 1989); the essays in *Conjuring Spirits: Texts and Traditions of Medieval Ritual Magic*, ed. Claire Fanger (University Park: Pennsylvania State University Press, 1989); and Frank Klaassen, *The Transformations of Magic: Illicit Learned Magic in the Later Middle Ages and Renaissance* (University Park: Pennsylvania State University Press, 2013).

31　See M. Moli Frigola, *"Iakobo," in Scrittura biblioteche e stampa a Roma nel Quattrocento: Aspetti e problemi*, Atti del Seminario 1–2 giugno 1979, ed. Concetta Bianca et al. (Vatican City: Scuola Vaticana di paleografia, diplomatica e archivistica, 1980), 183–203; and Anna Modigliani, "Testamenti di Gaspare da Verona," in *Scrittura biblioteche e stampa a Roma nel Quattrocento: Aspetti e problemi*, Atti del 2° Seminario 6–8 maggio 1982, ed. Massimo Miglio et al. (Vatican City: Scuola Vaticana di paleografia, diplomatica e archivistica, 1983), 611–627.

32　Rome, Biblioteca Casanatense, MS lat. 397, fol. 77[r]: "［ de sortilegiis multa dicta sunt in iure diuino. quae quidem sunt prohibita sicut et pleraeque species presagiendi ut necromantia chiromantia auguria extispitia pyromantia auspicia ［ et sic de singulis recte tractauit."

33　Ibid., fol. 77[r–v]: "［ comburi autem iussit quandam veneficam et necromanticam mulierem observandissimus d. Cardinalis firmanus quae in agro perusino eam detestabilem artem exercebat 〔 nichil melius nichil iustius facere potuisset 〔 ipse etiam est a vertice ad plantas iustissimus et prudentissimus simul et doctissimus altissimique consilii princeps: cuius verba aurea sunt quotienscunque leguntur: quem nil ob aliud amo colo et obseruo." See Modigliani, "Testamenti di Gaspare da Verona," 619.

34　Ibid., fol. 78ʳ: "Nescio quae fabula sit illa cum dicitur nunquam virgo pariet nisi dum templum pacis corruet vel dum virgo pariet templum pacis corruet. nam peperat maria virgo intemerata antequam esset vespasianus aut titus et antequam ipsum templum pacis de quo loquimur. Attamen sive credas sive non parvi facio cum non sit articulus fidei. In hac eadem mea sententia fuit leonardus aretinus vir litteratissimus, historicus non parvus itidem. sensit guarinus, conterraneus meus, necnon carolus compatriota leonardi praememorati. Immo et Io. Aretinus torquatellus familiarissimus mihi vir studiosissimus litteraturae omnium quos unquam noverim."

35　Ibid., fol. 26ᵛ: " 〔 carmina nunc sunt incantationes verborum 〔 quomodo coquatur venenum illis relinquo quae faciunt. et ex medicina aliquid scio in hoc. quod tamen silentio penitus praeteribo."

36　Ibid., fol. 77ᵛ: " 〔 et ego vidi quosdam seniores in territorio seu agro patriae meae hoc est veronae, rusticos quidem qui siquis amisisset asinum vel equum praesagiebant et videbant statim ubi esset res amissa. et dictis verbis et sacris suis perfectis, videbatur cadere stella quaedam certo loco in quo certa res quaerebatur et tandem inveniebatur 〔 semel ex his quidam dum essent turbulentissima tempora, tonitrua, fulgura, imbres, pronosticatus est fulmen fore de subito, et casurum in cacumen cuiusdam montis 〔 atque ita fuit ut praedixerat 〔 agebat homo octogesimum annum illiteratus et indoctus."

37　Modigliani, "Testamenti di Gaspare da Verona," 618.

38　Ibid.

39　James Hankins, *Plato in the Italian Renaissance*, 2 vols. (Leiden: Brill, 1990).

40　Marsilio Ficino, *Opera* (Basel: Froben, 1576), 1616: "Inter haec expedit admonere multas in codice Graeco clausulas videri transpositas verbaque saepius permutata, haec equidem diligenter pro viribus emendavi, vatis (ut ita dixerim) potius quam interpretis officio fretus." See Denis Robichaud, "Working with Plotinus: A Study of Marsilio Ficino's Textual and Divinatory Philology," in *Teachers, Students and Schools of Greek in the Renaissance*, ed. Frederica Ciccolella and Luigi Silvano (Leiden: Brill, 2017), 120–154, 我在文中使用的即是该版译文。

41　Rocco Di Dio, " 'Selecta colligere': Marsilio Ficino and Renaissance Reading Practices," *History of European Ideas* 42 (2016): 595–606.

42　H. D. Saffrey, "Florence, 1482: The Reappearance of Plotinus," *Renaissance*

Quarterly 49 (1996): 488–508 at 506–08.

43 Jan Machielsen, *Martin Delrio: Demonology and Scholarship in the Counter-Reformation* (Oxford: Oxford University Press for the British Academy, 2013), sec. 2, chap. 7.

44 Cf. Ada Palmer, "Humanist Lives of Classical Philosophers and the Idea of Renaissance Secularization: Virtue, Rhetoric and the Orthodox Sources of Unbelief," *Renaissance Quarterly* 70, no. 3 (2017): 935–976.

45 Desiderius Erasmus, *Adagiorum chiliades* (Basel: Froben, 1536), Adage III. vi.40, 766: "Refertur a Suida tanquam vulgo iactatum de divinatione, quae sumitur ab insomniis, superstitio multo omnium vanissima. Id tamen ita dictum est, quod mors finis sit omnium huius vitae malorum."

46 见: Keith Thomas, *Religion and the Decline of Magic* (New York: Scribner, 1971), 213–217, 关于筛网和大剪刀的部分。

47 Erasmus, *Adagiorum chiliades*, Adage I.x.8, 329: "Κοσκίνῳ μαντεύεσθαι, id est Cribro divinare, est coniectura sagaci rem deprehendere." Aut stulte de rebus occultis divinare. ... Porro genus hoc divinandi suspenso cribro, in hodiernum usque tempus durat apud quosdam superstitiosos. Apud veteres vaticinia peragebantur, cribro, lauro et tripode."

48 Ibid., Adage IV.iv.75, 937: "Vapula papyria, Sisinius Capito scribit proverbio dici solitum. Si quando volebant significare se negligere minas aliquorum: hoc tantum reperimus in fragmentis Festi Pompeij. Suspicor esse natum a Papyrio praetextato, a quo mater comminando plagas, frustra conata est exscalpere, quid actum esset in Senatu. Proinde Papyri legendum, non papyria, nisi mavis subaudire lege, ut sit comminantis poenam legis papyriae. Aut si magis placeat, ut intelligas de Papyria, uxore Pauli Aemilii, quae repudiata est a marito, cum repudij causam nemo scire potuerit. Quid enim facias? Divinandum est, ubi non succurrunt autores."

49 Ibid., Adage I.v.4, 160–161: "Extat apud Terentium in Phormione cum primis venustum adagium: Ita fugias ne praeter casam. Quo quidem admonemur, ne sic aliquod vitium fugiamus, ut in aliud maius incauti devolvamur. Nostrapte culpa facimus, inquit, ut malos expediat esse, dum dici nimium nos bonos studemus et benignos. Ita fugias, ne praeter casam, ut aiunt. Verba sunt Demiphonis senis semet accusantis, quod dum avari famam plus satis cupide studeret effugere, stulti reprehensionem incurrisset." See Terence, *Phormio*, line 768.

50 Erasmus, *Adagiorum chiliades*, 161: "Donatus adagio metaphoram hunc ad modum enarrat, si modo commentum hoc Donati videtur esse. Ita fugito, ne tuam casam praetermittas, quae sit tibi tutissimum exceptaculum. Aut ita fugias, ne praeter

casam, ubi custodiri magis et prehendi fur et mulctari verberibus potest. Aut verbum erat, inquit, furem exagitantis, et interea providentis, ne ante casam transeat, ne in pretereundo etiam inde aliquid rapiat." The passage Erasmus quotes comes from *Aeli Donati quod fertur Commentum Terenti*, ed. Paul Wessner, 2 vols. (Leipzig: Teubner, 1902–1905), 2:473. The translation is from Martin Luther and Desiderio Erasmus, *Free Will and Salvation*, ed. E. Gordon Rupp and Philip Watson (Philadelphia: Westminster, 1969), 436.

51 Erasmus, *Adagiorum chiliades, Adagia*, 161: "Hanc veluti divinationem, incerta ac varia coniectantium quis ferret, nisi videremus et iuris interpretibus et Graecorum adagiorum enarratoribus hunc eundem esse morem. Primum interpretamentum mihi magis arridet. Quidam enim calore fugiendi, etiam ea praetercurrunt, ubi commode poterant quiescere." Translation from Luther and Erasmus, *Free Will and Salvation*, 436.

52 Jerome, *Contra Rufinum* 1.16. On the significance of this passage, see Anthony Grafton, "On the Scholarship of Politian and Its Context," *Journal of the Warburg and Courtauld Institutes* 40 (1977): 150–188, at 187–188.

53 Desiderius Erasmus, *Opera*, ed. Jean Leclerc, 10 vols. (Leiden: van der Aa, 1703–1706), IX, col. 139; *Opera omnia* (Amsterdam: North-Holland, 1969–), Ordo 9, IV, 101.

54 *L. Annaei Senecae Opera, et ad dicendi facultatem et ad bene vivendum utilissima, per Des. Erasmum Roterodamum ex fide veterum codicum, tum ex probatis auctoribus, postremo sagaci nonnunquam divinatione, sic emendata, ut merito priorem aeditionem, ipso absente peractam, nolit haberi pro sua. Confer et ita rem habere comperies* (Basel: Froben, 1529). On Erasmus's editions of *Seneca, see Winfried Trillitzsch, Seneca im literarischen Urteil der Antike: Darstellung und Sammlung der Zeugnisse*, 2 vols. (Amsterdam: Hakkert, 1971); Lisa Jardine, *Erasmus, Man of Letters: The Construction of Charisma in Print* (Princeton: Princeton University Press, 1993; repr., 2015); and L. D. Reynolds, "Beatus Rhenanus and Seneca, *De beneficiis* and *De Constantia*," in *Beatus Rhenanus (1485–1547): Lecteur et éditeur de textes classiques*, ed. François Heim and James Hirstein (Turnhout: Brepols, 2000), 101–115.

55 Jerome, *Epistolae* 107.1: "Iam candidatus est fidei, quem filiorum & nepotum credens turba circundat. Ego puto etiam ipsum Iouem si habuisset talem cognationem: potuisse in Christum credere."

56 *Omnium operum Divi Eusebii Hieronymi Stridonensis tomus primus* [*-nomus*] , ed. Desiderius Erasmus et al., 9 vols. (Basel: Froben, 1516), I, fol. 24ʳ: "Etiam ipsum

Iouem. Non uidetur hic locus uacare mendo. Quorsum enim huc induceret Iouem? Verum diuinare possum, quid scribendum sit. Fortasse pro Ioue legendum est proauum."

57 Erasmus to Gregor Reisch, September 1514, in *Opus epistolarum Desiderii Erasmi Roterodami*, ed. P. S. Allen et al., 12 vols. (Oxford: Clarendon Press, 1906–1958), 2:29: "Multa divinavimus, omnia non possumus." 关于伊拉斯谟版书信集的发展及内容, 见: Eugene F. Rice Jr., *Saint Jerome in the Renaissance* (Baltimore: Johns Hopkins University Press, 1985), esp. 129–132; Ueli Dill, "Prolegomena zu einer Edition von Erasmus von Rotterdam, *Scholia in epistolas Hieronymi*," 2 vols. (PhD dissertation, University of Basel, 1997), published online, 2004, at https://edoc. unibas.ch/37684/1/DillProlegomena2004.pdf; Jardine, Erasmus, Man of Letters, 55–82; Mark Vessey, "Erasmus's Jerome: the Publishing of a Christian Author," *Erasmus of Roterdam Society Yearbook 14* (1994): 62–99; Hilmar Pabel, *Herculean Labours: Erasmus and the Editing of St. Jerome's Letters in the Renaissance* (Leiden and Boston: Brill, 2008), chap. 3; Nicholas Naquin, " 'On the Shoulders of Hercules': Erasmus, The Froben Press and the 1516 Jerome Edition in Context" (PhD dissertation, Princeton University, 2013), 1–174。

58 Erasmus, *Opus epistolarum*, 2:29: "In epistola ad Letham offendit locus, *Quibus corax, niphus, miles*."

59 Jerome, *Opera*, 1516, I, fol. 24^r: "Verum hic locus ita depravatus est, ut ad restituendum, Delio quopiam sit opus. Nos tamen quantum assequi coniectura potuimus indicabimus. Corax.) Populus est inter Callipolim & Naupactum."

60 Erasmus, *Opus epistolarum*, II, 29: "Rursum in eadem, *Cibus eius olusculum sit et simila, caroque et pisciculi*, divino legi debere, *Cibus eius olusculum <sit> et e simila garoque pisciculi*."

61 Jerome, *Opera*, 1516, I, fol. 25^r: "Cibus eius oluscu.) Satis constat hunc locum esse corruptum. Sic enim habebatur in plaerisque, Cibus eius olusculum sit & simila, caroque et pisciculi. Porro cum Hieronymus hic luxum dedocere conetur: si permittat carnem & pisciculos, quaeso quid omisit praeter placentas? Equidem conijcio legendum, Cibus eius olusculum sit, & e simila, garoque pisciculi: ut intelligas permitti olera, & pisciculos, sed non quoslibet, nec opipare conditos, sed minutos, ac uiles, eosque conditos garo & simila."

62 Ibid., sig. α 3^r: "Quod superest, non depravatum erat, sed prorsus extinctum et oblitteratum: idque partim quidem illitteratorum vitio scribarum."

63 Ibid., sig. α 3^v: "Atqui super haec longe difficillimum est, aut ex varie depravatis, quid ab authore positum fuerit conijcere: aut ex qualibuscunque figurarum fragmentis

ac vestigijs, primam divinare lectionem."

64　布鲁诺·阿默巴赫（Bruno Amerbach）与巴西尔·阿默巴赫（Basil Amerbach）
在为该版撰写的序言中也称赞伊拉斯谟说："in divinando cum res postulat, mira
quadem sollertia." *Die Amerbachkorrespondenz*, ed. Alfred Hartmann (Basel:
Universitätsbibliothek, 1942–), 2:65.

65　伊拉斯谟对1524~1525年版的评论收录于 *Opus epistolarum*, 5:493: "Restant
tamen adhuc loca, sed ea perpauca, in quibus mea divination non omnino satisfecit
animo meo."

66　A. E. Housman, "The Application of Thought to Textual Criticism," in *The Classical
Papers of A. E. Housman*, ed. J. Diggle and F. R. D. Goodyear, 3 vols. (Cambridge:
Cambridge University Press, 1972), 3:1058–1069, at 1065.

67　Francesco Robortello, "De arte sive ratione corrigendi antiquorum libros," in Gaspar
Schoppe, *De arte critica* (Amsterdam: Ploymer, 1662), 98–121; see esp. 104–119；关于
推测性校订的论述，波利齐亚诺、瓦莱里亚诺和维托里的赞誉另见第119页。

68　Klara Vanek, *Ars corrigendi in der frühen Neuzeit: Studien zur Geschichte der
Textkritik* (Berlin: De Gruyter, 2007).

69　Aelius Lampridius, *Commodus Antoninus* 1.7–8: "Nam a prima statim pueritia turpis,
improbus, crudelis, libidinosus, ore quoque pollutus et constupratus fuit, iam in his
artifex, quae stationis imperatoriae non erant, ut calices fingeret, saltaret, cantaret,
sibilaret, scurram denique et gladiatorem perfectum ostenderet." Translation from
David Magie, tr., *Historia Augusta*, 3 vols. (Cambridge, MA: Harvard University
Press, 2014), 1:264–267.

70　*Historiae Augustae scriptores* VI, 2 vols. (Leiden: Hack, 1671), 1:473: "*Ut calices
fingeret.*) Lego, frangeret. De hoc genere παιδίας dictum aliquid ad Verum Imper.
［SHA Verus 4.1.7］Est & calices fingere vinearii artificis potius quam ejus qui in
imperatoria statione sit collocatus: sed eam lectionem refellunt sequentia."

71　Ibid.: "Sic［*ut calices fingeret*］quoque uterque Palatinus, & nescio quomodo placeat
magis, quam divinatio aliorum *calices frangeret*, quam ipsam tamen non exsibilo,
Vulgatam stabilit regum aliorum exemplum, qui aerariae artis fabricae se tradidere."

72　Joseph Scaliger, *Epistolae omnes quae reperiri potuerunt*, ed. Daniel Heinsius
(Leiden: Elzevir, 1627), 60: "Dii boni. Plane me divinare et hariolari dixit quidam
alius inter proceres rei literariae apud Italos primi nominis."

73　Polydore Vergil, *Adagiorum liber: Eiusdem de inventoribus rerum libri octo*, 2
vols. (Basel: Froben, 1521), V.6, II, fol. 56ʳ: "Post evangelicum dogma inter gentes
publicatum, ubi loci prima aedes servatori nostro dicata fuerit pro certo ponere non
ausim, ne divinare potius quam veritati inhaerere dicar."

74 Ibid.: "Sed in re parum nota conjectare licet."

75 Ibid., fol. 56ʳ⁻ᵛ: "Est tamen consentaneum credere, in remotis locis quo non facile
pervaserat ille tyrannorum furor, phana aliqua interim aut aedificata, aut quae primum
daemonum fuerant, Christo dicata ab Apostolis fuisse, qui ubique gentium ubique
temporum propagandae fidei totis viribus incumbebant. Quod aut in Aethiopia a
Matthaeo, aut in India citeriore a Bartholomaeo, aut in Scythia ab Andrea: quorum
praedicatione his gentibus Christianae pietatis lux ab initio affulsit factum esse &
crediderim & dixerim. Non abhorret praeterea a fide aliqua cellam fuisse primitus
a Iacobo Hierosolymis deo dicatam, qui inibi cathedram primus locavit primusque
rem divinam ritu apostolico facere coepit. Autor Eusebius." On Vergil as a historian
of Christiuanity see Helmut Zedelmaier, "Karriere eines Buches. Polydorus
Vergilius *De inventoribus rerum*," in *Sammeln—Ordnen—Veranschaulichen.
Wissenskompilatorik in der Frühen Neuzeit*, ed. Frank Büttner, Markus Friedrich,
and Helmut Zedelmaier (Münster: LIT, 2003), 175–203; Catherine Atkinson,
*Inventing Inventors in Renaissance Europe: Polydore Vergil's De inventoribus
rerum* (Tübingen: Niemeyer, 2007).

76 *Carmina vetusta ante trecentos annos scripta, quae deplorant inscitiam Evangelii
et taxant abusus ceremoniarum, ac quae ostendunt doctrinam huius temporis non
esse novam. Fulsit enim semper et fulgebit in aliquibus vera Ecclesiae doctrina*,
ed. Matthias Flacius Illyricus (Wittenberg: Rhaw, 1548), sig. A2ʳ⁻ᵛ: "Cantilenae hae
Christiane Lector sunt (ut divinare ex minime obscuris signis licet) non minus quam
ante trecentos annos compositae. Nam primum et Codex, ex quo eas depromimus,
eam vetustatem prae se fert, ut videatur ante annos ducentos vel amplius scriptus.
Postea sunt in eo non pauca parum emendate scripta, ut appareat, eum porro ex aliis
vetustioribus codicibus transcriptum esse. Postremo et Musica, ad quam canuntur
hae cantilenae, locupletissimum testimonium vetustatis praebere potest. Nam ea ante
annos trecentos in usu fuit, iam vero a nemine intelligitur, quam ob hoc ipsum quod
exoluit omisimus, quanquam et ipsum genus scripti non vulgarem vetustatem prae
se ferat. Quis autem eas composuerit ignoramus, quandoquidem nomen adscriptum
non est. Quicunque tamen composuerit, dubium non est, fuisse eum Christianum
ac vere pium." On Flacius's medieval scholarship, see M. Hartmann, *Humanismus
und Kirchenkritik. Flacius Illyricus als Erforscher des Mittelalters* (Stuttgart:
Thorbecke, 2001).

77 BN Paris, MS lat 4855, fol. 82ʳ: "Diximus de imperii Ro. incrementis et omnes illius
fere provincias sic recensuimus ut quo tempore quaequae subacta fuerit, per quos,
quibusque de caussis bella excitata, quo denique tempore in formulam provinciae

fuerit redacta notaremus. Nunc contrarium aggredimur, et demolitionem eius aedificii considerare paramus. Prius autem quam τὸ ὅτι pluribus explicem, quod nemini dubium est, τὸ διότι paucis considerabimus, et caussas eversi tanti imperii quaeremus."

78 Ibid., fol. 82^{r-v}: "Non enim tantum ἡ φύσις μάτην οὐ ποιεῖ οὐδὲν, sed etiam ἐν τοῖς πρακτοῖς nihil accidit cuius causae non praecesserint, sed quae saepe homines latent... [Casaubon's ellipsis] Nam eventus rerum fere sunt contra τὸ δοκοῦν πᾶσι. Vt Synesius ait p. 83. Inde est invectum in opinionem plerorumque illud volvi res humanas forte quae etiam Rota fortunae quam appellant, de qua Marcellinus p. 1728 et 1833. Sed et illa, atque adeo fortuna omnis, opinione sola hominum constat οὕτως οὐδέν ἐστι. Neque propterea minus sunt certae rerum caussae quia illae sunt nobis saepe incognitae. Quare quaeramus tantae rei caussas veras."

79 Ibid., fol. 82^{r}: "Hic est illa virorum prudentium divinatio cuius passim auctores meminere. Qui ipsi φρόνησις est quaedam προνόησις et prudentiae providentia."

80 Ibid., fol. 84^{v}: "De luxu illorum temporum et fastu annotandi omnes loci Marcellini Synesij Basil. Etc."

81 See Isaac Casaubon, Polibio, ed. Guerrino Brussich (Palermo: Sellerio, 1991); and George Nadel, "Philosophy of History before Historicism," History and Theory 3 (1964): 291–315.

82 E. J. Kenney, *The Classical Text: Aspects of Editing in the Age of the Printed Book* (Berkeley: University of California Press, 1974), 147.

83 Carlo Ginzburg, "Morelli, Freud and Sherlock Holmes: Clues and Scientific Method," *History Workshop* 9 (1980): 5–36, esp. 14–16; Michael Fishbane, *Biblical Interpretation in Ancient Israel* (Oxford: Clarendon Press, 1989), p. 464: "有时这些（美索不达米亚预言）只是饶有趣味的文字游戏。但同样常见的是，其中也有对守护秘传知识的关注。其所使用的技巧包括：让音节排列呈现为晦涩和象征性的双关语，秘密且晦涩的符号解读，还有数字密码。这些楔形文字加密技巧与《圣经》传统中的类似程序存在一脉相承的相似之处，这再次凸显了古代近东地区用占卜解读经文的传统中混杂了各族特色，并且根深蒂固——这种传统让古以色列成了富有生产力和创新性的传统传承者（即既有传统的承继者）。"

84 Kari Kraus, "Conjectural Criticism: Computing Past and Future Texts," *Digital Humanities Quarterly* 3 (2009) (http://digitalhumanities.org/dhq/vol/3/4/000069/000069.html). 克劳斯继续写道："战后一位莎士比亚作品编辑乔治·伊恩·达西（George Ian Duthie）的乐趣在于重新排列不同的版本——将它们并列在一起，重复念读，享受词语带来的近音异义的快乐：stockt、struckt 和 struck，hare 和 hait，nough 和 nought 并且在《李尔王》中的诗歌《贝德兰的汤姆》或《辛白林》中预言者斐拉尔莫努斯的预言中感受词形变异的诗意。"

85　2.54.3, trans. Thomas Hobbes.

86　Ginzburg, "Morelli, Freud and Sherlock Holmes," 16.

87　Robortello, "De arte sive ratione corrigendi antiquorum libros," 119: "Quanta fides, dii immortales, in Politiano! Cuivis intueri licet adhuc Florentiae, in Medicea et Marciana bibliotheca, manuscriptos libros, ubi publice asservantur, quibus usus est. Eadem fides in sanctissimo illo ac doctissimo sene, qui Vergilium ex Romano codice emendavit, Jo. Pierio Valeriano, viro dignissimo qui ab omnibus ametur et colatur. Nec secus egit Petrus Victorius meus. Qui ex hac emendandi professione non tam doctrinae magnae, quam magnae bonitatis et fidei laudem quaesivit. Quibus sit usus libris: ubi sint: Langobardicisne scripti an Romanis literis, semper patefecit."

88　Grafton, *Scaliger*, vol. 1, chap. 7.

89　See the wonderful case study by Reynolds, "Beatus Rhenanus and Seneca, *De beneficiis* and *De Constantia*."

90　Samuel Johnson, "Preface," in *Johnson on Shakespeare*, ed. Arthur Sherbo, 2 vols. (New Haven: Yale University Press, 1968), 1:59–113, at 101, 104–105.

第3章　让·马比雍开创古文字学

感谢约翰·比德韦尔（John Bidwell）、安·布莱尔（Ann Blair）、卢乔·德尔·科尔索（Lucio Del Corso）、克里斯蒂安·弗洛、玛德琳·麦克马洪（Madeline McMahon）和埃莱奥诺拉·皮斯蒂斯（Eleonora Pistis）的评论与批评。

1　For a digital version, See http://digi.vatlib.it/view/MSSVat.lat.3225, accessed March 26, 2017。

2　Ingo Herklotz, "Late Antique Manuscripts in Early Modern Study: Critics, Antiquaries and the History of Art," in Amanda Claridge and Ingo Herklotz, *Classical Manuscript Illustrations*, The Paper Museum of Cassiano dal Pozzo. Series A—Antiquities and Architecture. Part Six (London: The Royal Collection and Harvey Miller, 2012), 60, quoting Biblioteca Apostolica Vaticana MS Ottob. Lat. 3059, 382 recto. This text is printed in *Antiquissimi codicis Virgiliani fragmenta* (Rome: R.C.A., 1741), iv.

3　Roberto Ribuoli, *La collazione polizianea del Codice Bembino di Terenzio* (Rome: Storia e Letteratura, 1981); John Grant, "Pietro Bembo and Vat. lat. 3226," *Humanistica Lovaniensia* 37 (1988): 211–243; Gareth Williams, *Pietro Bembo on Etna: The Ascent of a Venetian Humanist* (Oxford: Oxford University Press, 2017), 126.

4　马比雍的方法具有浓厚的实证主义（至少是历史学）特色，关于这一点，见：Blandine Kriegel, *La querelle Mabillon-Rancé* (Paris: P.U.F., 1988; repr. Paris: Quai Voltaire, 1992), 79–95。

5　Jean Mabillon, *De re diplomatica libri vi, in quibus quidquid ad veterum instrumentorum antiquitatem, materiam, scripturam, et stilum, quidquid ad sigilla, monogrammata, subscriptiones, ac notas chronologicas; quidquid inde ad antiquariam, historicam, forensemque disciplinam pertinet, explicatur et illustratur* (Paris: Billaine, 1681), 1: "Novum antiquariae artis genus aggredior, in qua de veterum instrumentorum ratione, formulis et auctoritate agitur. Praecipuam eius fidem, si modo vera et genuina fuerint, tribuendam esse censent omnes, maxime quantum ad rei transactae circumstantias et ad res chronologicas attinet, quae nullo aliunde certiori testimonio, quam ejusmodi monumentis resciri et confirmari possunt."

6　Daniel van Papenbroeck, "Propylaeum antiquarium circa veri ac falsi discrimen in vetustis menbranis," in *Acta Sanctorum Aprilis*, 3 vols. (Antwerp: Cnobbaert, 1675). 关于这段轶事，现有最完整的记载见: Jan Marco Sawilla, *Antiquarianismus, Hagiographie und Historie im 17. Jahrhundert: zum Werk der Bollandisten. Ein historiographischer Versuch* (Tübingen: Niemeyer, 2009), and Maciej Dorna, *Mabillon und andere: Die Anfänge der Diplomatik*, tr. Martin Faber, Wolfenbütteler Forschungen, 159 (Wiesbaden: Harrassowitz, 2019), 107–121。关于马比雍度过大部分学术生涯的机构，见: Maarten Ultee, *The Abbey of St. Germain des Prés in the Seventeenth Century* (New Haven: Yale University Press, 1981)。

7　关于马比雍著作及其书目的近期研究，见: Jakob Zouhar, " 'De re diplomatica libri sex' by Jean Mabillon in Outline," *Listy filologické / Folia philologica* 133, 3–4 (2010): 357–388; Dorna, *Mabillon und andere*, 128–142。

8　关于马比雍在古文献学方面的著作及背景，最全面的研究是 Dorna, *Mabillon und andere*。

9　Alfred Hiatt, "Diplomatic Arts: Hickes against Mabillon in the Republic of Letters," *Journal of the History of Ideas* 70, no. 3 (2009), 351–373, at 358.

10　Both Hiatt, "Diplomatic Arts," and Sawilla, *Antiquarianismus, Hagiographie und Historie im 17. Jahrhundert*, make this point.

11　L. D. Reynolds and N. G. Wilson, *Scribes and Scholars: A Guide to the Transmission of Greek and Latin Literature*, 4th ed. (Oxford: Oxford University Press, 2013), 192–193.

12　Papenbroeck to Mabillon, July 10, 1683, quoted in Richard Rosenmund, *Die Fortschritte der Diplomatik seit Mabillon, vornehmlich in Deutschland-Österreich* (Munich and Leipzig: Oldenbourg, 1897), 17–18.

13　Bodleian Library OUA SEP / Y / 1. For text and discussion, see *The Cartulary of the Monastery of Saint Frideswide at Oxford*, ed. Spencer Robert Wigram, 2 vols. (Oxford: Oxford Historical Society and Clarendon Press, 1895), 1:44–45; H. E. Salter,

Mediaeval Archives of the University of Oxford, 2 vols. (Oxford: Oxford Historical Society, 1917), 1:1–2.

14 Bodleian Library MS Twyne 3, 139. See Strickland Gibson, "Brian Twyne," *Oxoniensia* 5 (1940): 94–114, at 99.

15 Bodleian Library MS Twyne 3, 139.

16 Ibid., 140, 139.

17 *Orbis eruditi literaturam a charactere Samaritico hunc in modum favente Deo deduxit Eduardus Bernardus A.D. 1689* (Oxford, 1689; repr., 1700; repr. and expanded, 1759).

18 See the classic survey by Arno Borst, *Der Turmbau von Babel*, 4 vols. in 6 (Stuttgart: Hiersemann, 1957–1963).

19 在基本的拉丁文字母表以外,伯纳德还额外附上了公元306、400和500年的字母表。

20 大英图书馆手稿编号 MS Harley 6030, fols. 15^r-18^r,引自 fol. 17^r,在后一份手稿中,他继续总结了阿格里帕对最古老的字母表的处理（1687年8月6日之后）。

21 BL MS Harley 7505, fol. 1^v.

22 BL Harley MS 6466, fol. 87^r (January 17, 1696 / 1697).

23 经典研究,见:Simon Keynes, "The Reconstruction of a Burnt Cottonian Manuscript: The Case of Cotton MS Otho A.1," *British Library Journal* 22, no. 2 (1996): 113–160。关于被埃德蒙·吉布森（Edmund Gibson）描述为万利"针对英格兰特色的古文献学研究"进程,见:*Letters of Humfrey Wanley: Palaeographer, Anglo-Saxonist, Librarian, 1672–1726*, ed. P. L. Heyworth (Oxford: Clarendon Press, 1989) (Gibson is quoted at xvin.11); and *A Chorus of Grammars*, ed. Richard Harris (Toronto: Pontifical Institute of Mediaeval Studies, 1992)。他在书信集第63~64、66、68、126~127、158、188和223页中均引用了马比雍的言论,还在致贝尔纳·德·蒙福孔的一封信中自称为马比雍和蒙福孔的"模仿者和竞争者"（第427页）,但此话并非出自真心。

24 *Letters of Humfrey Wanley*, 15〔致托马斯·史密斯爵士（Sir Thomas Smith）,1695年4月19日〕。

25 Ibid., 68〔致亚瑟·夏莱特（Arthur Charlett）,1697年8月11日〕。

26 Kenneth Sisam, *Studies in the History of Old English Literature* (Oxford: Clarendon Press, 1953; repr. with corrections, 1962), 263. 关于用于教授古文献学和古文字学的原始资料和参考文献的系统收集的增长,见:Mark Mersiowsky, "Barocker Sammlerstolz, Raritätenkabinette, Strandgut der Säkularisation oder Multimedia der Aufklärung? Diplomatisch-paläographische Apparate im 18. und frühen 19. Jahrhundert," in *Arbeiten aus dem Marburger hilfswissen schaftlichen Institut*,

ed. Erika Eisenlohr and Peter Worm (Marburg an der Lahn: Universitätsbibliothek Marburg, 2000), 229–241。

27 Carmela Vircillo Franklin, "Reading the Popes: The *Liber Pontificalis* and Its Editors," *Speculum* 92, no. 3 (2017), 607–629, at 620–624.

28 Ibid.; see also: *Anastasii Bibliothecarii De vitis Romanorum pontificum*, ed. Francesco Bianchini, 4 vols. (Rome: Salvioni, 1718–1735), 2:xxii.

29 Silvia Rizzo, *Il lessico filologico degli umanisti* (Rome: Storia e Letteratura, 1973).

30 Annius of Viterbo, "De marmoreis volturrhenis tabulis," edited in Roberto Weiss, "An Unknown Epigraphic Tract by Annius of Viterbo," in *Italian Studies Presented to E. R. Vincent*, ed. Charles P. Brand, Kenelm Foster and Uberto Limentani (Cambridge: Heffer, 1962), 101–120, at 113: "literis longobardis excisa vetustissimis et ferme corrosis."

31 Daniele Rando, *Dai margini la memoria: Johannes Hinderbach (1418–1486)* (Bologna: Il Mulino, 2003), e.g., 376n.354. See also Mariano Weber, "Iohannes Hinderbach rerum vetustarum studiosus: Vita e cultura del vescovo di Trento Giovanni IV Hinderbach (1418–86)" (PhD Dissertation, Università Cattolica del Sacro Cuore, 1969–70), 295–296, and cf. 125–126, 178–179, 208. 209, 259, 280–281.

32 Anthony Grafton, *Joseph Scaliger: A Study in the History of Classical Scholarship*, 2 vols. (Oxford: Clarendon Press, 1983–1993), 1:66.

33 Ibid., chaps. 4, 6.

34 See Asaph Ben-Tov, "*Turco-Graecia*. German Humanists and the End of Greek Antiquity," in *The Renaissance and the Ottoman World*, ed. Anna Contadini and Claire Norton (London: Routledge, 2013), 181–195.

35 Martin Crusius, *Turcograeciae libri octo* (Basel: Henricpetri,［1584］), e.g., 191, 230. See Richard Calis, "Reconstructing the Ottoman Greek World: Early Modern Ethnography in the Household of Martin Crusius," *Renaissance Quarterly* 72 (2019): 148–193.

36 Bernardo José de Aldrete, *Del origen y principio de la lengua castellan o românce que oi si usa en España* (Rome: Carlo Willietto, 1606), 252–253.

37 Mabillon, *De re diplomatica*, plate XLV, 434–435, and esp. 432: "Cur tam diu ejusmodi thesauros in scrinijs suis residere patiuntur Hispani, dum quidam ex illis, male feriati, adulterinis chronicis orbem literarium ad suum dedecus infarciunt?" 关于伊格拉及其伪作，见: Katrina Olds, *Forging the Past: Invented Histories in Counter-Reformation Spain* (New Haven: Yale University Press, 2015)。

38 关于阿古斯丁，见: *Antonio Agustín between Renaissance and Counter-Reformation*, ed. Michael Crawford (London: Warburg Institute, 1993); and William Stenhouse,

Reading Inscriptions and Writing Ancient History: Historical Scholarship in the Late Renaissance (London: Institute of Classical Studies, 2005)。

39 Juan Baptista Cardona, *De regia S. Laurentii bibliotheca. De pontificia Vaticana. De expungendis haereticor. propriis nominibus. De diptychis* (Tarragona: Mey, 1587), 5–6: "Ad codicum autem quod attinet vetustatem certius deprehendendam ratio haec poterit iniri: mandabitur provincia studioso cuipiam et antiquario, qui assidua membranarum, codicum, lapidum, et nummorum veterum lectione et inspectione notatas habeat varias litterarum formas, pro temporum varietate, et usu earum dissimili: quique possit aetatem coniicere prudenter. is librum conficiet ejusmodi characterum in aetates distinctum diligenter, et cuique aetati suos tribuet characteres: ut horum comparatione facta facilius in bibliotheca de cuiusque codicis aetate certius possit iudicari. sed et significationes litterarum et singularum et complexarum eo in libro adscribentur: item notae ponderum et numerorum. Idque non Latine modo, verum etiam Graece, proque aliarum linguarum varietate. Qui etiam labor magnum afferet adiumentum legendis veter. monumentis. Quamquam hanc certe provinciam non uni, sed pluribus mandari velim." 关于这一计划的背景和原始西班牙文本，见: Charles Graux, *Essai sur les origines du fonds grec de l'Escurial*, Bibliothèque de l'École des Hautes Études, 46 (Paris: Vieweg, 1880), 313–314。

40 See T. D. Kendrick, *St. James in Spain* (London: Methuen, 1960); J. Caro Baroja, *Las falsificaciones de la historia (en relación con la de España)* (Barcelona: Seix Barral, 1992); A. Katie Harris, "Forging History: the *Plomos* of Granada in Francisco Bermúdez de Pedraza's *Historia eclesiástica*," *Sixteenth Century Journal* 30, 4 (1999): 945–966; Harris, *From Muslim to Christian Granada: Inventing a City's Past in Early Modern Spain* (Baltimore: Johns Hopkins University Press, 2007); L. P. Harvey, *Muslims in Spain, 1500 to 1614* (Chicago: University of Chicago Press, 2005); Mercedes García-Arenal and Fernando Rodríguez Mediano, *The Orient in Spain: The Forged Lead Books of Granada and the Rise of Orientalism* (Leiden: Brill, 2013); and *Olds, Forging the Past*.

41 Gerold Meyer von Knonau, "Das *bellum diplomaticum lindaviense*," *Historische Zeitschrift* 26 (1871): 75–130; "Nachtrag zu Bd. XXVI S. 75–130: Das *bellum diplomaticum lindaviense*," ibid., 27 (1872): 208–210; Dorna, *Mabillon und andere*, 55–88. 关于在马比雍之前的特许状分析方式，多尔纳（Dorna）提供了一份信息丰富的调查（ibid., 17–102）。

42 Claude Saumaise to Claude Sarrau, October 15, 1648, in Claude Sarrau, *Epistolae* (Orange: n.p., 1654): 235–239, at 238: "Si quibus in libris MSS. diphthongus reperiatur Æ duabus literis non in unum coalitis sed separatis, expressa ad hunc

modum A E, aut a e, scias codices illos & vetustos esse inprimis & fideli manu
confectos. Si aliter efficta occurrat, aut per unam literam ex duabus conflatam, aut per
unicum E, cui nota supposita sit hoc modo [cedillated e] , qui primo modo scripti
sunt, paulo maiorem vetustatem redolent: qui secundo ad infimum saeculum relegari
debent."

43　Hermann Conring, *Censura diplomatis quod Ludovico Imperatori fert acceptum Coenobium Lindaviense* (Helmstedt: Muller, 1672), 317. 虽然马比雍认同康林的看法，但迈耶·冯·克诺瑙（Meyer von Knonau）却对这个论点进行了驳斥（104 and n. 2）。

44　See, e.g., Hans Erich Troje, *"Crisis Digestorum": Studien zur Historia pandectarum* (Frankfurt: Klostermann, 2011); Douglas Osler, "Humanist Philology and the Text of Justinian's Digest," in *Reassessing Legal Humanism and its Claims. Petere Fontes?*, ed. Paul de Plessis and John Cairns (Edinburgh: Edinburgh University Press, 2016), 41–51.

45　Mabillon, *De re diplomatica*, 356–367 and plate VII.3.

46　Dorna, *Mabillon und andere*, 128–129.

47　Emery Bigot to Nicolaas Heinsius, July 20, 1679, printed in Leonard Doucette, *Emery Bigot: Seventeenth-Century French Humanist* (Toronto and Buffalo, NY: University of Toronto Press, 1970), 94: "马比雍神父计划印刷一本介绍所有古代书写的书。为此，他已让人刻写了法兰西王室颁布的几份特许状的开头。眼下他正在寻找极其古老的标记出书写时间的写本。我提醒他注意"佛罗伦萨维吉尔抄本（Virgile de Florence）"，其中一首讽刺诗提到了这份抄本写成时的执政官的姓名。如果您愿意写信告诉我您在这方面留意的写本，他也会把它们印刷出来。另外，我提醒他关注《佛罗伦萨学说汇纂》，安东尼奥·阿古斯丁认为那是在查士丁尼时代写成的（我知道屈雅斯和其他人质疑这一点，但他们都没有看过写本手稿。验看过写本字体才可能加以判断）。"

48　Curzio Inghirami, *Ethruscarum antiquitatum fragmenta* (Frankfurt: n.p., 1637).

49　Amos Funkenstein, *Perceptions of Jewish History* (Los Angeles: University of Chicago Press, 1993).

50　Ingrid Rowland, *The Scarith of Scornello: A Tale of Renaissance Forgery* (Chicago and London: University of Chicago Press, 2004); Luc Deitz, "Die Scarith von Scornello: Fälschung und Methode in Curzio Inghiramis 'Etruscarum antiquitatum fragmenta' (1637)," *Neulateinisches Jahrbuch* 5 (2003): 103–133.

51　Leone Allacci, *Animadversiones in antiquitatum Etruscarum fragmenta ab Inghiramio edita* (Paris: Cramoisy, 1640), 51–60. 而阿拉奇此处又以迈克尔·托马西乌斯版的拉克坦提乌斯（Lactantius）著作《神圣原理》（*Divinae institutiones*, 1570 年由普朗坦印社于安特卫普出版）中的一段简短且不明细的段落为据，即

sig. A5^r: "Multis ab hinc annis, cum Bononiae iuri Pontificio ac civili operam darem, neque tamen aliarum rerum bonos scriptores, praesertim ecclesiasticos, negligerem; in bibliotheca Sancti Salvatoris vidi exemplar quoddam Lactantii literis maiusculis scriptum, quod, ut ex vetustate et literis ipsis apparebat, fuerat ante octingenos, aut etiam mille, annos exaratum. Illarum enim literarum, quas maiusculas vocamus, libri, sicut ex collatione multorum codicum comperimus, ante Gothorum in Italiam irruptione fuerunt scripti." 他引用的是波利齐亚诺和奥古斯丁以及同样热衷于此的后世编集者的专业证言。

52 Allacci, *Animadversiones*, 57–59, esp. 58: "Rotunda autem erat... quae ob artis contemptum & celeriorem scriptionem, quasi in globulos, sed non eos perfectos, curvabatur"; Mabillon, *De re diplomatica*, 47: "Hinc *minutae literae apud veteres* dictae, immo (ut quibusdam placet) *minutissimae & rotundae*, quae scilicet ob celeriorem scriptionem non tanta arte, nec tanta mole conformatae erant."

53 关于学者们如今探讨字体的新方式，见: *Correspondance inédite de Mabillon et de Montfaucon avec l'Italie*, ed. M. Valery, 3 vols. (Paris: Labitte, 1846), 2:24–25, 3:162–164。

54 关于马比雍的字体图示，最完整的研究及犀利的批评见: Ludwig Traube, "Geschichte der Paläographie," in Traube, *Vorlesungen und Abhandlungen*, ed. Franz Boll, 3 vols. (Munich: Beck, 1909–1920), 1:27–30。

55 Francis Haskell, *History and Its Images: Art and the Interpretation of the Past* (New Haven: Yale University Press, 1993).

56 Simon Ditchfield, "Text before Trowel: Antonio Bosio's *Roma Sotterranea* Revisited," *Studies in Church History* 33 (1997): 343–360.

57 Biblioteca Apostolica Vaticana MS Vat. lat. 3750, fol. 2^{r-v}: "*De fundatore Basilicae sancti Petri Constantino Imperatore, & de modo et ratione scribendae historiae, et de admirabili visione sancte crucis, qua ad fidem Christi Constantinus ipse uocatus est.* Quam talem merito ac tantam sciendum est primum a Constantino Imperatore extructam fuisse: quod & si apud omnes iam percelebre sit, manifeste tamen id etiam demonstrat versus in arcu ipsius maiore ac triumphali scripti huiuscemodi:

> Quod duce te mundus surrexit in astra triumphans,
>
> Hanc Constantinus uictor tibi condidit aulam.
>
> （以你为领袖，伟业胜似繁星／人杰君士坦丁，将此厅献与你）

Quorum characteres longe uetusti peneque dixerim decrepiti, nullum etiam aliud, quam Constantini tempus, quo ibi conscripti sunt, manifeste arguere uidentur." On this work, see Fabio Della Schiava, " 'Sicut traditum est a maioribus': Maffeo Vegio antiquario tra fonti classiche e medievali," *Aevum* 84, no. 3 (2010): 617–639, and Christine Smith and Joseph O'Connor, *Eyewitness to Old St. Peter's: A Study of Maffeo Vegio's "Remembering the Ancient History of St. Peter's Basilica in Rome" with Translation and a Digital Reconstruction of the Church* (Cambridge: Cambridge University Press, 2019) (for the passage in question, see 127).

58 Antonio Agustín, *Emendationum et opinionum libri quattuor* (Venice: Giunta, 1543), iiii: "Sed cum antiquissimum illud iuris civilis monumentum sine ullis aut raris verborum atque membrorum spatiis scriptum sit, ipsaque litterarum figura Romanae Graecaeque veteri scripturae proxime accedere videatur, nisi quod quaedam a Gothis accepta, qui iam inde a Theodosianis temporibus Latinis Graecisque hominibus coniuncti fuerunt, agnoscere videbamur."

59 Grafton, *Scaliger*, vol. 1, chap. 5, and Damiano Acciarino, "The Renaissance Editions of Festus: Fulvio Orsini's Version," *Acta Classica* 59 (2016), 1–22, 3 and fig. 1.

60 Peter J. Lucas, "Parker, Lambarde and the Provision of Special Sorts for Printing Anglo-Saxon in the Sixteenth Century," *Journal of the Printing Historical Society* 28 (1999): 41–69.

61 Anthony Grafton, "Matthew Parker: The Book as Archive," *History of the Humanities* 2 (2017): 15–50, at 42–44.

62 Asser, *Alfredi regis res gestae* (London: Day, 1574). See Suzanne Hagedorn, "Matthew Parker and Asser's *Alfredi regis res gestae*," *Princeton University Library Chronicle* 51, no. 1 (1989–1990): 74–90.

63 与帕克类似，马比雍也受到据称出自因古尔夫（Ingulf, d.1109）之手的编年史前半部分的影响，这是一部讲述英格兰文书受诺曼征服影响而变革的 14 世纪伪书："Apud Anglosaxones vero Saxonica scriptura viguit usque ad Guillelmi Conquaestoris principatum, quo tempore factum est, *ut modus scribendi Anglicus omitteretur, & modus Gallicus in chartis & in libris omnimodis admitteretur*, testante Ingulfo in historia Croylandensi"; see Mabillon, *De re diplomatica*, 52。关于因古尔夫，见: Alfred Hiatt, *The Making of Medieval Forgeries: False Documents in Fifteenth-Century England* (London: British Library, 2004)。

64 Henry Spelman, *Archaismus graphicus*, Corpus Christi College Cambridge MS 238, fol. 1ʳ: "Archaismus Graphicus ab Henrico Spelmanno conscriptus in vsum filiorum suorum, An: Dn: 1606." 关于其他英国学者的类似成果，见: Michael Hunter, *John Aubrey and the Realm of Learning* (London: Duckworth, 1975), 156–157; William Poole, *John Aubrey and the Advancement of Learning* (Oxford: Bodleian Library, 2010), 88–90; Kelsey Jackson Williams, *The Antiquary: John Aubrey's Historical Scholarship* (Oxford: Oxford University Press, 2016), 17, 84–85。

65 关于约翰·米勒德（John Millard）和亨利·艾利斯爵士（Sir Henry Ellis）的有

趣辩论，见: *Report from the Select Committee on the Condition, Management and Affairs of the British Museum, Together with the Minutes of Evidence, Appendix and Index* (London: House of Commons, 1835), 138, 141, 169, 172, 173。

66 BL MS Stowe 1059, fol. 2ʳ: "Notae de libris manuscriptis." 感谢亚伦·夏皮罗（Aaron Shapiro）为我提供了一份上述注释的打印本，以及关于斯佩尔曼著作复本的更多信息。

67 Ibid.: "Libri, ut antiquiores, ita caeteris paribus, meliores esse affirmantur."

68 Ibid.: "Libri Uncialibus, seu Capitalibus ut vocant, Literis integre conscripti, optimae sunt notae & fidei. Aubertus Miraeus ad calcem Chronici Hieronymi in margine, edit. Antu. Ao 1608."

69 *Rerum toto orbe gestarum chronica*, ed. Aubert le Mire (Antwerp: Verdussius, 1608), sig. [H4r] : "Est enim uncialibus seu capitalibus, ut vocant, litteris integre conscriptus: cuius generis libri mss. optimae sunt notae ac fidei."

70 见 Ann Blair, *Too Much to Know: Managing Scholarly Information before the Modern Age* (New Haven: Yale University Press, 2010); and Helmut Zedelmaier, *Werkstätten des Wissens zwischen Renaissance und Aufklärung* (Tübingen: Mohr Siebeck, 2015).

71 Jean Mabillon, *De re diplomatica*, 2d ed., 2 vols. (Naples: Orsini, 1789), 2:6: "Oculis tantum hic opus est. Sed oculos volo peritos, minime malignos, nullo affectos praejudicio, quales fuere eorum virorum, eruditione & auctoritate praestantium, quorum oculis ac censurae haec instrumenta ante annos viginti exposuimus."

72 Ibid., 2: "Inest veris et genuinis instrumentis antiquis nescio quae veritatis impressa species, quae non raro primo conspectu oculos peritorum rapit. Quemadmodum periti aurifices aurum sincerum a falso nonnumquam solo tactu discernunt: ut pictores prima tabellarum exemplaria a secundis; numismatum denique cognitores genuina a spuriis solo passim adspectu distinguunt."

73 Peter Rück, "Fünf Vorlesungen für Studenten der Ecole des Chartes (Paris, 24–28 April 1995)," in *Arbeiten aus dem Marburger hilfswissenschaflichen Institut*, ed. Erika Eisenlohr and Peter Worm (Marburg an der Lahn: Universitätsbibliothek Marburg, 2000), 243–315, at 257 and 262.

74 Daniel van Papenbroeck, *Kunstdenkmäler zwischen Antwerpen und Trient: Beschreibungen und Bewertungen des Jesuiten Daniel Papebroch aus dem Jahre 1660*, ed. and tr. Udo Kindermann (Cologne: Böhlau, 2002).

75 Papenbroeck, "Propylaeum antiquarium," ix: *"Hac de re prænominatus ejus socius ad me scribens*, Conatus sum, *inquit*, singula perquam accurate primum ad fenestram vitream, ut litteræ per suprapositam membranæ chartam transparerent, dilineare

singula: tum, separata a pergameno charta, unumquemque characterem sigillatim pressiore calamo sum remensus: quos si ære incidendos curare velis, secure id facere poteris."

76　For inscriptions see William Stenhouse, *Reading Inscriptions and Writing Ancient History: Historical Scholarship in the Late Renaissance*, Bulletin of the Institute of Classical Studies, Supplement 86 (London: Institute of Classical Studies, 2005); for coins see Martin Mulsow, "Hausenblasen. Kopierpraktiken und die Herstellung numismatischen Wissens um 1700," in *Objekte als Quellen der historischen Kulturwissenschaften: Stand und Perspektiven der Forschung*, ed. Annette Caroline Cremer and Martin Mulsow (Cologne, Weimar and Vienna: Böhlau, 2017), 261–344.

77　Emery Bigot to Antonio Magliabechi, July 1679, 95, printed in Doucette, *Bigot*, 95: "Io prego V.S. per l'amore ch'ella porta alle lettere di far mi copiare le due prime righe e linee dell'Eneide. Per ciò lei mando una carta transparente per metter sopra la scrittura, e doppo che la charta è mesa sopra la scrittura besogna con la penna e l'atramento disegnare la scrittura come si trova nel msto. M'è paruta l'inventione bellissima. Ella osserverà di estendere la charta ch'ella mettrà sopra la scrittura finchè quando si sarà per espandere la charta, la scrittura non si estendi e così non bene representi la scrittura del ms^to."

78　Ibid.: "Al meno della comparatione delle scritture si potrà conjetturare in quel tempo furono scritte."

79　BL MS Sloane 2052, fol. 53^v, printed in *Pictoria, Sculptoria, & quae subalternarum artium...1620. Le manuscrit de Turquet de Mayerne*, ed. Marcel Faiutti and Camille Versini (Lyon: Audin, 1967), 72–73: "用于翻印纸张、卡片以及其他。没有什么比纵向剖开、展开晾干后的牛尿囊膜更加透明。但是为了防虫，我要用火油将其擦拭一遍，或者将其与苦艾、三叶香草、啤酒花、柳叶或其他研成粉末的草药放在一起。[页边注] 我将其放在活页夹和尿液里，以免生虫。牛心包 [行间注：完全没用] 用途相同。里昂纸（产自里昂的画框纸，上面有蛇形纹样）或威尼斯纸需要用加热的亚麻籽油和松脂揉搓或擦拭。也可用新鲜猪油，待其充分变得透明后，使其充分晾干并脱油。油脂应在加热后使用，以增强渗透力。请将猪油与松脂混合使用，这样可使其保持液态；用粗毛刷、毛笔或柔软的海绵可将油脂涂抹得更为均匀。使用透明纸膜的方法是，将它们平铺在等待描摹的作品上，用英格兰铅笔在透明纸膜上描出线条。随后用一张事先用铅笔涂黑的纸平铺在白纸和绘出线条的油纸膜上，用黄金或象牙制成的锥子或尖头棍描画线条，这样一来，线条便会转印到白纸上。也可以将透明油纸粘在粗纸上，用细针刺出线条，最后抛光。死去或流产的母牛腹中的死胎可制作犊皮纸，其透明度也很高。"

80　Franklin, "Reading the Popes," 621–624.

81　See the wonderful study by Eleonora Pistis, " 'Farò con la copia.' Una raccolta inedita di disegni d'architettura nella Bibliothèque Carré d'Art de Nîmes," *Pegasus: Berliner Beiträge zum Nachleben der Antike*, 11 (2009), 93–207, at 95; and Arnold Nesselrath, "Disegni di Francesco di Giorgio Martini," in *Francesco di Giorgio alla Corte di Federico da Montefeltro: Atti del Convegno Internazionale di studi, Urbino, monastero di Santa Chiara, 11–13 ottobre 2001*, ed. Francesco Paolo Fiore, 2 vols. (Florence: Olschki, 2004), 2:337–367, esp. 350.

82　Daniel Papenbroeck, *Vita Bollandi*, chap. 18, in Susanne Daub, *Auf Heiliger Jagd in Florenz: Aus dem Tagebuch des Jesuiten Daniel Papebroch* (Erlangen: Palm & Enke, 2010), 169: "Nemo enim istic inveniebatur, qui operam mercenariam aut vellet aut posset commodare, vetustorum characterum & praecipue Graecorum peritus." 与之形成反差的是，他们在罗马与数名文书助理共事 (ibid., 6 and n. 16)。

83　Erasmus, *De recta pronuntiatione*, in his *Literary and Educational Writings*, 4, ed. J. Kelley Sowards, *Collected Works of Erasmus* (Toronto: University of Toronto Press, 1985), 26:392.

84　Ibid., 397–398.

85　Mabillon, *De re diplomatica*, 1681, sigs. eij^{r-v}: "His omnibus subsidiis accesserunt specimina Petri Hamonis, quae opere iam promoto a Ludovico Billanio accepi. Fuit is, Hamo inquam, Caroli IX Francorum Regis scriba et regii cubiculi a secretis, cui in mentem venit omnigena scripturarum specimina in lucem proferre. Quod paullo ante Romae tentaverat Johannes Baptista Palatinus Paulo tertio Pontifice; atque Venetiis eodem tempore alius quidam, cujus nomen memoriae meae modo non occurrit."

86　See, e.g., Rémi Jimenes, Les caractères de civilité: Typographie et calligraphie sous l'Ancien Régime (Reillanne: Atelier Perrousseaux, 2011).

87　See Lothar Müller, *White Magic: The Age of Paper*, tr. Jessica Spengler (London and Malden, MA: Polity, 2014); and Arndt Brendecke, *The Empirical Empire: Spanish Colonial Rule and the Politics of Knowledge* (Berlin: De Gruyter Oldenbourg, 2016).

88　Stanley Morison, *Early Italian Writing Books: Renaissance to Baroque*, ed. Nicholas Barker (Verona: Edizioni Valdonega; London: British Library, 1990); Emanuele Casamassima, *Trattati di scrittura del Cinquecento italiano* (Milan: Edizioni il Polifilo, 1966); Nicholas Barker, *The Glory of the Art of Writing: The Calligraphic Work of Francesco Alunno of Ferrara*, 2 vols. (Los Angeles: Cotsen Occasional Press, 2009); "Renaissance Writing Masters," online at http -//www.designhistory. org/Handwritingpages/WritingMasters .html, accessed March 23, 2017; Lee Hendrix and Thea Vignau-Wilberg, *The Art of the Pen: Calligraphy from the Court of the*

Emperor Rudolf II (Los Angeles: J. Paul Getty Museum, 2003), 8: "在奇妙的事件进程中，印刷术为书写作为一种艺术形式的发展作出了进一步贡献，因为缮写者主要得益于示范书籍的出版才作为独特的个体而得到广泛的认可。"关于文艺复兴时期意大利缮写者的知识和学术基础，见: Arielle Saiber, *Measured Words: Computation and Writing in Renaissance Italy* (Toronto; Buffalo, NY; and London: University of Toronto Press, 2017), esp. chaps. 1 and 2。

89 Ludovico Vicentino degli Arrighi, *Il modo & regola de scrivere littera corsiva over cancellerescha* (Rome: Vicentino, 1522), 8. For an English translation see: John Howard Benson, trans., *The First Writing Book* (New Haven: Yale University Press, 1954).

90 New York, Pierpont Morgan Library MS MA 3230: Giovio, *Historiae sui Temporis*, Book VII (ca. 1520–1545), verso of last leaf

91 Giovanni Antonio Tagliente, *Lo presente libro insegna la vera arte de lo excellente scrivere di diverse varie sorti de litere* (Venice: Giovanni Antonio and the Brothers Sabbio, 1530), in Oscar Ogg, *Three Classics of Italian Calligraphy* (New York: Dover, 1953), 112, 115.

92 Mabillon, *De re diplomatica*, 1681, sig. ei[jr]: "Verum isti non alia fere, quam recentium scripturarum exempla exhibuerunt."

93 Giovanni Antonio Palatino, *Libro... Nel quale s'insegna a scriver ogni sorte lettera, antica & moderna* (Rome: Antonio Blado, 1550), sigs. [Dvv–Dvir] . See Casamassima, Trattati di scrittura, 14, 51 and 53.

94 Mabillon, *De re diplomatica*, 1681, sig. eij[r]: "Fuit is, Hamo inquam, Caroli IX Francorum Regis scriba et regii cubiculi a secretis, cui in mentem venit omnigena scripturarum specimina in lucem proferre."

95 Ibid., sigs. eij[r-v]: "sed Hamo de congerendis etiam antiquis sollicitus fuit, obtentis a Rege litteris et facultate mutuandi libros e regia Fontis-Blaudi Bibliotheca, et consulendi archiva coenobiorum S. Dionysii et S. Germani. Quod ipse aliquot speciminibus peritissime effictis, at inexcusis, exsecutus est annis M D L X V I ac sequente. Ex eo aliqua huc transtulimus, in primis specimen chartae plenariae (ut vocant) securitatis, in papyro Aegyptiaca scriptae, et in Fontis-Blaudi regio penu tum asservatae: cujus ille aliquot versus calamo expressit, et sub C. Julii Caesaris testamenti fallaci titulo in libellum sum cum aliis retulit."

96 Ibid.: "His omnibus subsidiis accesserunt specimina Petri Hamonis, quae opere iam promoto a Ludovico Billanio accepi."

97 Henri Omont, "Le recueil d'anciennes écritures de Pierre Hamon," *Bibliothèque de l'École des Chartes* 62 (1901): 57–73.

98　BNF, MS fr. 19116, fol. 73^{r-v}, edited in Omont, "Le recueil d'anciennes écritures de Pierre Hamon," 71–72.

99　BNF, MS fr. 19116, fol. 2^r, edited in Omont, "Le recueil d'anciennes écritures de Pierre Hamon," 60: "Nottes ciceroniennes. Ces Nottes ciceroniennes sont de plus de 1,200 ans. Par P. Hamon, escrivain du Roy et secretaire de sa Chambre, 1566."

100　Omont, "Le recueil d'anciennes écritures de Pierre Hamon," 57.

101　See Andrew Lintott, *Judicial Reform and Land Reform in the Roman Republic: A New Edition, with Translation and Commentary, of the Laws from Urbino* (Cambridge: Cambridge University Press, 1992; new ed., 2010), 66–70.

102　Barnabé Brisson, *De formulis et sollemnibus populi Romani verbis libri VIII* (Frankfurt: Wechel and Fischer, 1592), 156: "Atque ut suam cum Italia symbolam Gallia nostra conferat, proferam ex aenea Regiae bibliothecae tabula, excerptum priscae cuiusdam legis unum & item alterum fragmentum: illud his, quae quidem legi possunt, verbis constat:...MVLTAM SVPREMA DEI."

103　见伊萨克·卡索邦在他那本布里松出版物中的批注，1592, Princeton University Library (Ex) 2014-0415N, 156。

104　BNF MS fr. 19116, fols. 17^r and 32^r.

105　BNF MS lat. 4608. See Léopold Delisle, "Cujas déchiffreur de papyrus," in *Mélanges offerts à M. Émile Chatelain*, ed. Émile Chatelain (Paris: A. Champion, 1910), 486–491.

106　BNF MS fr. 19116, fol. 15^r.

107　Ibid.

108　Mabillon, *De re diplomatica*, 1681, 37: "His adde Julii Caesaris testamentum in cortice scriptum, quod superiori saeculo in regia Fontis-Blaudi bibliotheca servabatur, teste Petro Hamone, ex quo ejus scripturae specimen alibi referemus."

109　Ibid., 344. 这个错误在序言部分也得到了纠正 sig. eijv（按通常做法，是在正文印刷完毕后经手动改正）。

110　Henri Omont, "L'édition de la Palaeographia graeca de Montfaucon," *Revue des études grecques* 4 (1891): 63–67, at 66; Pierre Gasnault, "Traités des Mauristes avec leurs libraires et leurs graveurs," in his *L'Érudition Mauriste à Saint-Germain-des-Prés* (Paris: Institut d'Études Augustiniennes, 1999), 57–108, at 77.

111　Ibid.: "lesdites soixante planches seront en charactères anciens, excepté trois ou quatre au plus, qui seront en figures."

112　Jean LeClerc, *Ars critica*, 2 vols. (Amsterdam: Gallet, 1697), 2:336: "Exempli causa, ars est singularis dignoscendi aetatis MSS. Codicum, deque eorum characteribus judicandi; quae, si pro dignitate tractatur, justo volumini argumentum praebeat*, de qua tamen nemo seorsim sat studiose egit."

113 Ibid.: "* Nonnulla hac de re habet Joan.Mabillonius, de Re Diplomatica Lib. I. sed quae coposius excuti studiosorum interesset."

114 Traube, *Geschichte*, 29（但显然，勒克莱尔和往常一样只会批评）。

115 See Jean Boutier, "Étienne Baluze et 'Les règles générales pour discerner les anciens titres faux d'avec les véritables,' " in *Étienne Baluze, 1630–1718: Érudition et pouvoirs dans l'Europe classique*, ed. Jean Boutier (Limoges: Presses Universitaires de Limoges, 2008), 315–334.

116 Cf. Dorna, *Mabillon und andere*, 140.

117 Bernard de Montfaucon, *Palaeographia graeca* (Paris: Guerin, Boudot and Robustel, 1708), i: "Deinde anno 1693. periculum facere coepimus; videlicet si qui Codices in Bibliothecis Regia et Colbertina essent, anni et Calligraphi notam ferentes, ex iis specimina excerpsimus: hinc ad alios notis vacuos nos contulimus, ac saepe facta cum prioribus notam habentibus comparatione, aliquam demum ea in re peritiam assequuti videbamur. Sub haec in Italiam profecti, solitam explorandi operam numquam intermisimus: sed in Bibliothecis variis Graeca exemplaria tractantes, aetatem eorum, qualem ad primum conspectum assignabamus, cum notis Calligraphorum annum indicantibus et ad calcem, sicubi exstarent, positis, apprime consentire passim experti sumus; idque persaepe in praesentia eruditorum. Cujus rei testes bene multi sunt, maxime Venetiis, ubi ad duos pene menses consedimus. In Italia vero, perinde atque in Gallia ex optimae notae Codicibus cujusvis aetatis specimina, quam accuratissime fieri potuit, excerpsimus."

118 Jean Leclerc, *Ars critica*, 3 vols. (Amsterdam: Jansson-Waesburg, 1712), 2:257: "qua de re, ut antea dixi, paucis, ad Latinos Codices quod adtinet, *Joan. Mabillonius*, in Diplomatica: sed pluribus de Graecis *Bernard. de Montfaucon*, in Palaeographiae Graecae egregio opere egit."

119 Sachiko Kusukawa, *Picturing the Book of Nature: Image, Text, and Argument in Sixteenth-Century Human Anatomy and Medical Botany* (Chicago and London. University of Chicago Press, 2011).

120 Lisa Jardine, *The Curious Life of Robert Hooke: The Man Who Measured London* (London: HarperCollins, 2003). For another case, see Catherine Abou-Nemeh, "The Natural Philosopher and the Microscope: Nicolas Hartsoeker Unravels Nature's 'Admirable OEconomy,' " *History of Science* 51 (2013): 1–32.

121 Stephanie Moser, "Making Expert Knowledge through the Image: Connections between Antiquarian and Early Modern Scientific Illustrations," *Isis* 105, no. 1 (2014): 58–99.

122 Steven Shapin, *A Social History of Truth: Civility and Science in Seventeenth-Century England* (Chicago and London: University of Chicago Press, 1994).

123 Ann Blair, "Early Modern Attitudes toward the Delegation of Copying and Note-Taking," in *Forgetting Machines: Knowledge Management Evolution in Early Modern Europe*, ed. Alberto Cevolini (Leiden: Brill, 2016), 265–285.

124 Hendrix and Vignau-Wilberg, *The Art of the Pen*, 5–9.

125 尽管如此，主动书写依然在古文献学和古文字学教育中扮演着重要角色，直到 19 世纪晚期；甚至在今天也依然很有用，见：Rück, "Fünf Vorlesungen," 261–262。

126 Jean Mabillon, *Tractatus de studiis monasticis* (Venice: Poletus, 1705), 496: "Hoc ipsum quod dicto, quod relego, quod emendo, de vita mea tollitur. Quot puncta Notarii, tot meorum damna sunt temporum"; *Treatise on Monastic Studies*, tr. John Paul McDonald (Lanham, MD; Boulder, CO; New York; Toronto; and Oxford: University Press of America, 2004), 254. Mabillon quotes Jerome, *Ep.* 60.19.

第 4 章　波利多罗·维尔吉利揭示基督教的犹太起源

本章的早期草稿已于 2014 年 12 月在剑桥人文社科艺术研究中心（CRASSH）研讨会上进行过比较。在此感谢西蒙·戈德希尔（Simon Goldhill）邀请我参与此次研讨，同时感谢他与其他参与者的评论，尤其是乔凡娜·切塞拉尼（Giovanna Ceserani）、德米特里·列维京（Dmitri Levitin）、若昂－波·鲁比耶（Joan-Pau Rubiés）、理查德·萨金特森（Richard Serjeantson）和乔纳森·希恩（Jonathan Sheehan）。

1　J. C. Schöttgen, "Christus rabbinorum summus," in *Horae talmudicae et rabbinicae*, 2 vols. (Emden and Leipzig: Hekel, 1742), 2:884–885: "Unde vero, dicet aliquis, cognoverant Judaei, Jesum nostrum esse Rabbinum? Respondeo, vestitum ejus rei fuisse indicem. Credibile enim est Servatorem eo habitu indutum incessisse, qui temporibus istis a Judaeorum Doctoribus adhibitus est. Videor mihi tale quid exsculpere posse ex descriptione vestium Servatoris nostri, earundemque cum Rabbinorum Judaicorum habitu comparatione."

2　Ibid., 885–887, esp. 886: "Quicquid vero horum sit, hoc certum est, JEsum CHristum, Prophetam atque Doctorem nostrum, Rabbinos omnes in hoc multis post se parasangis relinquere, quod tantos brevi profectus ostenderit, qui a tota Rabbinorum Hierosolymitanorum cohorte non sine stupore auscultari potuerunt."

3　Ibid., 891: "Christus ergo et hac in parte se Rabbinorum summum exhibuit, quod falsas veterum traditiones rejecit, illaque formula Judaeorum Doctoribus non inusitata, *v'ani omer lachem*, ἐγὼ δὲ λέγω ὑμῖν, meliores in earum locum substituit."

4　Ibid., 895–896, at 896: "Hi quidem viri docti non diffitebuntur, ut spero, majorem fuisse sapientiam et doctrinam Servatoris nostri, quam omnium, quotquot unquam fuerint, Rabbinorum, hinc facile quoque largientur, non opus habuisse Servatorem, ut de exemplari precum quarundam circumspiceret. Si ergo adest similitudo quaedam inter preces nostras et Judaicas: qualem quidem nemo negabit, qui orationem dominicam cum decem et octo capitum compendio apud Edzardum ad c. 1. Avoda Zara conferet, alia potius via incedendum est. Nimirum Servator docebat orationem dominicam inter Judaeos, hinc non poterat non iis expressionibus uti, quae Judaeis hominibus non essent incognitae."

5 Ibid., 893. 关于这个固定句式，见《巴比伦塔木德》(以下简称 "BT") e.g., Babylonian Talmud (hereafter BT) Sanhedrin 37a。

6 Schöttgen, *Horae talmudicae et rabbinicae*, 2:887–900.

7 Ibid., 901: "Qua vero ratione Christus discipulos suos instituerit, et quantum hi ex ipsius doctrina profecerint, totus, quaqua patet, orbis novit. Neque Judaeis id est incognitum, quippe qui eorum, et miraculorum ab iisdem Magistri sui nomine patratorum, in Talmude mentionem faciunt. Adeoque et hi satis superque nos docent, JEsum, Magistrum ipsorum, Rabbinorum omnium esse supremum."

8 Nathanael Riemer, " 'Der Rabbiner': Eine vergessene Zeitschrift eines christlichen Hebraisten," *PaRDeS. Zeitschrift der Vereinigung für Jüdische Studien* 11 (2005): 37–67.

9 Jonathan Smith, *Drudgery Divine* (Chicago: University of Chicago Press, 1990), esp. chaps. 2–3.

10 Aaron Katchen, *Christian Hebraists and Dutch Rabbis: Seventeenth Century Apologetics and the Study of Maimonides' Mishneh Torah* (Cambridge, MA: Harvard University Press, 1984); Carsten Wilke, "Splendeurs et infortunes du Talmudisme académique en Allemagne," in *Les textes judéophobes et judéophiles dans l'Europe chrétienne à l'époque moderne, XVIème-XVIIIième siècles*, ed. Daniel Tollet (Paris: PUF, 2000), 97–134; Jason Rosenblatt, *Renaissance England's Chief Rabbi: John Selden* (Oxford and New York: Oxford University Press, 2006); Eric Nelson, *The Hebrew Republic: Jewish Sources and the Transformation of European Political Thought* (Cambridge, MA: Harvard University Press, 2010); Anthony Grafton and Joanna Weinberg, "*I have always loved the holy tongue*": *Isaac Casaubon, the Jews, and a Forgotten Chapter in Renaissance Scholarship* (Cambridge, MA: Harvard University Press, 2011).

11 G. J. Toomer, *John Selden: A Life in Scholarship*, 2 vols. (Oxford: Oxford University Press, 2010).

12 *Some Genuine Remains of the Late Pious and Learned John Lightfoot, D. D.*, ed.

John Strype (London: Robinson and Wyat, 1700), viii. 莱特福特的实践与其提倡的训诫一致，见：ibid., xv–xvi："但莱特福特随后站出来对之前的论点予以驳斥，他指出，每座城市里的两处犹太公议会（Sanhedrin）和两处宗教法庭（Consistory）并非犹太人的创造。为此，他援引了迈蒙尼德的观点，还以耶路撒冷的三座法院为据，其中一座是教会法庭，另一座是民事法庭，二者没有明显的区别。通过他在犹太史领域的技巧，他发现在其他城市里都只有一座法院或宗教法庭。"经过大量辩论，莱特福特提出了一个折中的观点，xvi："在犹太教教会中，各族长老与祭司和利未人共同管理教会事务。这种折中的方式很受欢迎"；xvi–xvii："出于谨慎和对该问题的睿智应对，莱特福特让所有人都很满意，或许只有苏格兰特派代表除外。"

13 Eric Nelson, "From Selden to Mendelssohn: Hebraism and Religious Freedom," in *Freedom and the Construction of Europe*, ed. Quentin Skinner and Martin van Gelderen, 2 vols. (Cambridge: Cambridge University Press, 2013), 1:94–114.

14 Campegius Vitringa, *De synagoga vetere libri tres*, 2 vols. (Franeker: Gyzelaar, 1696); Benedetto Baccchini, *De ecclesiasticae hierarchiae originibus dissertatio* (Modena: Capponi, 1703). See Arnaldo Momigliano, s.v. Bacchini, Benedetto, in *Dizionario Biografico degli Italiani*.

15 Guillaume Du Choul, *Discours de la religion des anciens Romains* (Wesel: Hoogenhuyse, 1672). On Du Choul, see, in general, Margaret McGowan, *The Vision of Rome in Late Renaissance France* (New Haven and London: Yale University Press, 2000), esp. 71–81.

16 Fritz Saxl, "The Classical Inscription in Renaissance Art and Politics," *Journal of the Warburg and Courtauld Institutes* 4 (1940–1941): 19–46, at 26–27.

17 Andrew Hui, "The Birth of Ruins in Quattrocento Nativity and Adoration Paintings," *I Tatti Studies in the Italian Renaissance* 18, no. 2 (2015): 319–348.

18 Du Choul, *Discours de la religion des anciens Romains*, 220: "Quand les vierges venoyent à se rendre Vestales, j'ay observé qu'elles estoyent tondues, comme sont noz Nonnains d'auiourdhuy'; 280: 'Le prebstre tourné du costé d'Orient avecques meditations & solennelles prieres prioit les Dieux en grande devotion. ... Par cecy nous congnoissons, que les Romains faisoyent leurs sacrifices et devotions droit à l'Orient, comme nous faisons encores aui ourdhuy. Ce que Porphyrius a monstré: qui veut que les entrées des temples & les statues soyent dresées à l'Orient. Et ce que je pense avoir leu dedans l'Architecture de Vitruve, quand il parle de la situation des temples des Dieux immortels"; 262: "La Coustume des Pontifes estoit de sacrer les imaiges des Dieux pour les adorer: non pour elles, comme dit Plaute, mais pour la representation de ceux, par le benefice desquels ils avoyent receu tant de biens. Et

comme nous adorons la figure du petit aigneau de Dieu, pourcequ'elle represente IESUSCHRIST: & semblablement la figure de la Colombe, pource qu'elle denote le SAINCT ESPERIT: tout ainsi les Gentils avoyent en singuliere recommendation le fulgure de Jupiter: par lequel ils monstroyent la figure de leur grand Dieu, cuidants qu'il les gardoit de la tempeste, & qu'il eust une certaine vertu apres qu'il estoit sacré par le grand Pontife."

19 Margaret Hodgen, *Early Anthropology in the Sixteenth and Seventeenth Centuries* (Philadelphia: University of Pennsylvania Press, 1964).

20 Du Choul, Discours de la religion des anciens Romains, 312: "Et si nous regardons curieusement, nous cognoistrons que plusieurs institutions de nostre religion ont esté prises et translatées des cerimonies Aegyptiennes & des Gentils: comme sont les tuniques & surpelis, les coronnes que fout les prebstres, les inclinations de teste autour de l'autel, la pompe sacrificale, la musique des temples, adorations, prieres & supplications, processions & letanies: & plusieurs autres choses, que noz prebstres usurpent en noz mysteres, & referent à un seul Dieu JESUS-CHRIST ce que l'ignorance des Gentils, faulse religion & folle superstition representoit à leurs Dieux, & aux hommes mortels apres leurs consecrations." David Lupher, *Romans in a New World: Classical Models in Sixteenth-Century Spanish America* (Ann Arbor: University of Michigan Press, 2003), 引用这段文字并称其 " 暗示基督教广泛借用异教活动，比正文主体部分对应的段落更大胆，涵盖面也更广泛 "(284)。关于其文献来源，见下文 n. 37。

21 Du Choul, *Discours de la religion des anciens Romains*, 263–264, esp. 263: "Et ce que les Gentils faisoyent en leurs ridicules superstitions, nous avons transferé à nostre religion Chrestienne, en faisant consacrer et benistre noz petits Agnus Dei & noz cloches, qui prennent par ce moyen une vertu pour chasser la tempeste & le mauvais temps. Et tot ainsi le sel & l'eaue, par leurs benedictions & exorcismes, prennent une force & vertu pour dechasser les mauvais esperitz."

22 Cesare D'Onofrio, *Visitiamo Roma nel Quattrocento: La città degli umanisti* (Rome: Romana Società Editrice, 1989), 70: "Templi Pacis conspicui, quondam a Divo Vespasiano constructi, tres tamen arcus super ingentem reliquorum, qui sex erant, ruinam eminent ferme integri: ex pluribus vero mirae magnitudinis, unam tantum stare vides marmoream columnam, reliquis tum disiectis, tum inter templi ruinas sepultis."

23 Ibid.: "Huic proximum fuit divi Antonini divaeque Faustinae templum, nunc beato Laurentio dicatum; cuius porticus plurimae marmoreae columnae ruinam effugerunt."

24 Ibid., 70–72: "Castoris insuper et Pollucis aedes contiguae, loco edito in via sacra, altera occidentem, altera orientem versus (hodie *Mariam Novam* appellant), inclytus

quondam cogendi Senatus locus, majori ex parte collapsae parvis vestigiis haerent, in quas me saepissime confero, revocans, stupore quodam oppressus, animum ad ea tempora, quum ibi senatoriae sententiae dicerentur, et aut L. Crassum mihi, aut Hortensium, aut Ciceronem orantem proponens."

25 Ibid., 172: "Extat et Vestae templum iuxta Tiberis ripam ad initium montis Aventini, rotundum ac patens undique nullo muro, frequentibus tantum suffultum columnis, id posteri martyri Stephano dedicarunt."

26 Flavio Biondo, *Rome in Triumph*, I: ed. Maria Agata Pincelli, trans. Frances Muecke (Cambridge, MA: Harvard University Press, 2016), 12: "Itaque coepimus tentare si speculum, exemplar, imaginem, doctrinam omnis virtutis et bene, sancte ac feliciter vivendi rationis, urbem Romam florentem ac qualem beatus Aurelius Augustinus triumphantem videre desideravit, nostrorum hominum ingenio et doctrina valentium oculis et menti subiicere ac proponere poterimus."

27 Ibid., 13; original on 12: "Praefari tamen hoc inicio libet nos de Romanorum gentiliumque aliorum religione ea ratione ac intentione dicturos, ut deorum appellationes cum templorum, aedium phanorumque vocabulis edocentes, simul loca urbis Romae in quibus ea fuere ostendamus; inde rituum quos dii gentium, sicut propheta inquit, daemonia suis sacrificiis adhiberi iusserunt spurcitia, impietate atque etiam maxima levitate ostensa Christianae religionis sanctimoniam bonae voluntatis hominibus gratiorem faciamus esse."

28 Ibid., 35; original on 34: "Quam admiratus insaniam beatus Ecclesiae doctor Ambrosius, ut sacratissimam Dei nostri Iesu Christi religionem Christianis hominibus redderet gratiorem, hunc Ophionem, qui et Latine serpens dicitur, qualis a gentilibus Italicis Phoenices imitatis colebatur, in sua Mediolanensi ecclesia conservari voluit, qui etiam nunc integer conspicitur."

29 Ibid., 39; original on 38: "Romanos...in deorum susceptione multas Aegyptiorum Phoenicumque et Graecorum ineptias impietatesque omisisse."

30 Ibid., 53; original on 52: "Inter multa vero quae Romana superstitio nobis dicenda exhibit, nihil non respuendum ac omnino abhominabile est praeter unum, quod viro Christiano in meliorem partem amplectendum convertendumque existimo, sacris scilicet ut appellarunt ac religioni Romanam gentem accuratissime intentam fuisse."

31 See esp. Frances Muecke, "*Gentiles nostri*: Roman Religion and Roman Identity in Biondo Flavio's *Roma Triumphans*," *Journal of the Warburg and Courtauld Institutes* 75 (2012): 93–110, repr. in *The Invention of Rome: Biondo Flavio's* Roma Triumphans *and Its Worlds*, ed. Frances Muecke and Maurizio Campanelli (Geneva: Droz, 2017), 77–99; and William Stenhouse, "Panvinio and *descriptio*: Renditions of

History and Antiquity in the Late Renaissance," *Papers of the British School at Rome* 80 (2012): 233–256.

32 Flavio Biondo, *De roma triumphante libri X* (Basel: Froben, 1559), 14–18, 28, 30–31, 37, 44, 52, 102–104, and Muecke's precise analysis of these passages in *"Gentiles nostri."*

33 *Commentarii a Philippo Beroaldo conditi in Asinum Aureum Lucii Apulei* (Bologna: Benedictus Hector, 1500). See Konrad Krautter, *Philologische Methode und humanistische Existenz: Filippo Beroaldo und sein Kommentar zum Goldenen Esel des Apuleius* (Munich: Fink, 1971); and Julia Gaisser, *The Fortunes of Apuleius and the Golden Ass: A Study in Transmission and Reception* (Princeton and Oxford: Princeton University Press, 2008).

34 Beroaldo, *Commentarii*, fol. 271ʳ, on Apuleius, *Golden Ass* 11.20: "Primam horam: Sic et nostri sacerdotes primam, tertiam, sextam, nonam horas habent sacrificiis legitimas et deputatas. Si curiose introspexeris novissimum hoc volumen Apuleianum, haud dubie cognosces pleraque omnia instituta nostrae religionis sumpta esse translataque: ex cerimonia ethnicorum."

35 Beroaldo, *Commentarii*, fol. 263ʳ, on Apuleius, *Golden Ass* 11.10: "Capillum derasi. Sacerdotes Egyptiaci erant capitibus derasis, quod Plinius noster indicat: et ante Plinium Herodotus sic scripsit: deorum sacerdotes alibi comati sunt. In Egypto derasi: idem refert solitos eos totum corpus alternis diebus deradere, ne inter deorum cultum quicquam pediculorum aut alterius excrementitiae sordis illos pollueret. ... Ex hoc Isiacorum ritu videtur id quoque translatum esse, ut nostri sacerdotes comam alere prohibeantur. Capite deraso: quamvis ecclesiastici scriptores hoc veluti mystice et tropologice interpretantur. Nam Divus Hieronymus tradit quod rasio capitis est temporalium omnium depositio: et quod corona in capite designat regni coelestis coronam."

36 Beroaldo, *Commentarii*, fol. 262ᵛ, on Apuleius, *Golden Ass* 11.9: "Quod dii despicerentur: id est deorsum ex superiori cenaculi parte aspicerentur: quod nefas est, et ad pollutionem sacrorum pertinet. Vnde et nostri hodieque in pompa sacrificali pueros et puellas ex fenestris vetant despicere, hoc est superne in locum inferiorem despectare."

37 Beroaldo, *Commentarii*, fol. 264ᵛ, on Apuleius, *Golden Ass* 11.11: "Mecum ego subinde recollens haec instituta sacrorum ethnicorum venio in eam sententiam: ut credam pleraque omnia ad cerimoniarum nostrarum celebrationem pertinentia illinc esse translata transpositaque. Nimirum ex gentium religione: sunt lineae vestes, derasa sacerdotum capita, vertigines in altari, pompa sacrificalis, musica modulamina,

adorationes, preces aliaque id genus compluria, quae nostri sacerdotes in nostris mysteriis solenniter usurpant: haud dubia sumpta de cerimonia priscorum. Sic et apud nos homines incedunt in pompa sacrorum sub effigie sanctorum et prophetarum, qui dici possent dei humanis pedibus incedentes." This key passage has been quoted by Krautter in *Philologische Methode und humanistische Existenz* and by Catherine Atkinson, *Inventing Inventors in Renaissance Europe: Polydore Vergil's De inventoribus rerum* (Tübingen: Mohr Siebeck, 2007), 299, and she connects it with Du Choul, *Discours de la religion des anciens Romains*, at 240n.174.

38　Joannes Boemus, *The Fardle of Facions*, tr. William Waterman, 3 vols. (London: Kingstroke and Sutton, 1555; repr., Edinburgh: Goldsmid, 1888), 1, 47–48; *De omnium gentium ritibus* (Augsburg: Grimm and Virsung, 1520), fol. X^v: "Nam ut Philippus Beroaldus super Apuleianum Asinum scribit, pleraque etiam ex Aegyptiorum religione translata in religionem nostrum sunt, ut lineae vestes, derasa sacerdotum capita, vertigines in altari, pompa sacrificalis, musica modulamina, adorationes, preces, aliaque id genus plurima."

39　See the recent work by Carina Johnson, "Idolatrous Cultures and the Practice of Religion," *Journal of the History of Ideas* 67 (2006): 597–621, 598–599; and Guy Stroumsa, *A New Science: The Discovery of Religion in the Age of Reason* (Cambridge: Harvard University Press, 2010), 1–2. 关于这一时期旅行写作的兴起及其知识基础，见: Joan-Pau Rubiés and Manel Ollé, "The Comparative History of a Genre: The Production and Circulation of Books on Travel and Ethnographies in Early Modern Europe and China," Modern Asian Studies 50, no. 1 (2016): 259–309。

40　John Howland Rowe, "The Renaissance Foundations of Anthropology," *American Anthropologist* 67 (1965): 1–20, at 12; 另见他对比翁多的评论 11: "对作者本人所处时代的习俗和体制也进行了频繁的比较，体现了人类学视角的发端。"

41　Beroaldo, *Commentarii*, fol. 275^v, quoted and translated by Gaisser in *The Fortunes of Apuleius*, 210: "Est videre in Lucio nostro orationes divinas tam sancte tam graviter tam sententialiter compositas absolvi, ut nihil religiosius quicquam possit, ut Apuleianae precationes possint commodissime aptari ad divam Christianorum, ut quicquid hoc in loco dicitur de Luna sive Iside, idem religiose et condecenter de beata virgine dici possit."

42　Beroaldo, *Commentarii*, fol. 270^v, on 11.19, quoted by Gaisser in *The Fortunes of Apuleius*, 211n.60: "Divus Augustinus libro viii Confessionum hoc idem de se ipso scribens ait... modo ecce modo, sine paululum, sed modo et modo non habet modum, et sine paululum in longum ibat."

43　Beroaldo, *Commentarii*, fol. 274^v, quoted and translated by Gaisser in *The Fortunes of Apuleius*, 212: "Ex hoc colligimus hominem qui vere consecratur fitque sacerdos integer et sanctus per quandam quasi mortem exuere vitam hanc irreligiosam, rapique numinis instinctu per superna et inferna, ut ea videat et agnoscat quae vidit et agnovit apostolus Paulus: quae ineffabilia sunt, nec licet homini eloqui, quae etiam audita non intelligantur, cum sint supra captum intellectumque mortalium."

44 Niccolò Machiavelli, *Discorsi sopra la prima deca di Tito Livio*, 3:2.

45 See *The Invention of Rome: Biondo Flavio's* Roma Triumphans *and Its Worlds*, ed. Muecke and Campanelli, esp. Frances Muecke, "The Genre(s) and the Making of *Roma Triumphans*," 33–53 at 35.

46 Du Choul, *Discours de la religion des anciens Romains*, 310: "Et quand premierement les sacerdotes des Aegyptiens venoyent à prendre leurs orders des choses sacrées, la coustume estoit de leur donner des presents, & ils faisoyent un festin à ceux, qui avoyent assisté à leur recession. Puis le premier prebstre (que nous pourrions nommer en nostre religion l'Euesque) les enseignoit, & leur bailloit un liure qui estoit en role, comme sont ceux des Hebreux encores aviourdhuy."

47 Ibid.: "Les Romains eurent autre façon de faire leurs dignitez sacerdotales, comme le grand Pontife, les petits Pontifes, Flamines, Archiflamines, & Protoflamines: tout ainsi que nous avons le Pape, les Cardinaulx, Evesques, Archevesques & Patriarches: collieges, comme sont chanoines, & satellites, comme sont les Chevaliers de Sainct Jean de Jerusalem. Et à tous ceux-là obeissoyent les Anciens par grande reverence & honneur, observants par grande cure leur religion."

48 Frances Muecke, "*Gentiles Nostri*"; Ann Blair, *Too Much to Know: Managing Scholarly Information before the Information Age* (New Haven: Yale University Press, 2010).

49 Guillaume Durand, *Rationale divinorum officiorum* (Antwerp: Heirs of Stelsius, 1570), 3:1, fol. 45[r]: "secundum Isidorum in ritu templorum errant apud Gentiles Archiflamines, Protoflamines, Flamines & Sacerdotes."

50 Ibid.: "Apud Hebraeos quoque eadem erat diversitas personarum. ... In templo erant summus Sacerdos, ut Melchisedech, minores Sacerdotes, Levitae, Nathinaei, luminum extinctores."

51 Boemus, *Fardle of Facions*, 2:71–72; Mores, 132: "Pari ordine apud Hebraeos in sacris summum Pontificem esse, minores sacerdotes, leuitas, nazaraeos, luminum extinctores, exorcistas, ianitores sive aedituos, & cantores."

52 Ibid.

53 Ibid.: "Romam deinde sede primaria translata, pro maximo ipse & successores sui semper habuere negotio, rudem & incultam adhuc Christi sui sectam eamque

professos aliquo bono & ordine ex Mosaica lege, quam Christus non solvere, sed adimplere venisset...cultiores facere."

54 Ibid., 135.

55 Ibid., 137.

56 Polydore Vergil, *On Discovery*, ed. and tr. Brian Copenhaver (Cambridge, MA: Harvard University Press, 2002).

57 See, in general, Denis Hay, *Polydore Vergil: Renaissance Historian and Man of Letters* (Oxford: Oxford University Press, 1952). 关于维尔吉利研究基督教史的著作，详见：Atkinson in *Inventing Inventors*。

58 See e.g. R. R. Bolgar, *The Classical Heritage and Its Beneficiaries* (Cambridge: Cambridge University Press, 1954; repr. with corrections, 1958); Anthony Grafton and Lisa Jardine, *From Humanism to the Humanities: Education and the Liberal Arts in Fifteenth-and Sixteenth-Century Europe* (London: Duckworth; Cambridge: Harvard University Press, 1986); Francis Goyet, *Le sublime du 'lieu commun': l'invention rhétorique dans l'Antiquité et à la Renaissance* (Paris: Champion, 1996); William Sherman, *Used Books: Marking Readers in Renaissance England* (Philadelphia: University of Pennsylvania Press, 2008); Ann Blair, *The Theater of Nature: Jean Bodin and Renaissance Science* (Princeton: Princeton University Press, 1997) and *Too Much To Know*; Martin Mulsow, *Prekäres Wissen: eine andere Ideengeschichte der Frühen Neuzeit* (Berlin: Suhrkamp, 2012); Richard Yeo, *Notebooks, English Virtuosi, and Early Modern Science* (Chicago and London: University of Chicago Press, 2014); *Lire, copier, écrire: les bibliothèques manuscrites et leurs usages au XVIIIe siècle*, ed. Elisabeth Decultot (Paris, 2003); *Note-Taking in Early Modern Europe*, ed. Ann Blair and Richard Yeo, special issue of *Modern Intellectual History* 20, 3 (2010).

59 Original in Boemus, *Mores*, IIIᵣ: "Memorabiliores gentium mores, ritus, leges, locorumque ubi degunt situs, quos historiae pater Herodotus, Diodorus Siculus, Berosus, Strabo, Solinus, Trogus Pompeius, Ptolemaeus, Plinius, Cornelius Tacitus, Dionysius Apher, Pomponius Mela, Caesar, Iosephus: & ex recentioribus nonnulli, Vincentius, Aeneas Sylvius, qui postea Pij secondi pontificis maximi nomen tulit: Antonius Sabellicus, Ioannes Nauclerus, Ambrosius Calepinus, Nicolaus Perottus in Cornucopijs: alijque permulti clarissimi rerum scriptores in Commentarijs suis diffuse & ceu per partes celebravere: ut in uno libro conscriptos haberes, facileque quando usus deposceret invenires, historiarum lector cultorque studiosissime, per ocium succisivis horis undique conquaesivi, collegi, & in diarium hunc conscripsi, digessi."

60 British Library Add MS 41,068A; see Nella Giannetto, *Bernardo Bembo: umanista e*

politico veneziano (Florence: Olschki, 1985), 359–393. 关于人文主义摘录集逐渐演变为百科全书及在 1500 年前后印刷出版的过程，见：Silvia Rizzo and Sebastiano Gentile, "Per una tipologia delle miscellanee umanistiche," *Segno e testo* 2 (2004): 379–407 at 406–407。

61 Atkinson, *Inventing Inventors*, esp. 281.

62 Polydore Vergil, *De rerum inventoribus libri octo* (Paris: Estienne, 1529), fol. 89^{r-v}: "Post Evangelicum dogma inter gentes publicatum, ubi loci prima aedes Servatori nostro dicata fuerit, pro certo ponere non ausim, ne divinare potius quam veritati inhaerere dicar: sed in re parum nota conjectare licet."

63 Hay, *Polydore Vergil*, 71.

64 Polydore Vergil, *De rerum inventoribus libri octo* (Lyons: Gryphius, 1546), 224: "Verum ut non parum multa a Judaeis, ita non modica ab aliis gentibus instituta, aut casu rationeve accepta, tam in frequentem usum et consuetudinem venere, ut pro nostris habeantur. Quod equidem fecit, ut putarim me operae precium facturum, si origines ejusmodi rerum omnium quae ad religionem pertinerent, proderem, quo luculentius constaret, quas Servator, quas Apostoli, quas deinde Episcopi, quasve alii introduxissent."

65 Polydore Vergil, *De rerum inventoribus libri octo* (Strasbourg: Zetzner, 1606), 4:5, 234: "Haec suo ordine quo apud Hebraeos instituta sunt, exposuimus, ut initium cujusque rei, quod nostri in primis proposita est, perapposite proderetur. Quae omnia cum umbra duntaxat futurorum fuerint, jam quae inde consecuta sint, explicemus."

66 Ibid., 4:7, 243: "Vestes vero sacras quibus nostri amiciuntur sacerdotes, ab Hebraeis, uti supra capite quinto dictum est, habent: cujus nempe rei argumentum est, quod nostri tum pontifices, tum sacerdotes, partim eadem induunt vestimenta, utputa Zonam seu Cingulum, Tunicam Talarem, quam vocamus Albam, tunicam hyacinthinam, ac Mitram, partim non longe forma aut colore differentia, cujusmodi sunt amictus capitis tegmen, qui loco cidaris usurpatur, planeta sive Casula, quam vocant, fabrefacta instar rationalis, hoc est, Logii pallium haud dissimile superhumerali, et caligae vice foeminalium. Unde denique liquido apparet, pleraque omnia ab ipsis Hebraeis uno vel altero modo sacerdotes nostros esse mutuatos."

67 Durand, *Rationale divinorum officiorum*, III.x, fol. 73^v: "In vet. test. errant duae tunicae: videlicet byssima & iacinthina Exo.39.c. & hodie etiam quidam Pontifices duabus vtuntur, ad notandum, quod proprium est eorum, habere scientiam duorum testamentorum, vt sciant de thesauro domini proferre noua & vetera. siue vt se ostendant diaconos & sacerdotes. ... Secunda tunica, quae iacinthina esse debet, sicut & olim erat coloris lapidis iacinthi, qui aetheris serenitatem imitatur, sancto significant

coelestia cogitantes, & imitantes, siue coelestem cogitationem & conuersationem."

68　Polydore Vergil, *De rerum inventoribus*, 1529, fol. 69ʳ; 1606, 242: "Christiana postmodum ecclesia Hebraeorum in hac parte secuta institutum ostiarios, sive ianitores, lectores, seu psalmistas, exorcistas, acolytos, subdiaconos, diaconos, hoc est, levitas: quos numero septem ipsi Apostoli delegerunt, presbyteros et episcopos creavit, quo sic per gradus ad sacerdotium unusquisque promoveretur."

69　Polydore Vergil, *De rerum inventoribus*, 1606, V.10, 356 (a passage censored in some editions): "Quod vero sacerdos dicendo, Dominus vobiscum, saepius ad populum in altari se vertit, hoc de Hebraeorum quoque caeremonia sumptum constat, quorum sacerdos inter sacra sese circumagebat, aspergendo sanguinem animalis immolati."

70　Polydore Vergil, *De rerum inventoribus*, 1529, fol. 69ᵛ: "Vnde denique liquido apparet, pleraque omnia ab ipsis Hebraeis uno vel alio modo esse mutuo accepta: sicut illos ab Aegyptiis primitus sumpsisse verisimile est. Porro Aegyptii sacerdotes ex Pythagorae placitis, lineum tantum vestimentum ut purissimum mundissimumque in rebus divinis usurpabant. Laneum vero ceu prophanum vituperabant: quia ab animato decerpitur, conficiturque ex moricina materia. Contra linea ideo pura videbantur et sacrificantibus accommodata: quoniam lineum ex terra oritur. Quaecunque autem ex terra nascuntur, munda & pura existimarunt. Haec et id genus alia apud Philostratum memorat Tyaneus Apollonius. Atqui pari etiam ratione Hebraei Aegyptiorum institutum imitati videntur. Iosephus enim lib. VI. belli Iudaici scribit sacerdotes ad altare templumque accedere solitos omni vitio carentes, veste byssina id est linea amictos. Et Hiero." This is developed further in 1546, 261–262, and 1606, 243. 他关于埃及祭衣的记述紧随 Beroaldo, *Commentarii*, fol. 263ʳ, on Apuleius, *Golden Ass* 11.10: "Linteae vestis candore. Orphei et pythagorae placita laneum vestimentum in rebus divinis ut prophanum impurumque vituperant: cum linteum velamentum ut purissimum mundissimumque maxime probent: unde non modo indutui et amictui sanctissimis egyptiorum sacerdotibus sed opertui quoque in rebus sacris usurpabatur. ... haec et id genus alia apud Philostratum memorat Apollonius. Vnde sidonio data est occasio appellandi Apollonium inter purpuratos linteatum. quid multa? nonne hodie quoque nostri sacedotes linteati linigerique in sacrorum pompa incedere conspiciuntur? ritu opinor translato ab Egyptiis sacerdotibus: de quibus haec Herodotus." 贝洛奥尔多转而引用了希罗多德 2.37.3 以及他编辑的那一版斐洛斯特拉图斯（Philostratus）的《提亚纳的阿波罗尼乌斯生平》（*Life of Apollonius of Tyana*）。

71　See Dmitri Levitin, "John Spencer's *De legibus Hebraeorum* (1683–85) and Enlightened Sacred History: A New Interpretation," *Journal of the Warburg and*

Courtauld Institutes 76 (2013): 49–92; and Dmitri Levitin, *Ancient Wisdom in the Age of the New Science: Histories of Philosophy in England, c. 1640–1700* (Cambridge: Cambridge University Press, 2015).

72 Polydore Vergil, *De rerum inventoribus* (Basel: Froben, 1521), sig. Aᵛ: "Nos proinde hunc desudavimus laborem, & instituta omnia nostrae religionis aliarumque gentium complexi ac eorum primordia undecunque quaesita diligenter perscrutati, superioris aeditionis summae adglutinavimus, sic ut pars haec pro gravitate rei multo maior accesserit. Vnde iam omnes quibus religio, quae nos deo conciliat indissolubilique nodo connectit, cordi est tuo rogatu facilius haurire queunt, a quo fonte & eius deinde rivulis (nam semper scitu gratum iucundumque fuit, cuiusque rei nosse originem) manaverit tot ceremoniarum totve rituum flumen, quo demum cuncti mortales abluti hic placidam ac gaudialem agunt vitam, & alibi coelestem spe certa expectant. Cuius nos sospitator noster Christus participes facere dignetur."

73 Polydore Vergil, *De rerum inventoribus*, 1546, 224: "Christus Servator noster, qui, quemadmodum ipse testatur, ad nos mortales venerat, haud legis rescindendae, sed atque adeo confirmandae causa, jam inde a principio omnia pura, nuda, apertaque reddidit, quae antea Judaei umbram ipsius legis secuti suffecerant, colorarant, fucosaque fecerant, et denique quicquid isti laxarant, ac quo minus pietatis plusque ceremoniarum introduxerant, ille astrinxit, atque plus pietatis, minusque caeremoniarum esse voluit."

74 Ibid., 225: "demonstravique Patres olim in bona illorum parte recipienda, pie ac cum causa fecisse, quippe qui gentes etiam barbaras ad verae pietatis cultum ducere aventes, arbitrati sunt humanitatis condimentis tractandas, cum earum instituta haud prorsus horruerint, nec sustulerint, sed meliora fecerint, quo ne ullum religionis periculum crearetur, si vel minus admisissent, minusve mutassent, quemadmodum locis praepositis commodum demonstravimus. Atque isto ipso labore quem religionis causa non invitus suscepi, Deum Opt. Max. nobis propitium reddidisse confido."

75 Ibid., 224: "Caeterum deinceps sylva haec Judaicarum caeremoniarum sic paulatim agrum Dominicum occupavit, ut periculum sit, ne aliquando ipse Dominus illud agricolis crimini det, ab eisque petat, Quis enim quaesivit haec de manibus vestris?"

76 Flacius Illyricus, *Zwey Capitel vom Namen und Stiften der Mess* (Magdeburg: Rödinger, 1550), sig. [A iiiir]. 此外，他在 Flacius Illyricus, *Contra novos Detzelios Bullarum Iubilaei Antichristi praecones* (Magdeburg: Rödinger, 1550), sigs. [A7v–A8r] 中刊印了维尔吉利著作第 8 卷第 1 章的部分内容，其中援用了在维氏 1532 年巴塞尔版基础上新加的关于"放纵"的内容（See Atkinson, *Inventing Inventors*, 192–193）。

77　弗拉契奇那本书标题上的注释，书名为: *Opus toti christianae Reipublicae maxime utile, de arcanis catholicae veritatis, contra obstinatissimam Iudaeorum nostrae tempestatis perfidiam ex Talmud, aliisque hebraicis libris nuper exceptum, et quadruplici linguarum genere eleganter congestum* (Ortona: Soncino, 1518), Herzog August Bibliothek E 390.2° Helmst.: "Godescalcus praetorius: Galatinus multa sumit ex Porcheto, adeo ut nonnunquam integrae pagellae monstrari queant sed nominis minimam facit mentionem."

78　See, in general, *Paul Eber (1511–1569): Humanist und Theologe der zweiter Generation der Wittenberger Reformation*, ed. Daniel Gehrt and Volker Leppin (Leipzig: Evangelische Verlagsanstalt, 2014).

79　Paul Eber, *Contexta populi iudaici historia a reditu ex Babylonico exilio, usque ad ultimum excidium Hierosolymae* (Wittenberg: Creutzer, 1548); Herzog August Bibliothek, C 33.8° Helmst. (2). 在扉页底部，埃贝尔为弗拉契奇题赠: "Eruditissimo viro Domino M. Matthiae Illyrico Ebraicae linguae professo [ri] Paulus Eberus d.d."

80　Eber, *Historia*, fols. 22r–41^{v}.

81　Ibid., fols. 38^{v}–39^{r}: "Et nominarunt se quidem Esseos, id est, operarios, quo titulo significabant et quid in aliis reprehenderent, et qua in re antecellere aliis vellent, videlicet, et fugere se prophanam licentiam Sadduceorum, et non probare histrionicam simulationem Phariseorum, sed se opera utilia aliis, praecepta divinitus facturos esse, et illam usitatam sententiam in ore habebant, ἅπας λόγος ἂν ἀπῇ τὰ ἔργα, μάταιον τι φαίνεται καὶ κενὸν [Demosthenes, Ol. 2.12] ."

82　Ibid., fol. 39$^{\mathrm{r-v}}$.

83　Ibid., fol. 40^{v}: "sed collegii severitas haec erat, ut cum quispiam vel defraudasset alios, vel mentitus esset, vel libidine pollutus fuisset, statim eum communi sententia a toto coetu excluderent. Estque inter hos observata consuetudo vetustissima Synagogae, de qua contio loquitur in capite Matthei decimo octavo [18:15–18] . Non enim nova forma ibi institutitur, sed vetus mos recitatur, traditus a primis Patribus, cuius vestigia semper in Ecclesia manserant."

84　Ibid., 41^{r}: "Laudanda est disciplina, sed accedat vera agnitio filii Dei."

85　Flacius Illyricus et al., *Centuriae*, 7 vols. (Basel: Oporinus, 1561–1574), vol. 1, col. 237. 关于该著作的源起和创作，今见: Harald Bollbuck's monumental *Wahrheitszeugnis, Gottes Auftrag und Zeitkritik: Die Kirchengeschichte der Magdeburger Zenturien und ihre Arbeitstechniken* (Wiesbaden: Harrassowitz, 2014)。由波尔巴克创建的位于沃尔芬比特尔的奥斯特公爵图书馆管理的数字档案也很重要: "Historische Methode und Arbeitstechnik der Magdeburger Zenturien:

Edition ausgewählter Dokumente," online at http://diglib.hab.de/edoc/ed000086/start. htm, accessed August 25, 2018)。

86 Flacius Illyricus et al., *Centuriae*, vol. 1, col. 232: "Orta est haec factio inde, quod in Pharisaeis hypocrisin, fucosamque pietatem, ambitionem, livorem, dominandi libidinem, et alia quaedam a vera pietate aliena cernerent. Deinde etiam a crasso ac prophano Sadducaeorum Epicureismo abhorrebant"; Eber, *Historia*, fol. 38ᵛ: "quo titulo significabant et quid in aliis reprehenderent, et qua in re antecellere aliis vellent, videlicet, et fugere se prophanam licentiam Sadduceorum, et non probare Histrionicam simulationem Phariseorum"; *Centuriae*, vol. 1, col. 233: "in extremam Iudeae oram, ad lacum Asphaltiten, haud procul a Iericho, ubi erant fragrantes balsami horti, se contulerunt": Eber, *Historia*, fol. 39ʳ: "quia in extrema ora Iudeae ad lacum Asphaltiten, tanquam in secessu habitabant."

87 Flacius Illyricus et al., *Centuriae*, vol. 1, col. 234: "Deprehensos vero in peccatis, a sua congregatione depellunt: et qui taliter fuerit condemnatus, miserabili plerunque morte consumitur. Illis quidem sacramentis ac ritibus obligatus, neque carpere ab aliis oblatum cibum potest: herbas vero pecudum more decerpens, et fame exesus per membra corrumpitur."

88 Ibid., vol. 1, col. 232: "Tertia in Iudaico populo secta erat Essaeorum, seu ut alias vocantur Essenorum: quasi dicas, operatorum."

89 Lucas Osiander, *Epitomes historiae ecclesiasticae centuria I. II. III.* [*-XVI.*] , 9 vols. (Tübingen: Gruppenbach, 1592–1599), I.i.2.2, I, 2–4.

90 见若昂－波·鲁比耶的经典研究: "Hugo Grotius's Dissertation on the Origins of the American Peoples and the Use of Comparative Methods," *Journal of the History of Ideas* 52 (1991): 221–244, 修订版见: *Travellers and Cosmographers: Studies in the History of Early Modern Travel and Ethnology* (Aldershot and Birmingham: Ashgate, 2007), 其中有更多参考文献的出处。

第 5 章 马修·帕克创建档案馆

本章的早期版本是 2016 年 1 月 27 日我在剑桥大学"桑达斯讲座(Sanders Lectures)"中的一份讲义。衷心感谢我担任"桑达斯讲师"期间的主持人安·贾维斯(Ann Jarvis);感谢玛德琳·麦克马洪、保罗·内尔斯(Paul Nelles)和尼古拉斯·波珀(Nicholas Popper)对最初草稿提出的宝贵意见;感谢马库斯·弗里德里希(Markus Friedrich)向我发出邀请,使我得以在知识渊博且具有品鉴能力的柏林听众面前展示自己的发现;还要感谢《人文历史》(*History of Humanities*)的匿名审稿人,他们的详细评论纠正了我的错误,也促使我进一步深入地思考。

1 Kevin Sharpe, *Sir Robert Cotton, 1586–1631: History and Politics in Early Modern England* (Oxford: Oxford University Press, 1979); Colin Tite, *The Manuscript Library of Sir Robert Cotton* (London: British Library, 1994); Tite, *The Early Records of Sir Robert Cotton's Library: Formation, Cataloguing, Use* (London: British Library, 2003); Julia Crick, "The Art of the Unprinted: Transcription and English Antiquity in the Age of Print," in *The Uses of Script and Print, 1300–1700*, ed. Julia Crick and Alexandra Walsham (Cambridge: Cambridge University Press, 2004), 116–134.

2 Anthony Grafton and Joanna Weinberg, *'I have always loved the holy tongue': Isaac Casaubon, the Jews, and a Forgotten Chapter in Renaissance Scholarship* (Cambridge, MA: Harvard University Press, 2011), 254–255.

3 William Lambarde, *A Perambulation of Kent*, British Library (hereafter BL 下称 BL) MS Sloane 3168, fol. 91^r.

4 Maidstone, Kent History and Archive Center, MS U47 / 48 / Z1, fol. 94r. 关于该写本以及兰巴德著作的创作，见：Ethan Shagan, "Print, Orality and Communications in the Maid of Kent Affair," *Journal of Ecclesiastical History* 52, no. 1 (2001): 21–33。

5 Lambarde, *A Perambulation of Kent* (London: Ralphe Newberie, 1576), 233. 该文本的正确版本也出现在 BL MS Add 20033, fol. 124^{r-v}。完整记载，见：Madeline McMahon, "Licking the 'bear whelpe': William Lambarde and Matthew Parker Revise the Perambulation of Kent," *Journal of the Warburg and Courtauld Institutes* 81 (2018): 154–171。

6 此处探讨的写本即剑桥大学基督圣体学院（下称"CCCC"）的编号 MS 81 写本。

7 Thomas James, *Ecloga Oxonio-Cantabrigiensis*, 2 vols. (London: Bishop and Norton, 1600), I, 70: "*Homeri* opera Graece, cum duabus picturis, & quibusdam epitaphiis... hic liber est chartaceus, & fuit quondam *Theodori Archiep.* sed fides sit penes lectorem." 詹姆斯显然认为这段故事不值得信任，下文将清楚地证明这一点。他或许也推断出，以纸为载体的写本一定是近期的产物。对比他对该写本的准确评论：CCCC MS 250, ibid., 80: "Liber chartaceus nec valde antiquus." 关于詹姆斯的成果，见：Richard Clement, "Thomas James' *Ecloga Oxonio-Cantabrigiensis*: An Early Printed Union Catalog," *Journal of Library History* 22 (1987): 1–22。在介绍兰贝斯宫图书馆馆藏写本、教宗额我略的生平记录时，詹姆斯或许也因过于乐观而陷入误区，他对写本的描述为 "MS Vetustissimum...quod creditur scriptum esse tempore Theodori Archiep. Cantu.": Neil Ker, "Thomas James's Collation of Gregory, Cyprian and Ambrose," *Bodleian Library Record* 4, 1 (1952): 16–29, at 21。

8 *Letters of Humfrey Wanley: Palaeographer, Anglo-Saxonist, Librarian*, ed. P.

L. Heyworth (Oxford: Clarendon Press, 1989), 132–133; see also Helmut Gneuss, "Humfrey Wanley Borrows Books in Cambridge," *Transactions of the Cambridge Bibliographical Society* 12 (2001): 148. 与之形成对比的是，大多数与万利同时代的学者仍然认可帕克的判断。See Stephanie West, "Before Palaeography: Notes on Early Descriptions and Datings of Greek Manuscripts," in *Studia codicologica*, ed. Kurt Treu (Berlin: Akademie-Verlag, 1977), 179–187 at 185–186.

9　*Oxford Dictionary of National Biography*, s.v. Walter, Hubert, by Robert Stacey.

10　Lambeth Palace Library MS 1212, fol. 26^r (fol. 13r, 47), s. xiii ex.; fol. 116^{r-v} (fol. 86^{r-v}, 224–225), s.xiii med. 见 "大宪章项目（Magna Carta Project）" 网站的讨论：http://magnacarta.cmp.uea.ac.uk/read/newly_discovered_charters/Notification_of_ the_King_s_grant_to_Hubert_Walter_of_the_right_to_convert_gavilkind_holdings_ into_knights_fees。

11　*A Formula Book of English Official Historical Documents, Vol. 1: Diplomatic Documents*, ed. Hubert Hall (Cambridge: Cambridge University Press, 1908), 57.

12　Lambeth Palace Library MS 1212, fol. 26^r (fol. 13^r, 47).

13　关于近代早期英格兰的教会和国家档案馆，见：Nicholas Popper, "From Abbey to Archive: Managing Texts and Records in Early Modern England," *Archival Science* 10, no. 3 (2010): 249–266。关于更大范围内的近代早期欧洲档案馆兴起的故事，见：Markus Friedrich, *Die Geburt des Archivs: Eine Wissensgeschichte* (Munich: Oldenbourg, 2013)；现有英文译本，见：*The Birth of the Archive: A History of Knowledge*, tr. John Noël Dillon (Ann Arbor: University of Michigan Press, 2018); *The Social History of the Archive: Record-Keeping in Early Modern Europe*, ed. Liesbeth Corens, Kate Peters, and Alexandra Walsham (Oxford: Oxford University Press, 2016); *Archives and Information in the Early Modern World*, ed. Liesbeth Corens, Kate Peters, and Alexandra Walsham (Oxford: Oxford University Press, 2018); and Randolph Head, *Making Archives in Early Modern Europe: Proof, Information and Political Record-Keeping* (Cambridge: Cambridge University Press, 2019)。

14　R. I. Page, *Matthew Parker and His Books* (Kalamazoo, MI: Medieval Institute Publications, 1993); Mildred Budny, *Insular, Anglo-Saxon, and Early Anglo-Norman Manuscript Art at Corpus Christi College, Cambridge: An Illustrated Catalogue*, 2 vols. (Kalamazoo, MI, and Cambridge: Medieval Institute Publications and the Parker Library, 1997); Timothy Graham, "Matthew Parker's Manuscripts: an Elizabethan Library and its Uses," in *The Cambridge History of Libraries in Britain and Ireland*, Vol. 1: 1640–1850, ed. Giles Mandelbrote and Keith Manley (Cambridge: Cambridge University Press, 2006), 322–341; Jennifer Summit,

Memory's Library: Medieval Books in Early Modern England (Chicago: University of Chicago Press, 2008), chap. 3.

15 关于帕克的生平和成就，见：*Oxford Dictionary of National Biography*, s.v. Parker, Matthew, by David Crankshaw and Alexandra Gillespie. John Strype, *The Life and Acts of Matthew Parker* (London: J. Wyat, 1711) and Victor Brook, *A Life of Archbishop Parker* (Oxford: Oxford University Press, 1962)，实属必读。

16 关于帕克藏书的积累和使用，见：Bruce Dickins, "The Making of the Parker Library," *Transactions of the Cambridge Bibliographical Society* 6 (1977): 19–34; Timothy Graham and Andrew Watson, *The Recovery of the Past in Early Elizabethan England: Documents by John Bale and John Joscelyn from the Circle of Matthew Parker* (Cambridge: Cambridge Bibliographical Society, 1998); and Graham, "Matthew Parker's Manuscripts"。

17 Stephen Batman, *The doome warning all men to the Judgemente* (London: Ralph Nubery, 1581), 399–400.

18 Graham, "Matthew Parker's Manuscripts."

19 概述，见：Ann Blair, *Too Much to Know: Managing Scholarly Information before the Modern Age* (New Haven and London: Yale University Press, 2010); 关于编集大师工作的详尽案例研究，见：Urs Leu, *Conrad Gessner (1516–1565): Universalgelehrter und Naturforscher der Renaissance* (Zurich: Verlag Neue Zürcher Zeitung, 2016)。

20 Jeffrey Todd Knight, *Bound to Read: Compilations, Collections, and the Making of Renaissance Literature* (Philadelphia: University of Pennsylvania Press, 2013), 47–51.

21 Lambeth Palace Library MS 959, fol. 36ʳ: "This Historie was collected & penned by John Joscelyn one of ye sons of Sr. Tho. Joscelyn. knight by ye appointment & oversight of Matthwe Parker Archbp. of Cant. ye saide John being intertained in ye said Archb: howse, as one of his Antiquaries: to whom besides ye allowance afforded to hym in his howse. He gave to hym ye parsonage of Hollinborn in Kent, wherof he raised £300. for a lease by hym made out at house rent & reserved £30 rent John & his successors for ye years to cum."

22 见：e.g., BL MS Cotton Vitellius E XIV, and MS Cotton Vitellius D VII（二者中前者较早）。

23 CCCC MS 389, fol. 1ʳ: "Hic liber scriptus ante conquestum"; quoted by Graham, "Matthew Parker's Manuscripts," 333. In CCCC MS 1978, 245, a Parkerian dating appears: "fragmentum quatuor Euangeliorum. Hic Liber olim missus a Gregorio papa ad augustinum archiepiscopum: sed nuper sic mutilatus." 这是对一份豪华版拉丁文福音书的大致断代，但该断代没有给人留下深刻的印象；该书采用半安瑟尔

体，书写和绘图于 8 世纪初在诺森比亚（Northumbria）完成。See Bruce Barker-
Benfield, *St. Augustine's Abbey, Canterbury*, 3 vols. (London: British Library in
association with the British Academy, 2008), 3:1733–1734.

24　Princeton University Library MS Scheide 159, 294 ("hic desunt quaedam"); 210 ("et
hic quoque desunt nonnulla"); 365 ("hic deest nova historia ad robertum comitem
glocestrie. W. Malmesbury").

25　CCCC MS 44, 235: "In orationibus, in admonitionibus, in benedictionibus nulla
mentio cælibatus"; quoted with other examples in Graham, "Matthew Parker's
Manuscripts," 334–335.

26　Alexander Neville, *De furoribus Norfolciensium, Ketto duce, liber unus* (London:
Binneman, 1575), 4.

27　Michelle Brown, *The Book and the Transformation of Britain, c. 550-1050: A Study
in Written and Visual Literacy and Orality* (London: British Library, 2011).

28　CCCC MS 44, 387; 关于帕克为整理该写本采取的其他措施，见：Page, "Matthew
Parker and His Books," 46–47。

29　Gervase of Tilbury, *Otia imperialia*, CCCC MS 14, 2: "In gratiam eorum qui
huiusmodi abbreviationibus antiquorum non sunt exercitati"（范例由玛德琳·麦克
马洪提供）。

30　Jean Mabillon, *De re diplomatica libri sex* (Paris: Billaine, 1681)（1709 年版已实
现数字化，见：http://x0b.de/mabillon）；关于类似版式的现代手册，见：e.g., S.
Harrison Thomson, *Latin Bookhands of the Later Middle Ages*, 1100–1500 (London:
Cambridge University Press, 1969)。

31　帕克在这方面工作的早期记载后继有人，见：Madeline McMahon, "Matthew
Parker and the Practice of Church History," in *Confessionalization and Erudition in
Early Modern Europe: An Episode in the History of the Humanities*, ed. Nicholas
Hardy and Dmitri Levitin (Oxford: Published for the British Academy by Oxford
University Press, 2020), 116–153。

32　关于弗拉契奇及其团队的成就（编写工作其实大部分是由他组建的团队完
成的，但不是全部），见：Harald Bollbuck, *Wahrheitszeugnis, Gottes Auftrag
und Zeitkritik: Die Kirchengeschichte der Magdeburger Zenturien und ihre
Arbeitstechniken* (Wiesbaden: Harrassowitz, 2014), 664–666。这部囊括大量一手
文献的精湛论述是如今所有关于世纪历史学家的研究基础。同样重要的还有，
Matthias Pöhlig, *Zwischen Gelehrsamkeit und konfessioneller Identitätsstiftung:
Lutherische Kirchen-und Universalgeschichtsschreibung, 1546- 1617* (Tübingen:
Mohr Siebeck, 2007); and *Catalogus und Centurien: Interdisziplinäre Studien zu
Matthias Flacius und den Magdeburger Centurien*, ed. Arno Mentzel-Reuters und

Martina Hartmann (Tübingen: Mohr Siebeck, 2008)。关于弗拉契奇作为写本收藏家和使用者的实践，最全面的研究是，Martina Hartmann, *Humanismus und Kirchenkritik: Matthias Flacius Illyricus als Erforscher des Mittelalters* (Stuttgart: Thorbecke, 2001)。

33 这份清单的一个版本出现在，BL MS Egerton. 3790; see Nicholas Popper, *Walter Ralegh's History of the World and the Historical Culture of the Late Renaissance* (Chicago: University of Chicago Press, 2012), 59–60。

34 Norman Jones, "Matthew Parker, John Bale and the Magdeburg Centuriators," *Sixteenth Century Journal* 12 (1981): 35–49, at 38–39.

35 John Bale, *Scriptorum Illustrium maioris Brytanniae, quam nunc Angliam & Scotiam uocant, Catalogus* (Basel: Oporinus, 1557), sigs. α 3ʳ⁻ᵛ: "Quod ut in aliis regionibus alii pii librorum et antiquitatis indagatores magno cum dolore senserunt, ita mihi quoque bibliothecas nostras in Anglia optimis scriptis aliquando instructissimas, perlustranti usu venit: ubi licet pauci integri invenirentur, plerique vel sine capite et fronte mutilati, vel prorsus detriti atque corrupti supinitate et ignorantia hominum male de literis meritorum reperiebantur." 关于贝尔借鉴自修士和古物研究者约翰·利兰奠定的先例的书志学研究形式，见: Frederic Clark, "Dividing Time: The Making of Historical Periodization in Early Modern Europe" (PhD dissertation, Princeton University, 2014)。

36 Quoted in Strype, *Life and Acts of Matthew Parker*, 528.

37 *The Recovery of the Past*, ed. Graham and Watson; McMahon, "Parker and the Practice of Church History."

38 See, esp., Graham, "Matthew Parker's Manuscripts" for a full account.

39 CCCC MS 81, fol. 1ʳ: "Hic liber Theodori repertus in monasterio divi Augustini Cantuariensis post dissolucionem et quasi proiectus inter laceras chartas illius cenobii. quem cumulum chartarum scrutatus quidam pistor quondam eiusdem coenobii invenit et domum portavit monachis et aliis idem coenobium inhabitantibus aut fugatis aut inde recedentibus. Sed tandem foeliciter in manus Matthaei Cantuariensis Archiepiscopi hic liber devenit. quem ut ingentem Thesaurum apud se asservat. Et reponendum vult vel in communi Bibliotheca Academiae Cantabrigiae, vel in fideli custodia magistri collegii (qui pro tempore fuerit corporis Christi et beatae Mariae) ibidem." 对比参照托马斯·詹姆斯对该注释的犀利评论，见: *Ecloga*, 1:70: "Miraculosam inventionem huius libri in pariete quodam, vide adnotatam in fine libri."

40 关于帕克藏书的质量，见: Alexander Nowell's letter to Parker (ca. 1565), in Matthew Parker, *Correspondence*, ed. John Bruce and Thomas Thomason Perowne

(Cambridge: Cambridge University Press for the Parker Society, 1853), 251。

41 CCCC MS 418, 由皮埃尔·弗伦克尔（Pierre Fraenkel）与马丁·布塞尔和马修·
帕克编辑，*Florilegium patristicum* (Leiden: Brill, 1988)。关于布塞尔和帕克为该
文本所做工作的年代判定，见：ibid., "Introduction," xiv–xvi。

42 CCCC MS 418, 1.

43 Ibid., 41, 83.

44 Ibid., 70, 74–75, 172, 175.

45 见第 4 章。另见：Catherine Atkinson, *Inventing Inventors in Renaissance Europe:
Polydore Vergil's De inventoribus rerum* (Tübingen: Mohr Siebeck, 2007)。

46 Polydore Vergil, *De rerum inventoribus libri octo* (Lyons: Gryphius, 1546), 224:
"Verum ut non parum multa a Judaeis, ita non modica ab aliis gentibus instituta, aut
casu rationeve accepta, tam in frequentem usum et consuetudinem venere, ut pro
nostris habeantur. Quod equidem fecit, ut putarim me operae precium facturum, si
origines ejusmodi rerum omnium quae ad religionem pertinerent, proderem, quo
luculentius constaret, quas Servator, quas Apostoli, quas deinde Episcopi, quasve alii
introduxissent."

47 Constantin Hopf, "Bishop Hooper's Notes to the King's Council, 3 October 1550,"
Journal of Theological Studies 44 (1943): 194–199, at 198–199. On this controversy
see Hopf, *Martin Bucer and the English Reformation* (Oxford: Blackwell, 1946),
131–170; and Judith Anderson, *Translating Investments: Metaphor and the
Dynamics of Cultural Change in Tudor-Stuart England* (New York: Fordham
University Press, 2005), 78–111, 243–251.

48 *The Writings of John Bradford, M.A.*, ed. Aubrey Townsend (Cambridge: Cambridge
University Press for the Parker Society, 1853), 381–383.

49 Robert Crowley, *Brief Discourse* (London: n.p., 1566), sig. Bviii^r.

50 Matthew Parker, *Brief Examination* (London: n.p., 1566), sig. ***** 3^v.

51 Ibid., sig. ***^{v}.

52 Bede, *Historia ecclesiastica gentis Anglorum* I.30.

53 Sir John Harington, quoted by Nancy Basler Bjorklund, " 'A Godly Wyfe is an
Helper': Matthew Parker and the Defense of Clerical Marriage," *Sixteenth Century
Journal* 34 (2003): 347–365, at 364.

54 The MS is Gonville and Caius College Library 427 / 427. See Erwin Frauenknecht,
Die Verteidigung der Priesterehe in der Reformzeit (Hannover: Hahn, 1997);
Elizabeth Evenden and Thomas Freeman, *Religion and the Book in Early Modern
England: The Making of John Foxe's 'Book of Martyrs'* (Cambridge: Cambridge
University Press, 2011), 150–152; Catherine Hall, "The One-Way Trail: Some

Observations on CCC MS 101 and G&CC MS 427," *Transactions of the Cambridge Bibliographical Society 11*, no. 3 (1998): 272–285.

55 Michael Murphy, "Anglo-Saxon at Tavistock Abbey," *Duquesne Review* 11 (1966): 119–124.

56 John Foxe, *The first volume of the ecclesiasticall history contaynyng the actes and monuments of thyngs passed in every kynges tyme in this realme, especially in the Church of England* (London: John Day, 1670), 1321; quoted in Evenden and Freeman, Religion and the Book, 152.

57 *The Works of John Jewel, D.D., Bishop of Salisbury*, ed. Richard William Jelf, 8 vols. (Oxford: Oxford University Press, 1848), 6:255; 4:616: "Notwithstanding, I have seen the same epistle written in parchment, in old hand, of good record, under the name of Volusianus Carthaginensis."

58 Parker, *Correspondence*, 253–254. The manuscript in question is now BL MS Cotton Vespasian A 1.

59 CCCC MSS 419 and 452. 关于帕克此次和其他类似的行为，见帕克言辞犀利但极具价值的研究，Page, *Matthew Parker and His Books*, 该案例记载于第 51 页。帕克的艺术家们还从同一份 13 世纪《诗篇》中移除了四幅图，插入现存于兰贝斯宫图书馆的编号 MS 1370 的 9 世纪马克·德南福音书中，每册福音书前各有一幅。See ibid.; see also Timothy Graham, "Changing the Context of Medieval Manuscript Art: The Case of Matthew Parker," in *Medieval Art: Recent Perspectives*, ed. Gale R. Owen-Crocker and Timothy Graham (Manchester: Manchester University Press, 1998), 189–193. 感谢该期刊的一位匿名审稿人提请我注意这一点。

60 Asser, *Alfredi regis res gestae* (London: John Day, 1574), sig. Aij[r]: "Latina autem cum sint, Saxonicis literis excudi curavimus, maxime ob venerandam ipsius archetypi antiquitatem, ipso adhuc (ut opinio fert mea) Ælfredo superstite, ijsdem literarum formulis descriptam." The copy of this edition in the Morgan Library, 62096, belonged to Robert Sidney, Earl of Leicester.

61 Asser, *Alfredi regis res gestae*, sig. Aij[v]: "Augent coniecturam Pastoralia quae ab ipso prudentissimo rege ex sermone Romano in Saxonicum conversa fuerunt, atque illius imperio per quasdam Britanniae Ecclesias sparsa. Quorum vetusta quaedam exemplaria, eodem etiam tempora descripta, hodie extant similibus depicta characteribus." 帕克想到的是剑桥三一学院中的写本，编号 MS R 5.22，该写本中的一条注释确认其为赠书 (fol. 1[r]): "Hic ipsus [sic] liber est quem Aluredus Rex misit ad Ecclesiam Syreburnensem, quem et transtulit è pastorali Gregorij Latine in Anglicum."

62 See Suzanne Hagedorn, "Matthew Parker and Asser's *Ælfredi regis res gestæ*,"

Princeton University Library Chronicle 51, no. 1 (1989–1990): 74–90.

63　*A Testimonie of Antiquitie* (London: John Day, 1566).

64　BL MS Add. 18160. See John Bromwich, "The First Book Printed in Anglo-Saxon Types," *Transactions of the Cambridge Bibliographical Society* 3, no. 4 (1962): 265–291; Erick Kelemen, "More Evidence for the Date of *A Testimonie of Antiquitie*," *The Library* 7, no. 4 (2006): 361–376.

65　Thomas James, "An Appendix to the Reader," in *A Treatise of the Corruption of Scripture, Councels, and Fathers, by the Prelates, Pastors, and Pillars of the Church of Rome, for Maintenance of Popery and Irreligion* (London: Lownes, 1612), sig. A4$^{r–v}$, at A4^r.

66　See Francis Junius, ed., *Indices expurgatorii duo, testes fraudum ac falsationum pontificiarum* (Hanau: n.p., 1611), 10–11.

67　*Flores historiarum* (London: Marsh, 1570), sig. a2^r: "Tanta enim fuit olim temporum nequitia, tam effrenata veritatis supprimendae cuiusque libido, ut nihil dubitarint ad occecandas hominum mentes, veterum scriptorum, vel universas periodos, multo minus verbula intrudere, extinguere, commutare, prout cuique libitum fuerat, quae quidem mens mala et animus malus non in istiusmodi solum Authorum veterum monumentis reperientur, sed in hiis etiam authoribus qui de rebus divinis maxime seriis et sacris scripsere."

68　CCCC MS 11, fol. 45^v, col. 1: "hic desunt. ex industria ut videtur, Scriptoris."

69　*Flores historiarum*, sig. a2$^{r–v}$: "Quid queso hisce maioribus propositum erat, qui Rabani Magnentii Mauri, natione Scoti, abbatis Fuldensis, opera, adhuc fere ante septingentos annos scripta, in publicum exponi decernentes, quam tenebris perstringere hominum mentes, in illius, quem edidit, libri de universo sive de rerum naturis (adhuc ni fallor inexcusi) cap. xi. lib. 5. De ecclesiasticis officiis? Qui nequiter, et iniuriose ab hisce verbis (Sacramentum ore percipitur, virtute sacramenti interior homo satiatur) hanc subsequentem sententiam (Sacramentum enim in alimentum corporis redigitur, virtute autem sacramenti aeternae vitae dignitas adipiscitur) etc. quasi spuriam et illegitimam penitus abrasere. Cum tamen haec sententia, priori coniuncta, in quolibet veteri exemplari (ante Gulielmi conquestoris tempora edito) passim reperiatur."

70　Matthew Parker, *De antiquitate Britannicae ecclesiae* (London: John Day, 1572), sig. ¶iij^r: "Ac verbis praeterea illis plerumque usi sumus, quibus veteres illi scriptores suorum temporum mores actionesque expresserunt. Quae a nobis consulto quidem ideo facta sunt, ne cum Pontificiorum flagitia tam insigniter saepe ab ipsis Monachis & antiquis scriptoribus notata & deprehensa sunt, eadem a nobis ficta seu depravata quisquam comminiscatur, tum ne quacunque in re ab illorum mente & sententia videri possimus recessisse."

71　John Joscelyn, *Historiola Collegii Corporis Christi*, ed. John Willis Clark (Cambridge: Cambridge Antiquarian Society, 1880), 39–40; Robert Masters, *The History of the College of Corpus Christi and the B. Virgin Mary (commonly called Benet)*, 2 parts (Cambridge: Cambridge University Press, 1753), 78–80; Timothy Graham, "A Parkerian Transcript of the List of Bishop Leofric's Procurements for Exeter Cathedral: Matthew Parker, the Exeter Book and Cambridge University Library MS Ii. 2.11," *Transactions of the Cambridge Bibliographical Society* 10, no. 4 (1994): 421–459, at 452–453.

72　CCCC MS 582, fol. 1ᵛ: "Hic liber complectens statuta Collegij, una cum alijs rebus in sequentibus memoratu dignis scriptus et absolutus fuit opera et industria Matthaei Cantuar: Archiepiscopi. Haec statuta sic renovata sunt in visitatione Domini EDWARDI regis sexti per assignationem et praeceptum Visitatorum Regiorum et demandatum est hoc opus Wilhelmo Mayr legum doctori et Matthaeo Parker sacre theologie professori, qui partim ex veteri libro statutorum istas constitutiones sic ordinarunt et postea cum visitatores dominae Elizabeth Reginae eas rursus approbaverunt et (in tribus tantum statutis) auxerunt et manuum suarum subscriptione testificarunt"; fol. 12ʳ: "Haec statuta subscripta sunt manibus visitatorum dominae Elizabethae Reginae Angliae &c. xxxo et xxxio diebus Januarij Anno Domini 1573. Ceteri nominati Visitatores obierunt, qui antea etiam ea approbaverunt et subscripserunt."

73　Evenden and Freeman, *Religion and the Book*, esp. chaps. 4–5.

74　E.g., CCCC MS 340, 281–284.

75　*A Booke of Certaine Canons, Concernyng Some Parte of the Discipline of the Church of England In the Yeare of our Lord 1571* (London: John Day, 1571), 6.

76　Pamela M. Black, "Matthew Parker's Search for Cranmer's 'great notable written books,'" *The Library*, 5th ser., 29, no. 3 (1974): 301–322.

77　See Graham, "A Parkerian Transcript," 451–455.

78　CCCC MS 581, fol. 1ʳ⁻ᵛ; 该著作印制了一份摹本: J. Goodwin, "An Account of the Rites and Ceremonies which took place at the Consecration of Archbishop Parker," *Publications of the Cambridge Antiquarian Society* 1 (1841–1846): part 3, 17–27。

79　Gilbert Burnet, *The Reformation of the Church of England*, 6 vols. (London: Baynes, 1825), 2:2, 432–35.

80　*Registrum Matthaei Parker*, 10 parts in 3 vols. (London: Canterbury and York Society, 1928), 1:31–33.

81 Masters, "The History of the College of Corpus Christi," 84. See also Brook, *Parker*, 85–86. 关于档案公文的实用性，见：Brigittte Bedos-Rezak, "Civic Liturgy and Urban Records in Northern France, 1100– 1400," in *City and Spectacle in Medieval Europe*, ed. Barbara Hanawalt and Kathryn Ryerson (Minneapolis: University of Minnesota Press, 1994), 34–55; Eamon Duffy, *The Voices of Morebath: Reformation and Rebellion in an English Village* (New Haven and London: Yale University Press, 2001); Eric Ketelaar, "Records Out and Archives In: Early Modern Cities as Creators of Records and Communities of Archives," *Archival Science* 10 (2010): 201–210。

82 CCCC MS 106, 11: "Concordat. Matthaeus Cantuar."

83 Asser, *Alfredi regis res gestae*, sig. Aiiijv: "Quinetiam quoniam diplomata multa et vetustioris aetatis monumenta, tum regiae quae in archivis custodiuntur chartae, tam ante quam post Normannorum in Angliam adventum, adhuc extant."

84 这一版《论不列颠古代教会》的印刷本现存于 BL C.24.b.6，该协定印刷在第 94~95 页。

85 在《论不列颠古代教会》的标准版文本中，这份协定的签名名单最后有这样一句声明：(e.g., BL C.24.b.7. and C.24.b.8, 95): "Ego Gulielmus London. Episcopus consensi, cum multis alijs Episcopis et Abbatibus, ut in Archivis patet."

86 见：e.g., Friedrich, *Die Geburt des Archiv*; Randolph Head, "Documents, Archives, and Proof around 1700," *The Historical Journal* 56, no. 4 (2013): 909–930; *Archivi e archivisti in Italia tra Medioevo ed età moderna*, ed. Filippo de Vivo, Andrea Guidi and Alessandro Silvestri (Rome: Viella, 2015)；以及尾注 13 中引用的其他研究。关于这一欣欣向荣的文献学的近期调查，见：Elizabeth Yale, "The History of Archives: The State of the Discipline," *Book History* 18 (2005): 332–359; Markus Friedrich, "Introduction: New Perspectives for the History of Archives," in *Praktiken der Frühen Neuzeit: Akteure-Handlungen- Artefakte*, ed. Arndt Brendecke (Cologne: Böhlau, 2015), 468–472; and Nicholas Popper, "Archives and the Boundaries of Early Modern Science," *Isis* 107, no. 1 (2016), 86–94。

87 有一则（不尽然可信的）翻译，见：Lester Born, "Baldassare Bonifacio and his Essay *De Archivis*," *American Archivist* 4 (1941): 221–237; 原文，见：*De archivis liber singularis* (Venice: Pinelli, 1632)。

88 见：esp., Elizabeth Yale, "With Slips and Scraps: How Early Modern Scientists Invented the Archive," *Book History* 12 (2009): 1–36; 现收录于其著作 *Sociable Knowledge: Natural History and the Nation in Early Modern Britain* (Philadelphia: University of Pennsylvania Press, 2016)。

89 Parker, *De antiquitate*, sig. ¶iijʳ: "Quam ex variis antiquis sumptam & delibatam scriptoribus tam apte atque concinne hic compositam & cohaerentem vides, ut unius

potius scriptoris series, quam ex multis decerptae authoritates & sententiae videri possint."

90 另请注意乔斯林对帕克委托其撰写基督圣体学院《历史》的描述："Praeterea commentarium hoc conscribi curavit et ex diversis collegii scriptis ac monumentis compingi"; *Historiola*, ed. Clark, 40。

91 See , in general, Andrew Carriker, *The Library of Eusebius of Caesarea* (Leiden and Boston: Brill, 2003); and Anthony Grafton and Megan Williams, *Christianity and the Transformation of the Book: Origen, Eusebius and the Library of Caesarea* (Cambridge, MA, and London: Harvard University Press, 2006), chaps. 3–4.

92 Bede, *Historia ecclesiastica gentis Anglorum*, praefatio.

93 关于这方面的一个精彩案例，见：Katrina Olds, *Forging the Past: Invented Histories in Counter-Reformation Spain* (New Haven and London: Yale University Press, 2015)。

94 Eusebius, *Life of Constantine* 2.23, quoted in Clifford Ando, *Imperial Ideology and Provincial Loyalty in the Roman Empire* (Berkeley, Los Angeles and London: University of California Press, 2000), 130, 其中提到了尤西比乌斯曾受到罗马档案管理实践的启发。

95 被引用于 *John Foxe's The Acts and Monuments Online*, at http://www.johnfoxe.org/index.php?realm=text&gototype =modern&edition=1563&pageid =5, 2019 年 12 月 14 日上线。

96 Raffaele Maffei, "Anthropologia," in *Commentariorum urbanorum...octo & triginta libri* (Paris: Petit, 1511), bk. 15, fol. CLXII^r: "Hic teste Hieronymo in epistola xlvii. Constantino magno cum ille Caesaream venisset & si quid ei opus diceret respondit minime cum mihi tua liberalitate fit satis: verum quod magis opto: iube per orbem terrarum gesta martyrum & quicquid inter Christianos actum sit apud omnia loca ex publicis ac privatis monumentis exquiri ac mihi adferri. Ex quo ille postea tam universae historiae scriptor apparuit." Gessner identified Maffei as one of his sources in *Bibliotheca universalis* (Zurich, 1545), sig. *6^r. 他转述（但未引用）了马费伊认为出自圣哲罗姆之手的段落，见：fol. 235^v: "Quomodo hanc historiam conscripserit, & alia plura, vide in Anthropologia Raph. Volaterrani prope finem libri 16." 这封圣哲罗姆书信未在他处得到证实。

97 E.g., in one of Parker's copies, Princeton University Library MS Scheide 159, fols. 266^v–267^v.

98 CCCC MS 43, fol. 9^r.

99 *Rerum Anglicarum Scriptores*, 2 vols. in 3 (Oxford: Sheldonian Theatre, 1684–1691), 1:98: "chirographa nostra pulcherrima, litera publica conscripta, & Crucibus aureis & venustissimis picturis ac elementis pretiosissimis adornata."

100 Alfred Hiatt, *The Making of Medieval Forgeries* (London: British Library, 2004).

101 Matthew Parker, ed., *Matthaei Paris, Monachi Albanensis, Angli, Historia Maior, a Guilielmo Conquaestore, ad ultimum annum Henrici tertii. Cum indice locupletissimo* (London: Reginald Wolf, 1570-71), sigs. †iii^v-† iiii^r: "Sane studiosius eum hanc provinciam in se suscepisse credibile est, quod lege et communi decreto cautum erat apud nos, Monasteria et Collegia ecclesiastica, in primis vero et prae caeteris Albanense Coenobium, quasi communem thesaurum et receptaculum debere esse, ubi reponerentur ac fidelissime reservarentur omnia historica gesta huius Regni, et quaecunque memoria ac fama digna essent."

102 关于达·蓬特，见：Roberto Ricciardi, "Da Ponte, Ludovico (Ponticus Virunius)," in *Dizionario biografico degli italiani* 32 (1986), 网络版，见：http://www.treccani.it/enciclopedia/ludovico-da-ponte%28Dizionario-Biografico%29 /, 2014 年 5 月 19 日上线。

103 Parker, ed., *Matthaei Paris Historia Maior*, sig. †iiii^r: "quod et notavit PONTICVS VIRVNIVS. in historia sua Britannica, in qua hoc testatum relinquitur, morem et consuetudinem Occidentalium Principum fuisse, semper apud se domi habere tales eruditos et doctos viros, qui sua et suorum dicta et facta egregia, vere possent et memoriter statim expedire: nolebant tamen haec sua magnifica et heroica gesta in publicum prodire et evulgari, quamdiu aut ipsi aut ipsorum filii viverent."

104 Ludovico Da Ponte, *Britannicae historiae libri sex* (Augsburg: Alexander Weyssenhorn, 1534), sig. C1^r: "Ad manus meas historiae regum Britannorum nobilissimae supra cladem Trioianorum pervenere, quas esse verissimas arguebat regum Occidentalium consuetudo semper secum habere, qui eorum gesta notarent veritate praecipua, sed nec viventibus ipsis, nec filijs aperire, obprobrium vero fore, scilicet attribuere, quae ipsi in tanto Imperio facere non potuissent, eas deinde in regalibus archivis in posteros custodire."

105 John Caius, *De antiquitate Cantebrigiensis Academiæ libri duo* (London: Binneman, 1568), 239: "imperavit coenobio Roffensi, ut in commentarios referent res gestas sui temporis ut acciderint, idque coenobium cum multis alijs monast. & praecipue S. Albani, in hoc delegit, tanquam in Thesaurum et custodiam rerum memorabilium, uti Matth. Westm. & is qui Roffensem historiam aedidit, scribunt."

106 Ibid., 239-240: "Etenim Regibus occidentis mundi partis consuetum fuit olim, apud se habere eos, qui res eorum ut erant gesta, annis singulis bona fide scriberent. Sic tamen ut neque regis aetate, nec filiorum eius facerent publicas, sed ita concinnatas historias, in archiva referrent regia, ubi ad posteros reservarentur: uti Virumnus Ponticus in historia Britannorum refert."

107 关于凯斯对意大利风格象征主义和雕塑形式的兴趣，见：Paul Fox, "On the Symbolism of the Arms of John Caius and of the College Caduceus," *The Caian*, November 1986, 46–56; and Anthony Radcliffe, "John Caius and Paduan Humanist Symbolism," *The Caian*, 1987, 121–126。

108 CCCC MS 114a, 49.

109 Ibid.

110 BL C.123.g.2., 封底空白页写有："Roffensis praefat."

111 John Caius, *De libris propriis, in The Works of John Caius*, ed. Edwin S. Roberts (Cambridge: Cambridge University Press, 1912), 75–83, at 75.

112 关于另一个迥异世界里的平行过程，见：Anna More, *Baroque Sovereignty: Carlos de Sigüenza y Góngora and the Creole Archive of Colonial Mexico* (Philadelphia: University of Pennsylvania Press, 2013)。

第6章 弗朗西斯·丹尼尔·帕斯托里乌斯制作笔记本

衷心感谢彼得·斯塔利布拉斯（Peter Stallybrass）向我介绍帕斯托里乌斯并慷慨鼓励我，使我对其更感兴趣；感谢布鲁克·帕尔米耶里（Brooke Palmeri）和安德鲁·托马斯（Andrew Thomas）分享他们尚未发表的成果，并提供专家意见；感谢安·布莱尔、克里斯蒂安·弗洛、南希·斯莱希（Nancy Siraisi）和雅各布·索尔（Jacob Soll）的评论和批评；感谢宾夕法尼亚大学珍本图书与手稿图书馆（Rare Book and Manuscript Library，以下简称"UPL"）、费城图书馆公司（以下简称"LCP"）、宾夕法尼亚历史学会（以下简称"PHS"）图书馆、牛津大学博德利图书馆、大英图书馆、普林斯顿大学图书馆珍本与特别藏书部和位于沃尔芬比特尔的奥斯特公爵图书馆的工作人员。本章的较早版本曾在2009年10月23～24日举行的研讨会"孜孜不倦的蜜蜂：弗朗西斯·丹尼尔·帕斯托里乌斯，他的手稿与天地（The Industrious Bee: Francis Daniel Pastorius, His Manuscripts, and His World）"上报告，该研讨会由麦克尼尔早期美国研究中心（McNeil Center for Early American Studies）与宾夕法尼亚大学图书馆主办。

1 关于帕斯托里乌斯（1651~1719），标准研究依然是马里昂·德克斯特·勒尼德（Marion Dexter Learned）的 *The Life of Francis Daniel Pastorius, The Founder of Germantown* (Philadelphia: Campbell, 1908)。另见：Marianne Wokeck, "Pastorius, Francis Daniel," American National Biography Online, at https://libserv7. princeton.edu:82/pul/nph-pul2.cgi/000000A/http/www.anb.org/articles/01/01-00703. html=3fa=3d1&f=3dpastorius=252C=2520francis=2520daniel&ia=3d-at&ib=3d-bib&d=3d10&ss=3d0&q =3d1, 2011年8月22日上线；Christoph Schweitzer, "Introduction," in Pastorius, *Deliciae Hortenses or Garden-Recreations and Voluptates Apianae*, ed. Schweitzer (Camden, SC: Camden House, 1982), 1–6; and

Margo Lambert, "Francis Daniel Pastorius: An American in Early Pennsylvania, 1683–1719 / 20" (PhD dissertation, Georgetown University, 2007)。

2 Georg Horn, *De originibus americanis libri quatuor* (The Hague: Adrian Vlacq, 1652); *Dissertatio de vera aetate mundi* (Leiden: Elzevir and Leffen, 1659); *Arca Noæ* (Leiden and Rotterdam: Hack, 1666); *Orbis politicus* (Zwickau: Samuel Ebel and Michael Giebner, 1667); *Orbis imperans* (Leiden: Felix Lopes de Haro, 1668).

3 Georg Horn, *Arca Mosis* (Leiden and Rotterdam: Hack, 1669); LCP Rare | Am 1668 Hor Log 798.D. 看上去帕斯托里乌斯想要写的是拉丁文 "in illa"。

4 Virgil, *Eclogues* 3.33–34.

5 Robert Darnton, *The Great Cat Massacre and Other Episodes in French Cultural History* (New York: Basic Books, 1984).

6 Rüdiger Mack, "Francis Daniel Pastorius: sein Einsatz für die Quäker," *Pietismus und Neuzeit* 15 (1989): 132–171, at 140. 帕斯托里乌斯在他的书桌、存放手稿的箱子以及门窗上也刻有类似的拉丁文和英文警句。See Learned's extracts from the *Bee-Hive* in Marion Dexter Learned, "From Pastorius' Bee-Hive or Bee-Stock," *Americana Germanica* 1, no. 4 (1897): 67–110, at 104–106 in

7 Mack, "Pastorius," 140. 不过，根据 Beatrice Pastorius Turner, "William Penn and Pastorius," *Pennsylvania Magazine of History and Biography* 57 (1933): 66–90, 佩恩只大笑过一次。

8 Alfred L. Brophy, " 'Ingenium est Fateri per quos profeceris' ": Francis Daniel Pastorius' Young Country Clerk's Collection and Anglo-American Legal Literature, 1682–1716," *University of Chicago Law School Roundtable* 3 (1996): 637–742. See more generally *Acta Germanopolis: Records of the Corporation of Germantown, Pennsylvania, 1691–1707*, ed. J. M. Duffin (Philadelphia: Colonial Society of Pennsylvania, 2008).

9 Alfred L. Brophy, "The Quaker Bibliographic World of Francis Daniel Pastorius's *Bee Hive*," *Pennsylvania Magazine of History and Biography* 122 (1998): 241–291.

10 Walter Woodward, *Prospero's America: John Winthrop, Jr., Alchemy, and the Creation of New England Culture, 1606–1676* (Chapel Hill: University of North Carolina Press for the Omohundro Institute of Early American History and Culture, 2010); Richard Calis, Frederic Clark, Christian Flow, Anthony Grafton, Madeline McMahon, and Jennifer M. Rampling, "Passing the Book: Cultures of Reading in the Winthrop Family, 1580–1730," *Past and Present* 241 (2018): 69–141.

11 UPL, MS Codex 726, "The Bee-Hive" (2 vols. in 3). See also：UPL, MS Codex 89, "The Young Country Clerk's Collection"; and PHS, Pastorius Collection #475, "Alvearalia," "Res Propriae," and "Talia Qualia."《蜂巢》被摘录刊印于马里昂·德

克斯特·勒尼德的著作中，"From Pastorius' Bee-Hive or Bee-Stock," *Americana Germanica*, 1, no. 4 (1897): 67–110; 2, no. 1 (1898): 33–42; 2, no. 2 (1898): 59–70; 2–4 (1899): 65–79; in *The Multilingual Anthology of American Literature: A Reader of Original Texts with English Translations*, ed. Marc Shell and Werner Sollors (New York: New York University Press, 2000); and in *The Francis Daniel Pastorius Reader*, ed. Patrick Erben with Alfred Brophy and Margo Lambert (State College: Pennsylvania State University Press, 2018)。

12　Brophy, " 'Ingenium est Fateri,' " and "The Quaker Bibliogrpahic World." See Patrick Erben, "Promoting Pennsylvania: Penn, Pastorius, and the Creation of a Transnational Community," *Resources for American Literary Study* 29 (2003–2004; published 2005): 25–65; " 'Honey-Combs' and 'Paper-Hives': Positioning Francis Daniel Pastorius's Manuscript Writings in Early Pennsylvania," *Early American Literature* 37 (2002): 157–194; and Lambert, "Francis Daniel Pastorius."

13　Edwin Wolf II, *The Book Culture of a Colonial American City: Philadelphia Books, Bookmen, and Booksellers* (Oxford: Clarendon Press, 1988). 关于帕斯托里乌斯的图书馆，另见：Lyman Riley, "Books from the 'Beehive' Manuscript of Francis Daniel Pastorius," *Quaker History* 83 (1994): 116–129。

14　Brooke Palmieri, " 'What the Bees Have Taken Pains For': Francis Daniel Pastorius, The Beehive, and Commonplacing in Colonial Pennsylvania" (BA thesis, University of Pennsylvania, 2009); available via the University of Pennsylvania Scholarly Commons at http://www.google.com/search?q=pastorius%20bee-hive%20digitization&ie=utf-8&oe =utf-8.

15　《蜂巢》的数字版见：http://dla.library.upenn.edu/dla/medren/pageturn.html?id= MEDREN2487547, 2011 年 12 月 5 日上线。

16　Bodleian Library, Oxford, MS Casaubon 19. 关于卡索邦论波利比乌斯的著作，见：Isaac Casaubon, *Polibio*, ed. Guerrino Brussich (Palermo: Sellerio editore, 1991)。

17　Bodleian Library, Oxford, MS Casaubon 19, title page: "In hoc auctore non placet nobis quod toties suum institutum, scopum et finem repetit et ob oculos ponit. Nam quorsum idem toties? nisi putaret solum se a militibus Graecanicis lectum iri, aut hircosis centurionibus. Tale omnino vitium licet notare in Varronis lib. De L. L. Perlege principia et fines singulorum librorum, eadem ubique reperies non sine aliquo taedio, meo certe, repetita." 关于浑身臭气的百夫长们，见卡索邦编辑的一篇文章，Persius, *Satirae* 3.77。

18　See Lisa Jardine and Anthony Grafton, " 'Studied for Action': How Gabriel Harvey Read his Livy," *Past & Present* 129 (1990): 30–78; and William Sherman, *John Dee: The Politics of Reading and Writing in the English Renaissance* (Amherst:

University of Massachusetts Press, 1995).

19 关于彼得拉克，经典著作见：Pierre de Nolhac, *Pétrarque et l'humanisme*, new ed., 2 vols. (Paris: H. Champion, 1907); and Carol Quillen, *Rereading the Renaissance: Petrarch, Augustine, and the Language of Humanism* (Ann Arbor: University of Michigan Press, 1998); 关于波利齐亚诺，见收录于此作中的素材，*Pico, Poliziano e l'Umanesimo di fine Quattrocento: Biblioteca medicea laurenziana, 4 novembre-31 dicembre 1994. Catalogo*, ed. Paolo Viti (Florence: L. S. Olschki, 1994); 关于马基雅维利，见：Alison Brown, *The Return of Lucretius to Renaissance Florence* (Cambridge, MA: Harvard University Press, 2010); and Ada Palmer, *Reading Lucretius in the Renaissance* (Cambridge, MA: Harvard University Press, 2014)。

20 读者经常在封底空白页和扉页上写下主题列表。这些虽然有用，却极少系统化；而且往往按文本顺序而非字母顺序排列，这就导致它们不如更加正式的索引有用。

21 Ann Moss, *Printed Commonplace-Books and the Structuring of Renaissance Thought* (Oxford: Clarendon Press, 1996); Francis Goyet, *Le sublime du "lieu commun": L'invention rhétorique dans l'Antiquité et à la Renaissance* (Paris: Honoré Champion, 1996); Earle Havens, *Commonplace Books: A History of Manuscripts and Printed Books from Antiquity to the Twentieth Century, in conjunction with an exhibition at the Beinecke Rare Book & Manuscript Library, Yale University, 23 July through 29 September 2001* (New Haven: Beinecke Rare Book and Manuscript Library; Hanover, NH: Distributed by University Press of New England, 2001); Ann Blair, "Reading Strategies for Coping with Information Overload, ca. 1550–1700," *Journal of the History of Ideas* 64 (2003): 11–28; Blair, "Note-Taking as an Art of Transmission," *Critical Inquiry* 31 (2004): 85–107; Blair, "Scientific Reading: An Early Modernist's Perspective," *Isis* 95 (2004): 64–74; Blair, *Too Much to Know: Managing Scholarly Information before the Modern Age* (New Haven: Yale University Press, 2010). 在哈佛大学开放馆藏项目的"摘录集（Commonplace Books）"页面也可获得有价值的素材，见：http://ocp.hul.harvard.edu/reading/commonplace.html, accessed August 26, 2011。

22 British Library MS Add. 6038.

23 William Sherman, *Used Books: Marking Readers in Renaissance England* (Philadelphia: University of Pennsylvania Press, 2008).

24 Anthony Grafton and Joanna Weinberg, *"I have always loved the holy tongue": Isaac Casaubon, the Jews, and a Forgotten Chapter in Renaissance Scholarship* (Cambridge, MA: Harvard University Press, 2011), 21; Rita Calderini de-Marchi,

Jacopo Corbinelli et les érudits français (Milan: Hoepli, 1914), 176.

25　Jeremias Drexel, *Aurifodina artium et scientiarum omnium, excerpendi sollertia, omnibus litterarum amantibus monstrata* (Antwerp: Widow of Jean Cnobbart, 1641).

26　Georg Horn, *Orbis imperans* (Frankfurt and Leipzig: Johannes Birckner Bibl: Erffurt, 1688); LCP Rare | Am 1668 Hor Log 798.D.

27　Georg Horn, *Arca Mosis* (Leiden and Rotterdam: Hack, 1669), LCP Rare | Am 1668 Hor Log 798.D, blank leaf before p. 1:

> Deus creavit varias Species, pag. 1.
>
> his Benedixit. p. 100.
>
> Et Maledixit. p. 109.
>
> Maledictionem sustulit. p. 128.
>
> Tandemque mundum Instaurabit. p. 219.

（上帝创造各个物种，第 1 页；祂为它们祝福，第 100 页；又诅咒它们，第 109 页；祂解除诅咒，第 128 页；最终，祂将修复世界，第 219 页。）

28　Georg Horn, *Orbis politicus* (Leipzig: Arnstius, 1668), LCP Rare | Am 1667 Hor Log 777 D, 11.

29　Ibid., 96.

30　See Petrarch, *Letters to Classical Authors*, tr. and ed. Mario Cosenza (Chicago: University of Chicago Press, 1910).

31　Horn, *Arca Mosis*, 47: "Aethiopia cutis mollis & porosa, quia sol absumsit particulas rigidas."

32　See Palmieri, "Bees," 18–19 and figure 4.

33　Michael Pexenfelder, *Apparatus eruditionis tam rerum quam verborum per omnes artes et scientias* (Nuremberg: Michael & Joh. Friedrich Endter, 1670); LCP Rare | Sev Pexe Log 626.O, title-page: [Top:] "Mundus non alio debebat nomine dici: / Nomen ab ornatu convenienter habet"; [Right margin:] "Quisquis amas mundum, tibi prospice, quo sit eundum / Est via qua vadis, via pessima, plenaque cladis"; [Bottom:] "Inservio studiis Francisci Danielis Pastorij"; "Rebus in humanis omnia sunt dubia, incerta, suspensa; magisque veritati similia, quam vera. Minuc. Felix."

34　Johann Valentin Andreae, *Menippus* (Cologne: Volckers, 1673); LCP Rare | Sev Andr Log 359.D, 194. 此处，在 cap. 79, *Nova reperta* 与 cap. 80, *Perspicilia* 之间，帕斯托里乌斯写道："Multiplicata fides numero decrescit ab ipso, / Nunquam plus Fidei, Perfidieque fuit."

35　Georg Horn, *Arca Mosis*, LCP Rare | Am 1668 Hor Log 798.D, sig. **3ʳ. 霍恩写道："Nec dubium est, omnes istos famam novitate aliqua aucupantes animas statim nostras negotiari. Hinc illae circa aegros miserae sententiarum concertationes, nullo idem censente, ne videatur accessio alterius. Hinc illa infelicis monumenti inscriptio turba se medicorum perisse." 帕斯托里乌斯标出这一整段，并在页面底部评论道："Quod morbus non potuit, fecerunt Medici, / Illorum turba me peremit: / Multorum Auxilio oppressus sum." 第一句话影射了一首创作于 17 世纪罗马的批判巴贝里尼家族（Barberini family）对城市造成损害的著名讽刺诗："Quod non fecerunt barbari, fecerunt Barberini.（蛮族都没做的，巴贝里尼却做了。）"

36　对比帕斯托里乌斯对于借书行为的评论："Grata mutuo datorum librorum recordatio," 引用于 DeElla Victoria Toms, "The Intellectual and Literary Background of Francis Daniel Pastorius" (PhD dissertation, Northwestern University, 1953), 151。

37　See Frederick Tolles, *James Logan and the Culture of Provincial America* (Boston: Little, Brown, 1957).

38　Edwin Wolf II, *The Library of James Logan of Philadelphia, 1674–1751* (Philadelphia: Library Company of Philadelphia, 1974).

39　詹姆斯·洛根（James Logan）在此书封底空白页的标注：Michael Pexenfelder, *Apparatus eruditionis tam rerum quam verborum per omnes artes et scientias* (Nuremberg: Michael & Joh. Friedrich Endter, 1670); LCP Rare | Sev Pexe Log 626. O: "Emptus hic Liber a Phillipo Munckton cui vendidit eum filius mihi Amicissimi ffr. D. Pastorij Germanopolitani. 15.9bris. 1720." 另见约翰·温思罗普（John Winthrop）在一本书中的题铭，此书曾是发明家科内利斯·德雷贝尔（Cornelis Drebbel）最爱的珍藏，后被德雷贝尔的女婿赠与温思罗普：Woodward, *Prospero's America*, 32。

40　Quoted by Toms, "The Background of Pastorius," 154.

41　Pastorius to Richard and Hannah Hill, 23 January 1716 / 1717; PHS, Pastorius Collection #475: "通过阅读我们知道，古罗马人将朋友分为一二三等，他们只允许一部分朋友走进自家庭院或厅堂，另一部分则可以进入起居室的小房间，但只有亲密的朋友才能靠近他们的衣橱和卧室。所以我认为，我们采取同样的区别对待或许无可厚非。"

42　April Shelford, *Transforming the Republic of Letters: Pierre-Daniel Huet and European Intellectual Life, 1650–1720* (Rochester, NY: University of Rochester Press, 2007); Sarah Ross, *The Birth of Feminism: Woman as Intellect in Renaissance Italy and England* (Cambridge, MA: Harvard University Press, 2009); Carol Pal, *Republic of Women: Rethinking the Republic of Letters in the Seventeenth Century* (Cambridge: Cambridge University Press, 2012).

43　Pastorius to Lloyd Zachary, Germantown, 19 December 1719; PHS, Pastorius Collection #475: "PS Remitto denique tomum IVum Spectatoris sive contemplatoris skeptici Magnae Britanniae, qui me nescio diutius inter seclusos meos libellulos in Conclavi hac hyeme parum frequentato delituit, quam illi concessissem, si non jam pridem remeasse putassem. Veniam igitur juste irascentis Proprietariae humiliter deprecor, et ne propter Peccatum hoc Ignorantiae Volumen V deneget Tua, quod spero, Intercessio procurabit." 关于帕斯托里乌斯与扎卡里的法文和拉丁文书信往来，见：Toms, "The Background of Pastorius," 155–161。

44　Pastorius to Lydia Norton, Germantown, June 14, 1710; PHS, Pastorius Collection #475.

45　Pastorius to Isaac Norris, n.d.; PHS, Pastorius Collection #475.

46　UPL, MS Codex 726, fol. 1ʳ.

47　Kate Peters, *Print Culture and the Early Quakers* (Cambridge: Cambridge University Press, 2005).

48　UPL, MS Codex 89, 1.

49　关于普林尼著作对之后时代的影响，见：Charles Nauert, "Humanists, Scientists, and Pliny: Changing Approaches to a Classical Author," *American Historical Review* 84 (1979): 72–85; Arno Borst, *Das Buch der Naturgeschichte: Plinius und seine Leser im Zeitalter des Pergaments* (Heidelberg: Winter, 1994); Mary Beagon, in *The Classical Tradition*, ed. Anthony Grafton, Glenn Most, and Salvatore Settis (Cambridge, MA: Harvard University Press, 2010); and Peter Fane-Saunders, *Pliny the Elder and the Emergence of Renaissance Architecture* (Cambridge: Cambridge University Press, 2016)。

50　Pliny the Younger, *Epistolae* 3.5.7: "opus diffusum eruditum, nec minus varium quam ipsa natura."

51　Ibid., 3.5.10: "Nihil enim legit quod non excerperet; dicere etiam solebat nullum esse librum tam malum ut non aliqua parte prodesset."

52　Ibid., 3.5.17: "Hac intentione tot ista volumina peregit electorumque commentarios centum sexaginta mihi reliquit, opisthographos quidem et minutissimis scriptos; qua ratione multiplicatur hic numerus. Referebat ipse potuisse se, cum procuraret in Hispania, vendere hos commentarios Larcio Licino quadringentis milibus nummum; et tunc aliquanto pauciores erant." 关于这封信所描绘的老普林尼的形象，见：John Henderson, *Pliny's Statue: The Letters, Self-Portraiture & Classical Art* (Exeter: Exeter University Press, 2002), 69–103; and Aude Doody, *Pliny's Encyclopedia: The Reception of the Natural History* (Cambridge: Cambridge University Press, 2010), 14–23。关于他阅读、评注和摘抄方法的细节，见：Tiziano Dorandi, "Den Autoren über die Schulter geschaut: Arbeitsweise und Autographie bei den Antiken Schriftstellern," *Zeitschrift für Papyrologie und Epigraphik* 87 (1991): 11–33, at 13–

15; Valérie Nass, *Le projet encyclopédique de Pline l'Ancien* (Rome: École Française der Rome, 2002), 108–136。

53　UPL, MS Codex 726, fol. 1ᵛ.

54　关于普林尼对书本的执迷，有一篇经典且影响深远的评论文章，见：G. E. R. Lloyd, *Science, Folklore and Ideology: Studies in the Life Sciences in Ancient Greece* (Cambridge: Cambridge University Press, 1983), 135–149。

55　关于普林尼学术研究的本质，见：Sorcha Carey, *Pliny's Catalogue of Culture: Art and Empire in the Natural History* (Oxford: Oxford University Press, 2003); Trevor Murphy, *Pliny the Elder's* Natural History*: The Empire in the Encyclopedia* (Oxford: Oxford University Press, 2004), 52–73; and Mary Beagon, *The Elder Pliny on the Human Animal: Natural History Book 7* (Oxford: Clarendon Press, 2005), 20–38。

56　Pliny the Elder, *Naturalis Historia*, praefatio 21–22: "Argumentum huius stomachi mei habebis quod in his voluminibus auctorum nomina praetexui. est enim benignum, ut arbitror, et plenum ingenui pudoris fateri per quos profeceris, non ut plerique ex iis, quos attigi, fecerunt. Scito enim conferentem auctores me deprehendisse a iuratissimis ex proximis veteres transcriptos ad verbum neque nominatos, non illa Vergiliana virtute, ut certarent, non Tulliana simplicitate, qui de re publica Platonis se comitem profitetur, in consolatione filiae Crantorem, inquit, sequor, item Panaetium de officiis, quae volumina ediscenda, non modo in manibus cotidie habenda, nosti." 关于普林尼对知识产权和学术诚信的理解，见：Eugenia Lao, "Luxury and the Creation of a Good Consumer," in *Pliny the Elder: Themes and Contexts*, ed. Roy Gibson and Ruth Morello (Leiden: Brill, 2011), 35–56。

57　UPL, MS Codex 89, 301: "Ingenuum est fateri per quos profeceris. Plin. ex quibus scripseris."

58　John Whitaker, "The Value of Indirect Tradition in the Establishment of Greek Philosophical Texts or the Art of Misquotation," in *Editing Greek and Latin Texts*, ed. John Grant (New York: AMS, 1989), 63–95.

59　UPL, MS Codex 726, fol. 1ᵛ

60　Robert Burton, *The Anatomy of Melancholy*, ed. Thomas Faulkner, Nicolas Kiessling and Rhonda Blair, 3 vols. (Oxford: Clarendon Press, 1989–94), 1:11, 8. 关于伯顿及同时代人在摘录作品史上扮演的角色，见：Quentin Skinner, *Reason and Rhetoric in the Philosophy of Hobbes* (Cambridge: Cambridge University Press, 1996), 118–119。

61　*Spectator* 316.

62　John Locke, *A New Method of Making Common-Place-Books* (London: Greenwood, 1706); 关于根据洛克的原则构建的摘录集，见：*A Little Common Place Book*

(Brooklyn, NY: Cabinet Books & Proteotypes, 2010)；关于洛克为笔记本编制索引的方法及其影响，见：Blair, *Too Much to Know*；关于近代早期英格兰摘录集及相关实践的更广范围的历史，见：Richard Yeo, *Notebooks, English Virtuosi, and Early Modern Science* (Chicago and London: University of Chicago Press, 2014)。

63 Jonathan Swift, *A Tale of a Tub, and Other Work*, ed. Angus Ross and David Woolley (Oxford: Oxford University Press, 1986).

64 Pastorius, *Deliciae hortenses*, ed. Schweitzer, 74.

65 *Multilingual Anthology of American Literature*, ed. Shell and Sollors.

66 经典研究，见：Erich Trunz, "Der deutsche Späthumanismus um 1600 als Standeskultur," in *Deutsche Barockforschung: Dokumentation einer Epoche*, ed. Richard Alewyn (Cologne: Kiepenheuer & Witsch, 1965), 147–181; 至于更近期的观点，见：Anton Schindling, *Humanistische Hochschule und freie Reichsstadt: Gymnasium und Akademie in Strassburg, 1538–1621* (Wiesbaden: Steiner, 1977); Wilhelm Kühlmann, *Gelehrtenrepublik und Fürstenstaat: Entwicklung und Kritik des deutschen Späthumanismus in der Literatur des Barockzeitalters* (Tübingen: Niemeyer, 1982); Gunter Grimm, *Literatur und Gelehrtentum in Deutschland: Untersuchungen zum Wandel ihres Verhältnisses von Humanismus bis zur Frühaufklärung* (Tübingen: Niemeyer, 1983); Manfred Fleischer, *Späthumanismus in Schlesien. Ausgewählte Aufsätze* (Munich: Delp, 1984); *Späthumanismus: Studien über das Ende einer kulturhistorischen Epoche*, ed. Notker Hammerstein und Gerrit Walther (Göttingen: Wallstein, 2000); and Axel Walter, *Späthumanismus und Konfessionspolitik: Die europäische Gelehrtenrepublik um 1600 im Spiegel der Korrespondenzen Georg Michael Lingelsheims* (Tübingen: Niemeyer, 2004)。

67 UPL, MS Codex 726, 222. 关于舒姆贝格及其与帕斯托里乌斯的关系，见：Toms, "The Background of Pastorius," 28, 117–118。

68 Terence Cave, *The Cornucopian Text: Problems of Writing in the French Renaissance* (Oxford: Clarendon Press, 1979); Moss, *Printed Commonplace-Books*; Kathy Eden, *Friends Hold All Things in Common: Tradition, Intellectual Property, and the Adages of Erasmus* (New Haven: Yale University Press, 2001).

69 Anthony Grafton and Lisa Jardine, *From Humanism to the Humanities: Education and the Liberal Arts in Fifteenth-and Sixteenth-Century Europe* (London: Duckworth, 1986).

70 Cotton Mather, *The Christian Philosopher*, ed. Winton Solberg (Urbana: University of Illinois Press, 1994), 10; William Darlington, *Memorials of John Bartram and Humphry Marshall* (Philadelphia: Lindsay and Blakiston, 1849), 352.

71 见：Leonard Forster, *The Icy Fire: Five Studies in European Petrarchism*

(London: Cambridge University Press, 1969); and Forster, *The Poet's Tongues: Multilingualism in Literature* (London: Cambridge University Press, 1970)。

72 UPL, MS Codex 726, fol. 1ᵛ.

73 See, in general, R. J. W. Evans, *The Making of the Habsburg Monarchy, 1550–1700: An Interpretation* (Oxford: Clarendon Press, 1979); and Anthony Grafton, "The World of the Polyhistors: Humanism and Encyclopedism," *Central European History* 18 (1985): 31–47. On Kircher, see *The Great Art of Knowing: The Baroque Encyclopedia of Athanasius Kircher*, ed. Daniel Stolzenberg (Stanford, CA: Stanford University Libraries, 2001); *Athanasius Kircher: The Last Man Who Knew Everything*, ed. Paula Findlen (New York and London: Routledge, 2004); Angela Mayer-Deutsch, *Das Musaeum Kircherianum. Kontemplative Momente, historische Rekonstruktion, Bildrhetorik* (Berlin: Diaphanes Verlag 2010); *and Daniel Stolzenberg, Egyptian Oedipus: Athanasius Kircher and the Secrets of Antiquity* (Chicago and London: University of Chicago Press, 2013).

74 Peter Lambeck, *Prodromus historiae literariae, et Tabula duplex chronographica universalis*, ed. Johann Albert Fabricius (Leipzig and Frankfurt: Christian Liebezeit, 1710).

75 Martin Gierl, *Pietismus und Aufklärung: Theologische Polemik und die Kommunikationsreform der Wissenschaft am Ende des 17. Jahrhunderts* (Göttingen: Vandenhoeck & Ruprecht, 1997).

76 Blair, *Too Much to Know*. See also Markus Krajewski, *Paper Machines: About Cards & Catalogs, 1548–1929*, trans. Peter Krapp (Cambridge, MA, and London: MIT Press, 2011), 17–21. 关于普拉奇乌斯对笔记橱的记载，见其著作，*De arte excerpendi* (Stockholm and Hamburg: Liebezeit, 1689), 124–159. 关于哈里森和哈特利布的圈子，见这篇精彩文章，Noel Malcolm, "Thomas Harrison and His 'Ark of Studies': An Episode in the History of the Organization of Knowledge," *The Seventeenth Century* 19 (2004): 196–232。

77 Conrad Samuel Schurzfleisch, *Schurzfleischiana, sive varia de scriptoribus librisque iudicia*, ed. Godofredus Wagener (Wittenberg: Schlomach, 1741), 108: "Sunt, qui coniicere ausint, Iosephum a patre Iulio Caesare castratum esse, ne matrimonium iniret, neque splendorem familiae illustris detereret."

78 关于这些方法及其原始资料和后续发展，最详尽的研究见：Blair, *Too Much to Know*。

79 笔者使用的是该书第五版，Christoph August Heumann, *Conspectus reipublicae literariae: sive Via ad historiam literariam iuuentuti studiosae aperta a Christophoro Augusto Heumanno*, 5th ed. (Hanover: Heirs of Nicolaus Förster and

Son, 1746)。

80　Melchior Adam Pastorius, *Römischer Adler, oder Theatrum electionis et coronationis Romano-Caesareae* (Frankfurt am Main: Fickwirdt, 1657).

81　Melchior Adam Pastorius, *Franconia rediviva. Das ist: Des hochlöblichen Fränkischen Kraises so wohl genealogische als historische Beschreibung* (Nuremberg: Author, 1702).

82　Melchior Adam Pastorius, "Liber intimissimus omnium semper mecum continens thesaurum thesaurorum Iesum, quem diligo solum. in quo vivo et in quo moriar ego"; PHS, Pastorius collection #475; UPL, MS Codex 1150, for which see below.

83　UPL, MS Codex 726, 223.

84　Johann Heinrich Boecler, *Bibliographia historico-politico-philologica curiosa: quid in quovis scriptore laudem censuramve mereatur, exhibens, cui praefixa celeberrimi cuiusdam viri de studio politico bene instituendo dissertatio epistolica posthuma* (Germanopolis [Frankfurt am Main: Schrey und Hamm] , 1677). 关于另一种形式的汇编，名为"摘抄"，实际上却由对重大事件（比如，对圣殿骑士的定罪）的讨论构成，并缩略为概要和引用文献列表——见其著作 *Excerpta controversiarum illustrium* (Strasbourg: Schmuck,1680)。

85　Johann Heinrich Boecler, *Bibliographia critica scriptores omnium atrium atque scientiarum ordine percensens, nunc demum integra* (Leipizg: Heirs of Gross, 1715).

86　Johann Gottlieb Krause, "Praefatio," ibid., sig. b^r.

87　Boecler, *Bibliographia historico-politico-philologica curiosa*, sigs. F^v–Fa^r.

88　Boecler, *Bibliographia critica*, 232–233.

89　Christophorus Schrader, *Tabulae Chronologicae a Prima Rerum Origine ad Natum Christum* (Helmstedt: Heinrich David Mueller, 1673); LCP Rare | *Sev Tabu 1405.F.10.

90　Heinrich Schaevius, *Sceleton Geographicum*, 4th ed. (Braunschweig: Duncker / Hauenstein, 1671), LCP *Sev Tabu (b.w.) 1405.F.12., sig. A^r, Where the text mentions "Cosmographia, quae totum mundum visibilem depingit: id quod intendit Plinius," Pastorius adds "& Munsterus."

91　Ibid., sig. A2^r; where the text discusses "Divisio Terrae quintuplex," Pastorius writes: "Totus terrarum Orbis etiam dividitur in 3. partes, sive Insulas magnas, quas Oceanus circumfluit, quarum 1a continet Europam, Asiam et Africam, 2a Americam, et 3a Megallanicam, quae et Australis et Incognita vocatur."

92　Carlo Sigonio, Marquard Freher, and David Chytraeus, *Romanorum Germanorumque Caesarum nominum, successionum et seculaorum a nato Christo distincta notatio*

(Helmstedt: Muller, 1666), LCP *Sev Tabu 1405 F.11. 在大卫·希特雷乌斯（David Chytraeus）罗列的历史学家名单的最后有一条附注：sig.［H2ʳ］, is a note: "Gottfrid Arnolds unparteyische kirchen und ketzer histori, von Christi geburt an biss auffs Jahr 1688. in folio, gedruckt zu Franckfurt." 在该页的另一面，sig.［H2ᵛ］, 则出现了一份手稿 "Index scriptorum ecclesiasticorum"。

93 关于密码学和隐写术，以及它们与同时期其他学术形式的关系的研究，见：Gerhard Strasser, *Lingua universalis: Kryptologie und Theorie der Universalsprachen im 16. und 17. Jahrhundert* (Wiesbaden: In Kommission bei O. Harrassowitz, 1988)。

94 Pexenfelder, *Apparatus*, 309: "Steganographia est clandestina seu clancularia scribendi ratio, occultis utens signis, ex compacto paucorum, intelligibilibus, dum vel trajiciuntur & transponuntur, ut B pro A; C pro B. Vel numeri adhibentur pro literis, ut 1 pro a. 2. pro b. 3. pro c. Vel pro arbitrio transmutatur alphabetum. Vel novi characteres efformantur: vel inaspecti quopiam illiti succo exarantur in panno, non nisi frigida madefacti legendi, aut in charta ad lucernam transparente colligendi, &c."

95 Ibid.: "Vide pag. seq. sub finem."

96 Ibid., 310–311. 帕斯托里乌斯在页边空白处堆满了叶片拓印，在佩克森费尔德写下 "Characteres seu literae sunt metallicae," 的那一页，帕氏在底部空白处写了一条注释：Pastorius has added a note in the bottom margin: "vel Naturales, hortorum Camporumque propago, ut quaedam apparent in Margine: vel Artificiales. Ex prioribus Absinthium denotat A. Beta B. Crocus C. Filix F. &c. hasque Botanici optime intelligunt."

97 另　见：Shirley Hershey Showalter, " 'The Herbal Signs of Nature's Page': A Study of Francis Daniel Pastorius's View of Nature," *Quaker History* 71 (1982): 89–99; Christoph Schweitzer, "Francis Daniel Pastorius, the German-American Poet," *Yearbook of German-American Studies* 18 (1983): 21–28; 最重要的是 Andrew Thomas, "Gardening in the New World: Francis Daniel Pastorius's Conception of Community in the Settlement of Germantown," *William & Mary Quarterly*，即将出版。

98 UPL, MS Codex 726, 65.

99 Michael Aitzinger, *De leone Belgico, eiusque topographica atque historica descriptione liber* (Cologne: Hogenberg, 1583). See G. N. Clark, *War and Society in the Seventeenth Century* (Cambridge: Cambridge University Press, 1958).

100 关于德国世界期刊的兴起，见：Hubert Laeven, The *"Acta eruditorum" under the Editorship of Otto Mencke (1644–1707): The History of an International Learned Journal between 1682 and 1707*, tr. Lynne Richards (Amsterdam: APA–Holland

University Press, 1990); Gierl, *Pietismus und Aufklärung*, 395–417; 更广泛的探讨见：Anne Goldgar, *Impolite Learning: Conduct and Community in the Republic of Letters*, 1680–1750 (New Haven: Yale University Press, 1995)。

101 *Monatliche Unterredungen* 3 (1691): 278–288.

102 关于佩恩与长期和平，见：James Merrell, *Into the American Woods: Negotiations on the Frontier* (New York: W. W. Norton, 1999)。关于中部殖民地的白人定居者与美洲原住民关系的后期历史，见：Peter Silver, *Our Savage Neighbors: How Indian War Transformed Early America* (New York: W. W. Norton, 2008)。

103 *Monatliche Unterredungen* 3 (1691), 287–288: "Ex his elementis, sive etiam, quod matrem *ana*, uxorem *squáa*, vetulam *hexis*, diabolum *menitto*, domum *wicco*, praedium *hockihócken*, vaccam *muss*, suem *Kuschkusch*, appellitent, si tu Indorum horum incunabula divinaveris, bonus mihi eris Philologus &c." 关于近代早期学者对印第安人起源的几种理论，见：Lee Eldridge Huddleston, *Origins of the American Indians: Eu ropean Concepts, 1492–1729* (Austin: University of Texas Press for the Institute of Latin American Studies, 1967); Giuliano Gliozzi, *Adamo e il nuovo mondo: la nascita dell'antropologia come ideologia coloniale: dalle genealogie bibliche alle teorie razziali* (1500–1700) (Florence: La nuova Italia, 1977); and David Livingstone, *Adam's Ancestors: Race, Religion, and the Politics of Human Origins* (Baltimore: Johns Hopkins University Press, 2008)。

104 Nigel Leask, *Curiosity and the Aesthetics of Travel Writing, 1770–1840: "From an Antique Land"* (Oxford: Oxford University Press, 2002).

105 *Monatliche Unterredungen* 3 (1691), 283: "pergamus, et ne silentio viam transigamus veluti pecora, sermocinemur aliquid de Nili, vel quae aeque obscura est, Indorum nostrorum origine. Nam licet non desint, qui eos Ebraeorum arbitrentur prosapiam, non sine signis verosimillimis: quosdam tamen longius hinc habitantium ex Cambria emersisse, nativa illorum loquutio innuit. Quibus autem temporibus atque navigiis Atlanticum hoc mare exantlaverint, Polyhistor tuus Altdorfinus distinctius explicet: ego nec ullo pene libro instructus tam dubiam litem meam non facio."

106 关于霍恩，见：Adalbert Klempt, *Die Säkularisierung der universalhistorischen Auffassung* (Göttingen: Musterschmidt, 1960), 此书重点探讨他的独创性；以及重点探讨其局限性的 Erich Hassinger, *Empirisch-Rationaler Historismus* (Bern and Munich: Francke, 1978)。

107 Sanjay Subrahmanyam, *Three Ways to Be Alien: Travails and Encounters in the Early Modern World* (Waltham, MA: Brandeis University Press, 2011); Daniel Smail, *On Deep History and the Brain* (Berkeley: University of California Press, 2008).

108 UPL, MS Codex 726, fol. 1ᵛ: "For as much as our Memory is not capable to retain all

remarkable words, Phrases, Sentences or Matters of moment, which we do hear and read, It beseems every good Scholar to haue a Common Place-Book, and therein to treasure up what euer deserues his Notice, &c."

109 See Justin Stagl, *Apodemiken: Eine räsonnierte Bibliographie der reisetheoretischen Literatur des 16., 17. und 18. Jahrhunderts* (Paderborn: Schöningk, 1983); Stagl, *A History of Curiosity: The Theory of Travel, 1550–1800* (Chur: Harwood, 1995).

110 UPL, MS Codex 726, 223.

111 UPL, MS Codex 1150: Melchior Adam Pastorius, Erffurtensis, *Itinerarium et vitae curriculus, das ist, Seine voellige Reis-Beschreibunge und gantzer Lebenslauff, sampt einigen Merckwuerdigen Begebenheiten und anzaigungen derer iedes Orth befindlichen Raritäten, partly edited, with other materials, in Des Melchior Adam Pastorius... Leben und Reisebeschreibungen von ihm selbst erzählt*, ed. Albert Schmitt (Munich: Delp, 1968).

112 UPL, MS Codex 726, 166.

113 Toms, "The Background of Pastorius," 154.

114 Franciscus Schottus, *Itinerarium Italiae* (Amsterdam: Jansson, 1655); LCP Rare | Sev Scho Log 654.D. 关于这本书及其发展历程，见：Ludwig Schudt, "Das 'Itinerarium Italiae' des Franciscus Schottus," in *Adolf Goldschmidt zu seinem siebzigsten Geburtstag am 15. Januar 1933 dargebracht* (Berlin: Würfel Verlag, 1935), 144–152; and E. S. de Beer, "François Schott's *Itinerario d'Italia*," *The Library*, 4th ser., 23 (1942): 57–83。

115 Schottus, *Itinerarium Italiae*, sigs. A3^v–A4^r, at A4^r: "Vulgi mores: quo pertinent ratio victus et vestitus; item opificia."

116 Johann Burkhard Mencke, *The Charlatanry of the Learned*, trans. Francis Litz, ed. H. L. Mencken (New York: Knopf, 1937), 61–62, 69, 64 (slightly altered); *De charlataneria eruditorum declamationes duae* (Leipzig: Gleditsch, 1715), 13, 20, 15–16. See, in general, Conrad Wiedemann, "Polyhistors Glück und Ende: Von D. G. Morhof zum jungen Lessing," in *Festschrift Gottfried Weber*, ed. Heinz Otto Burger and Klaus von See (Bod Homburg, Berlin and Zurich: Verlag Gehlen, 1967), 215–235; Leonard Forster, " 'Charlataneria eruditorum' zwischen Barock und Aufklärung in Deutschland," in *Res publica litteraria: die Institutionen der Gelehrsamkeit in der frühen Neuzeit*, ed. Sebastian Neumeister und Conrad Wiedemann (Wiesbaden: Harrassowitz, 1987), 1:203–220; Pascale Hummel, *Moeurs érudites: étude sur la micrologie littéraire* (Allemagne, XVIe–XVIIIe siècles) (Geneva: Droz, 2002); Alexander Košenina, *Der gelehrte Narr: Gelehrtensatire seit der Aufklärung* (Göttingen: Wallstein, 2003), Kasper Risbjerg Eskildsen, "How

Germany Left the Republic of Letters," *Journal of the History of Ideas* 65, no. 3 (July 2004): 421–432; Marian Füssel, " 'The Charlatanry of the Learned': On the Moral Economy of the Republic of Letters in Eighteenth-Century Germany," *Cultural and Social History 3 (2006): 287–300; Diskurse der Gelehrtenkultur in der frühen Neuzeit: ein Handbuch*, ed. Herbert Jaumann (Berlin: De Gruyter, 2011). 关于"文人共和国"的仪式和习俗,尤其是可能导致成员被驱逐的行为和出版形式,见: Martin Mulsow, *Die unanständige Gelehrtenrepublik: Wissen, Libertinage und Kommunikation in der Frühen Neuzeit* (Stuttgart: Metzler, 2007)。

117 UPL, MS Codex 726, 222: "Anno 1668. the 31th of July I went with some others to the University of Altdorf, there to be initiated among Students which they call Deponisten, giving to those Novices with abundance of impertinent Ceremonies the Salt of Wisdom, Sal Sapientiae."

118 Note esp. his copy of Andreae's *Menippus*; LCP Rare | Sev Andr Log 359.D.

119 Daniel Franciscus Pastorius, "Circumstantial Geographical Description of Pennsylvania," in *Narratives of Early Pennsylvania, West New Jersey and Delaware, 1630–1707*, ed. Albert Cook Myers (New York: Charles Scribner's Sons, 1912), 362–363, 446–447. For a detailed discussion of this work, see Lambert, "Pastorius."

120 See, e.g., UPL, MS Codex 726, fol. 59^v, 113: "Augustus Hermannus Francke his Pietas Hallensis, or historical Narration of the Orphan-house & other Charitable Institutions at Glaucha near Hall in Saxony. London in 8o 1675. Vide infra Num. 119"; 116: "Pietas Hallensis, or an Abstract of the Marvellous Footsteps of Divine Providence attending the Managemt of the Orphan house at Glaucha near Hall. London 8o. 1710."

121 Ian Hunter, "Christian Thomasius and the Desacralization of Philosophy," *Journal of the History of Ideas* 61, no. 4 (2000): 595–616.

122 关于托马西乌斯的概述,见: Notker Hammerstein, *Jus und Historie: Ein Beitrag zur Geschichte des historischen Denkens an deutschen Universitäten im späten 17. und im 18. Jahrhundert* (Göttingen: Vandenhoeck und Ruprecht, 1972), 43–147。

123 Gierl, *Pietismus und Aufklärung*, 21–324.

124 关于近代折中主义的概述,见: Michael Albrecht, *Eklektik: eine Begriffsgeschichte mit Hinweisen auf die Philosophie-und Wissenschaftsgeschichte* (Stuttgart-Bad Cannstatt: Frommann-Holzboog, 1994)。关于托马西乌斯本人的立场,见: F. M. Barnard, "The 'Practical Philosophy' of Christian Thomasius," *Journal of the History of Ideas* 32, no. 2 (1971): 221– 246; Horst Dreitzel, "Zur Entwicklung und Eigenart der 'Eklektischen Philosophie,' " *Zeitschrift fur Historische Forschung* 18 (1991): 281–343, at 324– 330; and Martin Mulsow, "Eclecticism or Skepticism? A Problem of

the Early Enlightenment," *Journal of the History of Ideas* 58, no. 3 (1997): 465–477。

125 Christian Thomasius, *Introductio ad philosophiam aulicam* (Leipzig: Thomasius, 1688), 46: "Ita praestat, navem habere ad navigandum aptam, etsi saepius in partibus renovatam, quae renovatio tamen identitatem non tollit, quam retinere perpetuo eandem non bene cohaerentem et rimarum plenam. Ita praestat aedificium a variis artificibus adornatum quam tuguriolum a rustico etsi uno extructum."

126 Hammerstein, *Jus und Historie*, 43–147, 205–265. 关于文艺复兴时期 "historia literaria" 的基础，见：Wilhelm Schmidt-Biggemann, *Topica universalis: Eine Modellgeschichte humanistischer und barocker Wissenschaft* (Hamburg: Meiner, 1983), 1–66; and Michael Carhart, "*Historia Literaria* and Cultural History from Mylaeus to Eichhorn," in *Momigliano and Antiquarianism: Foundations of the Modern Cultural Sciences*, ed. Peter Miller (Toronto: University of Toronto Press, 2007), 184–206。

127 See Schmidt-Biggemann, *Topica universalis*, 212–225.

128 Gierl, *Pietismus und Aufklärung*, 487–574. 关于宗教在托马西乌斯思想中的地位，见：Thomas Ahnert, *Religion and the Origins of the German Enlightenment: Faith and the Reform of Learning in the Thought of Christian Thomasius* (Rochester, NY: University of Rochester Press, 2006)。

129 Grafton and Weinberg, "*I have always loved the holy tongue*," 15.

130 Ibid., 267–280.

131 UPL, MS Codex 726.

132 Thomasius, *Introductio*, sig.)o()o(2ᵛ: "Putavi igitur, convenientius esse si de ejusmodi aberrationibus in tempore admonerer ab aliis veritatis amatoribus, ut in fusiore deductione hujus doctrinae ea, quae clarius et distinctius forte cogniturus essem, emendatius etiam ponerentur. Quare obligabunt me omnes atque singuli sapientiae studiosi, sive Cartesiani sive Peripatetici, sive alii cuidam sectae addicti sint, aut Philosophiam Eclecticam sequantur, si me forte incautum in devia incidentem ad genuinam veritatis semitam reducere haud gravatim velint"

133 关于托马西乌斯对巫术的看法，见：Christian Thomasius, *Über die Hexenprozesse, ed. and tr. Rolf Lieberwirth* (Weimar: Böhlau, 1967); 关于其对酷刑的看法，见：Thomasius, *Über die Folter*, ed. Lieberwirth (Weimar: Böhlau, 1986), 节译自 *The Witchcraft Sourcebook*, ed. Brian Levack (London: Routledge, 2005), 168–170。

134 1688 年请愿书的原本现存于哈弗福德学院（Haverford College）的贵格会及其特别藏书中。电子版文本，见：http://en.wikipedia.org/wiki/File: The_1688_germantown_quaker_petition_against_slavery.jpg，2011 年 12 月 5 日上线。关于帕斯托里乌斯在 1688 年日耳曼敦抗议中所扮演的角色，见：Hildegard Binder-

Johnson, "The Germantown Protest of 1688 against Negro Slavery," *Pennsylvania Magazine of History and Biography* 65 (1941): 145–156; and Katharine Gerbner, "Antislavery in Print: The Germantown Protest, the 'Exhortation,' and the Seventeenth-Century Quaker Debate on Slavery," *Early American Studies: An Interdisciplinary Journal* 9 (2011): 552–575，此文献提醒读者警醒过于理想化的阐述.

135 Ulrich Huber, "Oratio de pedantismo," in Thomasius, *Introductio*, 243: "Ostentatores sunt... 3. qui versiculos, sententias, verba Latina, Graeca, Hebraea, terminos scholasticos, leges, praecepta medica, aliaque *eruditionis argumenta* proferunt, ubi nihil usui veniunt."

136 Ulrich Huber, "Oratio de pedantismo," ibid., 292–293: "Prorsus opera danda est. ne eruditio nostra cuidam gravis aut molesta sit; nec scio, an non huc, ipsum Latini sermonis commercium redigere nos oporteat, ut nec illud pedantismi sit expers, si absque necessitate frequentetur apud homines, quibus in promptu non est facultas hujus linguae, vel qui promiscuo ejus usu non delectantur. Dolendum equidem est, hoc commune gentium Christianarum vinculum ita resolvi in desuetudinem, ut etiam inter homines doctrinam professos Latine loqui, de rebus a studiorum disceptatione alienis, paedagogicum habeatur"; 295: "Demus hoc socordiae seculi et tralatitiae humanitati, ut eorum, qui Latina reformidant pudori ignoscamus; sed nunquam inter nos invicem illam gentis gentium dominae linguam cessemus reddere nobis familiarem; sine cujus exprompta facultate omnis eruditio nostra tanquam situ squalida sordescit et sapientia balbutire videatur."

137 Erben, " 'Honey-Combs' and 'Paper-Hives.' "

138 Palmieri, "Bees."

139 关于对这些主题的不同形态的近期研究，见：e.g., J. G. A. Pocock, *Barbarism and Religion*, 6 vols. (Cambridge: Cambridge University Press, 1999–2015); Peter Miller, *Peiresc's Europe: Learning and Virtue in the Seventeenth Century* (New Haven: Yale University Press, 2000); Jonathan Sheehan, *The Enlightenment Bible: Translation, Scholarship, Culture* (Princeton: Princeton University Press, 2005); Jacob Soll, *Publishing The Prince: History, Reading, & the Birth of Political Criticism* (Ann Arbor: University of Michigan Press, 2005); Dan Edelstein, "Humanism, l'Esprit Philosophique, and the Encyclopédie," *Republics of Letters* 1 (2009)，线上地址：http://arcade.stanford.edu/journals/rofl/issues/volume-1/issue-1; Edelstein, *The Enlightenment: A Genealogy* (Chicago: University of Chicago Press, 2010); David Sorkin, *The Religious Enlightenment: Protestants, Jews, and Catholics from London to Vienna* (Princeton: Princeton University Press, 2008); and Guy Stroumsa, *A New Science: The Discovery of Religion in the Age of Reason*

(Cambridge, MA: Harvard University Press, 2010)。

140　See now *Confessionalization and Erudition in Early Modern Europe: An Episode in the History of the Humanities*, ed. Nicholas Hardy and Dmitri Levitin (Oxford: Published for the British Academy by Oxford University Press, 2020).

第 7 章　维泰博的安尼奥对犹太人的研究

厄尔·黑文斯（Earle Havens）、沃尔特·斯蒂芬斯（Walter Stephens）和乔安娜·温贝格（Joanna Weinberg）对本文的早期版本作了评注，使我受益匪浅。

1　See Cesare Vasoli, "Profezia e astrologia in uno scritto di Annio da Viterbo," in his *I miti e gli astri* (Naples: Guida, 1977), 17–49; and Monica Azzolini, *The Duke and the Stars: Astrology and Politics in Renaissance Milan* (Cambridge, MA: Harvard University Press, 2012).

2　关于安尼奥及其世界的基本著作，包括：Roberto Weiss, "Traccia per una biografia di Annio da Viterbo," *Italia medioevale e umanistica* 5 (1962): 425–441; Walter Stephens, "Berosus Chaldaeus: Counterfeit and Fictive Authors of the Early Sixteenth Century" (PhD dissertation, Cornell University, 1979); Walter Stephens, *Giants in Those Days: Folklore, Ancient History, and Nationalism* (Lincoln: University of Nebraska Press, 1989); *Annio da Viterbo: documenti e ricerche* (Rome: Consiglio nazionale delle ricerche, 1981); Ingrid Rowland, *The Culture of the High Renaissance: Ancients and Moderns in Sixteenth-Century Rome* (Cambridge: Cambridge University Press, 1998); and Brian Curran, *The Egyptian Renaissance: The Afterlife of Ancient Egypt in Early Modern Italy* (Chicago: University of Chicago Press, 2007)。关于近期更新的综合论述，见：Walter Stephens, "Annius of Viterbo," in *The Classical Tradition*, ed. Anthony Grafton, Glenn Most, and Salvatore Settis (Cambridge, MA: Harvard University Press, 2011), 46–47。

3　这种鉴别文献真实性的理念声名远扬，关于其漫长的后续学术影响，见：Randolph Head, "Documents, Archives, and Proof around 1700," *Historical Journal* 56, no. 4 (2013): 909–930。

4　Annius, *Antiquitates* (Paris: Jean Petit and Josse Bade, 1512), fol. LXXXIIIIᵛ. 笔者引用该版本的原因是它编排合理、印刷清晰，而且很容易找到数字版本：http://books.google.com/books?id=A4lNAAAAcAAJ&printsec=frontcover&dq=antiquitatum+variarum&hl=en&sa=X&ei=W96rUeWbCJG34APBx4CQCQ&ved=0CCUQ6AewAQ, 2013 年 6 月 2 日上线。

5　E. N. Tigerstedt, "loannes Annius and Graecia Mendax," in *Classical, Mediaeval and Renaissance Studies in Honor of Berthold Louis Ullman*, ed. Charles Henderson Jr., 2 vols. (Rome: Edizioni di Storia e Letteratura, 1964), 2:293–310.

6　Beatus Rhenanus, *Rerum Germanicarum libri tres*, 2nd ed. (Basel: Froben and Episcopius, 1551), 39, citing Erasmus's adage "Mulgere hircum," *Adagia* 1.3.51 (from Lucian). See Karl Joachim Weintraub, review of *Defenders of the Text* by Anthony Grafton, *Classical Philology* 88 (1993): 269–273, at 271.

7　Christopher Krebs, *A Most Dangerous Book: Tacitus's Germania from the Roman Empire to the Third Reich* (New York: Norton, 2011).

8　关于安尼奥伪书的影响，见: e.g., T. D. Kendrick, *British Antiquity* (London: Methuen, 1950); Frank Borchardt, *German Antiquity in Renaissance Myth* (Baltimore: Johns Hopkins Press, 1971); Anthony Grafton, *Forgers and Critics: Creativity and Duplicity in Western Scholarship* (Princeton: Princeton University Press, 1990; repr. with additions, Princeton: Princeton University Press, 2019); Marianne Wifstrand Schiebe, *Annius von Viterbo und die schwedische Historiographie des 16. und 17. Jahrhunderts* (Uppsala: K. Humanistiska vetenkaps-samfundet i Uppsala, 1992); R. E. Asher, *National Myths in Renaissance France: Francus, Samothes and the Druids* (Edinburgh: Edinburgh University Press, 1993); and Thomas Lehr, *Was nach der Sintflut wirklich geschah: die "Antiquitates" des Annius von Viterbo und ihre Rezeption in Deutschland im 16. Jahrhundert* (Frankfurt am Main: Peter Lang, 2012)。

9　Leo Wiener, *Contributions toward a History of Arabo-Visigothic Culture*, Vol. 3: *Tacitus'* Germania *& Other Forgeries* (Philadelphia: Innes and Sons, 1920), 203–204.

10　Norbert Wiener, *Ex-Prodigy: My Childhood and Youth* (New York: Simon and Shuster, 1953).

11　Wiener, *Contributions*, 3:203–204.

12　引用于: ibid., 203。关于原始文本（以及更多内容），见: Joanna Weinberg, "Azariah de' Rossi and the Forgeries of Annius of Viterbo," in *Essential Papers on Jewish Culture in Renaissance and Baroque Italy*, ed. David Ruderman (New York and London, 1992), 252–279, at 259 and 274n.46。

13　*Scaligerana* (Cologne [Amsterdam] , n.p. 1695), 184: "Il y a deux cens ans que qui eust enseigné l'Hebreu, ou en eust sceu, on l'eust estimé heretique."

14　概述，见: *Crossing Borders: Hebrew Manuscripts as a Meeting-Place of Cultures*, ed. Piet van Boxel and Sabine Arndt (Oxford: Bodleian Library, 2009); 关于罗伯特·韦克菲尔德的希伯来语学术研究的中世纪渊源，见: Judith Olszowy-Schlanger, "Robert Wakefield and the Medieval Background of Hebrew Scholarship in Renaissance England," in *Hebrew to Latin, Latin to Hebrew: The Mirroring of Two Cultures in the Age of Humanism*, ed. Giulio Busi, Berlin Studies in Judaism, vol. 1

(Berlin: Freie Universität, Institut für Judaistik; Turin: Nino Aragno, 2006), 61–87。

15 Christopher Ligota, "Annius of Viterbo and Historical Method," *Journal of the Warburg and Courtauld Institutes* 50 (1987): 44–56.

16 Stephens, "Berosus Chaldeus," 186–194.

17 Annius, *Antiquitates*, fol. LIIIr: "Invenimus autem in Itinerario Antonini Caesaris: iter a Roma thyberinum: in Gallias hoc modo. Thyberinum iter est Gallera: Larthenianum sive Veiens: Rosulum: Sutrium: Ocilianum: Cyrminia iuga: Volturrena: cuius praeclaris gestis invidit Livius. Saleumbrona.: Larthis: et reliqua: ut in commentariis eius dicemus. Sale autem Aramea lingua est: origo et exitus alicuius: ut Rabi Samuel interpretatur. Similiter divus Hieronymus: Sale dicit dignificare egressum: libro de interpretationibus nominum. Quare Saleumbrona est locus ab Herodoto et aliis dictus ubi fuit prisca Vmbris habitatio: ubi orti: et a qua egressi diffusi sunt per eius tractum in thuscia usque ad mare et transthyberim ad montes Umbriae."

18 See Adam Kamesar, *Jerome, Greek Scholarship and the Hebrew Bible* (Oxford: Clarendon Press, 1993), 104; and Jerome, *Hebrew Questions on Genesis*, tr. C. T. R. Hayward (Oxford: Clarendon Press, 1995), 18–19.

19 Jerome, *Liber interpretationis hebraicorum nominum*, ed. Paul de Lagarde et al. (Turnhout: Brepols, 1959), 40,8: "Salec egrediens."

20 Annius, *Antiquitates*, fol. LXv: "Phese autem transcensus est: et ulai palus: ut Samuel noster exposuit: et divus Hieronymus lib. de interpretationibus consentit. Hinc Phesulai prolatione Aramea et Phesulae prolatione Romana est transcensus a paludibus. Subiacens enim planities paludosa erat."

21 Jerome, *Liber interpretationis hebraicorum nominum* 64,21–22: "Fase transitus sive transgressio, pro quo nostri psacha legunt"; 56,21–22: "Ulai palus, a palude, non a palo, sive dolor femoris vel umbraculi."

22 该文本现存于慕尼黑巴伐利亚州立图书馆的"哈特曼·舍德尔总集"中，编号 clm 716，出 版 于 O. A. Danielsson, *Etruskische Inschriften in handschriftlicher Überlieferung* (Uppsala: Almqvist & Wiksell; Leipzig: Harrassowitz, 1928)。

23 Danielsson, *Etruskische Inschriften*, xv.

24 See, most recently, David Price, *Johannes Reuchlin and the Campaign to Destroy Jewish Books* (Oxford and New York: Oxford University Press, 2011); and Hans-Peter Willi, *Reuchlin im Streit um die Bücher der Juden: zum 500jährigen Jubiläum des "Augenspiegel"* (Tübingen: Buchhandlung H. P. Willi, 2011).

25 Roberto Weiss, "An Unknown Epigraphic Tract by Annius of Viterbo," in *Italian Studies Presented to E.R. Vincent*, ed. C.P. Brand et al. (Cambridge: W. Heffer, 1962), 101–120, at 102–103 and 111; Amanda Collins, "Renaissance Epigraphy and

Its Legitimizing Potential: Annius of Viterbo, Etruscan Inscriptions, and the Origins of Civilization," in *The Afterlife of Inscriptions*, ed. Alison Cooley (London: Institute of Classical Studies, School of Advanced Study, University of London, 2000), 57–76.

26　See respectively Annius, *Antiquitates*, fols. CII^r, CXXIX^r, IX^v, XII^r, LXIV^v, CXIII^v, CXV^v, CXXIV^v, CXXV^v, CXXXI^r, CXXXII^v, LXIV^v.

27　See respectively ibid., fols. XIX^v, CLVIII^v, CLVIII^v; XV^v, XL^v, LXXIX^v (idem Talmudista); LIII^r, CLXX^r, XL^v, LXXIII^r, LXXX^r, CLVIII^r.

28　Ibid., fols. C^r, C^v.

29　Ibid., fols. LIX^v, LXV^v, CXXVI^v, CXXX^v, CXXXIX^r, CXXXIX^v, CXLIV^v, CLXIII^r.

30　Ibid., fol. CLVIII^v.

31　Ibid., fols. XLVIII^v, CXVI^r, CXXXIII^r, CXXVII^v, CXXXIII^v.

32　Ibid., fols. CX^r, CII^v.

33　Ibid., fols. CXXVII^v, LXXXIV^v.

34　This point was well made by Micaela Procaccia, "*Talmudistae Caballarii e Annio,*" in *Cultura umanistica a Viterbo. Atti della giornata di studio per il V centenario della stampa a Viterbo, 12 nov. 1988* (Viterbo: Associazione Roma nel Rinascimento, 1991), 111–121, at 112–114.

35　Annius, Antiquitates, fol. CXXVII^v.

36　Ibid., fol. CLXIXv: "Quaeris quae et quot sint illa nomina quae in octavis pascae ferme quinque jam annis superioribus cum rabi Samuele et duobus aliis Talmudistis conferebam."

37　David Nirenberg, *Communities of Violence: Persecution of Minorities in the Middle Ages* (Princeton: Princeton University Press, 1996).

38　R. Po-chia Hsia, *Trent 1475: Stories of a Ritual Murder Trial* (New Haven: Yale University Press in cooperation with Yeshiva University Library, 1992).

39　Annius, Antiquitates, fol. CLVIII^{r-v}.

40　Walter Stephens, "Complex Pseudonymity: Annius of Viterbo's Multiple Persona Disorder," *MLN* 126 (2011): 689–708.

41　Annius, *Antiquitates*, fol. Cv: "Duobus annis minus regnasse Asmonai Iosephus tradit, id est, viginti septem supra centum. Talmudistae vero in libro Aaboda Zara, in distinctione quae incipit Lipfne Idiem, aiunt: Rabi Iocep tradere Asmonai regnum durasse annis tribus et centum, videlicet vigintisex minus quam ponat Philo. Sed dicendum quod Iocep dicit regnum, scilicet pacificum."

42　Ibid., fol. CI^r: "ubi glosa Rabi Selamo dicit."

43　Ibid, fol. CI^v: "De Zanedrin vero deletione Hebraei scribunt in Talmud in libro Baba Bathra, in distinctione Assutafin. Herodes, inquit, Ascalonita servus fuit Asmonaim, qui suscepto per vim regno, interfecit universos Zanedrin septuaginta iudices, uno reservato Bab filio Bota, cui eruit oculos."

44　See, in general, *Printing the Talmud: From Bomberg to Schottenstein*, ed. Sharon Liberman Mintz and Gabriel Goldstein (New York: Yeshiva University Museum, 2006)。

45　罗伊希林称自己"费了力气"才得到它，Badische Landesbibliothek Karlsruhe, MS Reuchlin 2, fol. 96ᵛ。

46　Johann Reuchlin, *Recommendation Whether to Confiscate, Destroy and Burn All Jewish Books*, tr. Peter Wortsman (New York and Mahwah, NJ: Paulist Press, 2000), 39–40.

47　Postel to Pellikan, July 5, 1553, in *Museum Helveticum* 28 (1753), 655.

48　关于里茨的译文，见: *Artis Cabalisticae, hoc est, reconditae theologiae et philosophiae scriptorum tomus I*, ed. Joannes Pistorius (Basel: Henrich Petri, 1587), 258–287。

49　Paulus de Heredia, *Illustrissimo ac sapientissimo Domino D. Enigo de Mendocza...salutem perpetuamque foelicitatem* (Rome: n.p., ca. 1487); *The Epistle of Secrets*, ed. J. F. Coakley, tr. Rodney Dennis (Oxford: Jericho Press, 1998). See François Secret, "L'*Ensis Pauli* de Paulus de Heredia," *Sefarad* 26 (1966): 79–102, 253–272.

50　Flavius Mithridates, *Sermo de passione Domini*, ed. Chaim Wirszubski (Jerusalem: Israel Academy of Sciences and Humanities, 1963). 关于 15 世纪意大利基督徒对希伯来传统的兴趣，更多内容见: David Marsh, *Giannozzo Manetti: The Life of a Florentine Humanist* (Cambridge and London: Harvard University Press, 2019), ch. 5; Guido Bartolucci, *Vera religio: Marsilio Ficino e la tradizione ebraica* (Turin: Paideia, 2017); and Brian Copenhaver, *Magic and the Dignity of Man: Pico della Mirandola and His Oration in Modern Memory* (Cambridge and London: Belknap Press of Harvard University Press, 2019), pt.1。

51　See the articles collected in *Guglielmo Raimondo Moncada alias Flavio Mitridate: un ebreo converso siciliano. Atti del convegno internazionale, Caltabellotta (Agrigento), 23–24 ottobre 2004*, ed. Mauro Perani (Palermo: Officina di studi medievali, 2008).

52　Mithridates, *Sermo*, 35–36, 96, 117; Chaim Wirszubski, *Pico della Mirandola's Encounter with Jewish Mysticism* (Cambridge, MA, and London: Harvard University Press, 1989), 241–242.

53　Annius, *Antiquitates*, fol. CXLIIIʳ.

54　Weiss, "Unknown Tract," 110, see also Collins, "Renaissance Epigraphy," 61.

55 This passage was first discassed in Procaccia, "*Talmudistae Caballarii*."

56 Annius, *Antiquitates*, fol. LXXXIIᵣ: "Quod vero Romam derivari ab altero occulto nomine satis mihi fuit antea occultum. Nunc vero quid sentiam explicabo relinquendo iudicium doctiori. Plinius tradit in disciplina Etrusca contineri quo pacto possint evocari dii: fulgura: ignes: et eiuscemodi. Quare etiam quia oppositorum est eadem disciplina: rituales continebat: quo pacto non possent evocari. Hoc autem nullo modo fieri melius poterat: quam occultando nomen ipsius dei: in cuius tutela urbs ipsa erat. Eius occultandi modus erat Etruscis: mysterio quodam: et litteris quibusdam ab ipso dei nomine alterum extrahere: cuius ritu et mysterio: nunc soli Talmudistae et Cabballarii utuntur: i. disciplina quam vocant Caballa."

57 Danielsson, *Etruskische Inschriften*, xv: "Etsi rudissimus sim in vocabulis arameis et hebreis: quippe quam paucis mensibus cum viterbiensibus hebreis in eorum scolis puer commoratus fui."

58 See Stephens, "Berosus Chaldaeus"; Stephens, "When Pope Noah Ruled the Etruscans: Annius of Viterbo and His Forged *Antiquities*," *MLN* 119 (2004): S201–S223; and A. C. Dionisotti, "On Fragments in Classical Scholarship," in *Collecting Fragments = Fragmente Sammeln*, ed. Glenn Most (Göttingen: Vandenhoeck & Ruprecht, 1997), 1–33.

59 Jeremy Cohen, *The Friars and the Jews: The Evolution of Medieval Anti-Semitism* (Ithaca, NY: Cornell University Press, 1982), chap. 6.

60 安尼奥在拉蒙·马蒂的《信仰的匕首》中找到了他从"异教书"中引用的文字——还有同样被他引用的拉希注释，见：Ramon Martí, *Pugio fidei*, ed. Joseph de Voisin (Paris: Henault and Henault, 1651), 2:vii, 283, 他引自"末门书"的文字见：ibid., 2:iv, 255。

61 Annius, *Antiquitates*, fol. CIIIr: "Quia interfectis legis doctoribus et zanedrin Herodes posuit zanedrin ex neophitis et proselitis: qui dicti sunt pharissaei et scribae. Vnde et Mayr auctor totius doctrinae Talmudicae fuit Idumeus conversus ad iudaismum: ut sparsim in Talmud traditur: et Rabi Moyses aegyptius narrat in prologo summae de auctoritate Talmudica. Et ita haec quaestio de genealogia doctoratus nunquam fuit definita."

62 据《巴比伦塔木德·离婚律法书》56a，尼禄便是改信犹太教，而迈尔正是他的后人。

63 Moses Maimonides, *Mishneh Torah*, prologue, 9–10, ed. and trans. by the Mechon Mamre project, at http://www.mechon-mamre.org/p/index.htm, accessed June 2, 2013.

64 Jacob Dienstag, "Christian Translators of Maimonides' *Mishneh Torah* into Latin," in *Salo Wittmayer Baron Jubilee Volume*, ed. Saul Lieberman and Arthur Hyman

(Jerusalem: American Academy for Jewish Research, distributed by Columbia University Press, 1974), 287–309; Aaron Katchen, *Christian Hebraists and Dutch Rabbis: Seventeenth Century Apologetics and the Study of Maimonides' Mishneh Torah* (Cambridge, MA: Harvard University Center for Jewish Studies, distributed by Harvard University Press, 1984).

65　Paul of Burgos, Additio on Isaiah 34:1, quoted in Görge Hasselhoff, *Dicit Rabbi Moyses: Studien zum Bild von Moses Maimonides im lateinischen Westen vom 13. bis zum 15. Jahrhundert* (Würzburg: Königshausen & Neumann, 2004), 274–275n.217. 这一重要信息要感谢乔安娜·温贝格。

66　Annius, *Antiquitates*, fol. Cʳ: "Vocabulum vero Zanedrim, quia saepe occurrit, interpretatur a Talmudistis, collegium sceptri et publicae potestatis totius regni, quae erat penes septuaginta seniores ex principalioribus de tribu Iuda et aliarum tribuum, quibus unus rex praeerat, et loco sui Salomon ex decreto David et dei, posuit Matathim ut exposuimus. Dicunt autem Talmudistae in lib. Zanedrim, quod hoc erat publicum sceptrum institutum a deo in deserto Num. 11." 关于安尼奥所指的犹太文献，见：Martí, *Pugio fidei*, ed. De Voisin, 2:4, 251–252。

67　Annius, *Antiquitates*, fol. Cʳ⁻ᵛ: "Vnde Zanedrim erat collegium publici regiminis et potestatis quibus unus praeerat. Et hi dicuntur usitato veteri vocabulo senes sive veteres. Romana vero lingua Senatores, Aramea et Etrusca Lucij, ultima syllaba habente accentum, et Graece Palei. Porro etiam est opus ut sint magistri i. verbistae, cuius verbo pareatur, quos Romani a verbo et dicto imperioso Dictatores vocant, et communi vocabulo unico Magistratus. Ergo collegium publicae potestatis etiam apud Hebraeos vetustissimos dicebatur Senatorium magistrale, apud Romanos senatorium dictionale, apud Etruscos Lucumonium: apud graecos Paleologum. Vnde nomina importantia publicam potestatem apud veteres composita invenimus ex duabus dictionibus: quarum altera vetustatem et senium, altera verbum et rationem imperiosam importet: ut apud Ebreos zanedrim: apud Romanos senatum decretum, apud Graecos Paleologum, a paleos vetus, et logos ratio et verbum, apud Etruscos Lucumonium a lucu vetus et moni ratio et verbum. Et tandem Viterbum veterum verbum sive dictatura. Quare a loco et argumentatione non modo a vetustissimo more, verumetiam ab inexpugnabili et semper invicta interpretatione, eadem sunt apud Romanos Senatus decretum et verbum quae apud Talmudistas et zanedrim, et apud Graecos paleologum, et apud Desyderium regem Viterbum, et apud Etruscos Lucumonium. De his hactenus."

68　The most recent detailed study is Marie-Dominique Couzinet, *Histoire et méthode à la Renaissance: Une lecture de la Methodus ad facilem historiarum cognitionem de Jean Bodin* (Paris: Vrin, 1996).

69　Jean Bodin, *Methodus ad facilem historiarum cognitionem*, in Artis historicae penus (Basel: Perna, 1579), 42.

70　Ibid., sig.):():(4ᵣ: "Quam quidem ad rem, Iurisconsultorum simul et Historicorum ponderibus utimur, ut Persarum, Graecorum, Aegyptiorum, non minus quam Romanorum legibus tribuatur. Ex Hebraeorum quoque Pandectis, potissimum ex libris Senadrim optima quaeque haurire proposuimus: in quo mihi suam operam Ioan. Quinquarborerus ac Mercerus Hebraicae linguae regii doctores mihi non defuturam spoponderunt."

71　Jacob Guttmann, *Jean Bodin in seinen Beziehungen zum Judentum* (Breslau: Marcus, 1906). 古特曼所用的这本博丹著作是 1650 年版。通过比较 1566 和 1570 年在巴黎出版的《轻松理解历史的方法》，可知博丹真正涉及《塔木德》的探讨是在后一个版本中首次出现。

72　Eric Nelson, *The Hebrew Republic: Jewish Sources and the Transformation of European Political Thought* (Cambridge, MA: Harvard University Press, 2010).

73　关于安尼奥和后世信奉基督教的《塔木德》阐释者，见：Anthony Grafton, " 'Pandects of the Jews': A French, Swiss and Italian Prelude to John Selden," in *Jewish Books and Their Readers: Aspects of the Intellectual Life of Christians and Jews in Early Modern Europe*, ed. Scott Mandelbrote and Joanna Weinberg (Leiden: Brill, 2016), 169–188。

74　斯坦福大学的克里斯托夫·克雷布斯（Christopher Krebs）正在为塔蒂文艺复兴图书馆（I Tatti Renaissance Library）准备出版安尼奥的《古事论》及其译文。

第 8 章　约翰·凯斯关于历史的争论

本章的早期版本是 2016 年 1 月 26 日我在剑桥大学"桑达斯讲座"中的一份讲义。衷心感谢我担任"桑达斯讲师"期间的主持人安·贾维斯；感谢大卫·阿布拉非亚（David Abulafia）、詹姆斯·卡利（James Carley）、尼古拉斯·哈迪（Nicholas Hardy）、玛格琳·麦克马洪、尼古拉斯·波珀、南希·斯莱希和弗朗西斯·扬（Francis Young）的评论、批评及提供的信息。维维安·纳顿的著作对本章全篇都有很大的帮助。

1　See, in general, Oxford Dictionary of National Biography, s.v. Caius, John, by Vivian Nutton。

2　关于这项在凯斯去世后才完成的计划，见：Tom Nickson, "Moral Edification at Gonville and Caius College, Cambridge," *Architectural History* 48 (2005): 49–68; and Paul Binski, "Humfrey Lovell and the Gates of Gonville and Caius College: A Note on the Sources," *Journal of the British Archaeological Association* 166 (2013):

179–188。

3 Christopher Brooke, *A History of Gonville and Caius College* (Woodbridge, Suffolk; Dover, NH: Boydell Press, 1985), 75.

4 John Caius, *De antiquitate Cantebrigiensis academiæ libri duo* (London: Bynneman, 1568).

5 Anthony Grafton, "Conrad Gessner and John Caius: The Meanings of Learned Friendship in Renaissance Europe," in *Conrad Gessner (1516–1565): Die Renaissance der Wissenschaften / The Renaissance of Learning*, ed. Urs Leu and Peter Opitz (Berlin: De Gruyter, 2019), 353–374.

6 William Bulleine, *Hereafter Ensueth a Little Dialogue Between Two Men, the one called Soreness and the other Chirurgi, Concerning Apostumations, & Woundes, their Causes and also their Cures* (London: Kyngston, 1579), fol. 4ʳ.

7 Vivian Nutton, "John Caius and the Linacre Tradition," *Medical History* 23 (1979): 373–391.

8 Caius, *De libris propriis*, in *Works*, ed. E. S. Roberts (Cambridge: Cambridge University Press, 1912), 82: "Admonuimus etiam lectorem in eis commentariis seu annotationibus quorundam Galeni locorum in Anatomicis, quos Vesalius corruperat, cum illi eorum castigandi provinciam Antonius Iunta typographus Venetus commiserat. Inter quos unus est libro anatomicωn 9. pagina 335. de intercepto cerebri. Addidimus & veram effigiem ginglymi ad Galeni sensum pag. 299 quem Vesalius ante expressit in prima editione libri sui anno Domini 1543. pagina 14. longe aliena, & plane dissimili, quod in ea mutuus ferri ingressus non sit, ut est in ginglymo ossium humani corporis."

9 见: John Venn, "John Caius," ibid., 1–78; Nutton, "Caius, John."

10 Thomas Muffett, *Health's Improvement: or, Rules Comprizing and Discovering the Nature, Method, and Manner of Preparing all sorts of Food used in this Nation*, 由克里斯托夫·贝内特修订并扩写, Christopher Bennett (London: Thomson, 1655), 123。关于马费特，见: *Dictionary of National Biography*, s.v. Moffett, moufet, or muffet, Thomas (1553–1604), by Sidney Lee。

11 Anthony Grafton, *Cardano's Cosmos* (Cambridge, MA: Harvard University Press, 1999), 184–185, 254n.26.

12 Alfred Hiatt, "Forgery at the University of Cambridge," *New Medieval Literatures* 3 (1999): 95–118; Alfred Hiatt, *The Making of Medieval Forgeries: False Documents in Fifteenth-Century England* (London: British Library, 2004); Ad Putter, "King Arthur at Oxbridge: Nicholas Cantelupe, Geoffrey of Monmouth, and Cambridge's Foundation Myth," *Medium Aevum* 72, no. 1 (2003): 63–81; and James Carley,

" 'Many Good Autours': Two of John Leland's Manuscripts and the Cambridge Connection," *Transactions of the Cambridge Bibliographical Society* 15, no. 3 (2014): 27–53.

13 Matthew Parker, *De antiquitate Britannicae ecclesiae* (London: John Day, 1572), 292–293 at 293.

14 John Caius, *De antiquitate Cantebrigiensis academiæ libri duo* (London: Bynneman, 1568).

15 John Strype, The Life and Acts of Matthew Parker (London: John Wyat, 1711), book 3, chap. 18, 257.

16 Corpus Christi College Cambridge (hereafter CCCC) 340.

17 Nancy Siraisi, History, *Medicine and the Tradiions of Renaissance Learning* (Ann Arbor: University of Michigan Press, 2008).

18 William Lambarde, *A Perambulation of Kent* (London: Newberie, 1576), 233.

19 D. M. Owen, *Cambridge University Archives: A Classified List* (Cambridge: Cambridge University Press, 2011), 66–67. The documents in question appear in Collect. Admin. 9, 28–39.

20 Caius, *De antiquitate*, 1568, 37.

21 CCCC MS 106, 43.

22 John Leland, *Cygnea Cantio* (London: Wolfe, 1545), quoted and tr. in Carley, " 'Many Good Authors,' " 32–33.

23 Robin Darwall-Smith, *A History of University College, Oxford* (Oxford: Oxford Universiy Press, 2008), 106–107.

24 Thomas Caius, *Assertio antiquitatis Oxoniensis Academiae*, in Caius, *De antiquitate*, 1568, 389.

25 Caius, De antiquitate, 1568, 38.

26 Cambridge University Library（hereafter CUL）MS Hare A 1.

27 见：*Oxford Dictionary of National Biography*, s.v. Hare, Robert, by Elisabeth Leedham-Green。

28 Willison to Caius, March 31, 1571, ibid., 42.

29 Bodleian Library 8° Rawl. 470.

30 Caius, *De Antiquitate*, 1568, 37.

31 托马斯·赫恩将托马斯·凯斯的著作与约翰·凯斯 1568 年版《古事论》一同收录于他出版的前者的一部著作中，即 *Vindiciae antiquitatis academiae Oxoniensis*, 2 vols. (Oxford, 1730), in this case 1:27, 本案例所涉及的引文 1:27 出自他手中的原本：Bodleian 8o Rawl. 470, 37: "Haec admodum antiqua non est, quae Cantelupum authorem habet. Vixit enim Cantilepus tempore Henrici 6i, & annis

abhinc plus minus 70. vita functus est. Neque multum refert quam nova sit aut vetus historia: sed quam vera sit, et veterum scriptis consentanea."

32 John Caius, *De antiquitate academiae Cantebrigiensis*, 1568, Beinecke Library 2011 534, 15: "Unde dicatur Niger codex? An ob colorem atrum? An ad terrorem oxoniensium? An ob nigros authoris mores? An quia non plus habeat candoris, quam virtutis [MS virtus] iste Caius? An quod affinis sit vanitati mendacij? An quod diabolum inprimis referat, qui fuit mendax ab initio?"

33 Felicity Heal, " 'What Can King Lucius Do for You?' The Reformation and the Early British Church," *English Historical Review* 120, no. 487 (2005): 593–614.

34 Caius, *De antiquitate*, 1568, 78: "Atque ita constat Vniversitatem fuisse Cantabrigiae & Honorij primi aetate, & longe ante, Eleutherij quoque tempore."

35 Note in Caius, *De antiquitate*, Beinecke 2011 534, 78: "commentum ioculare, & impudens."

36 Caius, *De antiquitate*, 1568, 79: "ut nulli Archiepiscopo seu Episcopo, alijve ecclesiasticae personae vel seculari liceat..."; note in Caius, *De antiquitate*, Beinecke 2011 534, 79: "hic non erat stylus, pontificum illius seculi."

37 Caius, *De antiquitate*, 1568, 83: "Transcripta praeterea diplomata... propter vetustatem consumpta"; note in Caius, *De antiquitate*, Beinecke 2011 534, 83: "blattis & tineis debet cantabrigia."

38 John Caius, *Works*, [223] –227: "Catalogus scriptorum, quibus usus est duobus hisce libris Londinensis. Historici nostri antiqui & scripti."

39 Ibid., viii–x, 在序言之后出现了一条 M. R. 詹姆斯的评注，尽其所能地列举出凯斯曾使用过的文献来源。他指出凯斯使用过"帕克藏书，在这批藏书被遗赠给基督圣体学院之前"，以及"许多后来流入罗伯特·考顿爵士（此人似乎从 1588 年前后开始收集书本）手中的写本"。(x) 他不曾提及这些考顿写本或者其中的大部分原本应是兰贝斯宫的藏书。另见：Philip Grierson, "Appendix IV: John Caius's Library," in *Biographical History of Gonville and Caius College, 1349–1897*, ed. John Venn et al. (Cambridge: Cambridge University Press, 1897 1998), 7:509–535, at 523。关于帕克藏书的积累和使用，见：Timothy Graham and Andrew Watson, *The Recovery of the Past in Early Elizabethan England: Documents by John Bale and John Joscelyn from the Circle of Matthew Parker* (Cambridge: Cambridge Bibliographical Society, 1998); and Graham, "Matthew Parker's Manuscripts: An Elizabethan Library and its Uses," in *The Cambridge History of Libraries in Britain and Ireland*, 3 vols. (Cambridge: Cambridge University Press, 2006), 2:322–341。帕克留给基督圣体学院的那部分已实现数字化，可从帕克图书馆的网页访问，https://parker.stanford.edu/parker/, 2018 年 9 月

8 日上线。See also Mildred Budny, Insular, *Anglo-Saxon, and Early Anglo-Norman Manuscript Art at Corpus Christi College, Cambridge: An Illustrated Catalogue*, 2 vols. (Kalamazoo: Medieval Institute Publications, 1997); and Chapter 5.

40 Strype, *Parker*, 257.

41 Henry Plomer, "The 1574 Edition of Dr. John Caius's *De antiquitate Cantebrigiensis academiae libri duo*," *The Library*, 7th ser., 3 (December 1926): 252–268. London, British Library C.32.h.15. (1.) is the Arundel / Lumley copy. 扉页上的一条评注写道: "Ex dono Mathei Cantuariensis Archiepiscopi."

42 伦敦大英图书馆编号 C.24.a.27. (1.) 藏书是约翰·帕克呈现给国王詹姆斯六世及一世的赠书。封底空白衬页的左面写有下列文字: "Excellentissimo Principi Iacobo Angliae Scotiae / Franciae et Hiberniae Regi dignissimo. / (Matthei dudum Archiepiscopi filius.) / Subditus humilimus / Johannes Parker / hunc." James's response is quoted in Brooke, *A History of Gonville and Caius College*, 75.

43 Lambeth Palace Library MS 959, fol. 359ʳ: "Johannes Lydgatus, Galfridi Chauceri discipulus author est tempore Gurguntij Regis Britanni qui regnavit anno mundi 4317. Cantabrum Regis Hispaniae, filium Bartholum regis Hiberniae fratrem Cantabrigiam super Cantam fluvium condidisse, nomenque Cantabrigiae dedisse: anno mundi 4346. A transmigratione babylonica anno 538. eumque Athenis edoctum inde Philosophos advocasse et Cantabr. docendi gratia collocasse & ab alijs initijs ad suam Bedae et Alfredi memoriam primae scholae et universitatis nomine Cantabr. claruisse. Johannes Caius"; fol. 374ᵛ: "Singulares patronos et restitutores habuit Cantabrigia: et habet hodie quoque multos. Habet enim tot ex multis paucos referam.) lucens ille et pulcherrimus orbis literarum et virtutum Cantabrigia prae caeteros, tres summos et primarios viros, tanquam tres stellas radiantes, de quibus multum sane gloriatur. Reverendissimum Matthaeum Parker Cantuar. Archiepm. et totius Angliae primatem: D. Nicolaum Bacon equestris ordinis virum, summi Cancellarij locum tenentem et Magni Sigilli custodem. Et Guliel. Cecilium equitem auratum, summum Angliae Thesaurarium, regiae maiestati a Consiliis, atque Cantabrigiensis Academiae Cancellarium summum. Qui ut eodem tempore Cantabrigiae omnes studuerunt etc. ut Caius de antiquitate Canteb. Academiae. pᵃ. 129 et 130."

44 "Non tam solicitus fuit Caius noster cum adversario suo de utriusque Academiae antiquitate in hoc opere contendere, quam quae ex varijs antiquis monumentis de statu, privilegijs, dignitate, ac praerogativa Cantebrigiae ipse collegisset, edere ac in lucem proferre. In quo eum maxime elaborasse facile erit sano ac prudenti lectori deprehendere." See Nicholas Popper, "An Information State for Elizabethan England," *Journal of Modern History* 90, no. 3 (2018): 503–535.

45 CCCC 110, 225: "Memorandum quod Collegium Gunwelli et Caii habet unum volumen sive rotulam in pergameno scriptum datum a Roberto Hare Armigero illi Collegio. Aᵒ domini 1568. Et hec rotula precipue tractat de ecclesia wintoniensi quomodo incepta, aucta, et variis temporibus a diversis habitatoribus, quandoque monachis, quandoque secularibus canonicis et refert etiam numerum annorum quo tempore quisque rex tam Britorum quam Saxonixorum et Normannorum usque ad henricum quintum caepit. Refert etiam originem Academiae Cantabrigiensis videlicet tradens a Cantabro etc. et est illud volumen de quo doctor Caius scribit in libro suo de Antiquitate Cantabrigiae quem tertium testem citat. He continentur in illo volumine omnes gratiae expediendae in Curia Romana. Et dispensationes a sede Apostolica: tam pro matrimonio illicito, contractis, quam pro religiosis."

46 约翰·凯斯在冈维尔与凯斯学院编号 MS 717 / 717 写本中的批注: "Hoccleue in epitome chronicon transtulisse videtur hoc scriptum ad verbum, nisi quod contigit melius exemplar et ad suam aetatem accommodavit, qui floruit ao Domini 1454, septem annis postquam scriptum hoc est."

47 Gonville and Caius College MS 717 / 717: "Universitas Cantebriggie edificata est a Cantebro duce, a mundi creacione anno iiijᵒ.lxxxxv. et frequentata a philosophis ante christi incarnacionem per annos ccc.lxxx.iiij. Ab adventu Bruti in hanc terram aᵒ ii.cccc.xxvᵒ. Ab edificacione London. Civitatis ii.cccc.xxx annis."

48 Ibid.: "Cantebriggia constat esse universitas millenis octingentis xxv annis."

49 Caius, *De antiquitate*, 1568, 53: "Is inquam author incerti quidem nominis, authoritatis tamen grandis, anno a Christo nato 1447. minio & atramento in charta pergamena scriptus."

50 Ibid., 53–54: "universitatem Cantabrigiensem (sic enim vocat) a Cantabro duce aedificatam asserit... addit praeterea constare (hoc enim verbo utitur) Cantabrigiam fuisse universitatem ante tempus quo haec scripserat annis 1825."

51 Ibid., 286.

52 Asser, *Alfredi regis res gestae* (London: Day, 1574), sig. Aiiv: "vetusta quaedam exemplaria, eodem etiam tempore descripta."

53 Trinity College Cambridge MS R 5 22, fol. 1ʳ: "Hic ipsus [*sic*] liber est quem Aluredus Rex misit ad Ecclesiam Syreburnensem, quem et transtulit è pastorali Gregorii Latine in Anglicum."

54 See May McKisack, *Medieval History in the Tudor Age* (Oxford: Clarendon Press, 1971); Frederic Clark, Anthony Grafton, Madeline McMahon, and Neil Weijer, "The Life Cycle of the First County History: William Lambarde's *Perambulation of Kent from Conception to Reception*," *Journal of the Warburg and Courtauld Institutes*

81 (2018): 129–212.

55 CCCC MS 281, fol. 81ʳ: "hic baptizati sunt novem ex doctoribus et scolaribus cantebrigie."

56 Caius, *De antiquitate*, 1568, 95; 1574, 73: "Praeter hos omnes, in pervetustis Annalibus Burtonensibus sic lego, Anno domini, 141. Hic baptisati sunt novem ex doctoribus & scholaribus Cantebrigiae. Vnde scire licet fuisse Gymnasium Cantebrigiae ante Lucij tempora & receptum Evangelium ante Lucij regnum, etsi non publice, fuisseque per ea tempora doctores."

57 CCCC MS 281, 1ʳᵒ: "Iste liber est de communitate Burtoniae, qui eum alienaverit anathema sit."

58 与之形成对比的是，在研究盖伦时，凯斯非常注意分辨页边注和其他添加的内容是否可能存在潜在的讹误。

59 见第 5 章。

60 Caius, *De rariorum animalium historia*, Works, ed. Roberts, 53.

61 See Anthony Grafton, "Philological and Artisanal Knowledge Making in Renaissance Natural History: A Study in Cultures of Knowledge," *History of Humanities* 3, no. 1 (2018): 39–55.

62 Vivian Nutton, *John Caius and the Manuscripts of Galen* (Cambridge: Cambridge Bibliographical Society, 1987).

63 CUL Adv.d.3.1.

64 Florence, Biblioteca Medicea Laurenziana, Laur. 75, 8, fol. 398ʳ: "Angeli Politiani Liber emptus de Paulli physici Florentini heredibus: pellegeram ego Ang. Politianus in rusculo meo Faesulano XVII. Kal. Quintilis anno sal. 1487." Paolo Viti, *Pico, Poliziano e l'Umanesimo del fine Quattrocento* (Florence: Olschki, 1994),

65 Caius, De libris propriis (1570), in *Works*, 101: "duobus libris comprehensam ab Angelo Politiano (Leonis Pontificis Romani praeceptore) in rusculo suo Faesulano septimo Calend. quintiles anno salutis 1497. emptis, ut si quis transcribere eos atque aedere cupiat, aut Galeni libros Graecos ad eos emendare studeat, inde petat."

66 Ibid., 100.

67 For a brief account, see Anthony Grafton, *Joseph Scaliger: A Study in the History of Classical Scholarship*, 2 vols. (Oxford: Clarendon Press, 1983–1993), vol. 1, chaps. 1–2.

68 Gonville and Caius College Library MS 625 / 404, with the note:"Joannes Caius collegio Gonevilli & Caij suo dedit, aᵒ 1557."

69 Gonville and Caius College Library MS 625 / 404, fol. 2ʳ: "Nunc vero acceptus est in usum ecclesiasticum sapientiae liber, quem quidam suspicantur esse philonis iudei."

70 *PL* 28, col. 1241.

71 Gonville and Caius College Library MS 625 / 404, fol. 2ʳ: "licet de machabeis quos ipsi יונמשח vocant nonnihil in historijs habent. sunt [sicut?] munsterus superioribus annis edito libello ex Josippo os [line over this last] edit."

72 Ibid.: "Caius iuvenis adhuc, & Hebraicae linguae studiosus, cantabrigie scripsit."

73 Nicholas Popper, "The English Polydaedali: How Gabriel Harvey Read Late Tudor London," *Journal of the History of Ideas* 66 (2005): 351–381.

74 John Caius, *De libris propriis* (1570), in Works, 86–87, contrasting "Bibliotheca publica illustrissimi principis Cosmi Medices, quae omnibus literarum studiosis principis humanitate atque gratia patet" (86) with the library at Urbino ("usque adeo difficilis accessus est in Bibliothecam ejus viri") (87).

75 Ibid., 100–102.

76 Nutton, *Caius and the Manuscripts of Galen*; Stéphane Berlier, "John Caius et les manuscrits de Galien," *Revue d'Histoire des Textes*, new ser., 6 (2011): 1–14（这篇文章提出，凯斯很可能偷走了他在意大利见到的写本，至少是其中一份写本的一部分）。

77 Caius, *Historia*, in Works, 68: "Ita utraque Oxoniensium Bibliotheca cum alijs perquisitis in illas scholas Theologicas translata, a nobilibus viris ornata quondam fuit. Quae iam vereor ne una cum Patronorum memoria deleta pene atque consumpta sit. Tam paucis annis gratitudinem extinguit negligentia, & benemeritorum oblivionem parit. Proinde admonendi sunt utriusque universitatis studentes, ut diligenter conservandis his quibus affecti sunt beneficijs, colendaque fraequenter Patronorum memoria a supina illa negligentia se prorsus vendicent atque seiungant. Eo enim modo Patronos novos indies conciliabunt, & quae profutura sibi sunt, acquirent."

78 Ibid., 68–71: "Hi autem veteres libri in Cantebrigiensi Bibliotheca iam supersunt." At [115–116] there is a "Note on pp. 68–71 by Dr. M. R. James, Provost of King's College," 这条注释明确了许多凯斯列出的书和写本的信息。关于它的特殊地位，见：David McKitterick, "Libraries and the Organization of Knowledge," in *Libraries in Britain and Ireland*, 1:592–593。

79 Caius, *De antiquitate*, 184: "Etenim si quis volet superiorum temporum omnia comprehendere, ex ipso fonte petat, unde ad alios rivus dimanavit. Quapropter neque ego certe usus essem recentium authoritate, nisi tibi in hac controversia hos placere ex usu animadvertam, sic ut non alij aeque. Usus autem sum paucissimis, ut & impressis paucis, coeteris omnibus scriptis, quibus delector maxime, ut incorruptae & venerandae vetustatis exemplaribus." 另请注意他将阿塞尔视为阿尔弗雷德同时代的见证者，对其价值的描述，见：ibid., 174: "Quid multis? Fidem & authoritatem maiorem semper affert vetustas in omnibus controversijs, ut quae, res ut erant viderat,

aut illis quam proxime accesserat. Posteriores igitur examinabo ad primos illos incorruptae vetustatis scriptores, qui fide supereminent omnes, quod aut illis diebus vixerant quibus haec gesta sunt, aut his non longe aberant, aut quam proxime (ut dixi) accesserant, ut ex illis haurire possent. Inter quos primus primaeque fidei Asser seu Asserus est, oculatus & auritus testis, qui ex intimis Aluredi familiaribus fuit, qui in eius Aula vixit, res eius & domesticas & forenses novit, atque etiam cum doctis regiae familiae viris consuetudinem habuit, omniaque in vita & in morte diligenter observavit, ut solent qui historias veras scribere decreverunt." 当然是帕克安排出版了阿塞尔关于阿尔弗雷德的著作。

80　尽管凯斯的书目中有关于其中一些作品内容的评论，但其中丝毫未提及它们的出处或所在位置。See, e.g., *Works*, 226: "Antonini Augusti itinerarium, in quod vir magnae diligentiae, & praestabilis nostri temporis Antiquarius Robertus Talbotus scripsit commentarios, satis certe luculentos atque elaboratos." For Talbot's comments on the Antonine itinerary, see his copybook, CCCC MS 379, fols. 24^r–66^v, and CCCC MS 101, 145–168.

81　Caius, *De libris propriis* (1570), in *Works*, 100: "De antiquis urbibus librum item unum, ubi docemus quae illae olim erant, quibus nominibus consebantur [censebantur?] & olim & nunc quoque quae nunquam interciderunt, facta etiam mentione earum quae esse desierunt."

82　Caius, *De rariorum animalium historia libellus* (1570), in *Works*, 39: "Damam Plinii ex caprarum genere esse indicat pilus, aruncus, figura corporis, atque cornua; nisi quod his in adversum adunca, cum caeteris in aversum acta sint. Caprae magnitudine est, & colore Dorcadis. Plinii & Romanorum esse, indicio est, quod Romae in columna quadam marmorea & triumphali superstite adhuc, cum anno domini 1543. essemus Romae, insculpatur, & cum Pliniana descriptione conveniat."

83　John Caius to Matthew Parker, April 8, 1567: Matthew Parker, *Correspondence*, ed. John Bruce and Thomas Thomason Perowne (Cambridge: At the University Press, 1853), 299.

84　John Caius, *Historiae Cantebrigiensis Academiae ab urbe condita liber primus* [*-secundus*] , in *Works*, 76–77: "Quas ob res eos tum temporis omnes fovebant, omnes amplexabantur, ut quos virtus, & eruditio commendabant populo, non ut hodie insolentia alienabat, non luxurians mensa, non vestis, non cubiculum, non intumescentia crocotillis crusculis faemoralia, non inter disputandum galeri, non ambiguae vestes, non crispatae camisiae, non rotundi pilei, non capiti pressi, non tonsa levitas, non barbata vanitas, non lascivia, non arma, non alea, non choreae, universitatis legibus iam olim prohibitae, non fastus denique vestis atque vitae, in quo multi ita splendent luce aliena, ut solet luna."

85 Caius, *De antiquitate*, in *Works*, 26: "Nam postquam ab uno atque altero recentiori auspicatus fueris, ut Polydoro, Baleo, atque Lilio (quorum oscitante uno oscitat & alter, nam unum Polydorum authorem sequuntur omnes) cum locus sit introducendi veteres scriptores, nullum prorsus introducis, sed in alium locum differs... quasi trium istorum testimonia unum non essent, sed plura, uno Polydoro authore, pluribus qui eum authorem sequuti sunt, referentibus."

86 Ibid., 133: "Sed ad rhetoricam tuam, quae etsi dicat, nude & ieiune proferenda adversarij verba, non tamen dicit decerpenda duo aut tria vocabula testimonij ut causam adiuves: (incivile enim est arripere historiae particulam, & totam ex ea causam iudicare) nec ita implicanda scriptorum testimonia ut imponas."

87 Petra Schulte, *Scripturae publicae creditur: Das Vertrauen in Notariatsurkunden im kommunalen Italien des 12. und 13. Jahrhunderts* (Tübingen: Niemeyer, 2003).

88 CCCC MS 106, p. 111: "Concordat Matthaeus Cantuar."

89 Caius, *De antiquitate* (1574), 68–71.

90 Caius, *Annals of the College of Physicians*, in *Works*, 38: "Ante hunc annum, Collegium nullo fuit ornatum tapete, pulvinari nullo, cistella suffragatoria nulla, nulla arcula, nulla campanella vocali, rationali libro nullo, nullo annalium, nec ullo a candidatis aut admissis exceptum conuiuio, quo recreetur honestum studium, & aletur mutuus amor. Actorum liber erat, ut et statutorum, sed ille sine nomine, hic sine ordine, sine perfectione, sine concordia. Quare illi pandectarum nomen dedi, quod omnia reciperet tumultuarie, hunc perfeci, excogitatis atque additis quae ad perfectionem deerant, & per collegium approbatis, in eoque omnia digessi, in ordinem & concordiam redegi, & mea manu rescripsi, ut & hunc Annalium"; Caius, *The Annals of Gonville and Caius College*, ed. John Venn (Cambridge: Deighton Bell, 1904), v–vi: "Volumus etiam et statuimus ut ex sociis aliquis qui quam scitissime scribat, et optimi stili sit, eligatur per custodem et majorem sociorum partem, qui pro tempore fuerint, in Collegii secretarium, seu registrum, in annum, biennium aut triennium, prout spes melioris aut metus deterioris fuerit: ut sine foedatione librorum & varietate literarum omnia referantur in libros quaeque suos quam pulcherrime, videlicet in rationalem rationes accepti et expensi: in annales res gestae singulo quoque anno: in evidentiarum volumen evidentie: et in commentarium rerum gestarum sive pandectas omnia promiscue usque ad tempus computorum. Quo tempore omnia memorabilia secernantur, et in suos cujusque argumenti libros, ordinis et circumstantiarum habita ratione, digerantur."

91 Ibid., 79: "Cogebamur insuper evidentias multas hinc inde per seniorum sociorum

cubicula distractas conquirere, suis locis ordine reponere, quae laceris chartis citra ordinem commissa sunt pergameno ordine rescribere, ad notanda acta seu res gestas libros instituere, de acceptis et expensis, concreditis atque debitis, rationum libros componere."

92 Richard Serjeantson, "Testimony and Proof in Early-Modern England," *Studies in History and Philosophy of Science* 30, no. 2 (1999): 195–236.

93 维泰博的安尼奥对他捏造的古代世界历史学家之一、迦勒底人贝若苏的描述如下，"notarius & scriba publicus" and described his procedures as notarial: "Quamobrem omnem Chaldaicam defloravit historiam & tanquam publicae fidei notarius transumpsit omnia tempora & antiquitates" (*Antiquitatum variarum volumina xvii* [Paris: Ascensius, 1512] , fol. ciiiiʳ). 另见第 5 章。

94 CCCC MS 340, 189.

95 Caius, *Vindiciae*, ed. Hearne, I, 227, 276.

96 BL MS Cotton Vitellius C.IX, fol. 117ʳ⁻ᵛ, published in Warren Boutcher, "Polybius Speaks British: A Case Study in Mid-Tudor Humanism and Historiography," in *Tudor Translation*, ed. Fred Schurink (Basingstoke: Palgrave Macmillan, 2011), 101–120, at 115. 沃森可能认识帕克的首席秘书约翰·乔斯林（ibid., 113）。

97 Brooke, *A History of Gonville and Caius College*, 72–73; Margaret Aston, "English Ruins and English History: The Dissolution and the Sense of the Past," *Journal of the Warburg and Courtauld Institutes* 36 (1973): 231–255; Alexandra Walsham, *The Reformation of the Landscape: Religion, Identity, and Memory in Early Modern Britain and Ireland* (Oxford: Oxford University Press, 2011)。

98 Lambeth College Library MS 720, quoted in Venn, "John Caius," 26. 在写于 1572 年或更晚的一份备忘录中，凯斯被指控追随罗马天主教，备忘录的撰写者是凯斯曾九次被选为院长的王家内科医师学会的一位或多位批判他的成员：G. N. Clark and A. M. Cooke, *A History of the Royal College of Physicians of London*, 3 vols. (Oxford: Clarendon Press, 1964–1972), 1:127–130。

99 Brooke, *A History of Gonville and Caius College*, 76–77.

100 Caius, *Annals of Gonville and Caius College*, 185.

101 See Francis Young, "Sandars Lecture 2016: 'John Caius: History as Argument,' " at https://drfrancisyoung.com/2016/01/27/sandars-lecture-2016-john-caius-history-as-argument/, 2019 年 10 月 12 日上线。accessed October 12, 2019.

102 见兰贝斯宫图书馆编号 MS 720 写本中收藏的丰富资料，包括印刷本和手稿。

103 John Caius, *De pronunciatione Graecae et Latinae linguae cum scriptione nova libellus (1574)*, ed. and tr. John Butler Gabel (Leeds: Leeds University School of English, 1968), 16–17: "Non est tamen tam stupidus quisquam aut impudens et

insulsus rei alicuius novae author, qui non sit habiturus suae stultitiae fautores et sectatores, vel homines adolescentes, vel stultam plebeculam: at gravem virum cui sit iudicium, ne unum quidem. Nisi si forte ingenii sui ostendandi causa hoc fecerint, ut Isocrates laudando Busyrim, Libanius Thersitem, Lucianus Muscam, Quartanam Favorinus, Calviciem Synesius Cyrenensis, Comam Dion Chrysostomus, et nostri saeculi... Copernicus de motu terrae et statione coeli volumen: et Erasmus Roterodamus de febre et Phalarismo libellos. Nam rhetores subinde animi causa solent tractare materias ἀδόξους et exercendi gratia argumentum infame declarant."

104 Ibid., 6–7: "Nova enim Romanis, viris certe in omni re sapientibus, quae praeter consuetudinem et morem maiorum suorum illata sunt, neque placuerunt neque recta videbantur."

105 Ibid., 7–8: "Hinc factum existimem, ut scholae iuris nostri publici nullo modo adduci possunt [possint?] , ut relinquant suum octabis: nec scholae quaedam Academicae, ut deficiant a suis sotulis, cum artium magisterio invitandi sunt: aut ocreis, cum S. S. Theologiae Doctoratus gradu insigniendi sunt: aut ovis vario modo praeparatis cum in determinationibus Bacchalaurei novitii seniores sui gradus conviviis excipiant: nec in disputationibus, sedentibus disputatoribus, ut auditores humi non procumbant, fusi per densum substratum iuncum: nec ut caputium patientiamque quam vocant staminem (peculiare gestamen collegis Hispanorum Collegii apud Bononienses) deponant Hispani Bononiensis Academiae. Quos omnes laudo equidem, quod levibus momentis non impellantur huc atque illuc inconstanter, nec a veteri sua consuetudine avellantur desciscantque facile: ut nonnullae solent Academiae in quibus levitas iuvenilis magna parvis, quadrata rotundis, et formas formis mutat imprudenter admodum, nullo servato ordine, nulla consuetudine aut gravitate."

106 Ibid., 10: "Licet tamen hic contemplari iudicium iuventutis, quae vitia pro virtutibus amplectitur, ut solet vulgus Aulicorum, qui camisias crispatas et cothurnos coraceos inducunt ornamenti causa, qui principio causa contegendi crura et colla morbida ad quotidianum usum sunt inventa [read: inventi] . Nam olim et nostra memoria, cum sana essent omnia, nec cothurnis utebantur, et denudata corporum colla erant ad pectus, et pectora expapillata (ut Plauti verbo utar) atque ad papillia denudata, etiam brumali tempore."

107 "Decree against Excess in Apparel," in *Cambridge University Transactions during the Puritan Controversies of the 16th and 17th Centuries*, ed. James Heywood and Thomas Wright, 2 vols. (London: Bohn, 1854), 1:216–219, at 217.

108 Ibid., 218.

109 Ulinka Rublack, *Dressing Up: Cultural Identity in Renaissance Europe* (Oxford:

Oxford University Press, 2010).

110 Angelo Poliziano, quoted in Grafton, *Scaliger*, 1:26.

111 See Madeline McMahon, "Matthew Parker and the Practice of Church History," in *Confessionalization and Erudition in Early Modern Europe: An Episode in the History of the Humanities*, ed. Nicholas Hardy and Dmitri Levitin (Oxford: Published for the British Academy by Oxford University Press, 2020), 116–153.

112 Randolph Head, "Documents, Archives, and Proof around 1700," *Historical Journal* 56, no. 4 (2013): 909–930.

113 New York Academy of Medicine RB (1).

第 9 章　巴鲁赫·斯宾诺莎读《圣经》

本章起初以演讲稿的形式呈现，现保留这一形式，它为一片广阔的领域提供了高度临时性的地图。衷心感谢亨克·内伦（Henk Nellen）、德尔克·范·米尔特和他们的同事邀我浅谈斯宾诺莎，也感谢他们对出版版本的编辑改正；感谢杰瑞·西格尔（Jerry Seigel）邀请我前往纽约地区知识与文化史研讨会（New York Area Seminar in Intellectual and Cultural History）介绍本讲稿的修订版；还要感谢沙利·科尔曼（Charly Coleman）、杰弗里·弗里德曼（Jeffrey Freedman）、丹·加伯（Dan Garber）、米沙·戈特利布（Michah Gottlieb）、尼古拉斯·哈迪、拉斯·利奥（Russ Leo）、斯科特·曼德尔布罗特（Scott Mandelbrote）和杰瑞·西格尔提出的宝贵建议。我要特别感谢亨克·内伦为我提供莱布尼茨对《神学政治论》回应的新证据，我将在本章末尾对此进行讨论。

1　Lodewijk Meijer, *Philosophy as the Interpreter of Holy Scripture (1666)*, tr. Samuel Shirley, ed. Lee C. Rice and Francis Pastijn (Milwaukee: Marquette University Press, 2005); Adriaan Koerbagh, *A Light Shining in Dark Places, to Illuminate the Main Questions of Theology and Religion*, ed. and tr. Michiel Wielema, introduction by Wiep van Bunge (Leiden and Boston: Brill, 2011).

2　J. Samuel Preus, "A Hidden Opponent in Spinoza's Tractatus," *Harvard Theological Review*, 88 (1995): 361–388; Preus, *Spinoza and the Irrelevance of Biblical Authority* (Cambridge: Cambridge University Press, 2001); Noel Malcolm, *Aspects of Hobbes* (Oxford: Oxford University Press, 2002); Susan James, *Spinoza on Philosophy, Religion and Politics: The Theologico-Political Treatise* (Oxford: Oxford University Press, 2012); Some other exceptions are cited in the following notes.

3　Stanislaus, Graf von Dunin-Borkowski, *Spinoza*, 4 vols. (Münster i. W.: Aschendorff, 1933–1936), 3:161–308.

4　Henri de Valois, *Emendationum libri quinque et de critica libri duo* (Amsterdam:

Pieter Burman, 1740), 152: "cavendumque praecipue est, ne animo praeoccupato atque addicto, ac prae verecundia submisso, ad legendum accedamus: neve auctoritatem ac vetustatem scriptoris nobis imponere atque illudere patiamur." 关于这段的最早讨论出现在这篇经典文章中：Benedetto Bravo, "*Critice* in the Sixteenth and Seventeenth Centuries and the Rise of the Notion of Historical Criticism," in *History of Scholarship*, ed. Christopher Ligota and Jean-Louis Quantin (Oxford: Oxford University Press, 2006), 135–195, at 180–183。

5　Valois, *Emendationum libri quinque*, 152: "Solis Divinis libris hic honos habeatur, ut animo quasi in servitutem redacto, et judicii nostri libertate abjecta eos perlegamus. De caeteris vero omnibus assuescamus inter legendum judicium ferre: quoniam hic praecipuus lectionis fructus est, animadvertere quid commode, quid perperam dictum sit, ut hoc fugere, illud vero imitari possimus."

6　Pieter Burman, ibid., 152 n. (a): "Nescio an his in verbis plane ex animi sententia loquatur Valesius. Nam quod ad sensum et res ipsas, quae sacris continentur paginis, adtinet, iis honorem et reverentiam ab omnibus, qui bonae menti litant, deberi nemo sanus, ut opinor, in controversiam vocare sustinebit. Sed quoniam de Critica ejusque praestantia hic agitur, nemo etiam usum illius modestum et opportunum a divinis libris procul arcendum esse contendet, quos qui describendo ad posteritatem transmiserunt, manus habuerunt aeque ut ceteris aliorum Auctorum librariis contigit, erroribus et scripturae vitiis obnoxias, quibus eximendis Viri doctissimi sincerae Critices subsidio feliciter usi sunt."

7　Paul Hazard, *The European Mind, 1680–1715*, tr. J. Lewis May (London: Hollis & Carter, 1953; repr. Cleveland: World Pub. Co., 1963; New York: New York Review Books, 2013); Jonathan Israel, *Radical Enlightenment: Philosophy and the Making of Modernity, 1650–1750* (Oxford: Oxford University Press, 2001); Israel, *Enlightenment Contested: Philosophy, Modernity, and the Emancipation of Man, 1670–1752* (Oxford: Oxford University Press, 2006).

8　关于《神学政治论》的细致介绍，见：Steven Nadler, *A Book Forged in Hell: Spinoza's Scandalous Treatise and the Birth of the Secular Age* (Princeton: Princeton University Press, 2011)。关于斯宾诺莎希望通过《圣经》证据解答的议题的当代研究，见：Karel van der Toorn, *Scribal Culture and the Making of the Hebrew Bible* (Cambridge, MA, and London: Harvard University Press, 2007)。关于《圣经》汇编者或编集者的研究历史（著述丰厚，但有时也存在争议），见：John Van Seters, *The Edited Bible: The Curious History of the "Editor" in Biblical Criticism* (Winona Lake, IN: Eisenbrauns, 2006)。

9　Benedict Spinoza, *Theologico-Political Treatise*, tr. Michael Silverthorne and

Jonathan Israel, ed. Jonathan Israel (Cambridge: Cambridge University Press, 2007), viii, 119; Spinoza, *Tractatus theologico-politicus* (Amsterdam: Jan Rieuwertsz, 1669), 104.

10　Warren Zev Harvey, "Spinoza on Ibn Ezra's 'Secret of the Twelve,' " in Yitzhak Melamed and Michael Rosenthal, eds., *Spinoza's Theologico-Political Treatise: A Critical Guide* (Cambridge: Cambridge University Press, 2010), 41–55.

11　Ibid., 48–55. 关于此前犹太人对《圣经》各卷作者身份的讨论，见：Louis Jacobs, "Rabbinic Views on the Order and Authority of the Biblical Books," in his *Structure and Form in the Babylonian Talmud* (Cambridge: Cambridge University Press, 1991), 31–41。

12　*Catullus et in eum Isaaci Vossii Observationes* (London: Littlebury, 1684), 241, quoted by Burman, *Emendationum libri quinque*, 152 n (a): "Verum hoc esse norunt illi, qui tractant libros et antiqua cum antiquis committunt exemplaria. Passim et in omnibus etiam sacris id observare licet scriptoribus, ut ubi similia aut eadem occurrant vocabula, omittantur a librariis ea quae in medio ponuntur. Nemo doctus haec nescit aut negat, futiles tantum et inepti aliquot homines, qui tamen Theologi videri cupiunt, haec non admittunt, libenterque sacros libros ab hac labe immunes velint, ac propterea sanctos et ἀναμαρτήτους quosdam fingunt sibi librarios, quales tamen nemo hactenus aut vidit, aut unquam videbit. Sed ut ad institutum redeamus." 关于伊萨克·福修斯的学术研究，见：esp. David Katz, "Isaac Vossius and the English Biblical Critics," in *Scepticism and Irreligion in the Seventeenth and Eighteenth Centuries*, ed. Richard Popkin and Arjo Vanderjagt (Leiden: Brill, 1993), 142–184, and the articles collected in *Isaac Vossius (1618–1689), Between Science and Scholarship*, ed. Eric Jorink and Dirk van Miert (Leiden: Brill, 2012)。

13　*Casauboniana*, ed. J. C. Wolf (Hamburg: Libezeit, 1710), 67, quoted by Burman, *Emendationum libri quinque*, 152 n (a): "Ad quaestionem de corrupt. Sacri codicis ita respondet Casaubonus: Literae quidem sacrae h.e. ὁ νοῦς utriusque testamenti ἄφθαρτα sunt, et nulli depravationi obnoxia: at lingua, quae literarum illarum veluti φόρημα est, quin aliquam labem aut labeculam sed sine detrimento τοῦ νοῦ acceperit longi temporis tractu, non est, ut puto, dubitandum. In Graeco res manifesta: multa leviter immutata, quaedam gravius tentata, sed sic, ut veritas inconcussa maneret. In Hebr. cur dubitemus? nonne tota Masora certissimum ejus rei testimonium praebet?" 关于卡索邦对不同类型古代文本进行研究的方法，见：Hélène Parenty, *Isaac Casaubon, helléniste: des studia humanitatis à la philologie* (Geneva: Droz, 2009); and Anthony Grafton and Joanna Weinberg, with Alastair Hamilton, *"I have always loved the holy tongue": Isaac Casaubon, the Jews, and a Forgotten Chapter in*

Renaissance Scholarship (Cambridge, MA: Harvard University Press, 2011)。

14 Grafton and Weinberg, *"I have always loved the holy tongue,"* "Appendix 2: Casaubon and the Masoretic Text."

15 For this and other documents, see Jacob Freudenthal, *Die Lebensgeschichte Spinozas*, 2d ed., ed. Manfred Walther and Michael Czelinksi, 2 vols. (Stuttgart-Bad Cannstatt: Frommann-Holzboog, 2006).

16 On Pignoria, see Erik Iversen, *The Myth of Egypt and Its Hieroglyphs in European Tradition* (Copenhagen: Gad, 1961; repr., Princeton: Princeton University Press, 1991).

17 Lorenzo Pignoria, *Mensa Isiaca* (Amsterdam: Frisius, 1669), 1–2, addressing Welser: "rem igitur aggrediar optimis auspicijs tuis; ejusdem Tabulae simulacra non ἀλληγορικῶς, sed ad veterum narrationum fidem pro viribus expositurus, odi enim ego si quis alius nimias illas, et a proposito plerumque alienas hujusmodi rerum interpretationes, quas in confirmationem labantium Fabularum Platonici, Praeceptoris dogmatum parum memores, invexerunt: satiusque duxi ignorationem fateri, quam erudite Lectori fastidio esse"; see also ibid., 9–10: "Mihi neque Notas (paucis exceptis) agnoscere, nec sensus abditos depromere datum fuit. Potuissem quidem ex ingenio, multo cum labore, pauco cum fructu aliquid comminisci: sed quis postea recepisset illum, qui notas duxerat ita sensisse? At Horapollo, dicet aliquis libello peculiari, Clemens Alexandrinus et alij praeiverunt. Utatur per me qui volet: sentiet enim, quod et vidit magnus vir ANT. AVGVSTINVS, non magis eos huic rei quam tractamus conducere, quam versus aliquot Plauti ad vetustam Poenorum linguam expediendam."

18 Lodewijk Meijer, *Philosophia S. Scripturae interpres*, 2d ed., published as Daniel Heinsius, *Operum historicorum collectio secunda* (Leiden: Herculis, 1673), Epilogus, 189. Here Meyer attributes to "Viro Clarissimo, istarumque rerum peritissimo" the following thoughts: "quod faciat ad variantes S. Scripturae lectiones explorandas, et quaenam spuriae, quaenam genuinae sint dignoscendas, quarum uberrima est in utriusque Foederis libris seges, adeo ut in Veteri *tantam esse earum copiam et confusionem, ut difficile sit veras a falsis dignoscere, ipsos Rabbinos fateri; et siquis omnes inter se committeret, et excuteret scriptos N. Testamenti codices, quot verba totidem pene esse inventurum discrepantias*, apertis verbis dicere non vereatur idem ille Vir in omni istius Doctrinae et literarum genere longe versatissimus."

19 See Anthony Grafton, "Isaac Vossius, Chronologer," and Scott Mandelbrote, "Isaac Vossius and the Septuagint," in *Isaac Vossius*, ed. Jorink and van Miert, 43–117.

20　Isaac Vossius, *Dissertatio de vera aetate mundi, qua ostenditur, natale mundi tempus annis minimum 1440 vulgarem Aeram anticipare* (The Hague: Adrian Vlacq, 1659), V: "Bene sane si Mosis haberemus autographum. Adeone vero quis inops judicii, ut existimet adfuisse Deum semper Judaeis librariis, ac direxisse illorum manus calamumque?"

21　Ibid., VI: "Certum quippe est, teste beato Hieronymo, Esdram post captivitatem Babylonicam, Chaldaicas invexisse literas, iisque libros sacros descripsisse, neglectis veteribus Hebraicis, quae eaedem erant, atque nunc sunt Samaritanae. Si itaque revivisceret Moses, ne unum quidem apicem in Judaeorum libris adsequeretur, cum literas habeant a Chaldaeis, puncta vero et apices a Massoretis." 福修斯此处的论证来自: *Joseph Scaliger; see Anthony Grafton, Joseph Scaliger: A Study in the History of Classical Scholarship*, 2 vols. (Oxford: Oxford University Press, 1983 and 1993)。关于圣哲罗姆的观点，见: Reinhard Pummer, *Early Christian Authors on Samaritans and Samaritanism* (Tübingen: Mohr Siebeck, 2002), 189–190。

22　Adam Sutcliffe, *Judaism and Enlightenment* (Cambridge: Cambridge University Press, 2002).

23　见: Vossius, *Dissertatio*, V, 其中他提出，有些人声称抄录和保存《旧约》的犹太缮写者受到上帝的指引，其实他们完全没有考虑到 "eorum qui descripsere novi foederis libros, in quibus tanta est lectionum varietas, ut si quis omnes inter se committeret codices, quot verba totidem pene sit inventurus discrepantias."

24　Ibid., ep. ded.: "Proculdubio recordaris GODOFREDE SLINGELANDI, vir amplissime, non semel nobis sermones fuisse de diversitate opinionum circa mundi natalem."

25　Joseph Scaliger, *Correspondence*, ed. Paul Botley and Dirk van Miert, 8 vols. (Geneva: Droz, 2012), 7:174–175, at 175.

26　Malcolm, *Aspects of Hobbes*, 383–431.

27　关于《斯卡利杰谈话录》的历史，见: Jérôme Delatour, "Pour une édition critique des *Scaligerana*," *Bibliothèque de l'École des Chartes* 156 (1998): 407–450; 关于更广泛的背景，见: Erich Haase, E*inführung in die Literatur des Refuge: der Beitrag der französischen Protestaten zur Entwicklung analytischer Denkformen am Ende des 17. Jahrhunderts* (Berlin, 1959); and Francine Wild, *Naissance du genre des ana (1574–1712)* (Paris, 2001)。

28　*Secunda Scaligerana, in Scaligerana, Thuana, Perroniana, Pithoeana, et Colomesiana*, ed. Pierre des Maizeaux, 2 vols. (Amsterdam, 1740), 2:398–399 (s.v. "Josephe"): "Cela d'Herodias femme d'Herode, qui est autrement dans Josephe, est une chose terrible ... car qui l'auroit induit à mentir?... Josephe est un Auteur tres veritable en son histoire, & plus veritable que pas un Auteur, et tres fidelle; il dit l'avoir ex actis Herodis." 关于希律的《记事》，见：Josephus, *Jewish Antiquities* 15.14。

29　*Secunda Scaligerana*, 2:398–399: "les Chrestiens anciens ont beaucoup adjousté au Nouveau Testament. Ils peuvent aussi avoir changé celui-là."

30　Ibid., 2:313 (s.v. "Error in litteris sacris"): "poterunt corrumpi ut nunc exemplaria: semper scriptum super chartam potuit corrumpi."

31　Ibid., 2:312: "Quod apud Evangelistam aliquem mulieres dicuntur summon mane Sole exoriente ad sepulchrum venisse, error est et corruptio librarii: nescio quid dicam, torserunt se frustra Ambrosius, Augustinus, Chrysostomus."

32　Ibid., 2:399 (s.v. "Josephe"): "Il y a plus de 50 additions ou mutations au Nouveau Testament et aux Evangiles: c'est chose estrange, je n'ose la dire; si c'estoit un Auteur profane, j'en parlerois autrement." 关于斯卡利杰对《新约》的看法，经典研究见：Henk Jan de Jonge, "The Study of the New Testament," in *Leiden University in the Seventeenth Century: An Exchange of Learning*, ed. Th. H. Lunsingh Scheurleer et al. (Leiden: Leiden University Press and Brill, 1975), 65–109; de Jonge, *De bestudering van het Nieuwe Testament aan de Noordnederlandse universiteiten en het Remonstrants Seminarie van 1575 tot 1700* (Amsterdam: Noord-Hollandse Uitgevers Maatschappij, 1980); and Philipp Nothaft, *Dating the Passion: The Life of Jesus and the Emergence of Scientific Chronology (200–1600)* (Leiden: Brill, 2012)。亨克·扬·德·容格（Henk Jan de Jonge）坚定地认为，斯卡利杰的文献学著作与其他人文主义者和激进的《圣经》批判主义的发展毫无关联。笔者对此不敢苟同，下文将表明这一点。关于斯卡利杰对《旧约》的批判，见：For Scaliger's Old Testament criticism, see Grafton, *Scaliger*, vol. 2; and Nothaft, "The Calendar of Noah: The Chronology of the Flood Narrative and the History of Astronomy in Sixteenth-and Seventeenth-Century Europe," *Journal of the Warburg and Courtauld Institutes* 74 (2011): 191–211。关于学术批判传统的一篇极有价值（尽管有时被夸大）的分析，见：Mark Somos, *Secularisation and the Leiden Circle* (Leiden: Brill, 2011)。

33　Malcolm, *Aspects of Hobbes*, 383–431.

34　Yosef Kaplan, "Spanish Readings of Amsterdam's Seventeenth-Century Sephardim," in *Jewish Books and Their Readers: Aspects of the Intellectual Life of Christians and Jews in Early Modern Europe*, ed. Scott Mandelbrote and Joanna Weinberg (Leiden: Brill, 2016), 312–341. 另见这部卓越的著作，Preus, "A Hidden Opponent in Spinoza's Tractatus" and *Spinoza and the Irrelevance of Biblical Authority*，该著作揭示了斯宾诺莎对洛德韦克·迈耶对于哲学及其评论者——强调《圣经》研究必须具备坚实历史基础的乌得勒支神学家路德维希·沃尔措根和兰贝特·范·

费尔图森——的著作所作注解的回应。

35　Spinoza, ix, 141; 125［以下引文均用小写数字表示章节序号；之后的数字是 2007 年版西尔弗索恩（Silverthorne）和伊斯雷尔（Israel）译文中的页码；最后是 1669 年版《神学政治论》中的页码］。所引用段落出自 Jacob ben Chajim ibn Adonijah, *Introduction to the Hebrew Bible*, ed. and tr. Christian Ginsburg (London, 1867), 64。

36　Spinoza, ix, 141; 125（译文有改动）。

37　Cf. the suggestive remark of Manuel Joël, a rabbi who had taught in Zecharias Frankel's Breslau Seminary, in his *Spinoza's Theologisch-Politischer Traktat auf seine Quellen geprüft* (Breslau: Schletter'sche Buchhandlung［H. Skutsch］, 1870), 15: "Er hat sich aber auch die Lektüre der Vorrede des Correctors nicht entgehen lassen, und, während er blos die superstitiose Haltung dieses Correctors hervorhebt, unterlässt er es zu sagen, wie viele freisinnige Ansichten der Rabbinen über die Verbesserungen der Sopherim, über Keri und Chethib und ähnliche Fragen in der Vorrede selbst citirt und allerdings von diesem Corrector nicht acceptirt werden."

38　On this work, see Abraham Wasserstein and David Wasserstein, *The Legend of the Septuagint from Antiquity to Today* (Cambridge: Cambridge University Press, 2006), 71.

39　Spinoza, ix, 142; 126.

40　Ibid.

41　Ginsburg, *Introduction to the Hebrew Bible*, 52–54.

42　See Paul Hirst, "Foucault and Architecture," *AA Files* 26 (Autumn 1993): 52–60.

43　Alan Kors, *Atheism in France, 1650–1729: The Orthodox Sources of Unbelief* (Princeton: Princeton University Press, 1990; new ed., 2014); Kors, *Naturalism and Unbelief in France, 1650–1729* (Cambridge: Cambridge University Press, 2016); Kors, *Epicureans and Atheists in France, 1650–1729* (Cambridge: Cambridge University Press, 2016); Dmitri Levitin, "From Sacred History to the History of Religion: Pagans, Jews and Christians in European Historiography," *Historical Journal* 55 (2012): 117–160; Levitin, "What Was the Comparative History of Religions in 17th-Century Europe (and Beyond)? Pagan Monotheism / Pagan Animism, from T'ien to Tylor," in *Regimes of Comparatism: Frameworks of Comparison in History, Religion and Anthropology*, ed. Renaud Gagné, Simon Goldhill and Geoffrey E. R. Lloyd (Leiden and Boston: Brill, 2018), 49–115; and Levitin, *Ancient Wisdom in the Age of the New Science: Histories of Philosophy in England c. 1640– 1700* (Cambridge: Cambridge University Press, 2015; repr., 2017).

44　Preus, *Spinoza and the Irrelevance of Biblical Authority*, chaps. 2 and 4. 关于构建起《神学政治论》与这些文本之间关系的必要探查工作，见：ibid., xi and n. 4。

45 Spinoza, vii, 100; 85.

46 Ibid., 98; 84.

47 Ibid., 99; 85: "Tota itaque Scripturae cognitio ab ipsa sola peti debet." 关于斯宾诺莎诠释方法的前后不一致之处，另见：Michah Gottlieb, *Faith, Reason, Politics: Essays on the History of Jewish Thought* (Boston: Academic Studies Press, 2013), 81–85。

48 Spinoza, vii, 100–101; 85–87.

49 Le Clerc, *Sentimens de quelques theologiens de Hollande* (Amsterdam: Henri Desbordes, 1685), 6–7, quoted by Maria Cristina Pitassi, *Entre croire et savoir: Le problème de la méthode critique chez Jean Le Clerc* (Leiden: Brill, 1987), 13. See Spinoza, vii, 101; 87: "Denique enarrare debet haec historia casus omnium librorum Prophetarum, quorum memoria apud nos est: videlicet vitam, mores, ac studia authoris uniuscujuscunque libri, quisnam fuerit, qua occasione, quo tempore, cui, et denique qua lingua scripserit. Deinde uniuscujusque libri fortunam: nempe quomodo prius acceptus fuerit, et in quorum manus inciderit, deinde quot ejus variae lectiones fuerint, et quorum concilio inter sacros acceptus fuerit, et denique quomodo omnes libri, quos omnes jam sacros esse fatentur, in unum corpus coaluerint. Haec omnia inquam historia Scripturae continere debet."

50 See in general, Nadler, *A Book Forged in Hell*, 131–132; James, *Spinoza on Philosophy, Religion and Politics*, 141–144; Israel, "Introduction," in Spinoza, *Theologico-Political Treatise*, tr. Silverthorne and Israel, xiv–xv. 关于一种培根式的归纳解读案例，见：Alan Donagan, *Spinoza* (Chicago: University of Chicago Press, 1989), 16–17; and Preus, *Spinoza and the Irrelevance of Biblical Authority*, 160–164, 其中探讨了斯宾诺莎"自下而上的归纳式研究——看起来更像是英伦做派，而不是欧陆做派"(160)；还摒弃了西尔万·扎克（Sylvain Zac）提出的反对意见，*Spinoza et l'interprétation de l'Écriture* (Paris: Presses Universitaires de France, 1965), 29–33。另见：Gottlieb, *Faith, Reason, Politics*, 71–79。

51 Johann Buxtorf, *Tiberias, sive commentarius Masorethicus, quo primum explicatur, quid Masora sit: Tum Historia Masoretharum ex Hebraeorum Annalibus excutitur* (Basel: Ludovicus König, 1620).

52 Ibid., 5: "Caput II: Quid Masora"; 8: "Caput III. De causa efficiente, sive authoribus Masorae"; 202: "Caput XX. De fine Masorae"; 212: "Atque haec in genere de Masorae causis, Efficiente, Materia, Forma et Fine, dicta sufficiant."

53 Ibid., preface, sig.):():(3ʳ: "Historiam itaque, ut potui, pertexui: rem totam pro viribus explicavi"; sig.):():(3ᵛ: "At tu, Lector, in omnibus sis benevolus interpres: Historiam cape, ut ex suis authoribus refertur: si quid displicet, culpa sit authorum, qui majori

diligentia in iis annotandis non sunt usi; aut potius injuriae temporum ascribe, quorum acerbitas certiori istorum notitia posteros privavit."

54 Spinoza, ix, 130; 115: "Hezras (eum pro Scriptore praedictorum librorum habebo, donec aliquis alium certiorem ostendat)."

55 Grafton and Weinberg, *I have always loved the holy tongue,*" 321–328.

56 Buxtorf, *Tiberias*, 130–131, esp. 131: "Atque haec sunt, quae de Masorae origine et authoribus, in tanto historiae antiquae defectu tantaque Scriptorum raritate in medium proferre licuit. Qui potest, meliora et certiora afferat, ut veritas pleniori luce e tenebris affulgeat." 布克斯托夫对不确定性的坦白并非言之无物。在《提比里亚》中，他言辞谨慎地写道，"《光明篇》中对元音符号的引用确认了它们的古老历史（in Zohar, libro iuxta Hebraeos ipso Talmude antiquiore）"（174）。犹太传统确实认为《光明篇》比《塔木德》更古老。但斯卡利杰和德鲁西乌斯等博学且富有批判性的基督教学者却不认同犹太人的看法，他们在十五年前便向布克斯托夫指出过这一点。(Grafton and Weinberg, *I have always loved the holy tongue,*" 321–322.) 这就是他在本案例中只给出了犹太人观点的原因。

57 James, *Spinoza on Philosophy, Religion and Politics*, 170.

58 Alastair Minnis, *Medieval Theory of Authorship: Scholastic Literary Attitudes in the Later Middle Ages* (London: Scolar, 1984; rev. ed., Philadelphia: University of Pennsylvania Press, 1988).

59 Spinoza, viii, 126–127; 112: "Nam cum Historicus (quem jam scimus unum tantum fuisse) historiam producat usque ad Jojachini libertatem, et insuper addat, ipsum Regis mensae accubuisse tota ejus vita (hoc est vel Jojachini vel filii Nebucadnesoris, nam sensus est plane ambiguus) hinc sequitur eum nullum ante Hesdram fuisse."

60 Ibid., viii, 127; 113: "At Scriptura de nullo, qui tum floruit, nisi de solo Hesdra testatur (vide Hesdrae Cap. 7. vers. 10) quod ipse suum studium applicuerit ad quaerendam legem Dei, et adornandam, et quod erat Scriptor (ejusdem Cap. vers. 6) promptus in Lege Mosis"（译文有改动）。

61 Ibid., viii, 127; 113: "Quare nullum praeter Hesdram suspicari possum fuisse, qui hos libros scripserit"（译文有改动）。

62 Azariah de' Rossi, *The Light of the Eyes*, ed. and trans. Joanna Weinberg (New Haven and London: Yale University Press, 2001), 451.

63 See Anthony Grafton, *Joseph Scaliger*, 2:298–324.

64 Spinoza, x, 149; 132.

65 Ibid., 148; 131.

66 Ibid., 149; 132: "atque neminem existimare credo, quod Hezras aut Nehemias adeo longaevi fuerint, ut quatuordecim Reges Persarum supervixerint."

67 Ibid., 144; 127–128: "Psalmi collecti etiam fuerunt et in quinque libros dispartiti in secundo templo; nam Ps. 88 ex Philonis Judaei testimonio editus fuit, dum Rex Jehojachin Babiloniae in carcere detentus adhuc erat, et Ps. 89. Cum idem Rex libertatem adeptus est"（译文有改动）。

68 Ibid., 144–145; 128: "nec credo, quod Philo hoc unquam dixisset, nisi vel sui temporis recepta opinio fuisset, vel ab aliis fide dignis accepisset."

69 Spinoza, *Opera*, ed. Carl Gebhardt, 5 vols. (Heidelberg: Carl Winter,［1925］–1987), 5:68–69.

70 关于安尼奥及其世界的基本作品，包括：Roberto Weiss, "Traccia per una biografia di Annio da Viterbo," *Italia medioevale e umanistica* 5 (1962): 425–441: Walter Stephens, "Berosus Chaldaeus: Counterfeit and Fictive Authors of the Early Sixteenth Century" (PhD dissertation, Cornell University, 1979); Stephens, *Giants in Those Days: Folklore, Ancient History, and Nationalism* (Lincoln: University of Nebraska Press, 1989); *Annio da Viterbo: documenti e ricerche* (Roma: Consiglio nazionale delle ricerche, 1981); Ingrid Rowland, *The Culture of the High Renaissance: Ancients and Mod erns in Sixteenth-Century Rome* (Cambridge: Cambridge University Press, 1998); and Brian Curran, *The Egyptian Renaissance: The Afterlife of Ancient Egypt in Early Modern Italy* (Chicago: University of Chicago Press, 2007)。关于近期更新的综合性记述，见：Walter Stephens, "Annius of Viterbo," in *The Classical Tradition*, ed. Anthony Grafton, Glenn Most, and Salvatore Settis (Cambridge, MA: Harvard University Press, 2011), 46–47。关于安尼奥伪作的影响，见：e.g., T. D. Kendrick, *British Antiquity* (London: Methuen, 1950); Frank Borchardt, *German Antiquity in Renaissance Myth* (Baltimore: Johns Hopkins Press, 1971); Anthony Grafton, *Forgers and Critics: Creativity and Duplicity in Western Scholarship* (Princeton: Princeton University Press, 1990); Marianne Wifstrand Schiebe, *Annius von Viterbo und die schwedische Historiographie des 16. und 17. Jahrhunderts* (Uppsala: K. Humanistiska vetenkaps-samfundet i Uppsala, 1992); and R. E. Asher, *National Myths in Renaissance France; Francus, Samothes and the Druids* (Edinburgh: Edinburgh University Press, 1993)。关于他对希伯来和犹太文献的知识，见第 7 章。

71 安尼奥的文献出现在德·罗西著作的第 32 章：*The Light of the Eyes*, ed. and tr. Weinberg, 416。关于其拉丁语原文，见：Annius, *Antiquitatum variarum volumina xvii* (Paris, 1512), fol. XCIXʳ。安尼奥称《诗篇》中所涉及的这两首诗是第 87 和第 88 章，确实与《武加大译本》和其他基督教《圣经》中这两首诗的编号相符。德·罗西则与其相反，他分别列出了这两首诗在《武加大译本》和《希伯来圣经》中的不同编号："在之后的六年里，《诗篇》第 87 章（即我们

《圣经》中的第 88 章）发表问世……《诗篇》第 88 章（我们的第 89 章）随后也发表问世。"鉴于斯宾诺莎仅提到第 88 和第 89 章，显然他引用的是德·罗西的译文。

72 关于阿扎赖亚·德·罗西的方法，见：Weinberg's introduction in *The Light of the Eyes*, xv–xxxi。

73 Ibid., 423–424.

74 Ibid., 473.

75 See Weinberg's introduction, ibid., xlii–xliv.

76 最先发现斯宾诺莎借鉴阿扎赖亚成果的是 Joël, *Spinoza's Theologisch-Politischer Traktat*, 62–63。

77 关于 16 世纪重新发现希腊化犹太教且彻底改变许多学者（但不包括斯宾诺莎）对斐洛认知的过程，见：Joanna Weinberg, "The Quest for Philo in Sixteenth-Century Jewish Historiography," *Jewish History: Essays in Honour of Chimen Abramsky*, ed. Ada Rapoport-Albert and Steven Zipperstein (London: Halban, 1988), 163–187; and Charles Touati, "Judaïsme talmudique et rabbinique: La découverte par le judaïsme de la Renaissance de Flavius Josèphe et de Philon le Juif," *Annuaire École Pratique des Hautes Études, Ve section: Sciences Religieuses* 97 (1988–89): 214–217。

78 See also Nathan Wachtel, *The Vision of the Vanquished: The Spanish Conquest of Peru Through Indian Eyes, 1530–1570*, tr. Ben and Siân Reynolds (New York: Barnes and Noble, 1977); and Wachtel, *The Faith of Remembrance: Marrano Labyrinths*, tr. Nikki Halpern (Philadelphia: University of Philadelphia Press, 2013).

79 关于荷马与《圣经》之文本历史比较的更广泛历史，见：Van Seters, *The Edited Bible*。关于斯卡利杰的观点，见：Grafton, *Scaliger*, vol. 2。关于卡索邦对古代希腊文和希伯来文文本的（很大程度上未完成的）比较分析，见：Grafton and Weinberg, "*I have always loved the holy tongue*," esp. 313–316。

80 此处涉及的书藏于埃尔福特大学图书馆（Universitätsbibliothek Erfurt）。发现它的是乌尔苏拉·戈尔登鲍姆（Ursula Goldenbaum），他出版了莱布尼茨的旁注和他手里的另一篇更长的文章。文中所引的页边注写道："is unus compilator mihi non magis autor videtur, quam Aristarchus librorum Homeri, et Tucca Variusque versuum Virgilii, et Calliopius Dramatum Terentii." See Ursula Goldenbaum, "Die 'Commentatiuncula de judice' als Leibnizens' erste philosophische Auseinandersetzung mit Spinoza nebst der Mitteilung über ein neu aufgefundenes Leibnizstück," in *Labora diligenter: Potsdamer Arbeitstagung zur Leibnizforschung vom 4. Bis 6. Juli 1996*, ed. Martin Fontius, Hartmut Rudolph, and Gary Smith, Studia Leibnitiana, Sonderheft 29 (Stuttgart: Franz Steiner Verlag, 1999), 61–107, at 107.

81 Ibid., 106–107: "Haec explicationes possunt esse glossemata recentiorum, nihil

antiquitati operis detractura"; "at dictio reliquorum quae tu adjectitia clamas, cum his quae genuina agnoscis eadem est, ut adeo minime tot seculis posterior esse videatur"; "imo potius: reliquit ut invenit, non composuit ut volebat, sed connexuit ut habebat"; "a quo potius quam ipso Mose."

82 "Epistola D. B. a Boineburg ad Ephorum filii, cum Argentorati studiorum causa versaretur, de Spinoza. Ex Msto," in *Unschuldige Nachrichten von alten und neuen Theologischen Sachen* (1710), 386–387: "Contra hunc Spinozam, qui canonem SS. Veteris Test. ab Esdra demum repetit, forte hoc argumentum videtur: Certum est, Ebraeos omnes ex captivitate Babylonica non rediisse Hierosolymas, sed magnam eorum partem toto oriente, Babylone inprimis, inque Perside, Media, Mesopotamia, & Aegypto, ac ceteris Imperii Babylonici ac Persici partibus, dispersam remansisse. Quare etsi Esdras libros suos, quos non pro suis utique sed veterum libris venditabat, obtrudere potuisset iis, apud quos cum summa auctoritate morabatur (quanquam ne inter eos quidem *ullum fuisse* (f. defuisse) credibile sit, qui traditionum veterum memoriam & MSStorum reliquias servasset) totam tamen gentem in tam dissitis locis terrarum, in confingendam novam legem, imo & novam scribendi legendique rationem, si & puncta Esdrae debentur, conspirasse, nec dissensiones inde aut schismata in natione tam superstitiosa & minutiarum, praesertim quo tempore misera, captiva, dispersa erat, uti nonc quoque est, observatrice orta esse, nondum mihi persuaderi potest. Interpolari quaedam, & in recensendo insensibiliter immutari quaedam ferunt homines, nova condi non perinde ferunt."

83 Ibid., 387–388: "Certe jam temporibus Esdrae, & seculis ad Christi Salvatoris nostri apparitionem usque secutis non multis, toti genti per Asiam universam (quam ubique Judaeis etiam ante alteram destructionem Templi refertam fuisse ex Actis Apostolorum constat) firmissime impressam persuasamque fuisse Genuitatem seu Germanitatem & Divinitatem horumce librorum, e Nehemia, Esdra, Zacharia, Haggaeo, Maccabaicis, Evangeliis & Actis, ex Thalmude denique constat. Coaetaneos autem ac prope coaetaneos non sensisse tam manifestam novitatem, non contradixisse, ne suspicatos quidem de incohaerente sutura artificii tam palpabilis, tam crassi, credat quisquis volet, ego mihi nec tum persuadere sustinebo."

84 乌尔苏拉·戈尔登鲍姆将莱布尼茨版的文本发表在 "Die 'Commentatiuncula de judice' ", 并在这部著作中提供了修订版: "Leibniz's Marginalia on the Back of the Title of Spinoza's *Tractatus Theologico-Politicus*," *The Leibniz Review* 18 (2008): 269–272, at 270–271 (text); 271–272 (translation)。我采用了她的译文, 以便与博伊内伯格的书信相吻合。

85 See esp. Gerald J. Toomer, *John Selden: A Life in Scholarship*, 2 vols. (Oxford:

Oxford University Press, 2009); and Grafton and Weinberg, "*I have always loved the holy tongue.*"

86　关于斯卡利杰观点的样本，见：*Elenchus utriusque orationis D. Davidis Parei* (Leiden: Elzevir, 1607)；卡索邦在这本书的赠书（British Library C.79.b.16.）中写满了表示赞许的注释（例如，他通常在扉页的位置记录自己对书籍价值的评语；在这本书的扉页上，他评注道："Doctrinam et facundiam viri magni hic liber eximie ostendit"）。

87　See, e.g., Lionel Rothkrug, *Opposition to Louis XIV: The Political and Social Origins of the French Enlightenment* (Princeton: Princeton University Press, 1965); Lionel Gossman, *Medievalism and the Ideologies of the Enlightenment: The World and Work of LaCurne de Sainte-Palaye* (Baltimore: Johns Hopkins Press, 1968); Carlo Borghero, *La certezza e la storia: Cartesianesimo, pirronismo e conoscenza storica* (Milan: Franco Angeli, 1983); J. G. A. Pocock, *Barbarism and Religion*, 6 vols. (Cambridge: Cambridge University Press, 1999–2015); Jonathan Sheehan, *The Enlightenment Bible: Translation, Scholarship, Culture* (Princeton: Princeton University Press, 2005); Dan Edelstein, The Enlightenment: A Genealogy (Chicago: University of Chicago Press, 2010); Martin Mulsow, *Prekäres Wissen: eine andere Ideengeschichte der Frühen Neuzeit* (Berlin: Suhrkamp, 2012); Anthony Ossa-Richardson, *The Devil's Tabernacle: The Pagan Oracles in Early Modern Thought* (Princeton: Princeton University Press, 2013); 关于近期（有争议的）对此类文献的评述，见：Levitin, "From Sacred History to the History of Religion."

索 引

（索引中页码为英文原书页码，即本书页边码）

图书在版编目（CIP）数据

染墨的指尖：近代早期欧洲的书籍制作 /（美）安东尼·格拉夫敦（Anthony Grafton）著；陈阳译. --北京：社会科学文献出版社，2022.9
书名原文：Inky Fingers：The Making of Books in Early Modern Europe
ISBN 978-7-5201-9487-7

Ⅰ.①染… Ⅱ.①安… ②陈… Ⅲ.①书籍装帧–图书史–欧洲–近代 Ⅳ.①G256.1-095

中国版本图书馆CIP数据核字（2021）第270682号

染墨的指尖
近代早期欧洲的书籍制作

著　　者 /	〔美〕安东尼·格拉夫敦（Anthony Grafton）
译　　者 /	陈　阳
出 版 人 /	王利民
责任编辑 /	王　雪　杨　轩
责任印制 /	王京美

出　　版 / 社会科学文献出版社（010）59367069
地址：北京市北三环中路甲29号院华龙大厦　邮编：100029
网址：www.ssap.com.cn
发　　行 / 社会科学文献出版社（010）59367028
印　　装 / 三河市东方印刷有限公司

规　　格 / 开　本：889mm×1194mm 1/32
印　张：16.5　字　数：356千字
版　　次 / 2022年9月第1版　2022年9月第1次印刷
书　　号 / ISBN 978-7-5201-9487-7
著作权合同
登 记 号 / 图字01-2022-0331号
定　　价 / 118.00元

读者服务电话：4008918866